## Hilfreiche Kästen in den Kapiteln

**Das musst du wissen**

### Wissen

Hier findest du Regeln, z. B. für die Rechtschreibung.

**Das musst du können**

### Methode

Diese Kästen erklären dir, wie du eine Arbeitstechnik anwendest.

**Das weißt du bereits**

### Grundwissen

Hier wird bereits Gelerntes kurz zusammengefasst.

## Verweise

Manchmal findest du Pfeile. Folgt nur eine Seitenzahl (z. B. → S. 12), bedeutet das, dass auf dieser Seite im Schulbuch weitere Hilfen zur Bearbeitung der Aufgabe stehen oder du dort etwas nachlesen kannst. Siehst du neben der Seitenzahl die Abkürzung AH, ist das ein Verweis auf passende Seiten im Arbeitsheft.

## Hilfen im Anhang

Damit du einzelne Tipps und Arbeitstechniken schnell findest und in allen Kapiteln nutzen kannst, sind diese im Anhang (→ S. 266 ff.) noch einmal übersichtlich zusammengestellt.

Der Anhang von D.U. bietet dir die Möglichkeit, genau auf diejenigen Hilfen zurückzugreifen, die zu deiner Arbeitsweise passen und die dir dabei helfen, deinen persönlichen Lernweg zu gehen.

- Der Anhang ist gegliedert nach den übergeordneten Bereichen **Sprechen und Zuhören**, **Schreiben**, **Lesen – mit Texten und Medien umgehen** und **Sprache und Sprachgebrauch untersuchen und reflektieren**.
- Am Anfang jedes Lernbereichs findest du eine Übersicht, was du im vorherigen Schuljahr schon gelernt hast. Über den Mediencode daneben kannst du das Grundwissen aufrufen.
- Kurze Einleitungstexte vor den Kästen beschreiben, in welchen Situationen du die Hinweise jeweils nutzen kannst.
- Zu welcher Fähigkeit („Kompetenz") du jeweils einen Tipp erhältst, steht in der Randspalte neben den Kästen. Hier findest du auch Hinweise zu den Seiten im Buch, auf denen die Inhalte der Kästen eingeführt und geübt werden.
- Auf den Seiten 302 f. findest du konkrete Hilfen zu Aufgaben, die auf den Lernseiten mit → Hilfe in der Randspalte gekennzeichnet sind.

D1728572

# D.U.
## DeutschUnterricht
## 9

Bayern

C.C. Buchner

# D.U.

## DeutschUnterricht

Bayern

Herausgegeben von Thorsten Zimmer

## D.U. 9

Bearbeitet von Ute Egloffstein, Gunter Fuchs, Cora Gierse, Eva Hammer-Bernhard, Bettina Harnischmacher, Julia Klossek, Stefan Rauwolf, Lukas Reif, Daniela Schlegel, Alexandra Stumbaum, Elisabeth Thiede-Kumher, Tanja Trumm, Markus Weidung, Beate Wolfsteiner und Thorsten Zimmer

Zu diesem Lehrwerk sind erhältlich:
- Arbeitsheft 9, ISBN 978-3-661-11049-3
- Digitales Lehrermaterial **click & teach** Einzellizenz, Bestell-Nr. 110591
- Digitales Lehrermaterial **click & teach** Box (Karte mit Freischaltcode), ISBN 978-3-661-11159-9

Weitere Materialien finden Sie unter www.ccbuchner.de.

Dieser Titel ist auch als digitale Ausgabe **click & study** unter www.ccbuchner.de erhältlich.

1. Auflage, 2. Druck 2022
Alle Drucke dieser Auflage sind, weil untereinander unverändert, nebeneinander benutzbar.

Dieses Werk folgt der reformierten Rechtschreibung und Zeichensetzung. Ausnahmen bilden Texte, bei denen künstlerische, philologische oder lizenzrechtliche Gründe einer Änderung entgegenstehen.

Die enthaltenen Links verweisen auf digitale Inhalte, die der Verlag in eigener Verantwortung zur Verfügung stellt. Um diese Materialien zu verwenden, wird im Suchfeld auf www.ccbuchner.de/medien der jeweils angegebene Mediencode eingegeben.

© 2021 C.C.Buchner Verlag, Bamberg
Das Werk und seine Teile sind urheberrechtlich geschützt. Jede Nutzung in anderen als den gesetzlich zugelassenen Fällen bedarf der vorherigen schriftlichen Einwilligung des Verlags. Das gilt insbesondere auch für Vervielfältigungen, Übersetzungen und Mikroverfilmungen. Hinweis zu § 52 a UrhG: Weder das Werk noch seine Teile dürfen ohne eine solche Einwilligung eingescannt und in ein Netzwerk eingestellt werden. Dies gilt auch für Intranets von Schulen und sonstigen Bildungseinrichtungen.

Redaktion: Marie-Therese Muswieck
Layout und Satz: tiff.any GmbH & Co. KG, Berlin
Illustrationen: tiff.any GmbH & Co. KG, Berlin
Umschlag: mgo360 GmbH & Co. KG, Bamberg
Druck und Bindung: Firmengruppe Appl, aprinta Druck, Wemding

www.ccbuchner.de

ISBN 978-3-661-11039-4

# Inhaltsverzeichnis

## 5    Fantastisches, Schauerliches und Unheimliches

Über literarische Texte informieren

# 6 Wendepunkte, Lebensentscheidungen

Erzählende Texte untersuchen und deuten

## 10 Das soll „gerecht" sein?

Sprachliche Gestaltungsmittel und deren Wirkung untersuchen

## 11 Programmheft: Teil der Kunst

Sicherheit in der Rechtschreibung erlangen

# A Anhang

## Übersicht über die Mediencodes

| | | | | |
|---|---|---|---|---|
| **1** | 11039–01 | **Lernstand 1** | Arbeitsblatt . . . . . | 13 |
| | 11039–02 | Gespräch über „Die Wolke" | Hörtext . . . . . . . . | 16 |
| | 11039–03 | Nachhaltige Mobilität | Link . . . . . . . . . . | 18 |
| | 11039–04 | Jugend debattiert | Link . . . . . . . . . . | 21 |
| | 11039–05 | Jugend debattiert: Ablauf | Arbeitsblatt . . . . . | 21 |
| **2** | 11039–06 | **Lernstand 2** | Arbeitsblatt . . . . . | 31 |
| | 11039–07 | Erfolgreich mikroskopieren | Video . . . . . . . . . | 32 |
| | 11039–08 | Fleißige Bienchen | Link . . . . . . . . . . | 46 |
| **3** | 11039–09 | **Lernstand 3** | Arbeitsblatt . . . . . | 53 |
| | 11039–10 | Praktikum auf einer Pflegestation | Link . . . . . . . . . . | 70 |
| | 11039–11 | Bewerbungsanschreiben | Link . . . . . . . . . . | 71 |
| | 11039–12 | Fehlertext Anschreiben | Arbeitsblatt . . . . . | 72 |
| | 11039–13 | Lebenslauf | Link . . . . . . . . . . | 72 |
| **4** | 11039–14 | **Lernstand 4** | Arbeitsblatt . . . . . | 79 |
| | 11039–15 | Textkopie: Freiwilligendienst | Arbeitsblatt . . . . . | 82 |
| | 11039–16 | Materialauswertung zum Sozialen Jahr | Arbeitsblatt . . . . . | 86 |
| | 11039–17 | Recherchelinks | Arbeitsblatt . . . . . | 87 |
| | 11039–18 | Erfahrungsberichte zu BFD und FSJ | Link . . . . . . . . . . | 87 |
| | 11039–19 | Mind-Map zur Einführung eines Sozialen Jahrs | Arbeitsblatt . . . . . | 88 |
| | 11039–20 | Text: Dienstpflicht in Frankreich | Link . . . . . . . . . . | 94 |
| | 11039–21 | Text: Drobinski/Frank: Zu teuer, zu schwierig, zu undankbar | Link . . . . . . . . . . | 98 |
| | 11039–22 | Antithetische Erörterung „Ein soziales Jahr für alle?" | Arbeitsblatt . . . . . | 99 |
| | 11039–23 | Was ist Containern? | Video . . . . . . . . . | 100 |
| | 11039–24 | Kommentarentwurf zum Containern | Arbeitsblatt . . . . . | 105 |

**Verwendung**

Bitte gib den gewünschten Mediencode in die Suchmaske auf www.ccbuchner.de/medien ein.

Suche:

| Mediencode | ▶▶ |
|---|---|

# 1 Nachhaltige Schritte?

## Auf Augenhöhe mit anderen kommunizieren

1. Überlege, ob du dich in einem Gespräch mit anderen schon einmal nicht verstanden oder missverstanden gefühlt hast. Notiere dir mögliche Gründe, die zu diesem Nicht-/Missverstehen geführt haben könnten.

2. Formuliert in Partnerarbeit und unter Bezugnahme auf die Bilder dieser Doppelseite Vermutungen, wie wir – durch unsere Art und Weise mit anderen zu sprechen – zum Gelingen oder Misslingen von Kommunikation beitragen können.

3. Sammelt zu zweit Gründe, warum eine gelingende Kommunikation für alle an ihr Beteiligten von Bedeutung sein sollte. Haltet eure Einschätzungen grafisch auf einem Plakat fest.

4. Präsentiert eure Ergebnisse in der Klasse. Tauscht euch über inhaltliche Gemeinsamkeiten und Unterschiede aus.

Fahr heute mit dem Rad zur Schule.

Willst du mir jetzt ein schlechtes Gewissen machen???

Was weißt du noch? Teste dich: 11039–01

**Mutter von Lara:** Ich bringe dich schnell mit dem Auto zur Schule!

**Lara:** Du bringst mich ganz sicher nicht mit dem Auto zur Schule!

**Mutter von Lara:** Widersprich mir doch nicht ständig!

**Lara:** Tu ich doch gar nicht!

Mit anderen zu kommunizieren gestaltet sich nicht immer einfach. Deswegen hilft dir dieses Kapitel dabei, ...

... mögliche Gründe für Kommunikationsstörungen zu identifizieren,

... durch dein eigenes Gesprächsverhalten zu gelingender Kommunikation beizutragen,

... eine eigene Position zu entwickeln und diese überzeugend zum Ausdruck zu bringen,

... faire sowie themen- und lösungsorientierte Beiträge im Rahmen von Debatten zu formulieren,

... sprachliche Manipulationstechniken zu erkennen und sich gegen diese zur Wehr zu setzen.

**Lehrer:** Sprechen wir über Fridays for Future!

**Schüler:** Der will uns doch nur wieder vorhalten, dass wir die Schule schwänzen!

# Verstehen und verstanden werden

## Kommunikationsstörungen erkennen und zum Gelingen von Kommunikation beitragen

*Anike Hage*

**Die Wolke. Nach einem Roman von Gudrun Pausewang. Graphic Novel** (Auzug, 2008)

*Die 15-jährige Janna ist Opfer eines Reaktorunfalls geworden. Durch den Kontakt mit radioaktiv verseuchtem Regen erkrankte sie und verlor in Folge ihre Haare. Nach einem langen Krankenhausaufenthalt muss sie zu ihrer Tante ziehen und dort als „Neue" eine ihr fremde Schule besuchen.*

1 Sieh dir den Auszug aus der Graphic Novel genau an. Notiere drei Adjektive, mit denen sich deiner Meinung nach die Beziehung zwischen Janna und ihren neuen Mitschülern beschreiben lässt.

2 Nennt euch in Partnerarbeit gegenseitig eure Adjektive. Lasst dann den anderen begründet erklären, ob er die Wahl der Adjektive passend findet.

**3** Als Janna die Klasse betritt, kommunizieren die Jugendlichen der Klasse bereits mit ihr, ohne dabei etwas sagen zu müssen. Sprecht in der Klasse darüber, wie diese Art der Kommunikation funktioniert und wie sie von Janna aufgefasst werden könnte.

**4** Bearbeite zu den markierten Bildern links eine der folgenden Aufgaben:

- Überlege dir eine passende Regieanweisung, wie die Aussagen der beiden Mädchen von zwei Sprecherinnen gesprochen werden könnten, und begründe kurz deine Wahl.

- Formuliere eine Vermutung, warum Janna auf die Aussage des anderen Mädchens so reagiert, wie sie es tut.

- Formuliere zwei mögliche alternative Antworten von Janna. Begründe deine Wahl.

---

### So erkennst du Kommunikationsstörungen

Immer wieder kann es in einer Kommunikation, bei der ein „Sender" über einen „Code" (eine gemeinsame Sprache) eine „Nachricht" an einen „Empfänger" übermittelt, zu Störungen kommen. Auf der Suche nach möglichen Gründen solltest du dir daher folgende Punkte vor Augen führen.

#### 1. Man kann nicht „nicht kommunizieren".
Auch wenn du nichts sagst, sendest du über deine Mimik, Gestik und Körperhaltung bewusst oder unbewusst Signale aus, die von anderen gedeutet werden. Dabei kommt es häufig zu Fehlinterpretationen. So lässt sich beispielsweise Schweigen als Desinteresse oder Unsicherheit auslegen, ein Lächeln als Ausdruck von Sympathie oder Verachtung. Achte daher darauf, dass deine Körpersprache zu deinen verbalen Aussagen passt, und stelle über Mimik und Gestik Kontakt zu deinem Gegenüber her.

#### 2. Jede Kommunikation hat einen Inhalts- und einen Beziehungsaspekt.
Letzterer trägt dazu bei, wie die auf der Inhaltsseite von einem Sprecher vermittelten Informationen vom Empfänger der Nachricht verstanden werden. Wird die Beziehung als negativ eingestuft, kann eine neutrale Aussage schnell als persönlicher Angriff gewertet oder als belanglos abgetan werden. Konzentriere dich bei Gesprächen auf den Inhaltsaspekt und bleibe fair gegenüber anderen, auch wenn du deren Ansicht nicht teilst.

#### 3. Jede Kommunikation ist Ursache und Wirkung.
Dein Gegenüber reagiert auf das, was du sagst. Auf einen (sprachlichen) Reiz folgt also eine (sprachliche / körpersprachliche) Reaktion. Auch dabei kann es zu Kommunikationsstörungen kommen. So könnte dein Gegenüber mit einer abweisenden Haltung reagieren, weil es sich von dir durch eine Aussage angegriffen fühlt. Du wiederum könntest dann ebenfalls gereizt reagieren, weil du dich nicht verstanden fühlst. Jeder sieht also die Ursache für sein sprachliches Verhalten beim anderen.

Nachricht

Sender ···········→ Empfänger

Code

Empfänger ←··········· Sender

**5** Sieh dir nochmals den Auszug aus der Graphic Novel an und erkläre mithilfe des Kastens (→ S. 15), an welchen Stellen sich Störungen in der Kommunikation zwischen Janna und den Jugendlichen ihrer neuen Klasse bereits erkennen lassen.

Hörtext: 11039–02

**6** Einige Jugendliche unterhalten sich im Deutschunterricht über den Auszug aus der Graphic Novel „Die Wolke". Hört euch in der Klasse ihre Unterhaltung an und macht euch dazu einige erste Notizen mit Blick auf das Gesprächsverhalten der Jugendlichen.

**7** Setzt euch in Kleingruppen intensiver mit dem Gespräch aus Aufgabe 6 auseinander. Hört euch das Gespräch nochmals an und diskutiert, ob ihr die Kommunikation zwischen den Jugendlichen eher als gelungen oder misslungen einstufen würdet. Notiert entsprechende Begründungen für eure Einschätzung.

**8** Tauscht euch in der Klasse über eure Ergebnisse zu Aufgabe 7 aus. Haltet schriftlich Beispiele fest, die für eine gelungene Kommunikation und die für vorliegende Kommunikationsstörungen sprechen. Formuliert gemeinsam konkrete Verbesserungsvorschläge, um mögliche Kommunikationsstörungen zu vermeiden.

| Beispiele für eine gelungene Kommunikation | Beispiele für Kommunikationsstörungen | Verbesserungsvorschläge, um Kommunikationsstörungen zu vermeiden |
|---|---|---|
| … | … | … |
| … | … | … |

Das musst du können

**So trägst du zu einer gelingenden Kommunikation bei**

### Nachfragen

Manchmal misslingt Kommunikation, weil sich die Gesprächspartner falsch oder nicht verstehen. Das lässt sich einfach vermeiden, indem du **als Sprecher** nachfragst, was von dem von dir Gesagten bei deinem Gegenüber angekommen ist. Frage auch **als Zuhörer** nach, wenn du dir nicht sicher bist, ob du das, was dein Gegenüber gesagt hat, richtig verstanden hast.

### Ich-Botschaften senden

Häufig greifen wir unser Gegenüber mit Aussagen wie „Du siehst das viel zu engstirnig." an und riskieren dadurch, dass die Kommunikation in einen Streit mündet oder sogar abbricht. Nutze deshalb eher Ich-Botschaften, bei denen du deine eigenen Gedanken und Gefühle bewusst an- bzw. aussprichst, z. B. „Ich empfinde es als ..." / „Meiner Ansicht nach sollte ...". Diese Äußerungen drängen dein Gegenüber nicht gleich in die Defensive.

### Rahmenbedingungen fair gestalten

Kommunikation auf Augenhöhe gelingt häufig besser als eine Kommunikation, bei der einer der Sprechenden dem anderen unterliegt, was Redezeit, (Vor-)Wissen zum Gesprächsthema und sprachliche Ausdrucksmöglichkeiten anbelangt. Hier sollten dieselben Voraussetzungen für alle geschaffen werden und gelten.

**9** Findet euch zu sechst zusammen. Führt ein fünfminütiges Gespräch zu einem von euch gemeinsam festgelegten Thema, wobei jeder eine der folgenden Rollen übernimmt.

| | |
|---|---|
| **Rolle 1** | Wer diese Rolle von euch übernimmt, greift die anderen Gesprächsteilnehmer immer wieder an oder macht deren Sichtweisen lächerlich. |
| **Rolle 2** | Wer diese Rolle übernimmt, konzentriert sich aufs Thema. |
| **Rolle 3** | Wer diese Rolle übernimmt, weicht immer wieder vom Thema ab. |
| **Rolle 4** | Die Person, die diese Rolle spielt, versucht immer auf das Gesagte seiner Vorredner einzugehen. |
| **Beobachter** | Die zwei aus eurer Gruppe, die die Beobachterrolle übernehmen, machen sich während des Gesprächs Notizen zum Gesprächsverhalten und zum Interagieren der Gesprächsteilnehmer. |

**10** Tauscht euch in der Gruppe über eure Eigen- und Fremdwahrnehmung aus.
Geht dabei auf folgende Fragestellungen ein:
- Wer war in seiner Rolle am überzeugendsten und warum?
- Wie wurde auf die anderen in der Kommunikation eingegangen?
- Wie haben sich die Gesprächsteilnehmer in ihrer Rolle gefühlt und warum?
- Wie müssten sich alle Gesprächsteilnehmer verhalten, damit die Kommunikation gelingt?

# 1

# Der Weg ist das Ziel
## Diskussionen und Debatten planen

**1** Soll Autoverkehr in Innenstädten verboten werden? – Positioniert euch zu dieser Frage entlang der folgenden Meinungslinie.

**Ja**, definitiv.          Ich bin mir **nicht sicher**.          **Nein**, auf keinen Fall.

**2** Wählt jeweils zwei Jugendliche aus, die sich eher auf der linken, eher auf der rechten sowie genau in der Mitte der Linie positioniert haben, und lasst diese ihre Positionierung kurz begründen.

**3** Tauscht euch in der Klasse darüber aus, wie die Aussage des Jugendlichen zu verstehen ist.

„Ich finde, dass man sich erst einmal intensiver mit verschiedenen Sichtweisen auf diese Entscheidungsfrage beschäftigen muss, um darüber zu diskutieren, ob Autos in Innenstädten verboten werden sollen oder nicht."

**4** Um fair und lösungsorientiert über ein Thema zu diskutieren, könnt ihr euch vorab genauer darüber informieren. Bearbeitet zu diesem Aspekt eine der folgenden Aufgaben.

- Formuliert eine Einschätzung, ob es sinnvoll ist, beispielsweise nur einen Artikel aus der Tageszeitung zum Diskussionsthema zu lesen.

- Notiert Ideen, wie ihr seriöse und zum Thema passende Informationen für eine Diskussion sammeln könnt.

- Welche Sichtweisen, die der Jugendliche in Aufgabe 3 anspricht, sollten bei der Diskussion berücksichtigt werden? Sammelt Beispiele und begründet kurz eure Wahl.

Link: 11039–03

**5** Informiert euch mithilfe des Links über das Thema „Nachhaltige Mobilität".
Haltet stichpunktartig Informationen fest, die euch für die Beantwortung der Entscheidungsfrage „Soll Autoverkehr in Innenstädten verboten werden?" hilfreich erscheinen.

### Der Aufbau eines Arguments

Ein überzeugendes Argument für deine eigene Position setzt sich aus einer Behauptung, der überzeugenden und nachvollziehbaren Begründung für diese, einem veranschaulichenden Beispiel und dem abrundenden Bezug zur eigenen Position zusammen, wobei alle vier „Bs" sinnvoll miteinander verknüpft sein sollten. Begründungen als Kern jedes Arguments sind besonders überzeugend, wenn sie sich auf belegbare Fakten oder Expertenaussagen stützen (→ S. 243).

**6** Formuliert in Partnerarbeit mithilfe der Informationen aus dem Artikel zwei Argumente, die für (= pro) das Verbot von Autoverkehr in Innenstädten sprechen.

**7** Der Artikel über „Nachhaltige Mobilität" beleuchtet vor allem den Aspekt „Natur- und Umweltschutz". Sammelt in der Klasse Ideen, welche Aspekte für die Frage „Soll Autoverkehr in Innenstädten verboten werden?" noch von Bedeutung sein könnten.

**8** Sammelt in Kleingruppen weitere Informationen, die ihr für eine Diskussion zum Thema „Soll Autoverkehr in Innenstädten verboten werden?" nutzen könnt. Erstellt eine Pro-/ Kontra-Liste mit Argumenten für und gegen das Fahrverbot von Autos in Innenstädten.

| Soll Autoverkehr in Innstädten verboten werden? | |
| --- | --- |
| Pro | Kontra |
| ... | ... |

**9** Findet euch in Zweierteams zusammen. Teilt die Pro- und die Kontra-Position unter euch auf. Diskutiert dann fünf Minuten über dieses Thema, wobei ihr eure jeweilige Position entsprechend vertretet.

**10** Tauscht euch in eurem Zweierteam über folgende Fragestellungen aus:
- Waren die Argumente des Gegenübers überzeugend und wenn ja, warum bzw. wenn nein, warum nicht?
- Hattet ihr das Gefühl „auf Augenhöhe" zu diskutieren oder habt ihr euch in eurer Rolle unwohl gefühlt? Woran könnte das jeweils gelegen haben?
- Wie stuft ihr euer eigenes Gesprächsverhalten ein? Wie hat euer Gegenüber euch wahrgenommen?

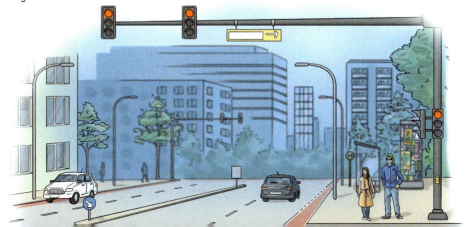

**11** In einem Internet-Forum haben sich User für / gegen eine Einschränkung von Autoverkehr in Innenstädten ausgesprochen. Bewerte die Aussagen hinsichtlich ihrer Qualität (Überzeugungskraft, Ausdrucksvermögen) und begründe jeweils kurz deine Einschätzung.

**123Thom**
Kein öffentliches Verkehrsmittel kommt an das Auto ran. Mit Bus, Bahn und Co. ist man ewig unterwegs. Da kurvt man dann locker mal 'ne Dreiviertelstunde durch die Gegend, wo man mit dem Auto grad mal fünf Minuten gebraucht hätte. Und die ganze Umsteigerei. Na ja, und Sitzplatz – Fehlanzeige. Nee! Autofahren ist viel entspannter.

**Caro<3**
Für mich als alleinerziehende Mutter im Berufsleben wäre ein Verzicht auf ein Auto ein reiner Albtraum. Meine beiden Jüngsten können nicht allein in den Kindergarten gehen und wenn ich erst umständlich mit dem Bus dorthin fahren müsste, käme ich nicht mehr rechtzeitig zur Arbeit. Auch ein Wochenendeinkauf wäre mit öffentlichen Verkehrsmitteln nicht zu bewältigen.

**Maggie_83**
Ich bin für ein Verbot von Autos in den Innenstädten, weil unsere Kinder in vielerlei Hinsicht unter einem motorisierten Individualverkehr leiden. So haben Studien gezeigt, dass Kinder, die in einer verkehrsreichen Umgebung aufwachsen, deutlich eher von Atemwegserkrankungen betroffen sind. Darüber hinaus werden jährlich eine nicht unerhebliche Anzahl von Kindern bei Verkehrsunfällen in Städten verletzt oder sogar getötet.

**Marius\^^/**
Ich denke, dass eine autofreie Innenstadt bzw. ein eingeschränkter Autoverkehr die Lebensqualität aller Bürger deutlich erhöhen könnte. Autos, die viel Platz benötigen und zudem durch ihre Abgase zur Luftverschmutzung beitragen, reduzieren die Nutzungsmöglichkeiten des öffentlichen Raums. Ohne Autos ließen sich z. B. mehr Räume für Begegnungen schaffen und auch ein Beitrag zum Umweltschutz leisten.

*Verfassertexte*

**12** Im Internet-Forum gibt es die Möglichkeit, auf die Aussagen der User direkt zu antworten. Bearbeite dazu eine der folgenden Aufgaben.

◾ Wähle eine Aussage aus, die dich am wenigsten überzeugt hat, und formuliere dazu ein Gegenargument.

◾ Positioniere dich für oder gegen die Einschränkung von Autoverkehr in den Innenstädten. Wähle dann die zwei Aussagen der anderen Seite aus und verfasse dazu jeweils ein Gegenargument.

◾ Formuliere zu allen Aussagen aus Aufgabe 11 jeweils ein überzeugendes Gegenargument.

## Debatte und Diskussion

Das musst du wissen

Eine **Diskussion** ist ein **Meinungsaustausch**, bei dem es um die **Klärung einer offenen Fragestellung** geht. Alle Diskutierenden können ihre Positionen einbringen und vertreten, diese aber auch im Laufe der Diskussion nochmals ändern. Im Idealfall steht am Ende der Diskussion ein **Konsens**, d. h. eine Übereinstimmung der Meinungen. Eine **Debatte** ist ein **Streitgespräch nach festen Regeln**. Diskutiert wird über eine **Entscheidungsfrage**, zu der sich klar gegensätzliche Ansichten (Pro-/Kontra-Position) einnehmen und sachlich vertreten lassen. Am Ende steht kein Konsens, sondern die Frage, welche Seite mit ihren Argumenten mehr überzeugen konnte.

Teilnehmer an einer Debatte müssen sich präzise ausdrücken, ihren eigenen oder zugelosten Standpunkt sachlich vertreten sowie fair auf die Argumente der Gegenseite eingehen können. Für Jugendliche gibt es seit 2001 den Bundeswettbewerb „Jugend debattiert", bei dem Jugendliche in verschiedenen Altersstufen in öffentlichen Debatten gegeneinander antreten können.

**Jugend debattiert**

Link: 11039–04

**13** Lest euch die Informationen aus dem Kasten durch. Tauscht euch darüber aus, ob ihr selbst schon einmal eine Diskussion oder Debatte verfolgt oder sogar an einer teilgenommen habt. Formuliert gemeinsam Antworten auf die folgenden Fragen:
- In welchem Rahmen fand diese statt?
- Wer (z. B. Fachleute aus Medizin oder Wirtschaft) nahm daran teil?
- Wie lief sie ab bzw. wer sprach wann und wie lange?
- An welche Regeln mussten sich die Debattierenden halten bzw. wurden die Debattierenden bewusst auf bestimmte (Verhaltens-)Regeln hingewiesen?
- Gab es eine Moderatorin / einen Moderator?

**14** Erklärt euch zu zweit mithilfe der nachfolgenden Grafik den Ablauf einer „Jugend debattiert"-Debatte. Macht euch stichpunktartig Notizen dazu – wenn möglich, nutzt dafür das Arbeitsblatt und auch den Link zum Bundeswettbewerb.

Arbeitsblatt: 11039–05

| | | | | |
|---|---|---|---|---|
| **Eröffnungsrunde** | P1 | P2 | C1 | C2 | jeweils 15 Sek. vor Ende |

| | | | | |
|---|---|---|---|---|
| | 1 – 2 min | 1 – 2 min | 1 – 2 min | 1 – 2 min | |

**Freie Aussprache** — P1 P2 C1 C2 — *keine festgelegte Reihenfolge!*

6 – 12 min — 15 Sek. vor Ende

**Schlussrunde** — P1 P2 C1 C2 — jeweils 15 Sek. vor Ende

1 min — 1 min — 1 min — 1 min

(Übungsdebatte: Verkürzung auf nicht unter 45 Sek. pro Redner)

© Strukturschema W. Poeppel

„P" = Redner der Pro-Seite, die für die Einführung/Beibehaltung einer Maßnahme sind

„C" = Redner der Kontra-Seite, die sich dagegen aussprechen

Die Debatte kann sowohl als Übungsdebatte, als auch als reguläre Debatte (farbige Zeitangaben) durchgeführt werden.

Es debattieren immer zwei Personen für die Pro-Seite und zwei für die Kontra-Seite.

# Der Umwelt zuliebe?

## Debatten durchführen und auswerten

**1** In eurer Klasse soll eine Debatte im Stil von „Jugend debattiert" zur Entscheidungsfrage „Sollen in der Innenstadt mehr Radwege angelegt werden?" stattfinden. Teilt euch in sechs Gruppen auf und tauscht euch in eurer Gruppe zunächst einmal frei über diese Fragestellung aus.

**2** Bestimmt zwei Teams, die sich für (Pro-Gruppe 1 und Pro-Gruppe 2) und zwei Teams, die sich gegen (Kontra-Gruppe 1 und Kontra-Gruppe 2) den Bau weiterer Radwege aussprechen. Die verbleibenden zwei Teams bilden eine Jury, die die Debatten später bewertet, sowie ein Experten-Team „Sprachlicher Ausdruck". Bearbeitet dazu eure entsprechende Gruppenaufgabe:

### Debatten-Teams

- Nutzt die nachfolgende Grafik sowie weitere Materialien, aus Zeitungen, Fachzeitschriften oder dem Internet, um überzeugende Argumente für euren Standpunkt (Pro oder Kontra) zu entwickeln.
- Gewichtet die Argumente und überlegt, welches ihr in einer Debatte bereits in der Einführungsrunde als überzeugendstes anführen könnt.
- Bestimmt am Ende eurer Vorbereitungsphase zwei Debattierende, die eure Ergebnisse in einer Debatte vertreten.

*UBA (2017): Klimaschutz im Verkehr*

### Experten-Team „Sprachlicher Ausdruck"

Erstellt für die Debattierenden eine Liste mit Satzanfängen, die diese zur Formulierung eigener Argumente sowie zum Erwidern auf Fremdargumente nutzen können.
Die Beispiele bieten euch einen ersten Orientierungsrahmen.

| Formulieren eigener Argumente | Erwidern auf Fremdargumente |
|---|---|
| Vertreten des eigenen Standpunkts: *Ich bin der festen Überzeugung, dass ... Meiner Ansicht nach muss ein zentrales Augenmerk auf ... gelegt werden, weil ...* | Aufnehmen des Arguments der Gegenseite: *Es ist sicher richtig, wenn du davon ausgehst, dass ...; allerdings vergisst du dabei ... Ich kann verstehen, wenn du davon ausgehst, dass .... Dennoch möchte ich ...* |

### Jury-Team

Die Jurymitglieder bei „Jugend debattiert" bewerten die Debattierenden z. B. nach deren „Sachkenntnis", „Ausdrucksvermögen", Gesprächsfähigkeit" und „Überzeugungskraft". Erstellt einen Beurteilungsbogen für vier Debattierende, bei dem ihr diese vier Punkte und gegebenenfalls weitere Aspekte noch genauer ausformuliert. Überlegt euch, wie ihr die Debattierenden beobachten wollt, z. B. jedes Jurymitglied konzentriert sich nur auf eine Person.

**3** Lasst euch vom Experten-Team „Sprachlicher Ausdruck" deren Ergebnisse präsentieren. Ergänzt diese gegebenenfalls noch in der Klasse.

**4** Führt nun eine erste Übungsdebatte mit Mitgliedern aus Team Pro (Gruppe 1 oder Gruppe 2) und aus Team Kontra (Gruppe 1 oder Gruppe 2) durch.

**5** Tauscht euch in der Klasse über den Ablauf der ersten Debatte aus. Geht darauf ein, wie die Debatte von den Zuschauern und den Debattierenden selbst wahrgenommen wurde. Lasst dann die Jury ihre Einschätzungen präsentieren.

**6** Haltet schriftlich Tipps fest, wie ihr den Ablauf einer Debatte für alle Beteiligten (Debattierende, Jury) noch optimieren könntet.

**7** Führt nun eine zweite Debatte mit den Pro- / Kontra-Gruppen, die noch nicht debattiert haben, durch. Aus dem Jury-Team werden jetzt Zuschauer und aus dem Experten-Team die Jury. Die Zuschauer machen sich Notizen, ob die Tipps aus Aufgabe 6 gut umgesetzt werden konnten.

**8** Wertet die zweite Debatte analog zu Aufgabe 5 aus.

# Vorausschauendes Fahren
## Sprachliche Manipulationstechniken erkennen

**1** Seht euch die nachfolgende Karikatur an. Tauscht euch in der Klasse über deren Inhalt und Komik aus.

© Gerhard Mester: *Klimawandel gibt es nicht*

**2** Wie bewertet ihr die Überzeugungskraft der Aussagen des Sprechers in der Karikatur aus Aufgabe 1? Geht dabei auch auf die Art und Weise ein, wie er in seinen Aussagen und durch seine Körperhaltung auf die Frage nach einem möglichen Klimawandel reagiert.

**3** Tauscht euch in der Klasse über die Einschätzung der Jugendlichen aus. Sammelt gemeinsam Ideen, was diese unter „Manipulation durch Sprache" verstehen könnte.

„Gut, bei der Karikatur steht dem Sprecher am Ende das Wasser regelrecht bis zum Hals – aber im realen Leben hätte er durch seine Aussagen sicherlich viele auf seine Seite ziehen können. Ich sag nur: Manipulation durch Sprache!"

→ Hilfe S. 302 **4** Untersucht den nachfolgenden Auszug aus einem Zeitungsartikel mithilfe des Kastens (→ S. 25) auf die Verwendung sprachlicher Manipulationstechniken. Notiert die entsprechenden Textstellen (Zeilenangabe), benennt die Techniken und geht auf deren mögliche Wirkung auf den Rezipienten ein.

## Der Mensch ist wichtiger als das Auto

Es ist so einfach, Autofahrer zu verdammen. Wenn sie einem nicht den Weg abschneiden, verpesten sie die Luft. Sie sitzen in ihren tonnenschwe-
5 ren Fahrzeugen, betrieben von einem Rohstoff fressenden Motor, und bewegen sich in Städten nur meterweise vorwärts. Für Fahrrad fahrende Urbanisten fühlt sich das an, als radle man
10 durch ein düsteres Zukunftsszenario, das bereits Realität ist. […]
Die Argumente für das Auto kennt jeder: In manchen Lebenssituationen, und besonders auf dem Land, geht es
15 nicht ohne. An der Autoindustrie hängt der Wohlstand. Das freundliche E-Auto kommt ohnehin bald. Freie Fahrt für freie Bürger ist ein demokratisches Recht. Mag alles sein, aber:
20 Am Ende ist der Mensch wichtiger als das Gerät. Erst eine Stadt, in der nur noch begrenzt Autos unterwegs sind, ist kinder- und familienfreundlich. Wer wirklich etwas für die nächste Generation tun will, fährt sie nicht
25 mit Verbrenner zum Ballett, sondern schützt die Umwelt. […]
Ja, der deutsche Wohlstand hängt vom Auto ab – aber noch viel mehr vom Klima. Zeit also, sich schleunigst
30 umzustellen, wirklich in neue Industrien zu investieren, wirtschaftlich, finanziell, politisch. Und ja, Städte sind bereits überfüllt, Pendler wird es immer geben. Wer das Land stärken
35 will, muss deshalb auch Mittelstädte fördern, die Jobs, Kultur und Ruhe bieten. Dort kann man übrigens vor allem eines gut: zu Fuß gehen.

*Nakissa Salavati, www.sueddeutsche.*
*de/wirtschaft, 03.12.2018*

Das musst du können

### So erkennst du sprachliche Manipulationstechniken

**Manipulation durch „sprachliche Kniffe"**
- Wiederholung von Begriffen
- Verwendung von Übertreibungen / Untertreibungen
- Verwendung des einbeziehenden „pluralis auctoris" (= wir), z. B. *Wir sind doch alle der Auffassung, dass …!*
- Verwendung von Suggestivfragen, wie z. B. *Du warst doch auch schon einmal verärgert über …!*
- Verwendung von Zitaten vermeintlicher Autoritäten, wie z. B. *Das hat bereits Sokrates erkannt, indem er ….*

**Manipulation durch das Erzeugen von Gefühlen**
- Erzeugen von Angst durch das Ausmalen schrecklicher Folgen eines bestimmten Verhaltens, häufig verbunden mit Zeitdruck wie z. B. *Morgen ist es zu spät …*
- Wecken von Schuldgefühlen / Mitleid, wie z. B. *Du kannst doch nicht wollen, dass XY unter … leiden muss …*
- Appell an die Vernunft / das Verantwortungsbewusstsein des Gegenübers

**Manipulation der vermittelten Informationen**
- Abwertung / Verharmlosung / Ausklammerung von wichtigen Informationen (der Gegenseite) sowie Aufwertung von Nebensächlichkeiten
- Verknüpfung von Information mit eigener, subjektiver Bewertung

**5** Ein Praktikant möchte auch einen Beitrag zur Diskussion um das Thema „Autofreie Innenstädte" für die Zeitung verfassen. Bei der Wortwahl des ersten Satzes ist er sich noch unsicher. Finde alternative Ausdrücke für das unterstrichene Wort.

*Jeden Tag muss man als Fußgänger in der Innenstadt gegen eine regelrechte Autoflut ankämpfen.*

**6** Verfasse eine kurze Erklärung, auf welche manipulativen Sprachtechniken im Beispielsatz aus Aufgabe 5 zurückgegriffen wurde.

**7** Erstellt in Partnerarbeit eine Liste von möglichen Kommunikationssituationen, in denen häufig auf sprachliche Manipulationstechniken zurückgegriffen wird. Vergleicht eure Ergebnisse in der Klasse.

**8** Seht euch die folgende Karikatur an und erklärt deren Inhalt und Komik.

© Gerhard Mester: #Abwrackprämie #Klimakrise

**9** Überlegt euch, wie man Menschen vom Kauf eines SUV – trotz bestehender Diskussion um eine nachhaltige Mobilität – überzeugen könnte, und bearbeitet dazu eine der folgenden Aufgaben.

  ■ Verfasst einen kurzen Werbetext, in dem ihr die Vorzüge eines SUV in besonderem Maße hervorhebt.

  ■ Verfasst einen kurzen Werbetext für den Kauf eines SUV. Nutzt darin verschiedene sprachliche Manipulationstechniken.

  ■ Bearbeitet die rote Aufgabe und begründet jeweils kurz die Wahl der eingesetzten Manipulationstechniken.

**Auf Augenhöhe mit anderen kommunizieren**

**10** Entlarve bei dem folgenden Streitgespräch die sprachlichen Manipulationstechniken in den Aussagen. Überlege dir, was die Gegenseite jeweils darauf erwidern könnte.

| Person A spricht sich gegen ein Autoverbot in Innenstädten aus. | Person B spricht sich für ein Autoverbot in Innenstädten aus. |
| --- | --- |

Wie kannst du als Radfahrerin nur so egoistisch sein und nur an dich denken?

Das verstehst du natürlich nicht, weil du noch nie von einem Auto angefahren wurdest.

Alle beklagen sich über die langen Wartezeiten bei der Bahn! Mit dem Auto kommt man viel schneller von A nach B!

Wir wohnen doch beide in München. Da kannst du sicherlich nachvollziehen, wie gefährlich es auf den Straßen durch erhöhten Autoverkehr in den letzten Jahren geworden ist.

# Was DU schon kannst!

## Kompetenztest

**Kaja:** Du gehst immer davon aus, dass das alle so sehen wie du.

**Fabian:** Der öffentliche Personennahverkehr ist einfach die beste Wahl.

**Kaja:** Aber mit den zunehmenden Preisen nicht für jeden finanzierbar.

**Fabian:** Du kannst doch nicht wollen, dass wir die Umwelt durch Autoabgase
5 nur einen einzigen Tag länger belasten!

**Kaja:** Und Busse haben keine $CO_2$-Ausstoß oder wie?

**Fabian:** Außerdem ist es wichtig, Mobilität für alle zu gewährleisten.

**Kaja:** *schweigt*

**Fabian:** Das ist ja mal wieder typisch – schmollen, wenn es wirklich wichtig
10 ist.

**Kaja:** Du denkst, ich schmolle?

**Fabian:** Ich bin der festen Überzeugung, dass wir durch eine erhöhte Nutzung
der öffentlichen Verkehrsmittel nicht nur die Umwelt entlasten,
sondern auch unsere Straßen sicherer machen. Wir müssen hier ein-
15 fach vorausdenken und uns gedanklich nicht mehr länger im Kreise
drehen!

**Kaja:** Wer war denn schon mehr als einmal davon genervt, dass es bei Bus
und Trambahn immer zu Verspätungen kommt? Hm?

**Fabian:** *verdreht die Augen und geht weg*

**1** Notiere zwei Stellen, wo die Kommunikation zwischen Kaja und Fabian gestört ist. Erkläre kurz, woran das liegt.

**2** Formuliere drei Tipps, wie das Gespräch zwischen Kaja und Fabian besser verlaufen könnte. Beziehe dich dabei, wenn möglich, auf konkrete Aussagen, die du entsprechend umformulierst.

**3** In ihren Aussagen greifen Kaja und Fabian auch auf verschiedene Manipulationstechniken zurück. Zeige dies an zwei konkreten Sätzen aus dem Gespräch, indem du die dort verwendete Technik kurz erläuterst.

**4** Formuliere zum Stichwort „nachhaltige Mobilität in Innenstädten" jeweils ein Diskussionsthema und ein Debattenthema und erkläre an diesen den Unterschied zwischen einer Diskussion und einer Debatte.

**5** Begründe kurz, ob du einem Debattierclub an deiner Schule beitreten würdest.

**6** Positioniere dich zu der Entscheidungsfrage „Sollen in Innenstädten mehr beruhigte Straßen für Fußgänger geschaffen werden?". Formuliere dann zu deinem Standpunkt ein passendes Argument.

**7** Formuliere ein Gegenargument zu der nachfolgenden Aussage. Zeige dabei dem Sprecher, dass du seine Aussagen verstanden hast und sie ernst nimmst.

„Der motorisierte Verkehr hat durch die Emission von Klimaanlagen, Luftschadstoffen und Lärm sowie die Inanspruchnahme großer Flächen in den Innenstädten und den mit ihm verbundenen enormen Ressourcenverbrauch nach wie vor extrem negative Auswirkungen auf unsere Umwelt und damit auch auf uns. Wer verantwortungsvoll handeln will, sollte daher innerhalb seines Wohnorts Strecken nur zu Fuß zurücklegen."

**8** Gib zwei Voraussetzungen an, damit eine Debatte sinnvoll durchgeführt werden kann.

**9** Benenne drei Aspekte, nach denen eine Jury Debattierende bewerten kann. Wähle einen Punkt aus und erkläre genauer, was man darunter versteht.

Kommunikations-
störungen erken-
nen und zu gelingen-
der Kommunikation
beitragen

Sprachliche
Manipulations-
techniken
erkennen

In Diskussionen
und Debatten
argumentieren

Debatten
durchführen und
Debattierende
bewerten

# 2 Kleine Welten – ganz groß!

## Sachtexte lesen, untersuchen, verstehen

1 Deine Stadt bietet in den Ferien eine Sommerakademie für Jugendliche zum Motto „Kleine Welten – ganz groß!" an. Betrachte die Bilder der Doppelseite. Sammelt in der Klasse Ideen, zu welchen Themen Workshops angeboten werden könnten.

2 Welchen Workshop würdest du besuchen? Gehe auf eure Vermutungen aus Aufgabe 1 ein, begründe deine Wahl kurz.

3 Lies den Text zum „Mikrokosmos". Erörtert und beantwortet im Klassengespräch die Fragen: Welche wesentlichen inhaltlichen Aussagen macht der Text? Handelt es sich eher um einen informierenden oder um einen meinungsbildenden Text? Wo könnte er veröffentlicht worden sein?

4 Gestalte ein kleines Quiz auf der Grundlage des Textes: Notiere Fragen und knappe Antworten.

5 Sammelt in der Klasse Ideen: Worauf wird der Leser stoßen, wenn er den unterstrichenen Links folgt?

Was weißt
du noch?
Teste dich:
11039–06

## Mikrokosmos

Der Mikrokosmos (aus griech. *mikrós* ‚klein‘ und *kósmos* ‚Welt‘ oder ‚(Welt-)Ordnung‘) bezeichnet in den Naturwissenschaften die Welt des sehr Kleinen, die erst durch Mikroskope richtig entdeckt und untersucht werden konnte. Zuvor aufgestellte Thesen, die spekulativ waren und von bekannten Naturgesetzen ausgingen, konnten erst durch den Einsatz von Mikroskopen überprüft werden. Durch die Mittel der modernen Wissenschaft wird klar, dass nicht alle bekannten Gesetze auf den Mikrokosmos übertragbar sind. So herrschen in der Welt der Ameisen, Bakterien oder Atome eigene Gesetze, Möglichkeiten und Probleme. Zudem zeigt sich, dass mit abnehmender Masse die Gesetze der Quantenmechanik zutreffen und nicht mehr die der klassischen Physik.

Wie faszinierend kleine Welten sein können, erfährst du in diesem Kapitel und lernst dabei, …

… Texte zu untersuchen und Lesetechniken und -strategien zu nutzen,

… anspruchsvolle Fachtexte zu lesen und zu verstehen,

… die Sprache, die Verständlichkeit und die Qualität von Texten zu vergleichen,

… Strukturen von Texten und Hypertexten zu beschreiben und zu vergleichen.

# Die Vergrößerung kleiner Welten
## Texte untersuchen, Lesestrategien nutzen

**1** Eine Arbeitsgruppe der Sommerakademie hat einige Texte zum Mikroskopieren gesammelt. Lies die Texte kursorisch (→ S. 35) und mache dir Notizen: Um welches Thema geht es? In welchem Bezug steht es zum Motto der Sommerakademie?

**2** Untersuche und beschreibe die Texte nun genauer. Gestaltet arbeitsteilig für jeden Text einen Steckbrief. Nutzt die Kriterien im Kasten. Stellt euch die Ergebnisse vor.

---

**Das kannst du bereits**

### So untersuchst und beschreibst du pragmatische Texte

Bei der Untersuchung pragmatischer Texte kannst du folgendermaßen vorgehen:
- Benenne das Gesamtthema des Textes.
- Kläre und benenne die Textabsicht. Unterscheide vor allem zwischen informierenden und meinungsbildenden Texten.
- Nenne die wesentlichen Kernaussagen und gegebenenfalls die Argumente.
- Beschreibe die sprachliche Gestaltung des Textes (z. B.: Sprachstil, Wortwahl, Satzlänge).

Beantworte auch folgende weiterführende Fragen:
- In welchem Medium ist der Text veröffentlicht?
- An welche Adressaten richtet sich der Text?
- Wie ist der Text gestaltet? Ergänzen Bilder den Text? In welchem Verhältnis stehen diese zum Text?

Prüfe bei Zeitungstexten, welche journalistische Textsorte vorliegt.

---

**3** Bearbeite eine der folgenden Leseaufgaben. Achte darauf, welche Lesetechniken und -strategien (→ S. 35) du anwendest. Besprecht nach der Präsentation der Ergebnisse auch, welche Techniken und Strategien bei der Bearbeitung zielführend waren.

- Ergänze bei Text 3 die fehlenden Beschriftungen in der Zeichnung.

- Erstelle mithilfe von Text 4 eine Zeitleiste zur Geschichte des Mikroskopierens.

- Gib Text 2 eine Schulnote, die die Verständlichkeit des Textes sowie seine Glaubwürdigkeit berücksichtigt. Begründe die Note in einem kurzen Text.

---

Text 1

Video:
11039–07

Foliennotiz, die während des Videos gezeigt wird:

**Erfolgreich mikroskopieren**

- Präparieren
- Mikroskopieren und Zeichnen
- Okularkamera einsetzen

Text 2

## Neues Mikroskop zeigt Korallen beim Küssen

*La Jolla (dpa) – Mit einem neuen Unterwasser-Mikroskop haben Forscher Korallenpolypen beim „Küssen" beobachtet. Sie vermuten in dem entdeckten Phänomen einen Austausch von Nährstoffen zwischen den kleinen Polypen.*

Das von ihnen entwickelte Unterwasser-Mikroskop präsentieren die US-Wissenschaftler im Fachmagazin „Nature Communications". Es soll vor allem bei der
5 Erforschung der Meere helfen. Unter anderem könne damit das Korallensterben analysiert werden, schreibt das Team um Jules Jaffe und Andrew Mullen von der University of California San Diego in La
10 Jolla.

„Die Gesundheit und die langfristige Dynamik küstennaher Ökosysteme wie Tangwäldern, Mangroven, Seegraswiesen und Korallenriffen sind wesentlich durch
15 die Aktivitäten beeinflusst, die auf Größenordnungen eines Millimeters oder weniger auftreten", schreiben die Wissenschaftler. Ihr Unterwasser-Mikroskop hat eine Auflösung von bis zu 2,2 Mikrome-
20 tern (Tausendstel Millimetern). „Das System ist in der Lage, unter Wasser Dinge zu zeigen, die so klein sind wie eine Zelle", erklärt Mullen. 25

Das Team testete seine Entwicklung zum einen im Roten Meer. Dort brachten die Forscher zwei konkurrierende Korallenarten nah zusammen. In ihren Aufnahmen sahen sie, wie Korallenpoly-
30 pen der Gattung Platygyra feine Fäden aus ihrem Verdauungsorgan ausstülpten, um das Gewebe einer Koralle der Gattung Stylophora durch Verdauungsenzyme zu schädigen. Bei Nachbarn der glei-
35 chen Gattung geschah dies nicht. „Sie können Freund von Feind unterscheiden", so Mullen. […].

*dpa, www.sueddeutsche.de/wissen,*
*12.07.2016*

Text 3

## Aufbau eines Mikroskops

[Die nebenstehende Zeichnung] zeigt den grundsätzlichen Aufbau eines Mikroskops. Das Mikroskop besitzt zwei Linsensysteme: das den Gegenständen
5 (Objekten) zugewandte Objektiv und das dem Auge zugewandte Okular. Beide Systeme wirken wie Sammellinsen. Häufig sind mehrere Objektive verschiedener Brennweite vorhanden, die eine unter-
10 schiedliche Vergrößerung ermöglichen.

Der Abstand zwischen Objektiv und Okular wird durch die Länge des Tubus bestimmt. Der Tubus ist nichts weiter als ein lichtundurchlässiges Rohr. Das
15 Objekt befindet sich auf dem Objekttisch und wird von unten beleuchtet. Das kann durch eine eingebaute Lampe oder durch Tageslicht erfolgen, das durch einen Spiegel in Richtung Objekt reflektiert wird. Um ein scharfes Bild zu erhalten, kann 20 die Entfernung Objektiv – Objekt mithilfe eines Triebrades verändert werden.

*Lernhelfer Schülerlexikon*

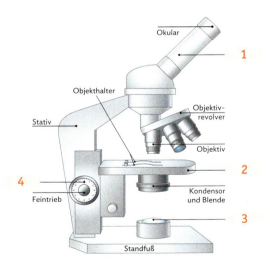

**Text 4** Wer hat das Mikroskop erfunden?

Seneca

Bereits in der Antike war das Prinzip der Vergrößerung bekannt. Der römische Autor Seneca lebte von 1 bis 65 n. Chr., und er berichtet, wie Buchstaben vergrö-
5 ßert erscheinen können. Wenn eine Kugel, die mit Wasser gefüllt ist, über die Buchstaben gehalten wird, wirken sie größer und heller. Besonders schön ist ein Apfel anzusehen, so Seneca weiter,
10 wenn er in einer solchen Kugel schwimmt. In der Antike war den Philosophen aber noch nicht das Phänomen der Lichtbrechung bekannt. Ihre Beobachtungen konnten sie noch nicht systematisch er-
15 fassen, um Vergrößerungen allgemein zu nutzen.

Der muslimische Gelehrte Alhazen (965 bis 1039) entdeckte, dass gewölbtes Glas Gegenstände vergrößert. Durch sei-
20 ne Beobachtung angeregt, wurden aus Glas Lesesteine hergestellt, ähnlich einer Lupe, wie wir sie heute verwenden. Es ist anzunehmen, dass seine Arbeiten auf Roger Bacon (1214 bis 1292) großen Ein-
25 fluss hatten. Dieser ließ ovale Linsen schleifen, die in ein Gestell eingefasst wurden, das auf der Nase getragen wurde: Die Brille war erfunden. […]

Um 1590 begannen verschiedene For-
30 scher, mehrere Linsen miteinander zu kombinieren, um so ein größeres Abbild zu erhalten. Zunächst wurde 3-fach bis 9-fach vergrößert. Im Jahre 1625 erhielt ein Gerät des Johann Faber von Bamberg den Namen Mikroskop. […]
35

*www.mikroskop-technik.de*

**Text 5** Modern Mikroskopieren

Mikroskopieren ist Bestandteil der Lehr- und Bildungspläne in der Biologie und eine wichtige biologische Arbeitstechnik, die Schülerinnen und Schüler kennenlernen sollten. Durch das Mikroskopieren eröffnet sich der Blick auf Gewebe- und zelluläre Strukturen, also auf den ohne das Hilfsmittel des Mikroskops nicht
5 zugänglichen Mikrokosmos, und damit auf die zelluläre Organisationsebene. Aus der Perspektive des Biologieunterrichts dient der Blick durch das Mikroskop zudem dazu, Strukturen und Phänomene auf anderen biologischen Organisationsebenen erklären und damit besser verstehen zu können. Im Unterricht steht aufgrund des leichteren manuellen und technischen Zugangs häufig das Erkennen
10 von zellulären Strukturen im Vordergrund, seltener die Beobachtung von Prozessen, wie beispielweise die Teilung von Pantoffeltierchen.

*Holger Weitzel, Unterricht Biologie Nr. 457, 2020*

**4** Die Leiterin der Sommerakademie hat verschiedene Ideen, die Texte insgesamt zu nutzen und mit ihnen zu arbeiten. Diskutiert in Partnerarbeit, welche Texte ihr jeweils nutzen könntet und welche der unten beschriebenen dokumentierenden Lesestrategien sinnvoller-weise angewandt werden könnten.

Gestaltung eines Flyers zum Motto „Kleine Welten – ganz groß"

Entwicklung eines Kreuzworträtsels für die jüngeren Gäste beim Präsentationstag

Entwurf eines Plakats mit dem Thema „Der Mikrokosmos und seine Erforschung"

Kurzvortrag vor Jugendlichen zum Sinn des Mikroskopierens und zur Vorgehensweise

Das musst du wissen

**So wählst du die passende Lesetechnik /-strategie**

Verschaffe dir zunächst einen Überblick über die Texte, die dir vorliegen (**kursorisches / diagonales Lesen**), entscheide dann, welche weitere Lesestrategie am besten zu deiner Aufgabe und deiner Absicht passt:
- Um die Themenentfaltung zu erfassen, musst du einen Text vollständig und gründlich lesen (**sequenzielles Lesen**).
- Antworten auf Detailfragen findest du durch den Blick in unterschiedliche Text-stellen (**punktuelles Lesen**) und durch die Suche nach einzelnen Schlagwörtern und Teilinformationen (**selektives Lesen**).
- Speziellere Aufgaben, zum Beispiel die Bewertung der Glaubwürdigkeit eines Textes, erfordern ein gründliches und kritisches Lesen (**analytisches Lesen**).

Du kannst dein Leseverständnis auch in Form eines Leseprodukts dokumentieren:
- **Exzerpieren**: Ein Exzerpt führt Autor und Titel an und fasst einen Text in Stichworten und kurzen Sätzen zusammen. Dies kann wichtig sein, um einen Überblick über eine große Menge an Informationen in Texten zu erhalten. Wichtige Zitate notierst du wörtlich in Anführungszeichen. Notiere die Seiten- und Zeilenangabe.
- **In eine übersichtliche Darstellungsform übertragen**: In Form einer Tabelle, einer Mind-Map oder eines Flussdiagramms kannst du die wesentlichen Aussagen sowie die Zusammenhänge einzelner Abschnitte eines langen Textes übersichtlich darstellen.
- **Fragen an den Text stellen und beantworten**: Indem du Fragen an den Text stellst und diese auch durch den Text beantwortest, setzt du dich intensiv mit dessen Inhalt und Aufbau auseinander. Formuliere pro Textseiten ca. zwei bis drei Fragen.

# Die Welt der sehr, sehr kleinen Dinge
## Anspruchsvolle Fachtexte lesen und verstehen

*3D-Simulation: Nanotechnologie in der Zukunftsmedizin*

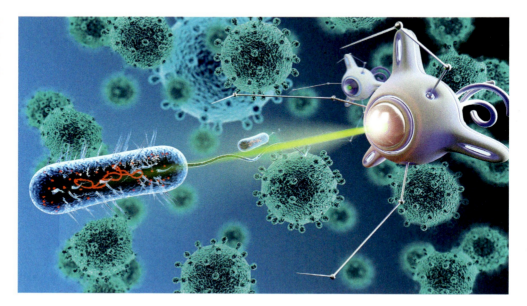

**1** Bei der Sommerakademie hast du dich für einen Workshop zum Thema „Nanotechnologie" eingeschrieben. Verschaffe dir einen Überblick über die Texte und Bilder der → S. 36–43. Tausche dich dann in der Klasse aus: Worum könnte es gehen? Welche Ideen und Erwartungen und welche Fragen habt ihr schon?

**2** Der Leiter des Workshops hat einen recht anspruchsvollen Text als Einstieg gewählt. Lies Text 6 zunächst eine Minute lang kursorisch oder diagonal. Entscheide und begründe, welcher der folgenden Sätze die Kernaussage am ehesten wiedergibt.

   **a)** Der Text erklärt, worum es sich bei den Nanotechnologien handelt, und erörtert deren Vor- und Nachteile in verschiedenen Lebensbereichen.

   **b)** Der Text informiert über den Stand der Forschung im Bereich der Nanotechnologien und wirbt für eine Unterstützung dieser Bemühungen.

   **c)** Der Text erzählt von einigen Errungenschaften der Nanotechnologien, berichtet aber auch von Fällen, in denen diese für den Menschen gefährlich wurden.

**3** Tausche dich in einer kleinen Arbeitsgruppe zu dem Text aus: Notiert, welche Inhalte ihr schon verstanden habt. Notiert auch erste Erfahrungen und Tipps zum Lesen und Verstehen eines solch langen und schwierigen Fachtextes.

**4** Notiert in der Arbeitsgruppe Fragen und Aspekte, auf die ihr beim genaueren Lesen noch einmal achten wollt. Lest den Text dann erneut und besprecht ihn aufgrund eurer Fragen genauer. Fasst eure Ergebnisse zusammen, indem ihr die Vor- und Nachteile der Nanotechniken in einer Tabelle gegenüberstellt.

Text 6  Nanotechnologie                                               FORSCHUNG

*So klein wie ein Fußball im Vergleich zur Weltkugel ist, so winzig ist ein Nanoteilchen im Verhältnis zu jenem Fußball: Ein Nanometer ist ein Milliardstel Meter – mathematisch ausgedrückt also 10 hoch minus 9 Meter. Das Wort „nanos" stammt aus dem Griechischen und steht für Zwerg. Die Nanotechnologie spielt sich in einer Welt mit unvorstellbar kleinem Maßstab ab.*

### Nanotechnologien statt Nanotechnologie

Die eine Nanotechnologie gibt es eigentlich gar nicht: Richtig ist es eher, in der Mehrzahl von Nanotechnologien zu sprechen. Immerhin werden unter dem
5 Begriff zahlreiche Prinzipien aus verschiedenen Natur- und Ingenieurwissenschaften zusammengefasst: aus der Quantenphysik und den Materialwissenschaften, aus der Elektronik und In-
10 formatik, aus der Chemie und Mikro-, Molekular- und Zellbiologie.

Gemeinsam ist all diesen Technologien die Größenordnung, in der sich alles abspielt: die Dimension von einigen
15 Nanometern. Dabei geht es um mehr als nur die Miniaturisierung von Dingen. Im Nanomaßstab entwickeln Stoffe neue Eigenschaften, da hier die Physik zwischen einzelnen Atomen ihre volle Wir-
20 kung entfaltet. Beispielsweise halten Fasern aus Nano-Kohlenstoff Zugkräften extrem stand, Keramik mit Nanozusatz wird transparent, Metall zum Farbpigment oder Glas zum Bindemittel. Und
25 aus diesen neuen Eigenschaften ergeben sich neue Möglichkeiten.

In Sonnencremes beispielsweise dienen Nanoteilchen als Schutzfilter gegen ultraviolette Strahlen. In Socken und
30 Sportbekleidung tötet Nanosilber Bakterien ab und verhindert so, dass die Kleidung bald müffelt. In Lacken und Farben sorgen Nanopartikel für unterschiedliche Farbeffekte und schützen vor Schmutz
35 oder Schimmel. Aluminium-Nanopartikel in Parkett- und Möbellacken verbessern die Kratzfestigkeit. Und das ist erst der Anfang: Die noch recht junge Nano-

technologie gilt als eines der wichtigsten Forschungsgebiete für das 21. Jahrhun- 40 dert. [...]

### Wie Nanotechnologien die Medizin revolutionieren sollen

Besonders in der Medizin wird der Nanotechnologie eine große Zukunft vor- 45 ausgesagt: Nanotechnologien könnten sowohl die medizinische Forschung als auch die Diagnose und Therapie von Krankheiten verändern – und das schon innerhalb der nächsten 20 bis 30 Jahre. 50 [...]

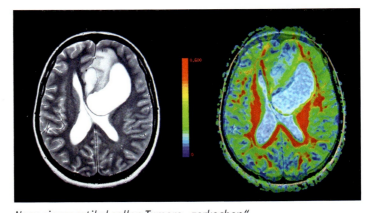

*Nanoeisenpartikel sollen Tumore „zerkochen"*

So sollen metallische Nanopartikel in der Krebstherapie einen entscheidenden Fortschritt bringen: Da Tumorzellen empfindlicher auf hohe Temperaturen reagieren als gesundes Gewebe, 55 werden nanokleine Metalloxide in das kranke Gewebe gebracht, die dann mithilfe elektromagnetischer Wechselfelder erhitzt werden und so die kranken Zellen töten sollen. [...] 60

*Gefahr durch Nanoteilchen?*

### Risiken und Nachteile werden wenig beachtet

Doch so verheißungsvoll die Wünsche und Visionen der Nanoforscher auch sind: Die Risiken für Mensch und Um-
65 welt sind noch längst nicht geklärt. Na-noteilchen sind so winzig, dass sie einge-atmet werden und über die Lunge in den Blutkreislauf gelangen können. Von da können sie in jede Körperzelle eindrin-
70 gen und mitunter sogar die Blut-Hirn-Schranke überwinden. Was die Nano-eindringlinge dann anrichten, ist unklar.

Verbraucher- und Umweltverbände fordern deswegen schon lange, dass Na-
75 noprodukte gekennzeichnet werden müssen. Bisher existieren jedoch noch nicht einmal verpflichtende nanospezifi-sche Testverfahren, die die Sicherheit eines Produkts vor seiner Markteinfüh-
80 rung überprüft, kritisiert der Bund für Umwelt und Naturschutz Deutschland (BUND).

Und so schön die antibakterielle Wir-kung von Nanosilber und Co. in Sportso-cken und Badreinigern ist – mindestens 85 drei potenzielle Nachteile würden sich Experten zufolge auf lange Sicht ergeben:

1. Der mangelnde Kontakt mit Schmutz und Mikroben könnte dazu führen, dass die Menschen nur umso sensibler 90 auf Keime reagieren werden.
2. So manche Bakterien könnten resis-tent gegen die eigentlich antibakteriel-len Nanoprodukte werden, welche dann wiederum gerade im medizini- 95 schen Bereich nutzlos werden.
3. Außerdem kann das Silber aus Nano-produkten, das über die Waschma-schine und Abwässer in Kläranlagen und in die Umwelt gelangt, die natür- 100 lichen Kreisläufe empfindlich stören, zum Beispiel weil es nach Quecksilber das zweitgiftigste Schwermetall für Tiere und Pflanzen im Wasser ist oder Mikroorganismen im Boden beein- 105 trächtigt. [...]

*Franziska Badenschier,*
*www.planet-wissen.de/*
*natur/forschung, 23.12.2016*

*Nanosilber in Socken hilft gegen Gestank*

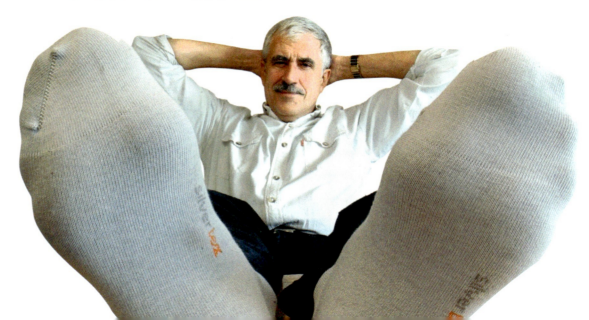

**So liest du anspruchsvolle Fachtexte**

Das musst du können

Fachtexte, die nicht speziell für die Schule oder für junge Leser verfasst wurden, sind oft schwer zu lesen und zu verstehen. Einige Strategien können dir aber dabei helfen:

- Mache dir zunächst das Thema des Textes bewusst und rufe dein Vorwissen dazu auf: Wo hast du von dem Thema schon einmal gehört? Welche einzelnen Informationen hast du dazu?
- Lies den Text dann kursorisch: Lies den Anfang etwas genauer, den Rest nur in Auszügen. Kläre, um welche Themen und welche Kernaussage es jeweils geht.
- Achte beim diagonalen, selektiven oder kursorischen Lesen auch auf Überschriften, Zwischenüberschriften, Illustrationen, Hervorhebungen und Aufzählungen.
- Kläre die Textsorte, die Textabsicht und das Thema des Textes. Mache dir bewusst, was du schon verstanden hast („Verstehensinseln") und wo du noch Verständnis-schwierigkeiten hast.
- Formuliere Fragen an den gesamten Text und an einzelne Textstellen. Lies den Text dann noch einmal gründlich und beantworte möglichst viele deiner Fragen.

**5** Folgende Textkopie wurde durch Markierungen und Notizen ergänzt. Besprecht in Partner-arbeit den Nutzen und Ergänzungen. Formuliert Verbesserungsvorschläge.

So klein wie ein Fußball im Vergleich zur Weltkugel ist, so winzig ist ein Nanoteilchen im Verhältnis zu jenem Fußball: Ein Nano-meter ist ein Milliardstel Meter – mathematisch ausgedrückt also 10 hoch minus 9 Meter. Das Wort „nanos" stammt aus dem Griechischen und steht für Zwerg. Die Nanotechnologie spielt sich in einer Welt mit unvorstellbar kleinem Maßstab ab. **!**

*klein wie ein Fußball*
*„Nanoteilchen"*
*10 hoch minus 9 Meter*
*griech. nanos ‚Zwerg'*
*„Welt mit unvorstellbar*
*kleinem Maßstab"*

### Nanotechnologien statt Nanotechnologie

Die eine Nanotechnologie gibt es eigentlich gar nicht: Richtig ist es eher, in der Mehrzahl von Nanotechnologien zu sprechen. [...]

*Mehrzahl!*

**6** Der letzte Abschnitt des Textes 6 (→ Z. 61–104) hat einen argumentierenden Charakter. Notiere die enthaltenen Thesen und Argumente stichwortartig.

**7** Prüft in Partnerarbeit, ob die Argumentation sachlich und überzeugend ausgeführt wird. Notiert eine gemeinsame Einschätzung samt Begründungen.

**8** Prüfe die Gestaltung des gesamten Textes noch einmal kritisch.

- Prüfe die Bebilderung: Welche Bilder könnten ersetzt und ergänzt werden?
- Ergänze kurze Inhaltshinweise am Rand des Textes.
- Formuliere einen einleitenden Textabschnitt, der die Inhalte schon zusammenfasst und das Lesen erleichtert.

# Modifikation der molekularen Effizienz und was?!

## Sprache, Verständlichkeit und Qualität von Texten vergleichen

**Bereiche**

**Nanotechnologie**

**Was ist gemeint?**

**zukünftige Entwicklung**

**1** Im Workshop zur Nano-Technologie: Übertrage die Informationen des Textes „Nanotechnologie" (→ Text 6, S. 37 f.) in die begonnene Mind-Map. Vergleicht dann eure Versionen in Partnerarbeit und erstellt eine gemeinsame Version.

**2** Beurteile die Verständlichkeit des Textes „Nanotechnologie" (→ Text 6, S. 37 f.) auf der Skala. Begründe deine Einschätzung und fasse zusammen: Was macht Texte schwer verständlich? Was erleichtert das Verständnis?

schwer verständlich     −3    −2    −1    0    1    2    3    gut verständlich

**3** Diskutiert und klärt zu zweit, an welche Zielgruppen sich der Text wendet.

| Erwachsene – Jugendliche – Kinder | Menschen, die sich |
| --- | --- |
| | ... einen schnellen Überblick verschaffen möchten |
| Experten – Laien – sowohl als auch | ... sich ausführlich informieren möchten |

**4** Lies die folgenden Texte 7–10 (→ S. 41 f.) kursorisch: Benenne anschließend die Themen und Inhalte, die du erfasst hast. Formuliere eine erste Einschätzung zur Verständlichkeit, zu den Absichten und zu den Zielgruppen der Texte. Nutze die Skala aus Aufgabe 2.

**5** Lies die Texte noch einmal genauer: Ergänze die in Aufgabe 1 begonnene Mind-Map um weitere Informationen.

**6** Ordne den Texten die passende Quellenangabe zu und begründe deine Wahl.

**A** *Internetseite der European Food Safety Authority (Europäische Behörde für Lebensmittelsicherheit)*

**B** *Homepage des Bundesministeriums für Bildung und Forschung (Version in leichter Sprache für Menschen, die Deutsch als Zweit- oder Fremdsprache lernen)*

**C** *Internet-Archiv von WAS IST WAS, Verlag für Sachbücher für Kinder- und Jugendliche*

**D** *Homepage mit Nachrichten aus der Forschung und Wirtschaft in Hamburg*

Sachtexte lesen, untersuchen, verstehen

Text 7 **Nano heißt: ganz klein.**

Technologie heißt aus Roh-Stoffen neue Dinge machen. Roh-Stoffe kommen aus der Natur. Das ist zum Beispiel
- Gold und Silber
- Steine
5  • Wasser [...]

Nano-Technologie
Dabei geht es um ganz kleine Dinge.
Aber:
Die Dinge sind nicht nur kleiner.
10 Sie sind auch anders. [...]

Text 8 **IAP CAN1: Riesenmöglichkeiten im ganz Kleinen**

Hamburg gilt als eines der weltweit führenden Zentren in den Nanowissenschaften. Im IAP CAN wird Grundlagenforschung in praktische Anwendungen überführt. [...]

**Nanotechnologie in der Medizin**
5 So könnte Nanotechnologie dabei helfen, Krankheiten früher zu diagnostizieren oder Wirkstoffe zielgenauer zu transportieren. „Der menschliche Organismus versteht sich meisterlich auf den Transport lebensnotwendiger Stoffe wie Fette oder Sauerstoff, aber auch auf die Abwehr von Fremdkörpern", erläutert [Professor Horst] Weller. Wird ein Stoff nicht vom eigenen System transportiert, wird
10 er markiert und vom Immunsystem bekämpft. Das erschwert medizinische Therapieansätze. „Die Nanotechnologie hat hier erste Erfolge erzielen können. Etwa in der Tumorbekämpfung, in der oft eine chemische Keule zum Einsatz kommt, die gesunde ebenso wie kranke Zellen angreift. Mit Hilfe von Nanoteilchen lässt sich in Zukunft voraussichtlich ein wesentlich exakterer Einsatz ermöglichen."

15 **Nanotechnologie in der Konsumgüterindustrie**
Der Einsatz von Nanotechnologie kann aber auch einfach Spaß machen. Nano-Kristalle aus Halbleiter-Materialen, sogenannte Quantum Dots, erlauben brillante Fernsehbilder. Quantum Dots können Licht sehr gut absorbieren und aussenden und erzeugen dabei eine sehr reine und stabile Lichtfarbe. Die Farbe
20 selbst ist abhängig von der Größe seines Kerns: Bei manchen Materialien strahlt ein 2 nm großer Kern blaues Licht aus, rot entsteht, wenn der Kern 6 bis 7 nm groß ist. „So können die primären Farben blau, grün und rot besonders klar voneinander getrennt dargestellt werden, wodurch auch alle Mischfarben eine besonders gute Farbqualität erreichen", betont Weller. Die Quantum Dots werden
25 in Lösung hergestellt und in Flaschen abgefüllt. In Displays werden sie dann in eine Kunststofffolie eingebettet.

[1] **IAP CAN:** Nanotechnik-Forschungsbereich des Fraunhofer Instituts

Text 9   Zwerge erobern die Welt – Nanotechnik im Alltag

Immer wieder hört und liest man von „Nanotechnologie" als wichtigem Forschungsgebiet der Zukunft. Im folgenden Artikel verraten wir euch, was hinter
5   dem Begriff steckt und wo sich Nanotechnik im Alltag verbirgt …

Wer sich als Forscher mit der Nanotechnologie beschäftigt, der muss sehr genau hinschauen. „Nano" kommt aus
10   dem Griechischen und bedeutet Zwerg. Man untersucht Teilchen und arbeitet mit Bausteinen, die sehr, sehr klein sind. Ein Nanometer ist ein Milliardstel Meter. 1 Meter : 1000 = 1 Millimeter : 1000 =
15   1 Mikrometer : 1000 = 1 Nanometer. Das kann man sich kaum vorstellen. Vielleicht hilft der folgende Vergleich: Ein Meter verhält sich zu einem Nanometer, wie die Erde zu einem Tischtennisball.
20   Oder: Würde man jeden Menschen auf der Welt auf Nanomaßstab schrumpfen, dann würde die gesamte Weltbevölkerung, also 6 Milliarden Menschen, ne-

beneinander auf ein Reiskorn passen – und es wäre noch Platz zum Tanzen.   25

**Was ist so interessant an winzigen Bausteinen?**

Winzige Bausteine werden auch Nanopartikel genannt. Das können Moleküle sein, die nur aus wenigen Atomen beste-   30 hen. Es gibt auch Kohlenstoffröhrchen, die einige Nanometer Durchmesser haben, aber mehrere Millimeter lang sein können. Auch sie zählt man zu Nano-Werkstoffen. […] Die Eigenschaften von   35 Nanopartikeln unterscheiden sich deutlich von größeren Teilchen desselben Materials. Weil sie so klein sind, reagieren sie anders auf Temperatur oder Strom, auf Licht oder magnetische Fel-   40 der, als man es normalerweise gewohnt ist. Diese veränderten Eigenschaften machen die Nanopartikel interessant, weil man so Sachen entwickeln kann, die es vorher nicht gab […].   45

Text 10   Nanotechnologie

Die Nanotechnologie ist ein Fachgebiet der angewandten Wissenschaften und Technologien, das sich mit der gezielten Beeinflussung von Materie auf
5   atomarer und molekularer Ebene, normalerweise im Bereich von unter 100 Nanometern, befasst. Nanomaterialien können ganz andere physikalische und chemische Eigenschaften
10   aufweisen als dieselben Stoffe in normalen Abmessungen, z. B. eine erhöhte chemische Reaktivität aufgrund der größeren spezifischen Oberfläche.

Nanotechnologien ermöglichen
15   die Modifikation und Steuerung der Aufnahme von Lebensmittelinhaltsstoffen auf molekularer Ebene. Nanotechnologische Erzeugnisse könn-

ten in der Zukunft einen erheblichen Einfluss auf den Lebens- und Futter-   20 mittelsektor haben, da sie potenziell Vorteile für Industrie und Verbraucher bieten. Dennoch dürfen mögliche Risiken nicht außer Acht gelassen werden. Unternehmen und   25 Forschungseinrichtungen auf der ganzen Welt erforschen und entwickeln derzeit Anwendungen auf Gebieten wie etwa der Beeinflussung der mechanischen und sensorischen Eigen-   30 schaften von Lebensmitteln. […]

Die spezifischen Eigenschaften und Merkmale von Nanomaterialien müssen auf sämtliche potenzielle Gesundheitsrisiken hin untersucht werden.   35

Sachtexte lesen, untersuchen, verstehen

**7** Vergleiche die Texte mithilfe einer Tabelle. Bereite dann eine Antwort auf die Fragen vor: Was macht einen Text schwer verstehbar? Was unterstützt die Verständlichkeit?

→ Hilfe S. 302

|  | Text 6 | Text 7 | Text 8 | Text 9 | Text 10 |
|---|---|---|---|---|---|
| Textlänge |  |  |  |  |  |
| Satzlänge |  |  |  |  |  |
| Wortwahl |  |  |  |  |  |
| Aufbau des Textes |  |  |  |  |  |
| Textabsichten |  |  |  |  |  |
| Umgang mit fachlich anspruchsvollen Themen |  |  |  |  |  |

**8** Klärt in der Klasse den Inhalt des folgenden Textabschnitts. Schreibe den Text danach …

■ … so um, dass er in einem Sachbuch für Kinder und Jugendliche stehen könnte.

■ … in leichter Sprache.

■ … in einer noch stärker an der Fachsprache orientierten Version.

Text 11    **Wie wird Nanotechnologie eingesetzt?**

Nanotechnologie lässt sich in vielen Bereichen einsetzen. Beispielsweise sind Sonnenschutzmittel auf dem Markt, die durch den Einsatz nano-
5 partikulärer chemischer Stoffe transparent statt opak (d. h. deckend) wirken und dennoch einen Schutz vor UV-Strahlen bieten. Im Lebensmittelbereich können nanopartikuläre
10 Stoffe eingesetzt werden, um die Lebensmittelverpackung zu verbessern oder den Nährwert eines Produkts zu erhöhen.    *Verfassertext*

**9** Die Ergebnisse des Workshops sollen in einem eigenen Wiki-Lexikon für Jugendliche deines Alters zusammengefasst werden. Plane und verfasse aufgrund der Informationen der beiden Teilkapitel und der weitergeführten Mind-Map aus Aufgabe 1 einen Lexikoneintrag zum Thema „Nanotechnologie".

# Bienen: Kleine Insekten mit großer Bedeutung

## Strukturen von Texten und Hypertexten beschreiben und vergleichen

**1** Bereite eine mündliche Zusammenfassung des Bienen-Textes vor: Notiere dir Stichwörter oder arbeite mit Notizen und Markierungen auf einer Textkopie.

Text 12
### Die Biene – Kleinstes Nutztier der Welt

Text:
11039–08

*Die Honigbiene ist unser kleinstes Haustier – und eins der wichtigsten: Sie bestäubt achtzig Prozent unserer Nutzpflanzen und viele Wildpflanzen. Obstbauern hätten ohne Bienen kaum etwas zu ernten – und wir kein Honigbrot.*

Honigbienen sind nicht nur für unsere Volkswirtschaft unentbehrlich. Sie sind ein Triumph der Evolution: Seit etwa 40 Millionen Jahren verrichten sie ihr Werk, und das immer nach dem gleichen Staatensystem. Sie haben sechs Beine und Flügel, doch abgesehen davon sind Honigbienen dem Menschen so ähnlich wie kein anderes Insekt. Wie der Mensch leben sie auf dichtestem Raum zusammen und bilden eine äußerst differenzierte Arbeitsteilung aus. Bienen sind Ingenieure, Architekten, Meister der Vorratswirtschaft; sie navigieren und kommunizieren auf hohem Niveau, leisten sich ein komplexes Sozialsystem [...].

**Superorganismus Bienenstaat**
Bienen gehen mit gutem Beispiel voran: Sie sind geschickte Baumeister und verwenden „intelligentes" Material. Bienen heizen ihren Stock nicht nur umweltfreundlich und effizient, sie „backen" sich ihre Nachkommen mit eben den Eigen-

schaften, welche die aktuelle Umweltsi-
25 tuation erfordert. Und während wir zu
Skalpell und Botox greifen, dreht die Honigbiene den Lauf des Lebens einfach
um: Fehlt es einem Volk an Nachwuchs-
kräften, entwickeln sich die älteren Se-
30 mester zurück ins Jugendstadium.

Für den Menschen leisten die Bienen
mit ihrer Bestäubung einiges. Sogar der
Rinderbraten würde ohne Bienen fad
schmecken, denn sie sorgen durch die
35 Bestäubung für artenreiche Wiesen und
damit für würziges Heu. Nach Rindern
und Schweinen sind sie das drittwich-
tigste Haustier. Doch die Leistungen der
Bienen wurden den meisten Menschen
40 erst bewusst, als immer öfter über Probleme bei Bienenvölkern berichtet wurde.

In Deutschland gibt es derzeit rund
120.000 Imker mit rund 830.000 Bienenvölkern (Stand 02.01.2018, Deutscher
45 Imkerbund). Allein in Bayern pflegen fast
34.000 Imker rund 250.000 Bienenvölker
(Stand: 25.01.2017). Bayern hat darüber
hinaus überdurchschnittlich viele Imker
unter 18 Jahren. Im Schnitt betreut ein
50 Imker sechs bis sieben Völker, nur ein

Prozent der Imker sind im Vollerwerb
mit über 50 Völkern. Dabei ist auffällig,
dass es in den letzten Jahren immer mehr
Imker gibt. Dagegen war die Zahl der
Bienenvölker zurückgegangen, steigt in- 55
zwischen aber wieder leicht an. Eine einzelne Biene müsste für ein 500 Gramm-
Glas Honig dreimal um die Erde fliegen.

Insgesamt schwirren durch Deutschland geschätzte vierzig Milliarden Ho- 60
nigbienen. Das Sammelgebiet eines Volkes ist fast 50 Quadratkilometer groß.
Bei guten Bedingungen fliegen Arbei-
terbienen täglich bis zu 30 Mal aus und
besuchen pro Flug 200 bis 300 Blüten. 65
Im Schnitt ernten alleine die Mitglieder
des Deutschen Imkerbundes zwischen
15.000 und 30.000 Kilogramm Honig pro
Jahr. Hochgerechnet vertilgt jeder Bun-
desbürger mehr als ein Kilo Honig pro 70
Jahr. Von all den heimischen Honigpro-
duzenten können aber nur rund 20 Prozent unseres Bedarfs gedeckt werden.
Honig wird deshalb importiert – etwa
aus China, Mexiko und der Ukraine. 75

*www.br.de/wissen, 28.02.2018*

**2** Stelle den Aufbau des Textes in einem Schaubild dar. Nutze die folgenden Aufbauelemente,
ergänze Stichwörter zum Inhalt.

Zwischenüberschriften     zusammenfassender Einleitungstext

Hinführung, Definition und Klärung des Themas     Überschrift

Formulierung der Hauptaussage des Textes     Darstellung nachvollziehbarer Beispiele

Darlegung weiterer Detailinformationen     Bild / Illustration

**3** Kläre, welche Aufgabe die einzelnen Elemente der Textgestaltung haben:
Formuliere zu jedem Element eine Aussage. Orientiere dich am Beispiel.

**4** Fühlst du dich von Text 12 gut und angemessen über das Thema informiert? Formuliere einen kurzen Online-Kommentar für die Wissen-Seite
des Bayerischen Rundfunks zu dieser Frage. Begründe deine Meinung.

„Die Zwischenüberschrift
unterstützt die Gliederung
des Textes und bereitet den
Leser auf den Inhalt des
nächsten Abschnitts vor."

**5** Text 12 stammt aus dem Internet und enthält einige Links. Notiere die vier unterstrichenen Link-Verweise und gestalte jeweils eine weitere Sprechblase zu deren möglicher Aufgabe und Funktion.

**6** Auf der Internetseite wird der Bienen-Text auch durch eine Bilderstrecke (Slideshow) ergänzt. Formuliere auch hierfür eine Aussage zur Aufgabe und zur Funktion.

### Dunkle Verwandte der Honigbiene

**Einwanderer als Imkerliebling**

Honigbiene ist nicht gleich Honigbiene. Allein neun Arten kennt man in der Gattung der Honigbiene. In Europa ist vor allem die westliche Honigbiene (Apismellifera) beheimatet. Deren Unterart Apis mellifera carnica, die heute oft beim Imker ihr zu Hause hat, ist allerdings nicht diejenige, die in Deutschland früher verbreitet war. Vor rund 150 Jahren waren es die Dunklen Bienen (Apis mellifera mellifera), die typischerweise von Imkern gehalten wurden. Ihren deutschen Namen hat sie nicht ohne Grund bekommen: Der Körper der Biene wirkt so dunkel, dass ihre Ringe fast nicht mehr zu erkennen sind. Nördlich der Alpen war diese Rasse die dominierende Art.

**7** Stelle die besonderen Gestaltungselemente des Internettextes schematisch dar. Orientiere dich an der begonnenen Grafik.

TEXTELEMENTE

Link zu einer Seite, die ...

Link zu ...

Bild, das ...

Info-Kasten, der ...

**8** Die Redakteurin der Internetseite sucht nach weiteren Möglichkeiten, den Text durch Verweise und Zusatzinformationen aufzuwerten. Ergänze in deiner Zeichnung aus Aufgabe 7 passende Elemente. Berücksichtige auch multimediale Möglichkeiten.

**9** Ergänze die Aussagesätze der Redakteurin.

■ *Zusammengefasst haben derartige Verweise also folgende Funktionen: ...*

■ *Das ist der Vorteil einer Internetseite gegenüber einer gedruckten Fachzeitschrift. Der Leser muss nicht einfach den Text von vorne nach hinten lesen, sondern ...*

■ *So gestaltet sich quasi jeder Leser seine eigene Textversion, da er ja ...*

### So erfasst und beschreibst du Strukturen von Texten und Hypertexten

Das musst du können

Je nach Inhalt, Absicht, Adressaten und Veröffentlichungsmedium enthalten Texte bestimmte, wiederkehrende Aufbauelemente: Überschriften, Zwischenüberschriften, Einleitungen, Zusammenfassungen, Definitionen und Erklärungen sind Beispiele hierfür.

Darüber hinaus können Texte durch Verweise ergänzt werden: Bilder, Erklärungen, Vernetzungen mit anderen Texten, Bildern, Film- und Tondokumenten können als eine solche Texterweiterung dienen, wie sie sich vor allem auf Internetseiten findet.

Wenn Texte nicht mehr nur darauf angelegt sind, „vom Anfang bis zum Schluss" gelesen zu werden, sondern dem Leser ein Hin-und-Herspringen zwischen dem Text und den einzelnen Verweisen und Gestaltungselementen erlauben, spricht man von einem Hypertext oder einer Hypertextstruktur (griech. *hyper* ‚über', ‚übergeordnet').

**10** Lies Text 10 kursorisch. Benenne das Thema und das Anliegen des Textes.

Text 13 **Drohne Maja**

**(1)** Weltweit sterben Bienen, vielleicht könnten fliegende Roboter ihnen künftig etwas Arbeit abnehmen. Darüber machen sich manche Forscher Gedanken.
5 Eine Schnapsidee?

**(2)** Es ist das Jahr 2098. Versklavte Frauen und Kinder hängen traubenweise in den Obstbäumen, um mit feinen Pinseln Pollen auf unzählige Blüten aufzutragen.
10 Seit „dem Kollaps" und dem Verschwinden der Insekten muss die Bestäubung der Nutzpflanzen komplett von Menschenhand erledigt werden. – Diese Szene stammt aus Maja Lundes Bestseller-
15 roman „Die Geschichte der Bienen", und wer weiß, dass schon heute in Teilen Chinas die Obstbäume von Hand bestäubt werden, kann sich solch ein Szenario ganz gut vorstellen.

20 **(3)** Aber vielleicht muss es gar nicht dazu kommen, weil bis dahin Roboter-Bienen die Bestäubung übernommen haben. Vielleicht keine abwegige Idee, angesichts der seit Jahren wiederkehrenden
25 Berichte über verendende Bienenvölker

und neuen Erkenntnissen, was die Insekten weltweit sterben lässt. […] An Mini-Drohnen, die Pollen übertragen, arbeitet […] der Japaner Eijiro Miyako, Chemiker am National Institute of Advanced Indus- 30 trial Science and Technology in Tsukuba, Japan. Mit einer vier Zentimeter kleinen, ferngesteuerten Drohne gelang es Miyako und seiner Arbeitsgruppe tatsächlich, Pollenkörner von den Staubbeuteln 35 einer Japanlilie auf die Blütennarbe einer anderen Blüte zu übertragen. […]

**(4) Aber wie sinnvoll und realistisch ist das?**
Ein Honigbienenvolk bildet im Laufe eines Jahres 100.000 bis 200.000 Sam- 40 melbienen aus. Wenn jede davon etwa 10 Tage lebt und 1.000 Blüten am Tag besucht, kommt das Volk auf eine Bestäubungs-

leistung von ein bis zwei Milliarden an-
geflogene Blüten pro Saison. Auch wenn
solche Hochrechnungen ungenau sind,
verdeutlichen sie doch die Größenordnungen: Selbst wenn die Mini-Drohnen
eines Tages so funktionieren sollten, wie
es sich Forscherinnen und Wissenschaftler vorstellen, bräuchte man eine beacht-
liche Menge surrender Robo-Bienen, um
auch nur annähernd an die Leistung eines einzigen Bienenstocks heranzukom-
men. Jede einzelne Drohne müsste mit
künstlicher Intelligenz und hochauflö-
senden Kameras ausgestattet sein, um
selbstlenkend und im Schwarm fliegend
unterwegs sein zu können. […]

**(5) Evolution schlägt Technik**
Teja Tscharntke, Agrarökologe an der
Universität Göttingen, glaubt nicht dar-
an […].

„Drohnen mögen vielleicht im Ein-
zelfall und im kleinen Maßstab funktionieren, aber sicher nicht bei massenhaft
blühenden Nutzpflanzen wie Sonnen-
blumen, Obst oder Mandeln." Zudem
sei es fatal, wenn das drohende Ausster-
ben von Wildbienen und anderen Be-
stäubern zugunsten einer technischen
Lösung toleriert würde. Zumal die tierischen Bestäuber ja nicht nur für unsere Nahrungspflanzen zuständig sind.
90 Prozent aller Wildpflanzenarten pro-

fitieren von ihnen. „Und die würden dann
leer ausgehen", sagt Tscharntke. Honigbienen sowie Wildbienen und Wespen
haben zusammen mit den Blütenpflan-
zen im Laufe von über 100 Millionen
Jahren ein höchst effektives und bis ins
Detail aufeinander abgestimmtes System
zum wechselseitigen Nutzen entwickelt.
Die Pflanze lockt mit Nektar und Pollen
und der tierische Bestäuber bedankt sich
mit der Pollenübertragung für die ener-
giereiche Mahlzeit. […]

**(6) Bestäubungsdrohnen gerne, aber nicht nötig**
Nichts spricht also gegen Miyakos For-
schungsarbeit […]; problematisch ist
aber seine Annahme, dass diese Ergebnisse zur Lösung der globalen Bestäuber-
krise beitragen könnten. Das schürt falsche Hoffnungen. Es braucht keine flie-
genden Bestäubungsroboter, sondern ein
umweltfreundlicheres Landwirtschafts-
system, das die Bedürfnisse der natürli-
chen Bestäubervielfalt ausreichend berücksichtigt. […] Denn Honigbienen,
Wildbienen, Wespen, Schmetterlinge,
Käfer, Fliegen und alle anderen von der
Evolution geformten tierischen Bestäuber wissen schon heute, wie es geht. Warum lassen wir sie nicht einfach ihren Job
machen?
*Gunther Willinger,*
*www.zeit.de, 07.03.2018*

**11** Dass es sich bei diesem Text nicht um einen rein informierenden Text handelt, hast du
sicherlich bemerkt. Notiere die Absichten der durchnummerierten Textabschnitte.
Wähle passende Verben aus dem Wortspeicher.

**Wortspeicher**

informieren – unterhalten – provozieren – überzeugen – überreden – veranschaulichen – verdeutlichen – warnen – belustigen – nachdenklich machen – erzählen – bilden

**12** Stelle auch den Aufbau dieses Textes in einem Schaubild dar. Nutze die folgenden Elemente, ergänze jeweils Notizen zu den Inhalten der Abschnitte.

| | | |
|---|---|---|
| Zwischenüberschriften | Andeuten / Benennen einer These | Andeuten / Benennen einer Gegenthese |
| Formulieren der Hauptfragestellung | Hinführung, Definition und Klärung des Themas | Darlegung von Argumenten |
| Darlegung von Gegenargumenten | Überschrift | Fazit |

**13** Bereite eine kurze mündliche Erklärung zu Unterschieden und Gemeinsamkeiten im Aufbau von informierenden und argumentierenden Texten vor. Vergleiche dazu die Ergebnisse der Aufgaben 2 und 12. Gestalte auch eine optische Unterstützung des Vortrags für den Projektor oder die Dokumentenkamera.

**14** Diskutiert in Partnerarbeit die Qualität und Seriosität von Text 12 und 13. Nutzt die Kriterien aus dem Kasten.

**So beurteilst du die Qualität und Seriosität von Texten**

Um die **Qualität** eines Textes zu beurteilen, prüfst du, ob der Text seiner **Absicht** gerecht wird und ob er zu den **Adressaten** passt.

Prüfe im Einzelnen die **Schlüssigkeit** des Textes, die **Präzision** und Verständlichkeit der Ausführungen, die **Glaubwürdigkeit** (Seriosität) der Aussagen und die Angemessenheit der verwendeten **Sprache**.

Prüfe bei meinungsbildenden Texten auch, ob die **Argumentation seriös** ist, d. h. ob die Argumente sachlich formuliert und die Belege wahr sind.

Das kannst du bereits

**15** Notiert eure Ergebnisse aus Aufgabe 14 in Form zweier kurzer Kommentare. Nutzt die Formulierungshilfen.

**Formulierungshilfe**

*Den Text ... finde ich sehr interessant / passend / informativ / unangemessen ..., da er insgesamt ... Vor allem die Aussage, dass ... beschäftigt mich noch, da ... Zur Form und zur Seriosität des Textes muss ich feststellen, dass ... Gerade wenn geschrieben wird, dass ..., zeigt sich, was ich meine. Hier wird deutlich, dass ...*

# Was DU schon kannst!

## Kompetenztest

Die Kernaussage
erfassen

**1** Lies die beiden Texte und notiere jeweils, welcher Satz die Kernaussage und die Textabsicht am besten zusammenfasst.

**a)** Der Text informiert über die Entstehung des Miniatur-Wunderlands.
**b)** Der Text wirbt für einen Besuch im Miniatur-Wunderland.
**c)** Der Text beschreibt, woher die Gäste des Miniatur-Wunderlands kommen.
**d)** Der Text informiert über zahlreiche Details zum Miniatur-Wunderland.

---

**Text 1** **Miniatur-Wunderland: Wie aus einem Kindheitstraum ein Universum wurde**

Das Miniatur-Wunderland in der Hamburger Speicherstadt lockt jedes Jahr mehr als eine Million Touristen an. Mit viel Liebe zum Detail zeigt das
5 Modell unsere Welt, wie sie ist. Und manchmal auch, wie sie sein könnte.

Italien hat sie sechs Jahre gekostet und vier Millionen Euro. Geht eigentlich für so ein vielfältiges Land,
10 für all die Brücken und Häuser, 30.000 Leute, 10.000 Bäume, 110 Züge mit 800 Waggons, 22 Kirchen und Klöster. Für einen Vesuv, der einmal pro Nacht ausbricht, für Pasta, Papst und
15 Pompeji, für eine Wasserschlacht am Moro-Brunnen, für ein bisschen Kolosseum, ein wenig Südtirol und Amalfiküste, eine Prise Mafia, vino und amore.
20 Nur dass dieses Italien ziemlich klein ist und seine Häuser, Bäume und Brücken auch, alles 87 Mal kleiner als in echt. Und nur knapp 200 Quadratmeter groß ist insgesamt und
25 auf Holzbrettern in der Hafencity von Hamburg liegt. Aber es lockt, zusammen mit seinen Nachbarländern, jedes Jahr Besucher aus aller Welt an. Mehr als der Berliner Reichstag, mehr als die bayerischen Staatsgemälde- 30 sammlungen an allen 18 Standorten, mehr als der HSV in seinen besten Zeiten. 2016 waren es 1,3 Millionen. […]

*Frauke Hunfeld, www.stern.de,*
*14.01.2018*

**Text 2** **Miniatur Wunderland: Unbedingt sehenswert!**

Miniatur Wunderland. Wo Tag und Nacht nur 15 Minuten dauern. Wo Züge, Autos, Flugzeuge und Schiffe, eine kleine, aber perfekte Miniwelt 5 zum Leben erwecken. Das absolute Hamburg-Highlight für die ganze Familie. Es kommen Besucher von überall auf der Welt. Selbst aus Samoa und Tonga. Seid Ihr schon dagewe- 10 sen? Nein? Dann mal los! Das Minia- tur Wunderland hat die perfekte Lage in Hamburg. Direkt in einem der his- torischen Häuser der Speicherstadt, dicht bei den Landungsbrücken und Hafencity und in kurzer Entfernung 15 zur Innenstadt. Toll von außen. Span- nend im Inneren.

Eigentlich weiß man gar nicht, wo man zuerst hingehen und schauen soll. Dem Rundweg folgen, oder doch 20 gleich direkt ein Land ansteuern? [...] Überall bewegt es sich. Geräusche er- tönen. Es blinkt an jeder Ecke. Selbst ein Vulkan bricht aus.

*Janine, www.rabaukenkompass.de, 22.11.2018*

**2** Notiere, welche Lesetechnik sich jeweils am besten zur Beantwortung der folgenden Fragen eignet. Begründe deine Wahl mit einem Satz.

Frage 1: Wie groß ist die Anlage des Miniatur-Wunderlands insgesamt?
Frage 2: Welche Gründe ließen sich in einem Werbeprospekt nennen, um das Miniatur-Wunderland zu besuchen?
*Techniken:* sequenzielles Lesen – punktuelles Lesen – selektives Lesen

*Lesetechniken kennen und nutzen*

**3** Notiere, an welche Adressaten sich die Texte jeweils richten.

| Profi-Modelleisenbahner | Kinder | Jugendliche |
| Erwachsene | Urlauber | Italienfans |

*Adressatenbezug und sprachliche Gestaltung eines Textes erfassen und variieren*

**+** Übertrage den ersten Abschnitt (→ Z. 1–6) von Text 1 in leichte Sprache.

**4** Entwickle Vorschläge, wie Text 1 durch Ergänzungen und Verweise in eine Hypertextstruktur eingebaut werden kann. Ergänze die Skizze:

*Hypertext-strukturen verstehen*

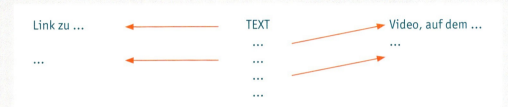

Link zu ...        TEXT        Video, auf dem ...
...        ...        ...
...        ...
...
...

**5** Formuliere zwei kurze Rückmeldungen an die Autorinnen der Texte. Gehe vor allem darauf ein, ob die Texte so formuliert und gestaltet sind, dass sie zu ihrer Absicht und ihrer Ziel-gruppe passen.

*Die Textqualität beurteilen*

# 3 Schöne Neue Welt

## Materialgestützt informieren

1  Diskutiert in der Klasse:
   Wofür werden Roboter eingesetzt?
   Ergänzt die Bilder um eigenes
   Wissen.

2  Erklärt, in welchen Bereichen eures
   Lebens der Einsatz von Robotern eine
   Rolle spielt.

Was weißt
du noch?
Teste dich:
11039–09

Hast du dich schon einmal gefragt, wie dein Leben wohl in 10 Jahren aussehen wird?

Ist dir bewusst, dass Roboter bereits jetzt schon eine große Rolle in unserem Alltag sowie der Arbeit spielen?

Wie werden sich diese Entwicklungen auf deinen (Berufs)Alltag auswirken?

Um dich und andere über zukünftige Entwicklungen informieren sowie erste Erfahrungen im Berufsleben machen zu können, lernst du in diesem Kapitel, ...

... ein Kurzreferat adressatenorientiert vorzubereiten und zu halten,

... einen informierenden Text materialgestützt zu planen, zu verfassen und zu überarbeiten,

... standardisierte Informationstexte wie einen Lebenslauf und ein Anschreiben ansprechend zu verfassen,

... ein Bewerbungsgespräch erfolgreich zu führen.

# 3

## Roboter erobern den Alltag
### Ein Kurzreferat über den Einsatz von Robotern vorbereiten

**1** Die Bilder zeigen Roboter, die in der Schule eingesetzt werden. Notiere, welche Aufgaben und welchen Zweck sie erfüllen könnten.

**2** Sammelt im Klassengespräch weitere Ideen: Wo könnten Roboter eurer Meinung nach in verschiedenen Bereichen des Schullebens sinnvoll eingesetzt werden?

**3** Du bekommst den Auftrag in der Klasse ein Kurzreferat über den Einsatz von Robotern in der Schule vorzubereiten. Notiere drei Fragen, auf die das Kurzreferat eingehen sollte, und ...

   ◼ ... ergänze den Satz: *Ein Roboter ist eine Maschine, die ...*

   ◼ ... formuliere zwei Erwartungen, die deine Zuhörer haben könnten.

   ◼ ... vier Themen dazu. Skizziere auch eine sinnvolle Reihenfolge der Themen in deinem Kurzreferat.

**4** Lies die Materialien M1 bis M3 zunächst navigierend und diagonal (→ S. 35). Besprich in der Klasse, welche Informationen die Texte wohl enthalten könnten und welche eurer Fragen aus Aufgabe 3 beantwortet werden könnten. Markiert diejenigen Fragen, zu deren Bearbeitung ihr eventuell auf weiteres Material zurückgreifen müsst.

---

**M1** **Steckbrief: Roboter Nao**

Größe: ca. 60 cm
Material: Kunststoff
Körper: insgesamt sehr beweglich, Kopf mit großen Augen, ultrasensible Hände
Sprachen: 25, einfache Unterhaltungen führen
Einsatzgebiete: Assistent an Universität, Schule, Halten von Vorlesungen, Durchführen von Experimenten, Erlernen von Programmiersprache, MINT Fächer (Informatik, Physik, Technik)

M2  **Ideen zur Rolle von künstlicher Intelligenz im Klassenzimmer der Zukunft**

Einen Eindruck davon, wie das Klassenzimmer der Zukunft aussehen könnte, kann man in Japan gewinnen. Dort wurden Roboter bereits im Unterricht eingesetzt, beispielsweise von der Universität Osaka in verschiedenen Grundschulen. In diesen Versuchen erhöhte sich durch den Einsatz eines Softbots (ein kissenartiger Roboter)
5 laut Professor Hidenobu Sumioka die Aufmerksamkeit der Lernenden. Im „Kopf" des Softbots ist ein Kommunikationsprogramm verbaut, über das die Lehrenden im Japanisch-Unterricht Texte vorlesen. „Die Kinder erinnerten sich besser an die vorgelesenen Inhalte, wenn sie Hugvie im Arm hatten und während des Zuhörens mit ihm kuscheln konnten", so Professor Sumioka. Roboter sollen faszinieren, so auch
10 ein kleiner Android, der eigenständig Vorträge hält. Dem Vortrag folgt noch keine Fragerunde oder Diskussion, das kann er (noch) nicht. Daher kann er auch nur bedingt als KI[1] verstanden werden. Die Entwicklung schreitet aber auch hier voran: Im Jahr 2015 wurden von der Firma SoftBank die ersten eintausend humanoiden Roboter vom Typ Pepper an Unternehmen verkauft, die nun schon Gefühle erkennen
15 und sogar darstellen können.

*Tom Mittelbach, www.bpb.de/lernen, 25.09.2017*

[1] **Künstliche Intelligenz**: hier in der Bedeutung eines Systems, das mitdenken und eigene Entscheidungen treffen kann

M3  **Der bessere Lehrer**

Noch sind die Roboter nicht ausgereift: Entweder sie können nicht auf Rückfragen reagieren, wie Hugvie, oder sie missverstehen die Kinder, so wie Nao. Denn ihre Künstliche Intelligenz reicht gerade gegenüber Kindern, deren Wortschatz sich noch entwickelt, oft nicht für sinnvolle, spontane Antworten. Hiroshi Ishiguro, der Ingenieur
5 aus Osaka, hält Roboter trotzdem für die besseren Lehrer: „Bei unseren Tests ist uns aufgefallen, dass Hugvie und Commu viel beliebter waren als die menschlichen Lehrer. [...]" Die klassische Hierarchie zwischen Lehrenden und Lernenden wird aufgebrochen, mit dem Roboter als Mittelsmann.

Schon im 17. Jahrhundert wurden in Japan erste mechanische Puppen gebaut.
10 In Literatur und Popkultur stellen menschenartige Maschinen meist Freund und Helfer dar. Roboter, das lernen Kinder schon früh, könne man lieben wie Haustiere. Niemand findet sie unheimlich. Lernroboter erscheinen daher nicht als Revolution, sondern als logischer Entwicklungsschritt.

*Felix Lill, www.zeit.de, 10.09.2015*

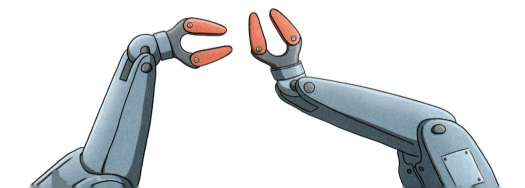

**3**

**5** Erarbeite dir die Materialien nun durch intensives Lesen. Beantworte die von dir gesammelten Fragen, indem du die Mind-Map oder die Tabelle in deinem Heft ergänzt.

| Nr. | Teilthema (Überschrift) | Aspekte | Fragen, die beantwortet werden |
|-----|-------------------------|---------|-------------------------------|
| 1. | Entwicklung | 17. Jahrhundert Entwicklungsstand ... | Wann wurden die ersten Roboter entwickelt? .... |
| | Merkmale | | |
| | KI | | |

**6** Vielleicht lassen sich einige Fragen aus Aufgabe 3 noch nicht beantworten. Recherchiert die fehlenden Informationen arbeitsteilig im Internet. Sichert die Ergebnisse, indem ihr die Mind-Map oder die Tabelle ergänzt. Denkt daran, die Verlässlichkeit und Seriosität des recherchierten Materials zu prüfen und eure Quellen korrekt zu belegen (→ S. 49, 83, 87).

**7** Eine Schülerin möchte die abgebildeten Karteikarten für das Kurzreferat nutzen. Besprecht in Partnerarbeit, was sie schon gut gemacht hat. Plant und gestaltet Karteikarten zu drei weiteren Fragen oder Aspekten.

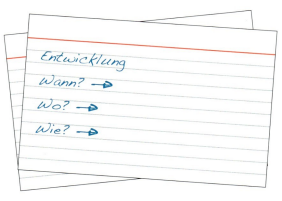

**8** Arbeitet zu zweit: Plant und probt den Vortrag eines kurzen Referats mithilfe der Karteikarten. Nutzt die **Formulierungshilfen**. Probt und verbessert eure Beiträge in mehreren
Durchläufen. Achtet dabei auf eine passende Gestik, Mimik und Stimmführung (→ S. 269).

**Begegnung im Alltag /
Einstieg:**
* *Wenn man heutzutage …*
* *Überall begegnen einem …*

**Bedeutung:**
* *… wird / werden immer
wichtiger.*
* *… ist / sind aus unserem Alltag nicht mehr wegzudenken.*
* *Stellt euch vor, ihr müsstet
auf … verzichten.*

**geschichtliche Entwicklung /
geographische und kulturelle
Unterschiede:**
* *Im … Jahrhundert hat man
noch … Heute dagegen …*
* *Während man in … , ist es
hier …*

**Bewertung des Themas:**
* *… sind beliebt / werden in der Gesellschaft als Chance / Risiko
gesehen, denn …*
* *Besonders interessant / wertvoll / vielversprechend ist …*

**Ausblick:**
* *Es könnte gut sein, dass in …
Jahren …*
* *Vielleicht wird es in … Jahren
möglich sein, …*
* *Wahrscheinlich ist es bald
ganz normal, dass …*

---

### So bereitest du ein Kurzreferat vor

In einem **Kurzreferat** wird übersichtlich und prägnant in ein bestimmtes Thema
eingeführt. Ohne Bewertung werden wichtige Informationen zum Thema gegeben.
Nachdem du das exakte Thema geklärt hast, musst du die **Zielgruppe** genau bestimmen:
Welche Erwartungen und Fragen, welches Vorwissen bringen deine Adressaten mit?
Fragen, auf die im Referat dann eingegangen werden kann, sind etwa:
* Wo und in welchen Formen begegnet uns das Thema im **Alltag**?
* Welche **Bedeutung** hat es dort?
* Welche **geschichtliche Entwicklung** und welche **geographischen** oder **kulturellen
Unterschiede** lassen sich im Umgang mit dem Thema feststellen?
* Wie könnte sich das Thema in **Zukunft** weiterentwickeln?
* Wie wird das Thema in der allgemeinen Wahrnehmung **bewertet**?

Um ein **Kurzreferat** weiter vorzubereiten, suchst du zunächst nach geeigneten
Materialien, um die gesammelten Fragen zu beantworten. Nutze passende
Lesestrategien (→ S. 35), um die Materialien auszuwählen und auszuwerten.
Gehe dann folgendermaßen vor:
* Notiere diejenigen der oben genannten **Fragen**, auf die du in deinem Kurzreferat auf
jeden Fall eingehen möchtest.
* Sammle und prüfe geeignete **Materialien** auf ihre **Verlässlichkeit** und **Seriosität**.
Ergänze deine Sammlung solange, bis du Antworten auf deine Fragen gefunden
hast. **Belege** deine Quellen und Zitate korrekt (→ S. 239, 263).
* Notiere wichtige Informationen in einer sortierten **Mind-Map** oder einer **Tabelle**.
* Bereite Karteikarten mit Notizen vor, an welchen du dein Referat orientieren kannst.
* Plane auch deinen Medieneinsatz (Bild, Zitat, Stichpunkte an der Tafel).
* **Probe** dein Kurzreferat mindestens zweimal und hole dir wenn möglich **Feedback** ein.
Notiere Überleitungen und einzelne wichtige Formulierungen an passender Stelle
auf den Karteikarten. Berücksichtige auch deine **Stimmführung**, **Gestik** und **Mimik**.

# Roboter im Einsatz
## Ein Referat adressatenorientiert halten

**1** Zum Thema „veränderte Arbeitsbedingungen" sollen kurze Referate gehalten werden. Werte dazu in Partnerarbeit das Material unten aus: Notiert jeweils drei Informationen, die ihr den einzelnen Statistiken entnehmen könnt.

**Ausgewählte Daten zur Verbreitung von Robotern**
*statista (2017): Roboter auf dem Vormarsch*

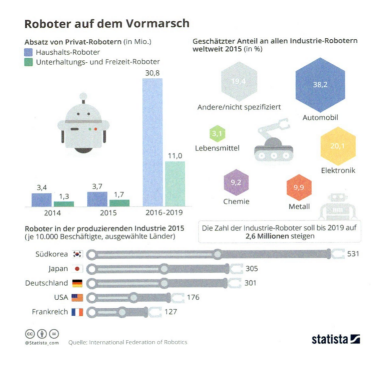

**Roboter auf dem Vormarsch**

Absatz von Privat-Robotern (in Mio.)
- Haushalts-Roboter
- Unterhaltungs- und Freizeit-Roboter

2014: 3,4 / 1,3
2015: 3,7 / 1,7
2016-2019: 30,8 / 11,0

Geschätzter Anteil an allen Industrie-Robotern weltweit 2015 (in %)

- Andere/nicht spezifiziert: 19,4
- Automobil: 38,2
- Lebensmittel: 3,1
- Elektronik: 20,1
- Chemie: 9,2
- Metall: 9,9

Roboter in der produzierenden Industrie 2015 (je 10.000 Beschäftigte, ausgewählte Länder)

Südkorea: 531
Japan: 305
Deutschland: 301
USA: 176
Frankreich: 127

Die Zahl der Industrie-Roboter soll bis 2019 auf **2,6 Millionen** steigen

@Statista_com    Quelle: International Federation of Robotics

**statista**

**Das weißt du bereits**

**Nicht-lineare oder diskontinuierliche Texte**

Nicht-lineare oder diskontinuierliche Texte bestehen aus einer Mischung aus Text und Abbildung wie bei Karten, Tabellen, Grafiken und Schaubildern. Sie informieren den Leser über ein Thema und geben ihm Orientierung in einem Wissensgebiet. Lies sie folgendermaßen:

- Mache dir durch kursorisches Lesen (→ S. 35) bewusst, über welches Gesamtthema sie informieren und aus welchen Elementen sie bestehen: Notiere die Gesamtfrage und Teilfragen, die sich beantworten lassen.
- Prüfe und notiere, welche Aussagen sich ableiten lassen und in welcher Form diese Aussagen dargestellt werden, indem du den Text punktuell und selektiv liest (→ S. 35).
- Schlage Fachbegriffe eventuell nach.

**2** Versetzt euch in eure Zuhörer hinein und sammelt mögliche Fragen, die sie zum Thema haben. Prüft, ob ihr weitere Materialien benötigt, um diese Fragen zu beantworten. Recherchiert gegebenenfalls im Internet und sammelt die entsprechenden Informationen. Denkt daran, die Qualität der Materialien zu überprüfen.

**3** Bereitet das Kurzreferat weiter in Partnerarbeit vor: Plant den Medieneinsatz, gestaltet Karteikarten und prüft, welche Formulierungshilfen (→ S. 57, 93) passen.

> ### So berücksichtigst du bei deinem Kurzreferat die Zuhörer
>
> Es gibt einige Möglichkeiten, die Zuhörer deines Referats besser zu erreichen und ihr Interesse für das Thema zu wecken.
> * Sammle Fragen zum Thema, die deine Zuhörer haben könnten. Versetze dich dazu in deine Zuhörer hinein oder sprich sie vor der weiteren Planung auf ihre Fragen an.
> * Sprich deine Zuhörer während des Referats zum Beispiel durch Fragen direkt an. Setze Schwerpunkte und lenke ihre Aufmerksamkeit auf bestimmte Aspekte. Wiederhole wichtige Aspekte.
> * Verbinde deine Ausführungen mit der Lebenswelt und den Erfahrungen der Zuhörer. Aktiviere ihr Vorwissen, stelle direkte Bezüge her oder formuliere Vergleiche.

*Das musst du können*

**4** Prüfe, welche der vorgeschlagenen Formulierungen du verwenden könntest, um die Zuhörer anzusprechen und Schwerpunkte zu setzen. Notiere sie auf deinen Karteikarten.

> **Fragen an den Leser stellen:**
> *Vielleicht habt ihr euch schon einmal … / Wusstet ihr schon? / Habt ihr euch das einmal bewusst gemacht? / Habt ihr euch schon einmal die Frage gestellt? / Kennt ihr …?*

> **Die Aufmerksamkeit auf etwas lenken / Überleiten:**
> *Richten wir unseren Blick auf … / Betrachtet man die Statistik … / Es ist erstaunlich, dass … Der Statistik lässt sich entnehmen, dass … / Der Text zeigt eindeutig …*

**5** Prüft zu zweit, an welchen Stellen des Referats auf die Lebenswelt oder die Erfahrungen der Zuhörer eingegangen werden könnte. Formuliert die entsprechenden Bezüge oder Vergleiche schriftlich aus, notiert sie auf den Karteikarten.

**6** Probt den Kurzvortrag in Partnerarbeit und gebt euch Feedback auf die Vortragsweise.  → Hilfe S. 302

**7** Haltet das Kurzreferat in Kleingruppen. Fertige als Zuhörer ein kurzes schriftliches Feedback zu jeder Präsentation an, indem du …

  ■ … Thema und angesprochene Unterthemen sowie offene Fragen notierst.

  ■ … notierst, ob – und wenn ja – wie die Zuhörer berücksichtigt worden sind.

  ■ … für Inhalt und Vortragsweise je zwei positive Aspekte notierst und je zwei Verbesserungsvorschläge formulierst.

# Persönliche Assistenten
## Einen schriftlichen Informationstext vorbereiten

**1** Die Bilder zeigen ein weiteres technisches Produkt, das Einzug in den Alltag gefunden hat. Nennt und beschreibt das Produkt. Tauscht euch im Klassengespräch zu seinen Funktionen und Möglichkeiten aus, nennt auch kritische Aspekte der Verwendung.

**2** Für die rechts angekündigte Ausstellung soll auch ein informierender Text zu dem Produkt aus Aufgabe 1 vorbereitet werden. Sammelt und notiert Fragen, Aspekte und Erwartungen, auf die ein solcher Text eingehen sollte. Versetzt euch in die vielfältige Besucherschaft der Ausstellung hinein.

**Ausstellung zur Projektwoche**

Programm:
„Digitalisierte Welt: Assistenten / Daten-sammler" …

→ Hilfe S. 302 **3** Übertrage die folgende Tabelle in deine Unterlagen; lasse dabei ausreichend Platz für deine Notizen. Lies dann die Materialien 1–6 und fülle nach und nach die Tabelle aus. Nutze für die verschiedenen Lesedurchgänge jeweils passende Lesestrategien (→ S. 35).

| Material | Titel und Quelle | Textart / Funktion | Informationen (zusammenfassende Oberbegriffe) |
|---|---|---|---|
| M1 | | | |
| M2 | | | |

**4** Prüft zu zweit die Seriosität der Materialien mithilfe der folgenden Checkliste und formuliert jeweils eine kurze Einschätzung.
- Angabe / Fehlen von konkreten Namen, Daten, Fakten
- sprachlich korrekt / inkorrekt
- logischer / eher unstrukturierter Aufbau
- objektive / subjektive Sichtweise auf das Thema

Materialgestützt informieren

M1 **Fitness-Armband Test >> Ratgeber >> Geschichte und Entwicklung der Fitness-Armbänder (Auszüge)**

[...] Immer mehr Menschen möchten wissen, wie aktiv sie sind, wie sich Puls, Herzschlag und Kalorienverbrauch entwickeln und ob sie (scheinbar) gesund leben. Selbst Krankenkassen setzen immer mehr auf finanzielle Anreize, wenn sich Mitglieder durch Fitness-Armbänder überwachen.

5 Ein Ende dieser Datensammelleidenschaft bei Nutzern und Institutionen ist nicht abzusehen. Möglicherweise sind die aktuellen Modelle von Fitness-Armbändern und Smartwatches erst der Anfang einer Entwicklung. Obwohl das Phänomen des Self-Trackings noch neu zu sein scheint, reicht die Geschichte und Entwicklung der Fitness-Armbänder jedoch erstaunlich weit zurück.

10 **1472: Leonardo da Vinci erstellt eine Skizze zu einem Schrittzähler**
Wer hat's erfunden? Die Antwort dürfte viele überraschen. Denn kein geringerer als das Genie Leonardo da Vinci hatte sich bereits im 15. Jahrhundert Gedanken um einen Schrittzähler gemacht. Seine Skizzen sind offenbar nicht in eine mechanische Entwicklung gemündet. Allerdings ist die Zeichnung eines aus heutiger Sicht als „Pe-
15 dometer" zu bezeichnenden Gerätes die wahrscheinlich älteste Quelle für eine Frühform eines Fitness-Armbandes. [...]

**1921: Der Lügendetektor misst Körperfunktionen**
Obwohl das Thema zunächst wenig mit einem Fitness-Tracker gemein hat, ist die Entwicklung des Lügendetektors in den 1920er-Jahren von Bedeutung. Denn erstmals
20 gelang es, mithilfe von chemischen Substanzen Körperfunktionen direkt an der Haut zu messen und aufzuzeichnen. Daraus entwickelte sich eine Technologie, mit der heute Sensoren von Fitness-Armbändern zum Beispiel Puls und Blutdruck zu messen. [...]

**1994: kabellose Datenübertragung auf die Uhr**
25 Nachdem digitale Uhren immer mehr zum Alleskönner werden, bringt Timex in den USA ein Produkt in den Handel, das „smart" ist. Per Datalink empfängt die Uhr Daten wie zum Beispiel Termineinträge vom Computer. Ein kleiner Schritt für Uhren, ein riesiger für Wearables.

**1996: Bill Clinton gibt sein Okay für GPS-Nutzung**
30 Selbst der amerikanische Präsident Bill Clinton hat einen gewissen Anteil an der Entwicklung der Fitness-Armbänder. Denn 1996 gab er das Freizeichen für die zivile Nutzung des vorher nur dem Militär vorbehaltenen GPS. Das satellitengestützte Positionierungssystem ist ein wesentlicher Bestandteil, um genaue Standorte und damit Entfernungen korrekt zu errechnen. Auf GPS-Daten basieren einige Berechnungen in
35 aktuellen Fitness-Trackern. [...]

**2005: Gesundheits-Apps für Self-Tracker**
Ab 2005 schießen Webseiten und Apps für Self-Tracker aus dem Boden des Internets. Apps wie Kalorienzähler, Trainingspartnersuche, Motivationshilfen und viele mehr sind die Grundlage heutiger Fitness-Apps, die direkt mit den Armbändern korrespon-
40 dieren. [...] *Robert Mertens, fitnessarmband.eu, 27.09.2017*

M2 **Wearables in der Medizin: Vom Fitness-Armband zum Blutdruckmessen bis zum Herzschrittmacher**

Sie sind klein, werden am Körper getragen und unterstützen bei einer gesunden Lebensführung und bei Therapien: Wearables, kleine Computersysteme. Ärzte, Therapeuten, Krankenkassen und Unternehmen der Pharmaindustrie sehen großes Potenzial in den kleinen Helfern. Wearable ist die Kurzform des englischen Begriffs
5 „Wearable Computing", also tragbares Computersystem. Bei einem Wearable handelt es sich um ein mobiles Gerät, das vom Patienten direkt am Körper getragen wird. Das kann unter anderem ein Armband sein, das physiologische Daten genau erfasst und sie an den Arzt oder Therapeuten überträgt. [...]

Während Wearables sich vor allem im Fitnessbereich durchgesetzt haben, zum Beispiel
10 um beim Jogging Blutdruck und gelaufene Kilometer zu messen, werden sie zunehmend auch in der Medizin eingesetzt. Unter dem Stichwort „connected Healthcare" ermöglichen Wearables innovative Behandlungswege in Diagnostik, Monitoring und Medikation. Mittlerweile setzt laut einer Umfrage von Bitkom etwa ein Drittel aller Deutschen Wearables ein, um Gesundheits- und Fitnessdaten aufzuzeichnen.

*Kathrin Schäfer, www.devicemed.de, 24.09.2018*

M3 **Wearables, Fitness-Apps und der Datenschutz: Alles unter Kontrolle?**

**Eine Untersuchung der Verbraucherzentralen – April 2017 (Auszug aus dem Fazit)**
Die technische Prüfung von zwölf Wearables und 24 Fitness-Apps zeigte, dass Datenschutzstandards auf technischer Ebene nicht immer eingehalten werden. So integrieren nur wenige Wearable-Anbieter Schutzmaßnahmen gegen ungewolltes Tracking.
5 Möglich wäre hierdurch beispielsweise, dass Betreiber von Einkaufszentren die Laufwege ihrer Kunden ohne deren Wissen oder Einwilligung tracken. Die Mehrzahl der Apps sendet – wenig datensparsam – eine Vielzahl mitunter sensibler Informationen an Anbieter-Server und bindet auch Drittanbieter in ihre Dienste mit ein. Technische Daten und Daten zum Nutzungsverhalten werden von 16 der 24 geprüften Apps schon
10 an Drittanbieter gesendet, bevor der Verbraucher die Möglichkeit hat, den Nutzungsbedingungen und gegebenenfalls der Datenschutzerklärung zuzustimmen. Positiv hervorzuheben ist, dass alle Informationen https-transportverschlüsselt versendet werden, wenngleich zusätzliche Sicherungsmaßnahmen wie Certificate Pinning aus Verbraucherschutzperspektive wünschenswert wären. [...]
15 Damit Verbraucher langfristig von der fortschreitenden Digitalisierung tatsächlich profitieren, muss der Umgang mit den sensiblen nutzergenerierten Inhalten verbraucherfreundlich reguliert werden. Denn während die Nutzung von Wearables und Fitness-Apps ein Mehr an Autonomie über die eigene Gesundheit bedeuten kann, ist der Preis hierfür ein Autonomieverlust über die eigenen sensiblen Daten: Lückenhafte
20 Schutzmechanismen gegen unbefugtes Tracking, ein ausgeprägtes Datensendungsverhalten der Fitness-Apps und diesbezügliche mangelnde Kontrollmöglichkeiten seitens des Nutzers machen Nachbesserungen in Sachen Datenschutz und Datensicherheit notwendig.

*verbraucherzentrale, Marktwächter digitale Welt, April 2017*

M4 POLITIK

### Fitness-Tracker: Der Datenhunger wächst

Die digitale Selbstvermessung ist im Trend. Rund ein Drittel der Bevölkerung zeichnet seine Gesundheitsdaten auf. Die Krankenkassen wollen mitspielen.

Der Mensch ist keine Maschine, war ein Ergebnis des „Stressreport Deutschland" vor ein paar Jahren. Mit dem Trend zum Gebrauch von Fitness-Trackern könnte man eher
5 zur gegenteiligen Einschätzung kommen. Denn die Deutschen messen und sammeln Daten zu ihrem Körper, wetteifern mit Gleichgesinnten, wie man es sonst nur vom Vergleich der Leistungsdaten aus Autotests kennt. Schlafdauer, Bewegung, Herzfrequenz, Kalorienverbrauch oder Blutdruck: Smartphones, Wearables oder Computeruhren machen es einfach, eine „Gesundheitsdatenakte" für den Nutzer dieser techni-
10 schen Helferlein anzulegen. [...]

**Biodaten gegen Prämie**
Viele der fleißigen Datensammler in der Bevölkerung könnten sich vorstellen, ihre Messwerte an Ärzte oder Krankenkassen weiterzugeben. So wären drei Viertel aller Befragten im Krankheitsfall bereit, ihre per Tracker gemessenen Werte an ihren Arzt
15 zu übermitteln. Unter chronisch Kranken sind es sogar 93 Prozent. Ein Drittel der Befragten aus der Bitkom-Studie sei auch bereit, die Daten an Krankenkassen zu geben, etwa um im Gegenzug Prämien zu bekommen. [...]
Persönliche Daten sind inzwischen die Währung im Internet. Kaum ein Angebot im Web, das nicht eine Registrierung mit persönlichen Daten verlangt. Erst recht, wenn
20 kostenfreie Angebote im Spiel sind. Daher verwundert es nicht, dass rund 75 Prozent der Bevölkerung sich vorstellen könnten, auch ihre persönlichen Fitnessdaten an die Krankenkassen weiterzugeben – wenn sie dafür einen Bonus bekämen. Zudem gelten die Kassen als vertrauenswürdige Partner, die bei Krankheit helfen und sich um die Gesundheit ihrer Mitglieder sorgen. Kann man also TK-Chef Jens Baas vertrauen, der
25 meint, die Fitnessdaten seien in der elektronischen Gesundheitsakte gut aufgehoben, die am besten auch noch in den Händen der Kasse liegt? Die Gegenfrage muss lauten: Was will man mit Daten von unterschiedlichen Geräten, die keinen (Mess-) Standard haben und bei denen man nicht sicher sein kann, welche Daten aufgezeichnet werden? Ein Fitnessarmband kann schließlich auch einmal dem sportlichen Part-
30 ner „ausgeliehen" werden. Von der Datensicherheit ganz zu schweigen. Darüber hinaus betreiben die Krankenkassen – insbesondere diejenigen, die dafür Prämien zahlen – eine Risikoselektion. Denn vor allem die gesunden und aktiven Mitglieder werden sich solch ein Gerät zulegen. So fallen Ältere, die vielleicht nicht so technikaffin sind, aus dem Solidarsystem, das die gesetzlichen Krankenkassen ja ausmacht.

35 Dennoch: Die Chancen, die „Big Data" in der medizinischen Forschung bietet, müssen genutzt werden. Aber bitte nur streng anonymisiert, mit validen Daten und hohem Datenschutz und nicht als Marketingstrategie einer Kasse, um neue Versicherte zu gewinnen.

*Michael Schmedt, Ärzteblatt, 7/2016*

M5 **Fachbegriff-Lexikon**

**Self-Tracking**

Der Begriff Self-Tracking beschreibt das andauernde Messen der Körperfunktionen und Aktivitäten. Praktisch rund um die Uhr zeichnet ein Armband Puls, zurückgelegte Schritte, verbrauchte Kalorien und viele andere Funktionen auf. Der Träger des Arm-
5 bandes kann durch diese gesammelten Daten anschließend grafisch aufgewertet Fitnessdaten erhalten. Diese unterstützen beim Erstellen von Trainingsplänen oder geben Hinweise auf Werte, die potenziell medizinisch zu prüfen sind.

**Synchronisation**

Die besten Daten nutzen nichts, wenn sie nicht komfortabel sichtbar sind. Das kleine
10 Display der Fitness-Armbänder ist für eine genauere Datenanalyse nicht optimal. Viel besser funktioniert das auf Smartphones und Tablets sowie Notebooks und PCs. Um die Daten aber vom Armband auf das Handy oder auf den Computer zu übertragen, ist neben einer passenden App/Software eine Synchronisation erforderlich. Diese lässt sich bei den meisten Geräten per Bluetooth starten. So erhalten Apps die Daten. Teil-
15 weise ist die Synchronisation auch per USB-Kabel möglich. Bei dem Vorgang werden alle Daten an das andere Gerät gesendet. Dort kann der Nutzer diese dann in optisch ansprechender Form abrufen. *Robert Mertens, fitnessarmband.eu, 03.05.2021*

M6 **Statistik**

*statista (2019): Absatz von Fitness-Trackern in Deutschland in den Jahren 2014 bis 2017*

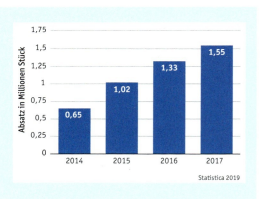

5 Lege für den Ausstellungsgegenstand „Fitnessarmband" mithilfe deiner Notizen aus Aufgabe 3 eine Mind-Map an.

6 Diskutiert in eurer Kleingruppe die unterschiedlichen Möglichkeiten des Textaufbaus. Notiert, welcher Textaufbau gut zum Gegenstand passt und warum.

| | |
|---|---|
| 1 Definition | **oder** |
| 2 Beschreibung und Erklärung des Gegen-<br>  stands | 3 geschichtliche Entwicklung:<br>  früher, heute, morgen |
| 3 Bewertung: Vorteile, Nachteile, Fazit | **oder** |
| **oder** | 3 Problemstellung, Lösungsweg, Lösung |
| 3 geographische / kulturelle Unterschiede | 4 Bedeutung |

**Materialgestützt informieren**

**7** Bereite das Schreiben nun weiter vor, indem du die Tabellenstruktur nutzt, um deinen eigenen Schreibplan zu erstellen.

| Textaufbau | Inhalt in Stichpunkten | Informationen aus … |
|---|---|---|
| 1 Definition | | M … |
| 2 Beschreibung und Erklärung des Gegenstands | | … |
| 3 Ausgewählter ergänzender Aspekt: … | | … |
| 4 Bedeutung | | … |

**So bereitest du einen schriftlichen Informationstext vor**

**Das musst du können**

Wenn du einen informierenden Text aufgrund von Material verfassen sollst, kannst du dich bei der Vorbereitung an folgenden Schritten orientieren:

- Lies die Aufgabenstellung genau. Mache dir bewusst, wer deine Leser sind, was sie erwarten werden und welche Funktion dein Text hat (informieren, unterhalten, überzeugen).
- Werte das vorhandene Material aus: Notiere kurz, worum es in dem Material geht und welche Informationen für deinen Text nützlich sein können, zum Beispiel mithilfe einer Tabelle oder eines Exzerpts (→ S. 35).
- Sortiere die Informationen anschließend in einem Cluster, einer Mind-Map oder einer Tabelle. Prüfe verschiedene Gliederungsmöglichkeiten.
- Erstelle dann einen gründlichen Schreibplan. Je Gliederungspunkt solltest du zwei bis vier Unterpunkte notieren können.
- Bei einem Ausstellungstext bietet sich folgende Gliederungsmöglichkeit an:
  1 Definition
  2 Beschreibung und Erklärung des Gegenstands
  3 ein ausgewählter ergänzender Aspekt
  4 Bedeutung des Gegenstands

**8** „Es wirkt so harmlos und alltagstauglich, aber …" – Bei der Vorbereitung der Ausstellung kommt es zu intensiven Diskussionen über die Verwendung des Fitnessarmbands. Notiert in Partnerarbeit noch einmal, welchen Nutzen ein derartiges Produkt haben kann und welche Gefahren es auch birgt. Positioniert euch abschließend und begründet: Würdet ihr es nutzen?

# In der Kürze liegt die Würze

## Einen informierenden Ausstellungstext formulieren und überarbeiten

> „Das ist so eine Scheibe, so ein Screen, wo man halt draufdrücken kann, und dann passiert etwas."

**1** Beurteilt den Definitionsversuch zu „Touchscreen" in Partnerarbeit und notiert, was an der Definition auffällt und was verbessert werden könnte. Notiert Fragen, die unbeantwortet bleiben.

**2** Untersucht nun den professionellen Ausstellungstext und macht euch stichpunktartig Notizen zum Aufbau und zur Sprache (→ S. 233, 237): Notiert für jeden Abschnitt eine passende Überschrift, die die Gliederung des Textes verdeutlicht. Beschreibt die verwendete Sprache mithilfe der Kästen auf den → S. 233 und 237.

---

### Ausstellungstext „Touchscreen"

Als Touchscreen wird allgemein ein Bildschirm eines Geräts bezeichnet, das durch die Berührung des Bildschirms bedient werden kann. Das Wort stammt aus dem Englischen und setzt sich zusammen aus „touch" oder „to touch" für ‚Berührung' oder ‚berühren' und „screen" für ‚Bildschirm'.

5 Ein Touchscreen ist eine flache, gerade Oberfläche eines technischen Geräts und kann je nach Gerät unterschiedlich groß sein. Die meisten Touchscreens können aufgerufene Inhalte farbig darstellen, bei manchen Geräten wird jedoch darauf verzichtet (z. B. E-Book-Reader, um möglichst papierähnlich zu wirken).

Der Touchscreen dient als Ein- und Ausgabegerät des Geräts, d. h. der Nutzer kann
10 durch die Berührung des Bildschirms mit dem Finger Befehle abgeben, woraufhin der Touchscreen das Ergebnis des Befehls darstellt. Die sensible Oberfläche ersetzt also andere Eingabegeräte wie Tastatur oder Maus.

Technisch möglich wird dies dadurch, dass ein Finger elektrisch leitend (kapazitiv) ist und die Berührung des Bildschirms eine Spannungsänderung im elektrischen Feld
15 hervorruft. Menschen mit sehr trockener Haut können also Probleme bei der Nutzung von Touchscreens haben.
Bei der Bedienung sogenannter kapazitiver Touchscreens hat man verschiedene Möglichkeiten: tippen, zwei Finger auseinander- oder zusammenziehen oder nach links oder rechts wischen. Das Tippen ist einem Mausklick gleichzusetzen. Zieht man
20 zwei Finger auseinander / zusammen, kann man dargestellte Inhalte vergrößern / verkleinern, wohingegen das Wischen dem Umblättern einer Seite gleicht.

Touchscreens sind aus dem Alltag nicht mehr wegzudenken, da Tablet-PCs, Smartphones, Autos, Kaffeemaschinen, Kopiergeräte, Ticket- und Geldautomaten mit Touchscreens für uns heute zur Normalität gehören. Ihre Nutzung kann aber auch ge-
25 sundheitliche Risiken bergen, z. B. durch die ständige Wiederholung bestimmter Bewegungen, die auf Dauer Verletzungen verursachen kann.              *Verfassertext*

### So formulierst du einen erklärenden Ausstellungstext

Professionelle Ausstellungstexte enthalten verschiedene Elemente, die es ermöglichen, Fachbegriffe, Funktionen oder bestimmte Abläufe und die Bedeutung des Ausstellungsstücks besser zu verstehen.

- Nenne das Wort und definiere es: Umschreibe es, indem du es einem Oberbegriff (→ S. 235) zuordnest und die zentrale Funktion in einem Relativsatz erklärst. Erkläre bei Bedarf die Wortherkunft.
  *... ist ein/e [Oberbegriff], der / die ... [Relativsatz zur Beschreibung der Funktion]*
  *... bezeichnet ein Gerät, das ...*
  *Das Wort stammt aus dem [Sprache] und setzt sich zusammen aus ... für ... und ... für ... / bedeutete ursprünglich ...*
- Beschreibe den Gegenstand mit treffenden Adjektiven nun genauer und nutze zur vertieften Erklärung der Funktion passende Adverbialsätze oder Adverbien, um Zusammenhänge (Gründe, Folgen, Ziele, ...) darzustellen (→ S. 298).
- Informiere dann weiter sachlich und in eigenen Worten zu einem ausgewählten ergänzenden Aspekt. Nutze dafür zum Beispiel die Formulierungshilfen von → S. 57.
- Erkläre zum Schluss die Bedeutung des Gegenstands (Vorkommen, Häufigkeit der Verwendung, ...).

**3** Prüfe und bewerte die drei Ausschnitte eines Ausstellungstextes zum „Smart Fridge" mithilfe einer Textlupe (Kategorien: Das gefällt mir, Das fällt mir auf, Verbesserungsvorschlag).

**A** Zu den vorteilhaften Funktionen im Vergleich zu einem herkömmlichen Kühlschrank zählen unter anderem intelligente Kühltechnik, das Bereitstellen von Rezeptideen und das Informieren über zu Neige gehende Lebensmittel oder Ablaufdaten, sodass Lebensmittelverschwendung besser vermieden werden kann.
Absolut unnötig aber, Filme am Kühlschrankdisplay schauen oder vorm Kühlschrank stehend den eigenen Kalender verwalten zu können.

**B** Die smarte Revolution ist auch unter den Haushaltsgeräten heutzutage nicht mehr aufzuhalten und wird Normalität werden. Als Nutzer muss man für seine Bequemlichkeit jedoch eventuelle Sicherheitsrisiken in Kauf nehmen, vor allem wenn Geräte veralten und der technische Support eingestellt wird. Setzt mir dann wirklich noch mein Kühlschrank die Schokoladencreme auf die mit ihm über eine App verknüpfte Einkaufsliste auf meinem Handy?

# 3

C  Als Smart Fridge wird ein Kühlschrank bezeichnet, der dem Eigentümer das Leben im Alltag erleichtert.
Intelligente Kühlschränke unterscheiden sich von herkömmlichen äußerlich vor allem durch einen Touchscreen. Je nach Hersteller können auch Spender für kaltes oder heißes Wasser oder sogar eine Kaffeemaschine verbaut sein. In höchstem Maße beeindruckend ist allerdings die verbaute Technik: Der Kühlschrank besitzt eine Innenkamera und ist übers WLAN mit dem Internet verbunden. Sie können also bequem beim Einkaufen einen Blick in den Kühlschrank werfen, wenn Sie vorher einmal nicht daran gedacht haben!

4  Verfasse nun eine verbesserte Version des Ausstellungstextes zum Smart Fridge, indem du die Versionen und deine Ergebnisse aus Aufgabe 3 nutzt.

**Das musst du können**

### So gestaltest und überarbeitest du einen Ausstellungstext

Ausstellungstexte sind eine besondere Textsorte mit eigenen Anforderungen. Mache dir bewusst, dass die Besucher einer Ausstellung bestimmte Erwartungen haben und sich in einer speziellen Situation befinden. Gestalte deinen Text so, dass die Besucher Lust bekommen, den Text zu lesen, und möglichst viele Informationen zügig aufnehmen können.

- Weniger ist mehr. Beschränke dich auf die wichtigen Informationen. Die Textlänge sollte eine mit einem Textverarbeitungsprogramm verfasste DIN-A4-Seite keinesfalls überschreiten.
- Gliedere deinen Text sinnvoll: kurze Definition, Beschreibung und Erklärung des Gegenstands (Aussehen und Funktion/en), ein ausgewählter ergänzender Aspekt (→ S. 65), Bedeutung / Wert des Gegenstands. Bilde Absätze und gegebenenfalls Zwischenüberschriften.
- Achte beim Verfassen am PC darauf, eine gut lesbare Schrift (etwa Arial oder Calibri), eine angemessene Schriftgröße (etwa 16 Punkt) und einen ausreichenden Zeilenabstand einzuhalten. Gestalte die einzelnen Zeilen nicht zu lang.
- Schreibe möglichst einfach und nicht zu kompliziert. Bilde einfache Sätze ohne unnötige Füllwörter und nutze passende Adverbialsätze oder Adverbien, um Zusammenhänge darzustellen (→ S. 298). Verwende anschauliche Beispiele, mit denen die Besucher etwas anfangen können. Erkläre Fachbegriffe, falls du sie verwendest.
- Prüfe und überarbeite den Text mithilfe einer Checkliste.

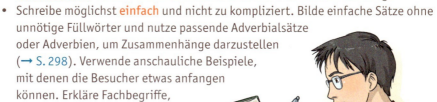

Materialgestützt informieren

**5** Verfasse nun deinen eigenen Ausstellungstext zum Fitnessarmband.

**6** Arbeitet zu dritt: Reicht eure Texte reihum weiter und gebt euch mithilfe der Checkliste gegenseitig Feedback.

Checkliste

| | | trifft zu | trifft zum Teil zu | trifft nicht zu | Verbesserungsvorschläge |
|---|---|---|---|---|---|
| **Inhalt** | Die Definition ordnet den Gegenstand einem Oberbegriff zu und benennt die zentrale Funktion. | | | | |
| | Die Wortherkunft wird erklärt. | | | | |
| | Der Gegenstand wird dann genauer beschrieben und die Funktionen vertieft erklärt. | | | | |
| | Über einen weiteren interessanten Aspekt wird prägnant informiert. | | | | |
| | Die Bedeutung des Gegenstands wird benannt. | | | | |
| **Stil** | Die Sprache ist sachlich. | | | | |
| | Wichtige Fachbegriffe werden verwendet und erklärt. | | | | |
| | Eigene Wörter und Formulierungen werden verwendet. | | | | |
| | Die Sätze sind gut verständlich. | | | | |
| | Zusammenhänge werden deutlich (Adverbialsätze, Adverbien). | | | | |
| **Sprache** | Das Tempus ist korrekt. | | | | |
| | Rechtschreibung und Zeichensetzung sind korrekt. | | | | |

**7** Überarbeite nun deinen eigenen Ausstellungstext auf der Grundlage des Feedbacks mithilfe eines Textverarbeitungsprogramms.

**8** Hängt die fertigen Texte für einen Gallery Walk im Klassenzimmer auf.

# Sehr geehrte Damen und Herren, ...
## Sich auf eine Praktikumsstelle schriftlich bewerben

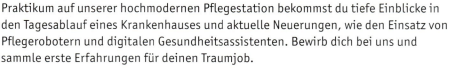

### Praktikum im Krankenhaus
**(Pflegestation)**

**Du bist Schülerin oder Schüler** und überlegst, eine Karriere im Gesundheitswesen anzustreben? Sei es ein klassisches Medizinstudium, eine (duale) Ausbildung im Pflegewesen oder Krankenhausmanagement: Mit einem Praktikum auf unserer hochmodernen Pflegestation bekommst du tiefe Einblicke in den Tagesablauf eines Krankenhauses und aktuelle Neuerungen, wie den Einsatz von Pflegerobotern und digitalen Gesundheitsassistenten. Bewirb dich bei uns und sammle erste Erfahrungen für deinen Traumjob.
Mindestalter: 15 Jahre.
Sende deine aussagekräftigen Bewerbungsunterlagen bis Ende Juli unter Angabe der Kennziffer 09 / P an Frau Mustermann, mustermann@pflege.de.

**1** Helft Niklas und sammelt in der Klasse erste Vorstellungen, wie der Alltag auf einer Pflegestation aussehen könnte.

**Niklas:** „Ich möchte gerne im Gesundheitswesen arbeiten. Aber als was? Vielleicht sollte ich mich bewerben? Die Erfahrungen würden mir bestimmt weiterhelfen."

**2** Sammelt in Partnerarbeit Eigenschaften, die Niklas als Praktikant auf einer Pflegestation mitbringen sollte.

Link:
11039–10

**3** Überprüft eure Vorstellungen mithilfe des Mediencodes und ergänzt eure Sammlung aus Aufgabe 1 und 2.

**4** Niklas formuliert einen ersten Entwurf des Anschreibens für den Praktikumsplatz. Notiere stichpunktartig, was gut und was weniger gut gelungen ist.

*Hallo, ich hatte Sie ja am 19.07. angerufen wegen des Praktikums auf der Pflegestation. Ich würde gern ein Praktikum bei Ihnen machen, weil ich im Anschluss ans Abi Medizin studieren will und ich das Praktikum daher eh brauche ;-). Ich habe Biologie und Chemie im Wahlpflichtbereich gewählt und im letzten Halbjahr eine 2 in diesem Fach. Mich interessiert eigentlich alles, was mit der Funktion des Körpers zu tun hat.*

**5** Biete alternative Formulierungen für nicht gelungene Stellen an.

**6** Prüfe Niklas' am PC überarbeitete Version kritisch. Informiere dich mithilfe des Mediencodes und des Kastens (→ S. 73) über die Bestandteile eines gelungenen Anschreibens und über verschiedene Möglichkeiten, ein professionelles Anschreiben zu gestalten.
Formuliere eine schriftliche Rückmeldung, was gelungen ist und was noch überarbeitet und ergänzt werden müsste.

Link:
11039–11

Marien-Hospital
Musterstraße 28
12345 Musterstadt

München

**Bewerbung um eine Praktikumsstelle auf der Pflegestation, Kennziffer 09 / P**

Hallo Frau Müller,

durch unser Telefonat vom 19.07. habe ich erfahren, das Sie im September Praktikumsplätze für Schülerinnen und Schüler auf der Pflegestation in Ihrem Krankenhaus anbieten. Da ich einen Beruf im Gesundheitswesen anstrebe, bewerbe ich mich hiermit bei Ihnen, damit ich meinen Pflichtteil für das Medizinstudium jetzt schon erfüllen kann. Ich bin der Niklas Musterknabe, ich bin 15 Jahre alt und besuche zur Zeit die 9. Klasse des Kleist-Gymnasiums. Besonders interessiere ich mich für naturwissenschaftliche Fächer, was durch meinen Wahlpflichtbereich deutlich wird, in dem ich Biochemie belegt habe. Ich hoffe, dass mein Durchschnitt gut genug für Medizin sein wird, ansonsten mache ich halt etwas anderes …

Pflege und Medizinversorgung sind durch die alternde Gesellschaft stark wachsende Berufszweige, bei denen Menschen im Mittelpunkt der Tätigkeit stehen. Sie erfordern neben einem detaillierten Fachwissen deshalb vor allem soziale Fähigkeiten sowie Belastbarkeit, mit dem Krankenhausalltag umzugehen. Bereits durch familiäre Umstände konnte ich erfahren, welche Tätigkeiten und Herausforderungen mit der Pflege von alten Menschen verbunden sind.

Bitte melden Sie sich gerne bei weiteren Nachfragen bei mir.
Über ein persönliches Kennenlernen freue ich mich sehr.

Mit freundlichen Grüßen

*Niklas Musterknabe*

Arbeitsblatt:
11039–12

**7** Entscheide dich nun für eine Layout-Vorlage für ein Anschreiben aus dem Internet (Suche über „Bewerbungsanschreiben Vorlage".) und überarbeite Niklas' Vorschlag dann direkt im Textverarbeitungsprogramm. Achte besonders auf eine angemessene sprachliche Formulierung und orientiere dich dabei an den Vorgaben von Aufgabe 6.

Link:
11039–13

**8** Um seine Bewerbungsmappe zu vervollständigen, braucht Niklas noch einen überzeugenden Lebenslauf. Sammelt in Partnerarbeit Punkte, die ein Lebenslauf allgemein enthalten sollte. Gleicht eure Ergebnisse mit den Vorlagen aus dem Mediencode ab und ergänzt sie gegebenenfalls.

**9** Tauscht euch zu zweit über die Qualität von Niklas' Lebenslauf unten aus. Haltet fest, welche Informationen besonders relevant, weniger relevant oder gar nicht relevant sind. Notiert außerdem, welche Informationen Niklas ergänzen sollte und was er noch verbessern könnte.

## Lebenslauf

### Persönliche Angaben
Name: Niklas Musterknabe
Geschlecht: männlich
Geburtsort: München
Geschwister: Hannah (älter), Tom (jünger)

### Schulbildung
Kleist-Gymnasium, Musterstadt, Bayern
Friedrich-Rückert-Grundschule, Musterstadt, Bayern
Kindergarten und Kita St. Martin, Musterstadt, Bayern

### Außerschulische Aktivitäten
Kapitän der Volleyballmannschaft
Chillen mit Freunden im Park

### Fähigkeiten und Qualifikationen
Sprachen: Deutsch (Muttersprache), Englisch
Kopfrechnen (sehr gut)
Soziale Kompetenz
Computerkenntnisse: Textverarbeitungsprogramme
(in ständiger Anwendung), Gaming

Musterstadt

*Niklas Musterknabe*

**10** Du bist dran. Recherchiere im Internet nach geeigneten Schülerpraktikumsplätzen, die dich interessieren, und notiere, welche Qualifikationen und außerschulischen Aktivitäten du passend zu deinem Wunschpraktikum aufweist. Verfasse ...

■ ... einen kurzen Text dazu, warum dich der Praktikumsplatz interessiert.

■ ... im Textverarbeitungsprogramm mithilfe des Kastens und der Vorlagen im Internet einen Lebenslauf für die von dir gewählte Praktikumsstelle.

■ ... im Textverarbeitungsprogramm mithilfe des Kastens und der Vorlagen im Internet ein Anschreiben für die von dir gewählte Praktikumsstelle.

---

### Eine Bewerbungsmappe

**Das musst du wissen**

Eine **schriftliche** Bewerbung besteht mindestens aus einem **Anschreiben** und einem **Lebenslauf**. Weiterhin kannst du Zeugnisse oder weitere Bescheinigungen als **Anhänge** hinzufügen oder ein zusätzliches **Deckblatt** erstellen. Die eigenen Kontaktdaten (Adresse, Telefon, Mail) sollten auf jeder Seite der Bewerbungsmappe erscheinen. Ein **Foto** ist heute nicht mehr verpflichtend. Solltest du dich aber dafür entscheiden, achte darauf, ein professionelles Bewerbungsfoto in angemessener Kleidung zu verwenden.

Das **Anschreiben** folgt strengen Vorgaben was das formale Aussehen, den Aufbau und den Inhalt betrifft. Orientiere dich zum Beispiel an Vorlagen, die du auf seriösen Internetseiten findest. Inhaltlich formulierst du als Fließtext in mehreren Abschnitten den **Grund** für deine Bewerbung, stellst dich sowie deine **Ziele** vor und erläuterst deine **Eignung** für den jeweiligen Praktikumsplatz und das Unternehmen. Schneide deine Bewerbung auf den Praktikumsbetrieb zu und nutze nicht für jede Bewerbung das gleiche Anschreiben. Achte dabei auf eine angemessene Sprache und prägnante Formulierungen.

Der **Lebenslauf** wird nach verschiedenen Kategorien stichpunktartig verfasst. Er gibt einen Überblick über deine **Person**, deinen bisherigen **Lebensweg** und deine bisher erworbenen **Fähigkeiten**, aber immer angepasst auf die jeweilige Stelle.

Sowohl Anschreiben als auch Lebenslauf sollten **übersichtlich** sein. Das Anschreiben sollte eine Seite umfassen, der Lebenslauf – je nach Vorerfahrungen – ein bis drei Seiten.

Finde (in der Stellenanzeige, auf der Webseite oder durch ein Telefonat) heraus, wer für die Annahme deiner Bewerbung zuständig ist. So kannst du dein Anschreiben direkt an deinen **Ansprechpartner** adressieren. Da viele Unternehmen mittlerweile Bewerbungsportale nutzen, musst du darauf achten, in welcher Form deine Bewerbung übermittelt werden soll, zum Beispiel per E-Mail oder durch das Hochladen einzelner Dateien. Stelle auf jeden Fall sicher, dass du gängige **Dateiformate** nutzt, am besten **PDF-Dateien**. Deine Unterschrift kannst du als Scan in das Anschreiben und den Lebenslauf einfügen.

# Du bist eingeladen
## Ein Bewerbungsgespräch erfolgreich führen

**1** Niklas konnte mit seiner professionellen Bewerbung überzeugen und wird zum Vorstellungsgespräch eingeladen. Hilf Niklas bei seiner Vorbereitung auf das Gespräch und ergänze die
fehlenden Fragen und Antworten.

**Personalabteilung:** …
**Niklas:** Ich möchte gerne den Krankenhausalltag kennenlernen, um so
herauszufinden, ob ich mein Berufsziel im Gesundheitswesen
weiter verfolgen will. Außerdem macht mir der Umgang mit
älteren Menschen insgesamt Freude.

**Personalabteilung:** Wie stellen Sie sich die Arbeit auf einer Pflegestation vor?
**Niklas:** …

**Personalabteilung:** …
**Niklas:** Natürlich glaube ich, dass ich zunächst einmal mitgehen
und zuschauen werde, wie alles funktioniert. Schön wäre es,
wenn ich mich auch mit der Zeit stärker einbringen könnte.
Beispielsweise könnte ich mir vorstellen, Botengänge für die
Patienten zu übernehmen oder mit ihnen im Garten spazieren
zu gehen, wenn das möglich ist.

**Personalabteilung:** …
**Niklas:** Weil ich gut bin und besser als die anderen Bewerber.
Außerdem mache ich in meiner Freizeit viel Sport.
Das wird mir bestimmt auch beim Praktikum nützen.

**Personalabteilung:** Haben Sie noch weitere Fragen?
**Niklas:** …

**2** Niklas' Antwort „Weil ich gut bin …" kann noch verbessert werden. Notiert in Partnerarbeit
Punkte, die noch verändert werden müssten, und überarbeitet anschließend Niklas' Antwort.

**3** Bereite das Vorstellungsgespräch weiter vor und bearbeite eine der folgenden Aufgaben:

■ Notiere drei weitere Fragen, die Niklas stellen könnte.

■ Notiere zwei weitere Fragen aus Sicht der Personalabteilung und passende Antworten
von Niklas.

■ Notiere Tipps, wie Niklas Mimik, Gestik und Körpersprache im Gespräch einsetzen sollte.

**So führst du ein erfolgreiches Vorstellungsgespräch**

Vorbereitung:

- Vermittle dein Engagement für den Job, indem du dich gut auf mögliche Fragen vorbereitest und dich dadurch als passenden Kandidaten für den Job präsentierst. Recherchiere dazu auch Informationen zum Unternehmen und zur Tätigkeit an sich (z. B. Unternehmensgeschichte, Leitbilder).
- Probe das Vorstellungsgespräch mehrmals mit einer Vertrauensperson und hole dir Feedback ein.

Im Gespräch:

- Der erste Eindruck zählt. Trage saubere und ordentliche Kleidung und trete freundlich auf.
- Zeige Interesse, indem du dem Gespräch aufmerksam folgst, Nachfragen stellst und dir Notizen machst. Achte darauf, Blickkontakt herzustellen, aufrecht zu sitzen und freundlich zu schauen.
- Stelle deine kommunikativen Fähigkeiten unter Beweis, indem du ausführlich an Fragen anknüpfst und sachlich auf Argumente reagierst.
- Bleibe professionell. Verwende ein angemessenes Sprachregister.

4 Führt nun zu zweit ein Rollenspiel durch: Wählt dabei euren Wunschpraktikumsbetrieb aus Aufgabe 10 des vorangegangenen Teilkapitels. Nutzt den folgenden Notizzettel, bereitet das Vorstellungsgespräch vor und führt es durch.

- im Internet weiter zu Praktikumsbetrieb und Tätigkeit recherchieren
- mögliche Fragen / Antworten auf Zettel notieren und ordnen
- Fragen / Antworten alleine wiederholen
- Rollenspiel durchführen
- Rollen wechseln; gegenseitig Feedback geben

**So gibst du richtig Feedback**

- Beginne mit den positiven Aspekten und formuliere in der Ich-Form.
  *Ich finde, du hast dein Interesse gut gezeigt, indem du ...*
  *Ich denke, deine Antworten waren sehr ausführlich, z. B. ...*
  *Mir hat dein Sprachregister gefallen, weil...*
- Verbinde Dinge, die noch verbessert werden können, mit einem Lösungsvorschlag oder einer Frage. Bleibe sachlich, verzichte auf Verallgemeinerungen und formuliere Kritik in kleinen Happen.
  *Ich bin der Meinung, du könntest nächstes Mal selbst Fragen stellen, z. B. ...*
  *Was hältst du von der Idee, einmal zu üben, etwas lauter zu sprechen?*

# Was DU schon kannst!

## Kompetenztest

**Den Adressaten beim Informieren berücksichtigen**

1 Du bist technikbegeistert und möchtest deine Klasse in einem Kurzreferat zum Thema Transportdrohnen informieren. Sammle schriftlich mögliche Fragen und Themen, die dieses Kurzreferat unbedingt beantworten sollte. Denke dabei auch an die Erwartungen deiner Adressaten.

**Eine Stoffsammlung für ein Kurzreferat anlegen**

2 Werte die Materialien unten aus, überprüfe, welche Fragen du schon beantworten kannst, und erstelle eine Stoffsammlung für dein Kurzreferat.

---

**M1** **Deutsche Post testet Transportdrohne erfolgreich**

Die Deutsche Post DHL Group hat im Rahmen eines Forschungs- und Innovationsprojektes eine Transportdrohne für die Paketzustellung getes-
5 tet. Dabei wurden in der Bayrischen Gemeinde Reit im Winkl und der nahe gelegenen Winklmoosalm von Januar bis März 2016 300 autonome Be- und Entladungen durchgeführt. Mittels
10 einer speziell entwickelten Packstation konnte die Paketzustellung für Privatkunden nach Angaben des Unternehmens erfolgreich getestet werden.

„Wir sind weltweit die ersten, die eine Transportdrohne für einen Endkundenzugang einsetzen können. Mit dieser Kombination aus vollautomatisierter Be- und Entladung des Fluggeräts, erweiterter Flugdistanz und Traglast haben wir alle techni-
15 schen und prozessualen Verbesserungen erreicht, um diese Lieferoption langfristig auch im urbanen Raum zu erproben", erklärt Jürgen Gerdes, Konzernvorstand Post – eCommerce – Parcel der Deutschen Post DHL Group.

Im Rahmen der Testphase sei es gelungen, mit der Transportdrohne, die zur dritten Generation des Paketkopters der DHL gehört, Eilzustellungen zu realisieren, sodass
20 Medikamente und Sportartikel auf einer Strecke von acht Kilometern in acht Minuten geliefert wurden.

Das Projekt wurde in Zusammenarbeit mit der Gemeinde Reit im Winkl, dem Bundesverkehrsministerium und dem Luftamt der Regierung von Oberbayern realisiert. In den kommenden Monaten sollen die gewonnen Daten ausgewertet und eine
25 Entscheidung über weitere Testgebiete gefällt werden.

*Wolfgang Rakel, www.dnv-online.net, 09.05.2016*

**Umfrage zur Paketlieferung durch Roboter und Drohnen**

*statista (2017): Deutsche bei automatischer Paketzustellung skeptisch*

### M2 Deutsche bei automatischer Paketzustellung skeptisch

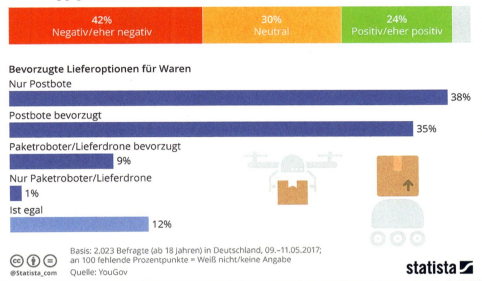

Einstellung gegenüber Paketrobotern und Lieferdrohnen

| 42% Negativ/eher negativ | 30% Neutral | 24% Positiv/eher positiv | |

Bevorzugte Lieferoptionen für Waren

Nur Postbote — 38%

Postbote bevorzugt — 35%

Paketroboter/Lieferdrone bevorzugt — 9%

Nur Paketroboter/Lieferdrone — 1%

Ist egal — 12%

Basis: 2.023 Befragte (ab 18 Jahren) in Deutschland, 09.–11.05.2017;
an 100 fehlende Prozentpunkte = Weiß nicht/keine Angabe
Quelle: YouGov

@Statista_com

**statista**

3 Projekttag: Deine Arbeitsgruppe soll einen Ausstellungstext zum Thema „Transportdrohnen" für die Ausstellung „Drohnen" formulieren. Skizziere für deine Gruppenmitglieder stichpunktartig, welche Kriterien man bei einem professionellen Ausstellungstext beachten muss.

4 Lege einen Schreibplan für einen passenden Ausstellungstext zum Paketkopter an.

5 Untersuche die Definition von „Paketkopter" unten und notiere kurz, was für einen Ausstellungstext noch verbessert werden könnte.

*Ein Paketkopter ist eine autonom oder manuell gesteuerte High-Tech-Drohne mit differenter Nutzlast, die eingesetzt wird, um aktuelle Logistikprobleme der Paketzustellung zu meistern.*

+ Wähle eines der Teilthemen und verfasse einen weiteren Abschnitt für einen Ausstellungstext zum „Paketkopter".
  • Beschreibung von Aussehen und Funktion
  • Entwicklung: früher – heute – morgen
  • Bedeutung

■ Einen Ausstellungstext vorbereiten

■ Einen Ausstellungstext verfassen

# 4 VER-ANTWORT-UNG

## Schriftlich argumentieren in Stellungnahme und Kommentar

1 Vergleiche die drei Aussagen auf der rechten Seite, indem du heraus-arbeitest, wer, wofür, wie und warum Verantwortung übernehmen soll. Ergänze auch deine eigene Sicht-weise.

2 Sammelt gemeinsam an der Tafel Möglichkeiten, wie junge Menschen in der Gesellschaft Verantwortung übernehmen können. Bezieht die Bilder mit in eure Überlegungen ein.

3 Formuliere ein Argument, in dem du begründest, warum bereits Jugend-liche gesellschaftliche Verantwor-tung übernehmen sollen.

*Europäisches Jugendparlament*

### Die Verantwortung der Jugend

Staatsminister Grimme hat vor der Hamburger Jugend
die Lage treffend gekennzeichnet, wenn er sagte, dass die
Jugend ja nicht die Möglichkeit zu freier Meinungsbil-
dung und kein Material für ein Für und Wider zu einer
Auseinandersetzung mit der Zeit, nicht die Grundvor-
aussetzung für eine Überzeugung: die klare Einsicht be-
saß.

*Joachim Winkler,
Die Zeit vom 09.05.1946, www.zeit.de*

Verantwortung übernehmen heißt,
Antwort auf Fragen zu geben.
Die eigene Antwort findet man, wenn
man gut begründete Argumente kennt
und gegeneinander abwägt.

In diesem Kapitel lernst du, …

… mit Argumenten zu begründen,
Argumente zu entkräften und
abzuwägen,

… eine Gliederung für eine
Argumentation zu verfassen,

… deinen Standpunkt in einem
Kommentar zu begründen,

… einen Kommentar stilistisch
zu überarbeiten.

„Parteien geben Impulse und können Ideen formulieren.
Aber jeder Jugendliche muss sich selbst entscheiden und
Verantwortung für seine Zukunft übernehmen."

*Afrob, Musiker, www.kas.de*

„Es ist die Verantwortung von allen, die in Freiheit leben,
ihre Meinung zu äußern. Immer!" *Morgan Freeman,
Stern Nr. 36/2008 vom 28.08.2008*

# 4

# Ein soziales Jahr für alle!

## Die eigene Position erfassen und Begründungen finden

[1] **Bufdi**: Abkürzung für Bundesfreiwilligendienst

**B**

„Bevor der Wehrdienst freiwillig wurde, sind viele junge Männer vom Dienst befreit worden. Wie viele andere habe ich mich damals für den sogenannten Zivildienst entschieden."

**A**

„Von 1956 bis 2011 waren alle männlichen deutschen Staatsbürger zur Ableistung von Wehrdienst in der Bundeswehr verpflichtet. Danach wurde der Bundesfreiwilligendienst eingeführt, für Männer und Frauen. Für mich war die Zeit als Bufdi[1] eine tolle Zeit und eine prägende Erfahrung!"

**C**

„Ich überlege, nach der Schule ein freiwilliges soziales Jahr (FSJ) oder ein freiwilliges ökologisches Jahr (FÖJ) zu machen."

**1** Benenne das Thema, zu dem sich die drei äußern. Tausche dich dann in der Klasse aus: Welche eigenen Erfahrungen habt ihr eventuell? Was habt ihr darüber gelesen oder gehört?

**2** Führt in der Klasse eine Umfrage durch, für wie viele von euch ein Freiwilligendienst nach der Schulzeit in Frage kommt. Sammelt dazu erste Gründe und notiert diese stichpunktartig in einer Mind-Map, Liste oder Tabelle.

**3** Die „10-10-10-Methode" kann helfen, richtige Entscheidungen zu treffen. Dabei fragt man sich, welche Auswirkungen eine Entscheidung in zehn Tagen, in zehn Monaten und in zehn Jahren hat. Beantworte die drei Fragen und leite dann daraus Gründe für oder gegen den Freiwilligendienst ab, die du in deine Mind-Map, Liste oder Tabelle überträgst.

> Welche Auswirkung hat es, wenn ich mich für einen Freiwilligendienst entscheide,
> … in zehn Tagen?
> … nach dem Ende der Schulzeit?
> … in zehn Jahren?

**4** Erweitere deinen Blick, indem du auch andere Perspektiven einnimmst.
Wähle eine der folgenden Fragen, beantworte sie und ergänze deine Notizen.
Unterscheiden sich die Positionen und Gründe zum Thema Freiwilligendienst …

▪ … von Jugendlichen und Erwachsenen?

▪ … von Männern und Frauen?

▪ … heute und vor 2011 – vor der Abschaffung der Wehrpflicht?

---

### So legst du eine Stoffsammlung an

Das kannst du bereits

Mache dir zunächst klar, zu welcher **Fragestellung** oder Position du Argumente sammeln sollst, sammle dann möglichst viele **Argumente** (vier Bs: Behauptung, Begründung, Beispiel / Beleg, Bezug zur Position → S. 19, 244).
- Arbeite mit der 10-10-10-Methode und blicke aus verschiedenen Perspektiven auf die Fragestellung.
- Notiere alle Argumente, **sortiere** sie von Beginn der Sammlung an, zum Beispiel in einer Mind-Map, einer Liste oder einer Tabelle.
- Achte bei der Sortierung darauf, dass du **zusammengehörende Argumente** zusammenstellst und dass du schon eine Auswahl nach Qualität und eine **Gewichtung** nach Überzeugungskraft vornimmst (→ S. 95).

---

**5** Stoffsammlung und Text können nach Sachgebiet / Aspekt geordnet werden oder auch Pro und Kontra einander gegenüberstellen. Arbeitet zu zweit: Bereitet eine Erklärung dazu vor, mit welcher Struktur die Tabelle und die Mind-Map die Notizen sortieren und worin die Unterschiede bestehen. Sortiert eure bisherigen Notizen nach einer Methode eurer Wahl.

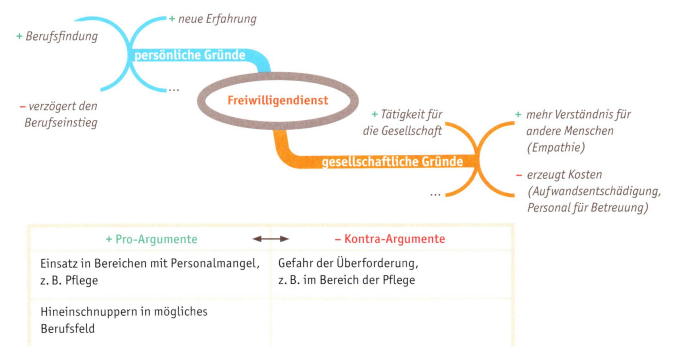

| + Pro-Argumente ⟷ | – Kontra-Argumente |
|---|---|
| Einsatz in Bereichen mit Personalmangel, z. B. Pflege | Gefahr der Überforderung, z. B. im Bereich der Pflege |
| Hineinschnuppern in mögliches Berufsfeld | |

# Ein soziales Jahr für alle!?
## Material für eine Argumentation auswerten

M1  **Was bringt ein Freiwilligendienst für die Studienentscheidung?**

Die Auszeit ist eine gute Gelegenheit, in Ruhe über die Zukunft nachzudenken.
Dass man seine Tage nicht mehr in der Schule, sondern unter Berufstätigen verbringt,
neue Menschen kennenlernt und sich in ungewohnten Situationen erproben kann,
hilft bei der Orientierung. In einer großen Studie für das Bundesministerium für
5 Familie, Senioren, Frauen und Jugend sagten knapp zwei Drittel der befragten
Freiwilligendienstler, sie hätten Anregungen für ihre berufliche Entwicklung bekommen. Ein Wundermittel gegen Entscheidungsschwäche ist ein Dienst aber nicht –
schließlich lernt man nur ein Berufsfeld kennen, Vergleichsmöglichkeiten fehlen.

*Lisa Srikiow, Zeit Studienführer, 09.05.2017*

**1** In dem Textauszug M1 sollen die wichtigsten Aussagen markiert werden. Nimm zunächst
Stellung, ob die begonnenen Markierungen sinnvoll sind. Tausche dich in der Klasse aus.

Arbeitsblatt:
11039–15

**2** Unterstreiche nun zusätzlich ca. fünf bis sieben Wörter oder Wortgruppen in einer Textkopie
bzw. notiere diese in deinem Heft. Tausche dich wiederum in der Klasse aus: Diskutiert und
begründet eure Markierungen.

**3** Übt das Exzerpieren und das Übertragen des Textes in ein Schaubild (→ S. 35): Prüft und
diskutiert die Qualität der begonnenen Arbeiten (Schaubild → unten; Exzerpt → rechts
oben) in Partnerarbeit. Gestaltet eigene Versionen des Exzerptes und des Schaubilds.

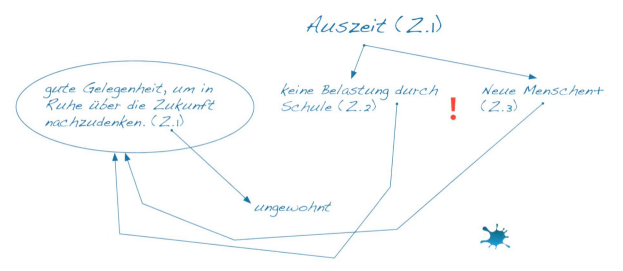

L. Srikiow, Was bringt ein Freiwilligendienst ...?

Auszeit (Z.1)

gute Gelegenheit, um in Ruhe über die Zukunft nachzudenken. (Z.1)

keine Belastung durch Schule (Z.2)

Neue Menschen+ (Z.3)

ungewohnt

L. Srikiow, Was bringt ein Freiwilligendienst ...?
Freiwilligendienst → Hilfe bei Studienentscheidung (Zeile 1)
gute Gelegenheit! (Zeile 1)
Auszeit: Man verbringt seine Tage nicht mehr in der Schule. (Zeile2)
Berufstätige ungewohnt (Zeile 2 und 3)
„sich in ungewohnten Situationen erproben" (Zeile 3) ...

## So arbeitest du wichtige Informationen aus dem Material heraus und sicherst sie

**Das musst du können**

Um dein Wissen zu erweitern oder deinen Standpunkt zu untermauern, musst du oft mit einer Fülle an Materialien arbeiten. Nutze Lesetechniken und -strategien (→ S. 35). Markiere aussagekräftige Wörter und Wortgruppen („Schlüsselbegriffe") im Text.

- **Exzerpt**: Notiere die Schlüsselbegriffe und kurze Wortgruppen so, dass sich der Zusammenhang auch beim späteren Lesen noch erschließt.
- **Schaubild**: Übernimm die Schlüsselbegriffe in ein Schaubild, in welchem du Hervorhebungen, Abläufe und Zusammenhänge grafisch darstellst.

**Bei beiden Formen**: Notiere wichtige Aussagen wörtlich mit Zeilennummern, sodass du sie eventuell aufgrund deiner Notizen korrekt zitieren kannst (→ S. 263).

**4** Die folgende Materialsammlung (→ S. 84 ff.) hilft dir bei der Schärfung deiner Position und beim Finden weiterer Argumente. Übertrage die Tabelle und fülle die Zeile zu M1 aus. Lies dann die Materialien M2–M4 quer und verschaffe dir einen ersten Überblick. Mache dir mit Bleistift Notizen in der Tabelle.

| Nr. | Titel und Textsorte | Stichpunkte zum Inhalt und vertretene Position(en) |
|---|---|---|
| 1 | L. Srikiow, Was bringt ein Freiwilligendienst für die Studienentscheidung? (Erfahrungsbericht) | ... |
| 2 | H. Prantl, Das soziale Pflichtjahr ist gut (Kommentar) | ... |

**5** Arbeitet nun arbeitsteilig und bereitet ein Gruppenpuzzle vor: Bestimmt, wer welches Material vertieft bearbeitet und wer später in Gruppen zusammenarbeitet. Ergänzt und überarbeitet die Notizen aus Aufgabe 4 jeweils für euer Material.

→ Hilfe S. 302

- M2: Aufgabe 6
- M3: Aufgaben 7 und 8
- M4: Aufgabe 9

**6** Exzerpiere den Kommentar von Heribert Prantl (→ M2). Die folgenden Fragen helfen dir:
- Welche Aspekte gegen ein soziales Pflichtjahr werden angeführt?
- Welche Aspekte für ein soziales Pflichtjahr werden angeführt?
- Welche Beispiele für Tätigkeiten werden angeführt?

**M2**  **Das soziale Pflichtjahr ist gut**

[...] Es sei „menschenrechtswidrig", so kann man bei den Kritikern eines sozialen Pflichtjahres lesen, junge Menschen zwischen Schul- und Berufsausbildung zu einem sozialen Dienst zu verpflichten. Das ist grotesk: Es soll menschenrechtswidrig sein, sich fürsorglich um Menschen zu kümmern? Gar von Freiheitsentziehung reden
5 Kritiker. Dann ist die Schule auch Freiheitsentziehung.
Man könnte das soziale Jahr als „Europäisches soziales Jahr" in die schulische und berufliche Ausbildung integrieren. Es kann der Berufsorientierung dienen und dem Absprung von zu Hause. Ein soziales Pflichtjahr hilft womöglich auch, Fähigkeiten an sich zu entdecken, die in der Schule nicht wertgeschätzt wurden. Es baut, wenn es gut
10 geht, Vorurteile ab gegenüber den Verlierern der Gesellschaft; es kann Motivation sein für politisches Engagement.
Man kann es auch als Voraus-Einlage für die eigene spätere Pflegebedürftigkeit betrachten. Es gibt jedenfalls viel mehr Vorteile als Nachteile. Es ist ein Beitrag zu persönlicher und politischer Resilienz[1]. Die Argumente, die auf „Vergeudung von
15 Lebenszeit" hinauslaufen – man kennt sie: Das ökonomistische[2] Gerede hat dazu geführt, dass Schulzeit verkürzt und Studium verschult wurde. Das soziale Jahr ist die Gegenbewegung. [...]

*Kommentar von Heribert Prantl,*
*www.sueddeutsche.de, 11.08.2108*

[1] **Resilienz**: die psychische Widerstandskraft

[2] **ökonomistisch**: überbetont ökonomisch, d. h. wirtschaftlich

**7** Übertrage und vervollständige das Schaubild zum Text von Oliver Gehrs (→ M3) in deinen Unterlagen.

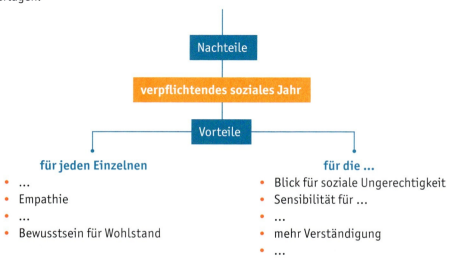

**Nachteile**

**verpflichtendes soziales Jahr**

**Vorteile**

**für jeden Einzelnen**
- ...
- Empathie
- ...
- Bewusstsein für Wohlstand

**für die ...**
- Blick für soziale Ungerechtigkeit
- Sensibilität für ...
- ...
- mehr Verständigung
- ...

**M3** **Pflicht! Ein Anti-Egoismus-Jahr tut jedem gut**

[...] Ein soziales Jahr im Ausland ist oft umgekehrte Entwicklungshilfe – nicht für das Land, sondern für die, die in die Ferne reisen und sich dort entwickeln wollen. Die eigene Selbstverwirklichung wird als Weltrettungsprojekt verbrämt[1].

Es ist gut, wenn Menschen viel über soziale Ungleichheiten sprechen, über das, was
5 wir mit unserem Konsum in anderen Ländern anrichten, wer auf dieser Welt wen ausbeutet. Aber diese globale Perspektive verstellt den Blick auf die hiesigen Verwerfungen[2] und darauf, was man selbst tun kann, um die Gesellschaft hier weiterzubringen. Ein verpflichtendes soziales Jahr könnte das ändern. Es könnte in den fein säuberlich kuratierten[3] Lebensläufen die notwendige Disruption[4] sein und dazu führen, dass
10 mehr Menschen ihre Fähigkeit zur Empathie entdecken, zum sozialen Handeln. Das bringt jedem Einzelnen etwas und der Gesellschaft als Ganzes – besonders in einer Zeit, in der die Diskriminierung[5] von Menschen zum Massenphänomen zu werden droht. Es könnte zu mehr Verständigung zwischen den gesellschaftlichen Milieus[6] führen, zu mehr Demut gegenüber der eigenen Wohlstandsblase. Dafür muss man
15 nicht nach Afrika. Und, ja, es könnte dazu beitragen, den Notstand im Pflegebereich zu lindern. [...]

*Oliver Gehrs, www.fluter.de, 20.10.2018*

[1] **verbrämen**: durch etwas Positives Beschönigendes abschwächen, weniger spürbar werden lassen

[2] **hier**: Unstimmigkeiten

[3] **kuratieren**: betreuen, organisieren

[4] **Disruption, die**: Unterbrechung

[5] **Diskriminierung, die**: Benachteiligung

[6] **gesellschaftliches Milieu**: soziales Umfeld, soziale Gruppe

**8** Folgende Aussagen sollen den Text von Oliver Gehrs knapp auf den Punkt bringen. Wähle die Zusammenfassung aus, die am besten passt. Begründe deine Wahl kurz.

**a)** Oliver Gehrs sieht Vor- und Nachteile eines verpflichtenden sozialen Jahrs.
**b)** Der Journalist ist dafür wegen der ganzen Gesellschaft.
**c)** Der Journalist Gehrs sieht im Sozialjahr eine Chance für die Persönlichkeitsentwicklung, zum Beispiel bei sozialen Fähigkeiten.
**d)** Ist ein verpflichtendes soziales Jahr sinnvoll für den Einzelnen und die Gesellschaft?
**e)** Ein verpflichtendes Sozialjahr hat einen negativen Effekt für die Gesellschaft, weil verschiedene Gesellschaftsschichten sich weniger gut verstehen.

**9** Betrachte die Karikatur und vervollständige die Satzanfänge, um ihre Aussage zu erfassen.

Die Karikatur zeigt zwei Personen, zum einen ..., zum anderen ...

Die Frau im Rollstuhl fühlt sich... und bittet ...

Der Pfleger verhält sich ... und begründet dies ...

Der ironische Untertitel ...

Der gesellschaftliche Zusammenhalt ...

Das Urteil über das Pflichtjahr ...

**M4**

Arbeitsblatt:
11039–16

**10** Bildet nun Arbeitsgruppen, in denen jeweils mindestens ein Vertreter jeder Material-Erarbeitungsgruppe enthalten ist (→ vgl. Aufgabe 5). Informiert euch gegenseitig über die Ergebnisse eurer Materialauswertung. Sichert alle Informationen schriftlich, zum Beispiel in einer Tabelle:

| Material | M1 | ... | ... |
|---|---|---|---|
| Thema und Textsorte | | | |
| Autor | | | |
| wesentliche Position | | | |
| Welche Art von Dienst? | | | |
| An welchem Ort? | | | |
| Vorteile | | | |
| Nachteile | | | |

**11** Ergänze deine Beschäftigung mit dem Thema, indem du dir im Internet Erfahrungsberichte aus Freiwilligendiensten anschaust. Das Abkürzungsverzeichnis M5 benennt einige konkrete Möglichkeiten. Unterscheide eventuell auch zwischen Tätigkeiten im In- und Ausland. Notiere zunächst drei Suchbegriffe, mit denen du arbeiten könntest. Diskutiert in der Klasse die Brauchbarkeit der Suchbegriffe.

M5 **Verschiedene Freiwilligendienste**

**BFD** Bundesfreiwilligendienst
**FSJ** Freiwilliges Soziales Jahr
**FÖJ** Freiwilliges Ökologisches Jahr
**EFD** Europäischer Freiwilligendienst

**So nutzt du Materialien aus dem Internet**

Das musst du können

Das Internet liefert in der Regel eine Fülle an weiteren Materialien und Informationen zu einem Thema, an dem du arbeitest. Neben der oft unüberschaubaren Materialfülle, auf die du stößt, kann die Einschätzung der Seriosität – also der Glaubwürdigkeit und Verlässlichkeit – der Quelle zu einer Herausforderung werden.

Nutze möglichst konkrete Suchbegriffe. Du weißt, dass du

- Begriffe mit einem Minuszeichen (–) von der Suche ausschließen kannst,
- Wortgruppen in Anführungszeichen setzen kannst, um nach der ganzen Wortgruppe zu suchen,
- Suchbegriffe durch *oder / und* miteinander verknüpfen kannst,
- Trunkierungen nutzen kannst, um alle möglichen Formen des Suchbegriffs miteinzubeziehen (z. B. *roboter).

Beurteile die Seriosität einer Seite, indem du zum Beispiel den Anbieter prüfst: Handelt es sich um eine bekannte Institution (z. B. das Robert Koch-Institut, das Bundesministerium für Bildung und Forschung), sind Namen und Anschriften im Impressum angegeben?

Sichere und exzerpiere die Ergebnisse deiner Internetrecherche (→ S. 35). Notiere den Anbieter des Materials, den Titel und Stichwörter zum Inhalt. Ergänze einen Hinweis, für welche konkrete Frage das Material ergiebig ist.

12 Recherchiere nun weiteres Material im Internet. Wähle vier Internetseiten des Arbeitsblatts aus, die du beispielhaft für die Tabelle auswertest.

Arbeitsblatt: 11039–17

| Adresse | Anbieter | Titel und Textsorte | Position und Einzelaussagen | Brauchbar für |
|---|---|---|---|---|
| [Link: 11039–18] | GPS Kiel (gefördert durch das Land Schleswig-Holstein) | Blog mit Erfahrungs-berichten zu BFD und FSJ | • Man muss flexibel und offen sein.<br>• Man sollte eigene Ideen einbringen.<br>• neue Kontakte in den Seminaren<br>• familiäre Atmosphäre im Team | • Erfahrungen zur Pro-Seite,<br>• Frage nach Wahrnehmung der konkreten Arbeitssituation |
| | | | | |

13 Stellt euch eure Ergebnisse in der Klasse vor. Ergänzt die Materialauswertung aus Aufgabe 10.

# Ein soziales Jahr für alle!
## Eine lineare Argumentation vorbereiten und gliedern

M6    **Gyde Jensen, Politikerin:**

„Ein soziales oder ökologisches Jahr ist eine fabelhafte
Lösung, um jungen Menschen nach dem Schulabschluss
neue Impulse für den eigenen Berufs- und Lebensweg
aufzuzeigen. Das Engagement hilft dabei, eigene
5 Kenntnisse und Fähigkeiten besser einzuschätzen und
ist nicht nur eine Bereicherung im Sinne des Gemein-
wohls, sondern auch für das eigene Leben. [...] Dem
verpflichtenden Charakter des sozialen oder ökologi-
schen Jahres stehe ich jedoch kritisch gegenüber. Ich
10 glaube an die persönliche Freiheit für jeden Einzelnen
und denke, dass ein Zwang der Bedeutung und dem
Wert der Idee von Eigeninitiative, Mitgestaltung und
Beteiligung nicht gerecht wird."

*Statement von Gyde Jensen aus einem Artikel von Dr. Ute Schulz, zwd-Debatte,*
*26.01.2018*

→ Hilfe S. 302   **1** Notiert in Partnerarbeit möglichst präzise, zu welcher Fragestellung sich Gyde Jensen
(→ M6) äußert und wie sie sich dazu grundsätzlich positioniert. Arbeitet danach mit einer
anderen Arbeitsgruppe zusammen und einigt euch auf gemeinsame Formulierungen zu
Fragestellung und Jensens Position dazu.

Arbeitsblatt:
11039–19    **2** Ergänze mithilfe der Materialien M1–M6 (→ S. 82–88) die begonnene Mind-Map zur
Stoffsammlung in deinen Unterlagen: Notiere die Frageformulierung aus Aufgabe 1 in der
Mitte und notiere passende Behauptungen, Begründungen und Beispiele. Gib jeweils die
Materialquelle samt Zeilennummern an, übernimm wichtige Zitate wörtlich.

*z.B. Arbeit mit Pflegebedüftigen*

*Kennenlernen neuer*
*Lebensbereiche*

*vielfältige Begegnungen*
*mit unterschiedlichen*
*Menschen*

*Persönlichkeitsbildung*

*Beziehung des*
*Privatlebens*

*Fragestellung: _____*
*_____*

*„[...], dass mehr Menschen ihre Fähigkeit*
*zur Empathie entdecken, zum sozialen*
*Handeln [...]"* (M3, O. Gehrs, Z. 9 f.)

**So legst du einen Schreibplan an und baust deine Argumentation auf**

Das kannst du bereits

Prüfe, welche der **Informationen aus den Materialien** du für die Erörterung einer bestimmten Fragestellung nutzen kannst. **Sortiere** die Informationen zum Beispiel in einer Mind-Map. Beachte: Je nach Aufgabenstellung arbeitest du ausschließlich mit den vorgegebenen Materialien oder ergänzt auch noch deine eigenen Ideen. Gestalte den Schreibplan dann so, dass **Behauptungen**, **Begründungen**, **Beispiele** und **Bezüge** gut voneinander zu unterscheiden sind. Notiere immer auch die **Materialquelle**, übernimm aussagekräftige **Zitate** wörtlich.

| Einleitung: z. B. über ein aktuelles Ereignis oder eine Fragestellung | | | |
|---|---|---|---|
| Position: | | | |
| **Behauptung** | **Begründung** | **Beispiel / Beleg** | **Bezug zur Position** |
| konkrete Aussage zur Position | nachvollziehbarer Grund zur Behauptung | zur Veranschaulichung / als Beweis | Folgerung: Bezug zw. Argument und Position |
| … | … | … | … |
| Schluss: Fazit und Aufgreifen des Ereignisses / der Fragestellung aus der Einleitung | | | |

**3** Die Gliederung als weitere Möglichkeit, das Schreiben vorzubereiten, wird im Nominalstil verfasst und ist weniger detailliert, weil die Argumente nur mit einer Formulierung aufgeführt werden. Formuliere folgende Stichpunkte in den Nominalstil um.

**Beispiel:** *Soziales Jahr einführen* → *Einführung eines Sozialen Jahrs*

> **Wortspeicher**
>
> andere gesellschaftliche Schichten kennenlernen – etwas zur Gemeinschaft beitragen – Zusammenhalt stärken – hilfebedürftige Menschen unterstützen – Solidarität erfahren – Rücksicht und Verantwortung lernen – Geld verdienen ist möglich – Eigenverantwortung fördern – erste Arbeitserfahrungen ermöglichen

**4** Die abgebildeten Notiz-Schnipsel enthalten Gliederungselemente für eine lineare Erörterung. Entscheide, welche Formulierungen eher übergeordnete Aspekte benennen und welche nachgeordnet werden müssen. Entwerft in Partnerarbeit eine sinnvolle Gliederung. Übertragt die Formulierungen dazu auch in den Nominalstil.

viele Argumente für ein verpflichtendes soziales Jahr

es ist ein Beitrag für die Gesellschaft

Lernen, andere gesellschaftliche Gruppen zu verstehen

Fachkräftemangel in Pflegeberufen ausgleichen

Berufswahl wird unterstützt

Empathie bildet sich aus

an Jugendliche und junge Erwachsene appellieren: freiwilliges Engagement

seit dem Ende des Zivildienstes im Jahr 2011 immer wieder Forderung nach Sozialem Jahr

Persönlichkeit entwickelt sich weiter

**5** Notiere zu jedem Gliederungspunkt ein Material aus diesem und dem vorausgehenden Teilkapitel, auf das du zurückgreifen kannst, um überzeugend zu argumentieren. Notiere die Materialnummer und die Zeilenangabe.

Das musst du können

### So gliederst du deinen Text bei einer linearen Argumentation

Eine lineare (geradlinige) Argumentation stellt vollständige Argumente für eine Position dar (Pro <u>oder</u> Kontra). Die Gliederung gibt die gedankliche Struktur deiner Argumentation an. Hinter der Nummerierung steht immer wie eine sachliche Überschrift der Inhalt deines Textabschnitts (vgl. Gliederung in Aufgabe 4), auch bei der Einleitung und beim Schluss.

1 Einleitung
2 Definition / Erklärung des Themas
3 Position
- 3.1 Erste Argumentengruppe
  - 3.1.1 Argument 1
  - 3.1.2 Argument 2
- 3.2 Zweite Argumentengruppe
  - 3.2.1 Argument 3
  - 3.2.2 Argument 4
4 Schluss

Eine Argumentengruppe ist eine Anzahl von Argumenten, die man unter einen Oberbegriff / einem Sachgebiet sammeln kann (z. B.: 3.1 Vorteile eines verpflichtenden sozialen Jahrs für die Gesellschaft; 3.1.1 Wahrnehmung sozialer Ungerechtigkeit; 3.1.2 Gespräche zwischen verschiedenen sozialen Gruppen ...).
Achte auf eine übersichtliche äußere Form. Die Gliederungspunkte sind im Nominalstil formuliert: *Förderung der Persönlichkeitsentwicklung* statt *Persönlichkeitsentwicklung fördern*.

**6** Übe noch einmal den Aufbau eines Arguments: Vergleiche die Argumentationen von Jensen (→ M6) und Prantl (→ M2) zum Aspekt „Persönlichkeitsbildung". Übertrage die Tabelle und ergänze stichpunktartig die Bestandteile des jeweiligen Arguments. Diskutiert die Überzeugungskraft der beiden Argumente in der Klasse.

| gemeinsame Behauptung | Begründung | Beispiel | Bezug zur Position | Quelle |
|---|---|---|---|---|
| Ein Soziales Jahr unterstützt die Persönlichkeitsbildung ... | Ein Soziales Jahr gibt neue Impulse für ... | ... | ... | M6, G. Jensen, Z. 3–10 |
| | Es hilft, Fähigkeiten zu entdecken, die ... | ... | ... | M2, H. Prantl, Z. 7 ff. |

**7** Ergänze jeweils Beispiele in der Tabelle.

**8** In dem Schülertext sind Belege recht gut eingebaut. Notiere die Zeilen, in denen mit Belegen gearbeitet wird, und erkläre kurz, in welcher Form das geschieht.
Notiere in der Art: *Zitat – wird genutzt als Behauptung / als Begründung / als Beispiel.*

**Auszug aus einer Schülerarbeit**

[Argument] Es muss betont werden, dass ein sogenanntes Gesellschaftsjahr nicht nur jedem Einzelnen „[etwas] bringt" (M3, O. Gehrs, Z. 10 f.), sondern dies Vorteile für die gesamte Gesellschaft hat. * Es ist zwar richtig, wie die Karikatur (M4) ausdrückt, dass der gesellschaftliche Zusammenhalt durch einen Zwang zu
5 sozialen und pflegerischen Aufgaben nicht zwangsläufig gefördert wird. Aber der Kontakt mit anderen kann zum Dialog zwischen verschiedenen sozialen Gruppen führen (vgl. M3, O. Gehrs, Z. 13). *
Deshalb sieht etwa der Journalist Heribert Prantl die Chance, dass durch ein soziales Jahr Vorurteile gegenüber den Verlierern der Gesellschaft abgebaut
10 werden, z. B. gegenüber Migranten, Kranken, Senioren (vgl. M4) oder Kindern aus sozialen Brennpunkten. * Dies führt zu Verständnis für den anderen, zu Solidarität und zu gesellschaftlichem Zusammenhalt. Dadurch wird also einer Diskriminierung entgegengewirkt (vgl. M3, O. Gehrs, Z. 10–12). * Daher ist ein soziales Jahr also zu befürworten.

**9** Formuliere zur Übung selbst zwei Sätze, in denen du Aussagen aus den Materialien M1–M5 für eine Behauptung, eine Begründung, einen Beleg oder einen Bezug aufgreifst.

**10** Der Schülertext baut auch die Begründung weiter aus. Beschreibe, welche Funktion und Wirkung die *Textabschnitte* (Z. 3–7, Z. 11 ff.) haben. Nutze dazu den Kasten.

> **So begründest du überzeugend**
>
> Du argumentierst besonders stichhaltig, indem du …
> - ein Gegenargument entkräftest. Du schränkst die Bedeutung eines Gegenarguments ein und weist auf die Schwachstelle hin.
> - weitere Folgen anführst. Du zeigst auf, welche weiteren Konsequenzen mit deiner Behauptung verbunden sind, z. B. für die ganze Gesellschaft, für spätere Jahre, für andere Bereiche. Im Schreibplan kannst du dies mit → deutlich machen.

Das musst du können

→ weitere Übungsmöglich-keiten: Kapitel 10, S. 242–247

**11** Nutze das gelungene Textbeispiel unten und notiere Tipps mit Kriterien für eine angemessene Einleitung einer Erörterung.

[Einleitung] Dienst und das freiwillig? Das muss kein Widerspruch sein. Die Auswahl ist groß: FÖJ, FSJ, BFD, EFD und Co. Alle Programme haben das Ziel, Jugendliche dabei zu unterstützen, sich für andere in einem sogenannten Gesellschaftsjahr freiwillig zu engagieren. Was das genau ist und warum sich dafür
5 immer mehr Jugendliche entscheiden, soll im Folgenden aufgezeigt werden.

**12** Gib an, welches Material in der Einleitung (→ S. 91) verwendet wird. Formuliere eine Variante für den ersten Satz, indem du auf eine der Aussagen A–C (→ S. 80) zurückgreifst. Achte auf korrektes Zitieren.

**13** Formuliere einen Schluss, in dem du erneut ein Material zitierst. Wähle dafür eine der folgenden Möglichkeiten:

■ Formuliere als Schluss einen Appell an Jugendliche oder Eltern.

■ Formuliere deine persönliche Meinung und kennzeichne diese sprachlich als solche.

■ Formuliere zur Abrundung eine ähnliche streitbare Fragestellung.

**14** Sammelt in der Klasse auch noch einmal Tipps zur Gestaltung eines Argumentationsschlusses. Nutzt eure Ergebnisse aus Aufgabe 13.

**15** Formuliere mithilfe deines Schreibplans und der bisher verfassten Textteile eine vollständige Argumentation: Begründe, was für ein soziales Jahr nach dem Schulabschluss spricht. Berücksichtige die Hinweise aus dem Kasten und die Strukturwörter auf der nächsten Seite.

---

**Das kannst du bereits**

### So begründest du sortiert, planvoll und schlüssig

Aufgrund deiner Materialauswertung, deiner Stoffsammlung und deiner Gliederung kannst du eine **schriftliche Argumentation** verfassen.

- In einer Einleitung verdeutlichst du den Anlass deiner Argumentation, z. B. anhand einer Alltagssituation oder einer aktuellen Fragestellung.
- Am Ende der **Einleitung** definierst du das **Thema** und benennst deine **Position**.
- Im **Hauptteil** stützt du deine Position mit Argumentengruppen. Ordne mindestens zwei Argumente einem passenden Oberthema /-begriff unter. Ein vollständiges Argument enthält die vier Bs: Behauptung, Begründung, Beispiel und Bezug zur Position. Die Argumente werden steigernd angeordnet.
- Im **Schluss** rundest du deine Argumentation in einem **Fazit** ab, indem du die wichtigsten Punkte ganz knapp zusammenfasst und noch einmal auf deine Position beziehst. Du kannst auch noch einen Appell / deine persönliche Meinung formulieren oder eine neue ähnliche Fragestellung aufwerfen.

Ein überzeugendes Argument macht den inhaltlichen Gedankengang **sprachlich nachvollziehbar**. Dafür nutzt du Absätze, Überleitungen, Adverbialsätze und formulierst den Rückbezug zur Position. Nutze auch **Strukturwörter**, also Wörter und Formulierungen, die dem Leser die Funktion des folgenden Satzes oder Abschnittes im Gesamtaufbau deiner Argumentation verdeutlichen.

**Formulierung der Position:**
- *Für / gegen ... sprechen gewichtige Gründe*
- *Für die Stärkung ... spricht*
- *... eingeführt werden sollte*

**Anschluss von Beispielen:**
- *beispielsweise*
- *ich berufe mich dabei auf ...,
  wo gesagt wird, dass ...*
- *Ich verweise hier auf ...*
- *zum Beispiel*
- *... laut einer Studie ...*
- *Das zeigt auch die Aussage von ...,
  der / die angibt / erklärt, dass ...*
- *Im Zeitungsartikel ...
  steht geschrieben, dass ...*

**Fazit:**
- *Mein Fazit lautet also ...*
- *So ergibt sich für mich die
  Schlussfolgerung, dass ...*
- *Man sollte also ...*
- *Zu klären wäre noch ...*
- *Interessant wäre auch, ob ...*

**Einleitung des ersten Arguments:**
- *Wichtig ist zunächst ...*
- *Zuerst sollte man bedenken,
  dass ...*
- *Als Erstes*
- *Zunächst*

**Begründung:**
- *daher*
- *denn*
- *weil*
- *da*
- *Deshalb*
- *Der Grund dafür ist, dass ...*

**Behauptung:**
- *Es muss betont werden ...*
- *spricht dafür*
- *gegen ... spricht*
- *Am wichtigsten ist jedoch, dass ...*
- *Ein wichtiger Grund ist ...*
- *zudem*

**Entkräften eines Gegenarguments:**
- *Es ist einzuräumen ...*
- *Zwar ist es richtig, dass ...*
- *Ein berechtigter Einwand ist ...*
- *Obwohl*
- *Trotz des / der ...*
- *Dem ist entgegenzusetzen*

**Einleitung des letzten Arguments:**
- *Entscheidend für / gegen ...*
- *Ausschlaggebend ist schließlich ...*
- *Besonderes Gewicht hat der Gedanke ...*

**Einleitung weiterer Argumente:**
- *Ein weiterer Punkt ist ...*
- *darüber hinaus*
- *Es kommt noch hinzu, dass ...*
- *Noch wichtiger ist ...*
- *Des Weiteren*
- *Ferner*
- *Es muss betont werden ...*
- *Außerdem*

**Aufweis von Folgen / Bezug zur Position:**
- *Dies führt zu ...*
- *Das hat zur Folge ...*
- *Daraus ergeben sich ...*
- *sodass*
- *folglich*
- *Es ist also gewinnbringend ...*
- *Der positive / negative Einfluss auf ...
  zeigt sich also ...*
- *... ist also nicht förderlich für ...*

**16** Tauscht eure Texte in einem Team aus. Beurteile den fremden Text auf Basis des Kastens links und der Strukturwörter oben und formuliere eine Rückmeldung zu seiner Argumentation. Überarbeite dann deinen eigenen Text mithilfe des Feedbacks.

# 4

# Ein soziales Jahr für alle?
## Zu einer Frage antithetisch argumentieren

**Deutschlandfunk**

Die Nachrichten   Politik   Wirtschaft   Wissen   Kultur   Europa   Gesellschaft   Sport   **LIVE ▶**

Startseite | Europa heute | Jugendliche und die Werte der Republik | **07.08.2018**

**Dienstpflicht in Frankreich**

### Jugendliche und die Werte der Republik

Deutschland debattiert noch über die „allgemeine Dienstpflicht" für Jugendliche. Frankreich ist schon weiter. Dort werden junge Frauen und Männer ab dem nächsten Jahr in sozialen Einrichtungen oder der Armee arbeiten, allerdings nur einen Monat lang.

*Jürgen König im Gespräch mit Gerwald Herter*

**Link:**
**11039–20**

**1** Klärt in der Klasse, welche Positionen und Informationen die Ankündigung auf der Internetseite des Deutschlandfunks in die Debatte einbringt.

**2** Prüft und diskutiert, für welches B sich die einzelnen Informationen aus dem Material in einer Argumentation verwenden ließen.

**3** Nutze das Material zur ersten Vorbereitung einer Erörterung: Notiere präzise, welche Streitfrage der angesprochenen Debatte zugrunde liegt. Notiere auch die möglichen Positionen zu dieser Frage, die in der Debatte zu klären sind.

**Das musst du wissen**

### Antithetische Erörterung

**Demokratische Prozesse** gründen häufig auf der Diskussion und Erörterung unterschiedlicher, auch strittiger Positionen zu bestimmten Fragen.

- Das Entwickeln und Finden von tragfähigen **Kompromissen** beginnt bei der präzisen Klärung der Frage und dem Benennen der unterschiedlichen Positionen. Erweisen sich zwei Positionen wirklich als gegenteilige Meinungen, spricht man von **Antithesen**. Die **Pro-Position** (oder Pro-These) stimmt der Fragestellung positiv zu und steht einer ablehnenden **Kontra-Position** (oder Anti-These) gegenüber.
- Ziel der daraus entstehenden **antithetischen Erörterung** ist es, einen Sachverhalt auch aus fremden Perspektiven zu betrachten, den eigenen Standpunkt (die eigene Position) zu überprüfen, um dann für diesen in einem abschließenden Fazit einstehen zu können.
- Das Fazit wird auch **Synthese** genannt, da beide Seiten (**Thesen** oder **Positionen**) noch einmal zusammengefasst und gegeneinander abgewogen und gewichtet werden, um den eigenen Standpunkt zu untermauern.

**4** Übe das antithetische Vorgehen: Stelle den folgenden Behauptungen gegen ein verpflichtendes soziales Jahr passende Pro-Behauptungen gegenüber.

| gegen ein verpflichtendes Sozialjahr<br>Kontra-Behauptungen | für ein verpflichtendes Sozialjahr<br>Pro-Behauptungen |
| --- | --- |
| a –) Eine Verpflichtung widerspricht der im Grundgesetz festgelegten freien Berufswahl. | a +) … |
| b –) Solidarität und Hilfsbereitschaft lassen sich nicht erzwingen. | b +) Menschen können Freude an Solidarität und Hilfsbereitschaft entdecken. |
| c –) Jugendliche ersetzen keine Fachkräfte, sondern nehmen eher Arbeitsplätze weg. | … |

**5** Entwickelt in Partnerarbeit Kriterien zur Qualität und Gewichtung von Behauptungen: Beurteilt und gewichtet die Behauptungen aus Aufgabe 4 zunächst individuell. Vergleicht dann eure Versionen und notiert Kriterien, die bei einer Einschätzung helfen können. Vergleicht euer Ergebnis danach mit den Informationen im folgenden Kasten.

> **So gewichtest und sortierst du Pro- und Kontra-Behauptungen bzw. Pro- und Kontra-Argumente**
>
> Pro-Behauptungen stimmen der Forderung zu, Kontra-Behauptungen lehnen eine Idee ab. Das überzeugendste Argument für eine Position führst du als letztes auf. Besonders überzeugend sind Begründungen, die
> * viele oder alle Menschen betreffen,
> * grundsätzliche Werte wie Freiheit, Solidarität und Bildung betreffen,
> * länger gültig sind,
> * nicht nur mit persönlichen Vorlieben zu tun haben,
> * gut belegt sind (z. B. durch eine Statistik).

*Das kannst du bereits*

→ weitere Übungsmöglichkeiten: Kapitel 10, S. 242–247

**6** Lege auf einem leeren DIN-A4-Blatt eine Mind-Map als Stoffsammlung für eine antithetische Argumentation an. Nutze die Ergebnisse der vorausgehenden Teilkapitel und der Aufgaben 1–4.

**7** Ordne deine Stoffsammlung weiter, indem du Symbole einträgst.

| | |
|---|---|
| ———— | Diese Aspekte gehören zusammen. |
| ←——→ | Diese Aspekte stehen einander widersprüchlich gegenüber. |
| ++, +, –, –– oder 1., 2., 3. | Gewichte oder nummeriere die Aspekte nach ihrer Überzeugungskraft. |
| Beh., Begr., Bsp., Bezug | Trage ein, zu welchem der vier Bs ein Aspekt passt. |
| M1, M2, M3, … | Trage ein, aus welchem Material du die Information hast bzw. welches Material (samt Zeilenangabe) du zitieren möchtest. |

**8** Es gibt verschiedene Möglichkeiten, eine antithetische Erörterung aufzubauen. Prüft in Kleingruppen, welches der vorgeschlagenen Muster A, B oder C sich für die begonnene Erörterung eignet. Wählt eine der Aufgaben.

- Entscheidet euch für eine der Möglichkeiten. Notiert Gründe, die sich zum Beispiel auf die Übersichtlichkeit und die Überzeugungskraft beziehen.

- Diskutiert und notiert die Vor- und Nachteile der verschiedenen Möglichkeiten.

- Diskutiert die Vor- und Nachteile der verschiedenen Möglichkeiten. Prüft dabei auch, für welche Situationen sich Versionen jeweils eignen: Unterscheidet z. B. eine Rede in einem Parlament, eine Analyse in einem Gutachten, einen Kommentar in der Tageszeitung.

**A Einleitung**

**Pro**
- alle Pro-Argumente
- Zusammenfassung

**Kontra**
- alle Kontra-Argumente
- Zusammenfassung

**Fazit**

**B Einleitung**

- Pro-Argument 1
- Kontra-Argument 1
- Pro-Argument 2
- Kontra-Argument 2
- Pro-Argument …
- Kontra-Argument …

**Fazit**

**C Einleitung**

**Teilbereich 1**
- Pro-Argumente
- Kontra-Argumente

**Fazit zu Teilbereich 1**

**Teilbereich 2**
- Pro-Argumente
- Kontra-Argumente

**Fazit zu Teilbereich 1**

**Teilbereich …**
- Pro-Argumente
- Kontra-Argumente

**Fazit zu Teilbereich …**

**Fazit**

„Erst die schwachen Argumente, dann stärker werden ..."

„Das stärkste Pro-Argument an den Anfang, damit sofort ...!"

„Abwechselnd: starkes Argument, schwaches Argument ..."

„Erst Pro, dann Kontra ..."
„Nein! Erst Kontra, dann Pro ..."

„Das stärkste Pro-Argument an den Schluss, damit ..."

**9** Zu der Frage nach der Anordnung und Gewichtung von Argumenten gibt es verschiedene Positionen. Nutzt die Sprechblasen und diskutiert die Frage in der Klasse. Bestimmt einen Moderator, der am Ende der Diskussion auch eine Zusammenfassung und einen Ratschlag formuliert.

---

**So gliederst du eine antithetische Argumentation**

In einer antithetischen Argumentation stellst du Pro- und Kontra-Argumente dar und gelangst zu einem Fazit. Die Gliederung gibt diesen Aufbau übersichtlich und im Nominalstil an.

**• nach Pro und Kontra geordnet (Sanduhr-Prinzip)**
Beginne die Erörterung mit den Argumenten der Gegenposition, formuliere dann deine eigenen Argumente. Beginne mit dem stärksten Argument der Gegenposition, ende mit dem stärksten Argument deiner Position.

**• nach Aspekten / Teilbereichen sortiert (Block-Prinzip)**
Gehe nacheinander auf die einzelnen Teilbereiche (das sind oft die Oberbegriffe aus der Mind-Map der Stoffsammlung) ein. Gehe erst auf die zugehörenden Pro-Argumente, dann auf die passenden Kontra-Argumente ein. Formuliere immer eine kurze Zwischen-zusammenfassung zu dem Teilbereich *(Was den gesellschaftlichen Nutzen angeht, lässt sich also zusammenfassen, dass ...).*

**• Pro- und Kontra-Argumente im Wechsel (Ping-Pong-Prinzip)**
Zu einem ständigen Wechsel von Pro- und Kontra-Argumenten kommt es vor allem in mündlichen Argumentationssituationen – etwa in Debatten. Hierbei kann es für den Zuhörer oder den Leser schwierig sein, Zusammenhänge zu erkennen und sich ein eigenes Urteil zu bilden.

**Das musst du können**

Starkes Argument Gegenposition
↓
Weitere Argumente Gegenposition
↓
**Überleitung**
↓
Argumente meiner Position
↓
Stärkstes Argument meiner Position
Synthese

---

**10** Stimmt euch in der Klasse ab, sodass alle Aufbaumöglichkeiten aus dem Kasten bearbeitet werden: Wähle eine der vorgeschlagenen Möglichkeiten und notiere eine übersichtliche Gliederung zur Erörterungsfrage aus den Aufgaben 1–4. Es genügt, wenn du mit jeweils zwei Pro- und zwei Kontra-Argumenten (mit jeweils Behauptung, Begründung, Beispiel / Beleg, Bezug zur Position) arbeitest. Denke an den Materialbezug.

**11** Oft ist es wirkungsvoll, mögliche Gegenargumente direkt aufzugreifen und zu entkräften: Notiere zunächst stichpunktartig die vier Bs des Textauszugs. Bereite dann eine Erklärung dazu vor, wie hier ein Gegenargument entkräftet wird.

Link: 11039-21

[Argument] Besonderes Gewicht hat der Gedanke, dass sich Solidarität und Hilfsbereitschaft nicht erzwingen lassen (vgl. M4). Zwar ist es erstrebenswert, den Blick des einzelnen Jugendlichen für die gesamte Gesellschaft und andere Menschen zu öffnen, sodass „Menschen ihre Fähigkeit zur Empathie entdecken,
5 zum sozialen Handeln" (M3, O. Gehrs, Z. 10). Dem ist entgegenzusetzen, dass Hilfsbereitschaft und die Freude, andere Menschen zu unterstützen, aber individuelle Eigenschaften sind. Deshalb haben nicht alle jungen Menschen daran Freude, sodass sie folglich für andere eher eine Belastung als eine Unterstützung wären (vgl. Link, Drobinski/Frank). Wenn diese sich beispielsweise in einem
10 Altenheim oder Kindergarten untätig und abgewandt zeigen, kann dies sogar verstörend wirken. Deswegen sollte ein soziales Jahr nicht verpflichtend sein.

**12** Verfasse selbst ein Argument aus deiner Gliederung von Aufgabe 10 und entkräfte dabei ein Gegenargument. Vergleicht und besprecht eure Texte in einer Kleingruppe.

**13** Formuliere eine Einleitung zur Argumentation. Zitiere darin ein Material. Nimm den Kasten (→ S. 99) zu Hilfe. Berücksichtige besonders, dass nun eine antithetische Argumentation folgt.

**14** Verdeutliche in einer kleinen Grafik, wie das Fazit mit den Pro- und Kontra-Positionen zum Thema „Erörtere, ob ein verpflichtendes soziales Jahr eingeführt werden soll" umgeht. Schreibe dazu Strukturwörter aus dem Text heraus. Ergänze die Liste auf der nächsten Seite.

[Fazit] Die Vorteile eines Sozialjahres für den Einzelnen wie für die Gesellschaft wurden plausibel darge-
15 legt. Gravierend erscheinen allerdings die rechtlichen wie persönlichen Argumente, die gegen eine Verpflichtung aller jungen Deutschen zu einem solchen sozialen Jahr spre-
20 chen. Vielmehr sollten die Möglich-

keiten, ein Gap Year[1] freiwillig abzuleisten, gefördert werden, wie es bereits im Rahmen eines FSJ oder FÖJ möglich ist und von den Wohlfahrtsverbänden gefordert wird (vgl. Link, Drobinski/Frank). Wenn dies vom Staat weiter unterstützt wird, dann kommen sowohl viele junge Menschen als auch die Gesell-
25 schaft in den Genuss der Vorteile, ohne die Nachteile des verpflichtenden Sozialjahrs hinnehmen zu müssen.

[1] **Gap Year**: Zeitraum zwischen zwei Lebensabschnitten bei jungen Menschen, der für eine Auszeit genutzt wird

**Strukturwörter Fazit**

- *Die Argumentation hat gezeigt / Die Vorteile ... / Im Hinblick auf den Aspekt ... / Während die Vorteile ... / ...die Nachteile dagegen ... / Auf der einen Seite ...*
- *Auf der anderen Seite ... / Dem steht allerdings gegenüber... / Es sollte aber nicht außer Acht gelassen werden ... / Doch / Obwohl ... / Dennoch / Allerdings / Gravierend / Doch wenn man / insbesondere / Vielmehr / Deshalb ist zu klären / Deshalb sollte ..., damit ...*
- *Wenn ..., dann ... / Vorteile kommen zum Tragen / Nachteile muss man nicht hinnehmen*

**15** Formuliere ein Fazit, in dem du dich für eine andere Form des Gap Years als ein Sozialjahr aussprichst, z. B. Au pair, Work&Travel, ... Nutze dazu die Strukturwörter im Kasten.

**16** Tauscht eure Texte aus Aufgabe 15 aus und gebt dem anderen eine Rückmeldung in Form einer Textlupe. Nutze dazu deine Kriterien aus Aufgabe 9 und den folgenden Kasten.

→ Hilfe S. 302

**So gestaltest du Einleitung, Überleitung und Fazit**

Die Rahmentexte der antithetischen oder dialektischen Erörterung spiegeln den Erörterungsprozess und deine persönliche Meinungsfindung wider: Aufgrund einer gesellschaftlichen Fragestellung entsteht die Erörterungsfrage, zu der es die Pro- und die Kontra-Position gibt. Überleitungen zeigen dem Leser an, an welcher Position der Auseinandersetzung er sich gerade befindet. Das Formulieren eines Schlusses als Zusammenfassung, Entscheidung und Fazit kann recht anspruchsvoll sein.

Man spricht auch von einer **Synthese** der Argumentation:
- Wäge ab, welche Argumente gewichtiger sind und benenne das entscheidende Beuteilungskriterium dafür.
- Es folgt eine **klare Stellungnahme** für eine der beiden gegenübergestellten Positionen oder ein Kompromiss- oder Alternativvorschlag.
- Runde die Ausführungen mit einem **Ausblick** ab: Gehe darauf ein, welche Teilfrage als nächstes erörtert werden müsste, formuliere einen Wunsch, eine Hoffnung oder einen Appell.

Das musst du können

**17** Fasst die Hinweise zur antithetischen Erörterung in Partnerarbeit zusammen: Erstellt eine Checkliste für eine antithetische Argumentation. Berücksichtigt Inhalt, Aufbau, Sprache und Gliederung.

**18** Schreibe eine vollständige antithetische Argumentation. Die Textbeispiele aus diesem Teilkapitel kannst du dazu verwenden. Gebt euch dann mithilfe der Checklisten aus Aufgabe 17 gegenseitig eine Rückmeldung.

Arbeitsblatt:
11039–22

# Soll Containern erlaubt werden?

## Kommentare als Textmuster erfassen, beschreiben und verstehen

---

*Essen aus Supermarktmüll*

### Studentinnen wegen Containerns verurteilt

Zwei Studentinnen brachen im bayerischen Olching den Müllcontainer eines Supermarkts auf und nahmen mit, was sie für essbar hielten. Laut Gericht ist das gemeinsam begangener Diebstahl.

*spiegel.de, 30.01.2019*

---

**Video:**
**11039–23**

**1** Was ist „containern?" – Trage die wesentlichen Informationen aus dem Film zusammen und formuliere eine Definition.

**2** Du machst ein Praktikum bei einer Jugendzeitung. Die Redaktion will den Themenbereich in verschiedenen Textsorten beleuchten. Sammelt in einer Kleingruppe eure Ideen, welche Textsorten welche Inhalte behandeln könnten.

**Das weißt du bereits**

### Textsorten einer Zeitung

Textsorten, die von Journalisten genutzt werden, sind recht klar definiert.
- **Informierende Textsorten** sind die sachliche kurze **Nachricht** und der etwas umfangreichere **Bericht**, die persönlich geprägte **Reportage**, das Interview und das **Feature**, ebenso **Grafiken** und **Schaubilder**.
- **Argumentierende oder appellierende Textsorten** sind der **Kommentar**, die **Glosse** und die **Kritik**.

**3** Marius hat einen Kommentar zum Thema verfasst: Benenne, welche Position er vertritt. Vergib ein Emoticon, das deinen Gesamteindruck zum Text widerspiegelt. Begründe deine Wahl.

### Kommentar zum Containern von Marius C. (Klasse 9a)

[1] Die Äpfel haben kleine braune Stellen, der Karton der Keksverpackung ist eingerissen und die Dose Erbsen ist nicht mehr ganz rund. Diese Lebensmittel liegen nicht etwa in Franziskas Küche, sondern im Müllcontainer eines Supermarkts. „Aber nicht mehr lange", kündigt Franziska an, denn dann
5 taucht sie mit einer Taschenlampe in den Container ab (vgl. Zeitungsartikel) und fischt insgesamt zwei große Tüten Obst, Gemüse und Brot heraus, um damit den eigenen Kühlschrank aufzufüllen.

[2] Was so plausibel klingt, ist in Deutschland aber gesetzlich verboten (vgl. Zeitungsartikel) und heißt „dumpster diving" oder „Containern". Doch
10 dieses Gesetz gehört in den Container!

[3] Während allerorten über Nachhaltigkeit, regionale Erzeugnisse und die Vermeidung von Plastikmüll beratschlagt wird, ist es verboten, durch Containern Müll zu vermeiden und ein Zeichen gegen die Wegwerfmentalität zu setzen. Kann das im Sinne der Politik sein?

15 [4] Derzeit gilt das Mitnehmen von Brot, Bio-Gemüse und Bananen nicht als Lebensmittelrettung, sondern als Diebstahl. Das ist in der Tat moralisch schwer nachvollziehbar, weil das Essen vom Supermarkt aussortiert und weggeworfen wurde. Die „Speisereste" – so steht es auf den Mülltonnen – würden sowieso nicht mehr verkauft werden und erfreuen nicht nur über-
20 zeugte Lebensmittelretter, sondern auch Menschen, die sich das Einkaufen im Supermarkt nicht leisten können.

[5] Wäre Containern straffrei, würden wohl in Deutschland immer noch über sieben Millionen Tonnen (vgl. WWF-Studie) Lebensmittel weggeworfen werden. Denn für diese ungeheure Menge sind nicht die Supermärkte,
25 sondern die Endverbraucher verantwortlich. Statistisch wirft jeder Deutsche jährlich 61 kg Lebensmittel weg!

[6] Die Studie des WWF sagt aber, dass Supermärkte die „Speisereste" um 90 Prozent verringern könnten – ein Anfang wäre hier leicht möglich.

[7] Frankreich und Tschechien haben Gesetze, die die Vernichtung von
30 Lebensmitteln verbieten. Auch wir brauchen ein Gesetz, damit Lebensmittel-retter wie Franziska nicht vor Gericht verurteilt werden. Es muss allen klar werden: eine zerknickte Packung Reis und eine gebrochene Tafel Schokolade sind Speisen, keine Reste!

*(ca. 300 Wörter)*

**4** Marius' Text folgt einem klaren Aufbau. Ergänze die Strukturskizze. Nutze die Abschnittsnummerierungen.

[1] Hinführung: Schilderung einer konkreten Situation

[2] Ableiten des Diskussionsthemas und Formulierung der Position

[3] Argument 1: …

**5** Präzisiere deine Wahrnehmung zur Wirkung und zur Absicht des Textes und positioniere dich begründet auf den folgenden Skalen. Notiere die jeweilige Zahl. Der Text **a)** unterhält / **b)** informiert / **c)** erzählt / **d)** argumentiert / **e)** manipuliert / **f)** appelliert.

$$-3 \quad -2 \quad -1 \quad 0 \quad +1 \quad +2 \quad +3$$

**6** Tauscht eure Einschätzungen aus Aufgabe 5 in Kleingruppen aus. Bereitet danach eine Erklärung zur Wirkung und zur Absicht des gesamten Textes und einzelner Passagen vor. Notiert dazu Textstellen, welche die unterschiedlichen Wirkungen und Absichten unterstützen.

**7** Arbeitet zu zweit und setzt die Diskussion der beiden Schüler schriftlich fort. Lasst sie zum Beispiel über die Absichten, den Aufbau, die Adressaten und die Wirkung von Erörterungen und Kommentaren sprechen.

„Eigentlich ist ein Kommentar auch eine Erörterung."  „Nein, das ist etwas ganz anderes."

---

**Das weißt du bereits**

**Textsorte Kommentar**

**Kommentare** gehören zu den meinungsbildenden Texten: Der Autor vertritt eine Position, die er **prägnant** – das heißt nur die wirkungsvollsten Argumente nutzend und an konkreten Beispielen orientiert – begründet.

- Der Kommentar im engeren Sinn ist eine **definierte Textsorte des Zeitungsjournalismus**: Ein Verfasser, dessen Name angegeben werden muss, formuliert pointiert[1] seine Meinung und seine Position zu einem bestimmten Thema, das in der Öffentlichkeit gerade diskutiert wird.
- Kommentare im weiteren Sinn begegnen aber auch in **Leserbriefen** oder in den **Kommentar-Foren von Webseiten**.

Alle Kommentare spiegeln die **persönliche Meinung** ihres Verfassers. Sie verwenden eine besonders **wirkungsvolle** „rhetorische" **Sprache** und enden oft mit einem **Appell** oder einem **Lösungsvorschlag**.

[1] **pointiert:** treffend und sprachlich ansprechend gestaltet

---

→ Hilfe S. 302 **8** So könnte das erste Argument des Kommentars (→ S. 101 [3]) in einer Erörterung formuliert sein. Vergleiche die Argumentationsweisen von Erörterung und Kommentar. Stelle in einer Tabelle gegenüber, wie jeweils mit den vier Bs umgegangen wird, wie die Argumentation aufgebaut ist, welche Bedeutung schildernde oder berichtende Elemente haben und welche Wirkung jeweils erzielt werden soll.

Containern unterstützt auch den Umweltschutz und die Bemühungen um Nachhaltigkeit, da es zur Müllreduzierung beiträgt und ein Zeichen gegen die Wegwerfmentalität setzt. Auch deshalb sollte Containern erlaubt werden.

**9** Kommentare nutzen „verkürzte Argumente". Bereite eine Erklärung dieser Aussage vor, indem du die Argumente der Abschnitte [3] und [4] (→ S. 101) mithilfe der Tabelle analysierst.

| | Position | Behauptung | Begründung | Beispiel / Beleg | Bezug zur Position |
|---|---|---|---|---|---|
| Verkürztes Argument 1 | Containern soll erlaubt werden. (Z. 11–14) | fehlt<br><br>nur als Anfrage formuliert | Containern verringert Müll und ist Zeichen gegen Wegwerfmentalität. (Z. 13 f.) | fehlt | fehlt<br><br>nur als Anfrage an die Politik formuliert (Z. 14) |

**10** Dass in Kommentaren eine besonders wirkungsvolle Sprache benutzt wird, ist dir schon aufgefallen. Beschreibe die sprachlichen Besonderheiten der folgenden Zitate und deren beabsichtigte Wirkung. Notiere zwei weitere Beispiele, in denen wirkungsvoll formuliert wird.
*Kann das im Sinne der Politik sein? (→ Z. 14) Brot, Bio-Gemüse und Bananen (→ Z. 15) [...] heißt „Containern". Doch dieses Gesetz gehört in den Container! (→ Z. 9 f.)*

**11** Auch in der Einleitung und im Schluss unterscheiden sich Kommentare von Erörterungen. Analysiert und beschreibt in Partnerarbeit, wie die Abschnitte [1] und [7] in Marius' Kommentar gestaltet sind und welche Wirkung die Vorgehensweisen haben. Nutze die Fachbegriffe und Kategorien des Wortspeichers.

> **Wortspeicher**
>
> Ausrufesätze – Hauptsätze – Imperative – Modalverben (z. B. *müssen, dürfen, können, mögen, sollen, wollen*) – umgangssprachliche / sprechsprachliche Formulierungen – wörtliche Rede – schildernde / erzählende Passagen – Ellipsen (unvollständige Sätze) – Satzzeichen – Aufzählungen

**12** Veranschaulicht die besondere Wirkung der Kommentar-Einleitung und des Schlusses, indem ihr beide Abschnitte auch im Stil einer Erörterung formuliert.

**13** In der Redaktionskonferenz wird über verschiedene Vorschläge für die Überschrift diskutiert.

■ Wähle eine der folgenden Überschriften aus. Begründe deine Wahl.

■ Wähle eine passende und eine unpassende Überschrift aus: Erkläre deine Wahl und formuliere allgemeine Anforderungen an die Überschrift in einem Kommentar.

■ Gestalte selbst zwei passende Überschriften. Wähle davon diejenige aus, die dir am passendsten erscheint, und erkläre, worauf du geachtet hast.

a) Dumpster diving in Deutschland erlauben  b) Braune Bananen verwenden statt vernichten  c) Containern fürs Klima  d) Küche statt Container  e) Teller statt Tonne, Vorbild statt Verurteilung

# Containern?
# Nicht nur eine Frage der Gesetze
## Einen Kommentar planen, verfassen und überarbeiten

**1** Eine Zeitungsredaktion sucht – neben der Frage nach den gesetzlichen Regelungen zum Containern – nach einem noch persönlicheren Zugang zum Thema. Nutze die abgebildeten Statistiken von M1 und M2: Notiert zunächst in Partnerarbeit, welche Aussagen sich ableiten lassen. Formuliert dann eine dazu passende Fragestellung, die erörtert und kommentiert werden könnte.

---

**M1**  **Energy & Environment → Waste Management**

This statistic shows the results of a survey among Americans in 2017 in regards to the practice of dumpster diving. As of March 2017, some 66 percent of respondents stated that dumpster diving was not an option for them. The meaning of dumpster diving is searching through trash or garbage to look for something useful.

© Statista 2020

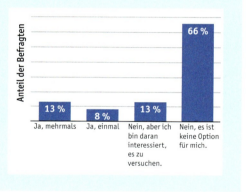

---

**2** Diskutiert die Thematik in der Klasse: Tragt eure Ergebnisse aus Aufgabe 1 zusammen. Positioniert euch auch selbst zu den Fragestellungen aus der Partnerarbeit. Führt gegebenenfalls auch Umfragen zum Thema „Lebensmittelverschwendung" und „Lebensmittelrettung" in der Klasse durch.

**3** Bereite auf der Grundlage des Gesprächs aus Aufgabe 2 das Verfassen eines schriftlichen Kommentars vor: Formuliere zunächst möglichst exakt, zu welcher Frage du den Kommentar verfassen wirst und welche Position du dabei vertrittst.

**M2**  **Soll man der Verschwendung von Lebensmitteln aktiv entgegenwirken?**

*Repräsentative Umfrage von Appinio unter 1000 Deutschen im Alter von 18 bis 34 Jahren, Mai 2017*

**4** Lege eine Stoffsammlung an, in der du auch die Schlüsselbegriffe definierst (→ S. 83, 89). Gestalte zum Beispiel eine Mind-Map.

**5** Notiere in deiner Stoffsammlung die Werte der Statistiken, die du für ein Pro-Argument und für ein Kontra-Argument heranziehen kannst. Denke an die Quellenangabe.

**6** Exzerpiere aus den Materialien M3 und M4 (→ S. 106 f.) Aspekte, die für deine Fragestellung brauchbar sind. Trage die wichtigsten Stichpunkte und Zitate jeweils mit Quellenangabe in deine Stoffsammlung ein.

**7** Übertrage die Notizen aus deiner Stoffsammlung in einen tabellarischen Schreibplan für einen Kommentar.

| Aufbau | Inhalt | geeignetes Material | Ideen für wirkungs-volle Formulierungen |
|---|---|---|---|
| Einleitung | | | |
| Argument | | | |
| Argument (evtl. entkräftetes Gegenargument) | | | |
| Argument | | | |
| Schluss | | | |

**8** Notiere Verbesserungsvorschläge oder arbeite mit der Kommentarfunktion deines Textverarbeitungsprogramms (→ S. 108): Ergänze die Einträge entsprechend und überarbeite Hannes Kommentar für die Zeitung.

Arbeitsblatt: 11039–24

**Kommentar von Hanne (Klasse 9a)**

(1) Warum soll eine Banane eine Stunde nach Ladenschluss viel schlechter sein als zehn Minuten vor Ladenschluss ? (2) Selbst wenn sie in der Tonne liegt, wird die Frucht für mich dadurch nicht ungenießbar. (3) Bananen essen wir nicht mit *Schale. (4) Also* ist auch die Hygiene erledigt. (5) Auch bei Keksen ist es doch schon so, dass *ich* meistens sowieso ein Stück abbeiße, dann zerbricht er sowieso. (6) Für mich kommen diese Lebensmittel trotzdem in die Tüte!

Gut! Alltagssituation und rhetorische Frage, die meisten Leser werden diese Meinung teilen

Die Sätze 3 und 4 wirken ungelenk und sollten besser verknüpft werden.

In Satz 3 steht das Pronomen „wir", hier „ich". Bleibe bei einer Variante.

# Lebensmittelretter willkommen

*Containern ist in Deutschland illegal. Ein Bremer Kaufhaus findet das falsch. Der Geschäftsführer erlaubt ausdrücklich, dass Menschen verwertbare Sachen aus den Mülltonnen nehmen.*

Im Dunkeln suchen sie in Containern von Supermärkten nach Lebensmitteln. Bundesweit gibt es Menschen, die weggeworfene Waren einsam-
5 meln – manche aus Not, andere aus ideologischen Gründen. Lebensmittelretter protestieren gegen die Verschwendung von Essbarem und wollen einen Beitrag zur Müllvermeidung
10 leisten.

Doch das sogenannte Containern ist illegal und kann als Diebstahl oder Hausfriedensbruch bestraft werden. Ein Kaufhaus in Bremen findet das
15 falsch und hat an seinen Mülltonnen nun Regeln aufgehängt. „Liebe Lebensmittelretter! Beachten Sie bitte folgende Hinweise", heißt es dort. Um zu verhindern, dass Menschen ver-
20 dorbene Produkte essen, stehen auf den Hinweisschildern Tipps wie „Fleisch und Fisch sind nicht mehr genießbar, wenn wir sie entsorgt haben" und „Konserven sind in der
25 Regel auch nach Ablauf des MHDs noch haltbar." Bei Passanten kommt die Aktion gut an. „Ich finde, wer Bedarf hat, soll sich ruhig bedienen können", sagt eine Fahrradfahrerin,
30 die neugierig das Schild liest. Ein Mann sagt: „Ich finde, das ist in Ordnung".

Der Bundesverband des deutschen Lebensmittelhandels sieht die Aktion
35 dagegen kritisch. Waren sollten möglichst nicht im Container landen, sondern an wohltätige Organisationen abgegeben werden, sagt Sprecher Christian Böttcher. Diese seien
40 logistisch in der Lage, sie an Bedürfti-

ge abzugeben. Der Verband spricht sich gegen eine Legalisierung des Containerns aus und unterstützt die Position der Justizminister der Länder. Die Mehrheit der CDU-Län- 45 der hatte jüngst einen Antrag von Hamburgs Justizsenator Till Steffen (Grüne) abgelehnt. Menschen sollten sich nicht in solch hygienisch problematische Situationen begeben, sagte 50 Sachsens Justizminister, Sebastian Gemkow (CDU). Es gehe auch um Haftungsfragen, falls jemand von verdorbenen Lebensmitteln krank werde. Statt Containern zu legalisieren 55 müsse die Lebensmittelverschwendung eingedämmt werden. Die Justizministerkonferenz bat die Bundesregierung, alternative Abgabeformen von Lebensmitteln – etwa an Tafeln – 60 zu entwickeln.

Auch das Bremer Kaufhaus verschenkt Lebensmittel, die nicht mehr verkauft werden dürfen. So stehen zahlreiche Produkte im Warenlager, 60 an denen sich die Angestellten bedienen können. Weitere Lebensmittel gehen an eine Gemeinde, die damit ein Frühstück für Bedürftige anbietet.

Zudem kommen regelmäßig Mit- 65 arbeiter des Naturerlebniszentrums Botanika vorbei, die Essen als Tierfutter abholen. „Wir verteilen schon an so viele Organisationen", sagt der Lestra-Mitarbeiter Sascha Morsch. 70 Dennoch blieben Waren übrig, die im Müll landen. Mit den Menschen, die containern, habe es noch nie Probleme gegeben. Oft sei es danach ordentlicher als zuvor. 75

Der Vorstoß mit den Schildern soll Menschen ermutigen, tagsüber zu kommen und sich Waren direkt abzuholen. „Schön wäre, wenn möglichst
80 viel verwendet wird", sagt Strangemann. Um zu verhindern, dass Menschen in den Containern wühlen müssen, denke er derzeit über Ablageflächen nach. Dann könnten Waren, die nicht mehr verkauft werden,
85 einige Zeit zur Mitnahme ausgelegt werden. […]

*dpa, Wirtschaftswoche, 15.06.2019*

M4

## „Kaufst du noch, oder containerst du schon?"

*Täglich landen viele verwertbare Produkte in Mülltonnen und Containern, die von Supermärkten nicht mehr zum Verkauf angeboten werden können. Dies kommt einigen Jugendlichen, Studierenden und Bedürftigen gerade Recht, die zum einen nicht das Geld für frische Lebensmittel haben und/oder zum anderen ein Zeichen setzen und kein Teil des Systems der Wegwerfgesellschaft sein wollen. Sie gehen nachts auf Supermarkthinterhöfe und durchsuchen die Mülltonnen nach noch verzehrbaren Nahrungsmitteln. Fakt ist: Wer containert, der muss sich bewusst sein, dass er des Diebstahls (nach § 242 StGB) bzw. des Hausfriedensbruchs (nach § 123) polizeilich belangt werden kann. Ein Erfahrungsbericht soll zeigen, was es heißt zu „containern" und welche Intentionen hinter dem „Lebensmittelretten" eigentlich stecken.*

[…] **23:40 Uhr**: Ein Kopfsalat: unser erster Fund! Irgendwie sind wir glücklich. Ein komisches Gefühl, das uns sonst in der Obst- und Gemüseabtei-
5 lung nicht überkommt. Es geht weiter. Trotz unangenehmer Gerüche und dem unschönen Gefühl manchmal nicht zu wissen, was man in den Tiefen der Tonne mit den Händen ertastet. Folgende Lebensmittel gelan-
10 gen dennoch unversehrt und noch essbar in unsere Finger: frische Minze, Mangold, kleine Tomaten und ein paar lose Zwiebeln. Nicht schlecht für den Anfang!
15

Zwischendurch bleibt das mulmige Gefühl im Bauch, ob wir nicht doch erwischt werden. Immer wieder schrecken wir hoch und machen vorsichtshalber die Lampen aus. Einen
20 kurzen Moment vergessen wir zu atmen. […]

*Katharina Peters u. Anna Gieseler, fhnews Kiel, 11.12.2015*

# 4

## So kommentierst du Textentwürfe

Vor einer Veröffentlichung werden Texte mehrfach geprüft und überarbeitet.

- Bei der **Textlupe** notierst und erklärst du Gelungenes und Kritisches. Du kannst auch konkrete Verbesserungen vorschlagen.
- Die **Kommentarfunktion eines Textverarbeitungsprogramms** ermöglicht es, die Arbeitsschritte auch direkt am Dokument vorzunehmen: Du findest die Funktion „Kommentar" in der Regel unter der Rubrik „Einfügen". Platziere den Cursor an der Stelle, die du kommentieren möchtest und aktiviere die Funktion. In einem Textfeld am Rand des Dokumentes trägst du deinen Kommentar ein.

**9** In der Redaktionssitzung der Lokalzeitung wird diskutiert, welche Formulierungsalternativen am besten in einen Kommentar passen. Entscheidet und begründet zu zweit, welche Version besser geeignet ist, um die Leserschaft für das Thema zu interessieren und auch emotional zu erreichen. Formuliert zu drei Beispielen je eine weitere Alternative.

a) *ich nehme es nicht mit – kommt mir nicht in die Tüte*

b) *ich schaue das Obst an und rieche daran – ich nutze meine Sinne*

c) *nicht ständig Neues kaufen – Wegwerfwahn*

d) *Wir schmeißen Essen weg. – Wir werfen Essen weg.*

e) *Leute, die aus Mülltonnen Lebensmittel herausholen, … – Lebensmittelretter*

f) *Ich finde … – Ich bin der Überzeugung …*

g) *ich fühle mich gut dabei – mit reinem Gewissen*

h) *Lebensmittel, die noch nicht schlecht sind, … – genießbare Lebensmittel*

i) *ich schaue in die Mülltonne – ich tauche ab in den Container*

j) *Wir finden nur das gut, was das Beste ist. – Wir finden nur das Beste gut genug.*

k) *man könnte sich also überlegen – umdenken ist die Devise*

**10** Der Kasten rechts zum Verfassen eines Kommentars nennt verschiedene sprachliche Mittel, die in Kommentaren vorkommen. Klärt in Partnerarbeit, was jeweils gemeint ist. Notiert Beispiele für die sprachlichen Mittel, die ihr in den Kommentaren von Marius (→ S. 101) und Hanne (→ S. 105) findet.

**11** Formuliere einen Kommentar mit dem Arbeitstitel „Containern? Ich kann's mir (nicht) vorstellen" für die Zeitung. Das Argument aus Hannes Kommentar kannst du verwenden (und ggf. entkräften).

**12** Gestalte mithilfe des Textverarbeitungsprogramms deinen Text in einem passenden Layout. Formuliere auch eine zweizeilige Überschrift sowie eine Bildunterschrift für ein passendes, selbst gewähltes / gemachtes Foto.

**13** Tauscht eure Texte in Partnerarbeit aus und gebt euch Rückmeldung zum Kommentarentwurf. Geht auf die inhaltliche Überzeugungskraft, die sprachliche Gestaltung und ggf. das Layout ein.

Das musst du können

### So verfasst du einen pointierten Kommentar

In einem Kommentar formulierst du eine prägnante Argumentation zu einer bestimmten Position. Meist geht es dabei um eine Frage, die **gerade in der Öffentlichkeit diskutiert** wird. Achte beim Planen und Verfassen des Kommentars auf folgende Anforderungen:

**Argumentation**: Arbeite in deinem Kommentar mit rund drei Argumenten. Gehe auch auf ein oder zwei Gegenargumente ein und entkräfte sie. Beachte, dass nicht alle Argumente eines Kommentars mit den vier Bs vollständig ausformuliert werden. Teilweise genügt es, nur die Begründung anzugeben.

**Sprache**: Die sachlichen Strukturwörter der linearen und antithetischen Argumentation fallen im Kommentar zumeist weg. Stattdessen werden rhetorische Mittel eingesetzt, um pointiert zu überzeugen, z. B.:
- Satzebene: Wiederholung mit Variation, Steigerung und Gegenüberstellung; rhetorische Fragen, wörtliche Reden, Ellipsen
- Wortebene: bildhafte Ausdrücke (Metapher oder Vergleich), Redewendungen und Wortspiele

Insgesamt wird in einem Kommentar das Argumentieren mit den anderen Formen des Schreibens verbunden. So wird etwa in der Einleitung erzählt und geschildert oder im Hauptteil immer auch wieder informiert und berichtet.

# Was DU schon kannst!

## Kompetenztest

---

**GRAFFITI-SZENE: Street Art in Zeiten des Shutdowns**

Während die meisten Museen auf unbestimmte Zeit zu sind, hat dieses Museum immer auf: die Straße. Viele Menschen bleiben beim Spazieren vor Graffiti stehen und setzen sich mit ihnen vor Ort und im Netz auseinander – wie an der Kölner „Hall". Zeit für eine Neubewertung zeitgenössischer Street-Art.

5 Eine 300 Meter lange Betonmauer am Nordrand der Kölner City. Ein- und Ausfahrtschneisen, Autobahnzubringer in drei Etagen. Fast ein Klischeebild: Ohne Graffiti sähe hier alles noch menschenfeindlicher aus. Ein Dutzend Sprayerinnen und Sprayer werkelt vor sich hin, auf Abstand – nicht erst wegen des Corona-Virus', sondern weil jedes Graffito nun einmal seinen Platz braucht.

10 **Spaziergänger suchen das Gespräch**

Der Sprayer Momo ist fast täglich vor Ort: „Grundsätzlich: Jedes Graffiti, das ich an die Straße oder irgendwo male, gebe ich halt der Gesellschaft", sagt er. „Das ist zwar in erster Linie eine Raumaneignung, die meine Persönlichkeit betrifft, aber wenn es dann weitergeht, schenke ich der Gesellschaft ja natürlich auch meine Kreativität und
15 meine Kunst!"
Seit Corona ist man nicht mehr nur unter sich in der Graffiti-Szene; auch Spaziergänger bleiben stehen und suchen das Gespräch, berichtet Sprayer Turbo: „Reaktionen der Leute, die hier vorbei laufen – von kleinen Kindern bis hin zu irgendwelchen Rentnern, die sich darüber freuen, dass man sich hier so viel Mühe für so ein Bild
20 gibt." [...]

**Mehr Raum = bessere Graffitis?**

[...] Sprayer Turbo wüsste vielleicht einen Ausweg aus dem ewigen Dilemma „Geschmiere versus Kunst": „Insbesondere, weil ich in Bogotá, Kolumbien, öfter war. Da gibt es ein viel entkriminalisierteres Umfeld. Die Leute können kilometerlange
25 Strecken in Bogotá bemalen. Dadurch, dass es so viel Raum gibt, entstehen total tolle Sachen."
Mehr Raum bedeutet: bessere Graffiti? Könnte sein. Man mag es sich gar nicht ausdenken, aber bei einem längerem Shutdown der Kunsthäuser würde es akut. Um die Ecke haben Kinder Regenbogen gemalt und als Sticker an Bäume gepinnt. Für die
30 Haltung „Unser Dorf soll schöner werden" tun sich ebenso wie für die politische Tat, in den öffentlichen Raum zu gehen, aktuell neue Chancen auf. Da heißt es, genauer hinzusehen: „Was gibt es da draußen" und – das macht ja Kunst aus – „Was sagt es mir?"
*Peter Backhof, www.deutschlandfunk.de, 06.04.2020*

---

**Material für eine eigene Erörterung auswerten und sortieren**

**1** Notiere Informationen aus dem Text (mit Zeilenangaben), die dir für eine Erörterung der folgenden Frage dienen könnten: „Sollte es in jeder Stadt freie Wände für Graffitis geben?"
- für eine Einleitung:
- als Teil eines Arguments:

**2** Sortiere die folgenden Stichpunkte sinnvoll in den angefangenen Schreibplan ein:

**a)** Sprayer können legal sprühen, üben und sich dadurch verbessern

**b)** Bogotá: viele freie Wände (vgl. P. Backhof, Z. 24 f.), eigene Stadtführungen zur Graffiti-Kunst

**c)** für mehr „freie Wände" in Städten

**d)** Chance für Stadtverschönerung durch Graffiti-Kunst

**e)** klarer Vorteil für die Städte

Einleitung:
*viele hässliche Betonmauern in Städten, grau und trostlos*

Position:

| Behauptung | Begründung | Beispiel / Beleg | Bezug zur Position |
|---|---|---|---|
| … | … | … | … |

**3** Formuliere das Argument aus dem Schreibplan von Aufgabe 2 aus. Nutze passende Formulierungshilfen.

*Ein Argument überzeugend formulieren*

**4** Überarbeite dein Argument aus Aufgabe 3, indem du das folgende Gegenargument aufnimmst und entkräftest: Viele Graffitis sind unschöne Schmierereien.

*Ein Gegenargument entkräften*

**5** Notiere die Buchstaben der richtigen Aussagen und korrigiere die falschen.

**a)** Das überzeugendste Argument für deine Position führst du als erstes an.
**b)** Durch eine Statistik belegte Argumente sind besonders überzeugend.
**c)** Argumente, die mit persönlichen Vorlieben zu tun haben, überzeugen viele Menschen.
**d)** Beim Block-Prinzip sortiert man Argumente nach Aspekten.
**e)** Beim Sanduhr-Prinzip beginnt man mit den stärksten Argumenten beider Positionen.
**f)** Das Ping-Pong-Prinzip eignet sich nur für Kommentare.

*Argumentierende Texte gliedern*

**6** Wähle die Überschrift aus, die am besten für einen Kommentar zum Thema aus Aufgabe 1 passen würde. Begründe deine Wahl stichpunktartig.

Schluss mit den Schmierereien    kostenlose Kunst    Spraytastische Stadtkunst

Kunst ist cool    Graffiti-Magie    Graffiti an der Wand    Wände bunt, alles gut

*Sprache pointiert im Kommentar einsetzen*

**+** Überarbeite das Argument aus Aufgabe 2 so, dass es für einen Kommentar passen würde. Notiere stichpunktartig deine Veränderungen.

# 5 Fantastisches, Schauerliches und Unheimliches

## Über literarische Texte informieren

Arbeitsblatt:
11039–25

1 Suche, zum Beispiel im Internet, Fotos von dir bekannten, unheimlichen Figuren. Wähle eine der Figuren aus, beschreibe sie und erkläre, warum sie unheimlich auf dich wirkt.

2 Lies dir den Textauszug (M1) aus Mary Shelleys *Frankenstein* durch. Fasst im Anschluss zu zweit den Inhalt kurz zusammen.

3 Erkläre, welche Wirkung der vorliegende Textauszug auf dich entfaltet.

4 Tausche dich in der Klasse aus, auf welche Elemente zur Darstellung des Schauerlichen in dem vorliegenden Beispiel zurückgegriffen wird. Haltet eure Ergebnisse stichpunktartig fest. Berücksichtigt auch die Sprache der Erzählung und den Erzähler.

Was weißt
du noch?
Teste dich:
11039–26

*Der Forscher Viktor Frankenstein ist von der Idee besessen, einen perfekten künstlichen Menschen zu erschaffen. Nach Jahren des Experimentierens gelingt ihm das Unfassbare: Aus toter Materie formt er einen Körper und haucht diesem Leben ein. Doch das Experiment gerät außer Kontrolle.*

Mary Shelley
**Frankenstein**
(1818, übersetzt von Alexander Pechmann)

Es war in einer tristen Novembernacht, als ich die Vollendung meiner mühseligen Arbeit vor mir sah. Mit einem Fiebereifer, der schon fast an Folterqualen grenzte, brachte ich die Lebensapparate in Position,
5 um einen Funken des Seins in dieses leblose Ding zu meinen Füßen zu leiten. Es war bereits ein Uhr morgens. Trostlos prasselte der Regen gegen die Fensterscheiben, und meine Kerze war beinahe heruntergebrannt, als ich im Schimmer des gerade erlöschenden
10 Lichts sah, wie sich das trübe gelbe Auge der Kreatur öffnete. Sie atmete schwer und ihre Glieder wurden von krampfartigen Zuckungen geschüttelt. Wie kann ich meine Gefühle angesichts dieser Katastrophe schildern, wie den elenden Teufel beschreiben, dessen
15 Erzeugung mich so unendlich Mühe und Sorgfalt gekostet hatte? Seine Glieder waren ebenmäßig, und seine Züge hätten schön sein sollen. Schön! Großer Gott! Seine gelbliche Haut bedeckte kaum das Geflecht aus Muskeln und Arterien darunter. Sein Haar war
20 glänzend schwarz und lang, seine Zähne weiß wie Perlen, aber diese Pracht bildete einen um so erschreckenderen Kontrast zu seinen wässrigen Augen, die beinahe dieselbe Farbe wie die schutziggrauen Höhlen hatten, in die sie eingesetzt waren, zu seiner welken
25 Gesichtsfarbe und seinen schmalen schwarzen Lippen. Die verschiedenen Zufälle des Lebens sind nicht so wechselhaft wie die menschlichen Gefühle. Ich hatte fast zwei Jahre lang hart gearbeitet, nur um einen leblosen Körper mit Leben zu füllen. Um diese Ziel
30 zu erreichen, hatte ich auf Ruhe verzichtet und meine Gesundheit missachtet. Ich hatte es mit einer Gier herbeigesehnt, die jedes Maß überstieg, aber nun da mein Werk vollbracht war, verblasste der schöne Traum, und Abscheu und atemloses Grauen erfüllten
35 mein Herz. Unfähig, den Anblick des Wesens zu ertragen, das ich erschaffen hatte, floh ich aus dem Labor …

Fantastisches, Schauerliches und Unheimliches faszinieren die Menschen von jeher, besonders in der Literatur werden diese Motive oft aufgegriffen.

Beim Zusammenfassen und Deuten literarischer Texte sind die Schritte im Vorgehen immer gleich, egal ob es sich bei dem literarischen Text um ein Gedicht, eine Erzählung oder einen Dramentext handelt. In diesem Kapitel wird exemplarisch aufgezeigt, wie man dabei vorgehen kann. Hier lernst und trainierst du,

… einen Basissatz samt Deutungshypothese zu formulieren,

… die innere und äußere Handlung literarischer Texte zusammenzufassen,

… sprachlich-stilistische Auffälligkeiten und deren Wirkungsabsicht zu analysieren und schriftlich darzulegen,

… verschiedene Möglichkeiten der Darstellungsweise in literarischen Texten zu untersuchen und zu verschriftlichen,

… die Motivierung der Handlung zu analysieren.

Weitere Untersuchungskriterien und Übungsmöglichkeiten findest du anschließend in den Kapiteln 6, 7 und 8.

# Von Gespenstern und Monstern
## Einen Basissatz samt Deutungshypothese formulieren

**1** Lies die beiden Textauszüge (M2, M3) diagonal. Vergleicht dann in Partnerarbeit die Texte (M1–M3) in Bezug auf die Frage, welche inhaltlichen und / oder sprachlichen Elemente für die unheimliche Wirkung verantwortlich sind. Haltet eure Ergebnisse schriftlich fest.

Hörtext:
11039–27

**M2** *Johann Wolfgang von Goethe*
**Der Totentanz** (1815)

Der Türmer, der schaut zu Mitten der Nacht
Hinab auf die Gräber in Lage;
Der Mond, der hat alles ins Helle gebracht;
Der Kirchhof, er liegt wie am Tage.
5 Da regt sich ein Grab und ein anderes dann:
Sie kommen hervor, ein Weib da, ein Mann,
In weißen und schleppenden Hemden.

Das reckt nun, es will sich ergetzen sogleich,
Die Knöchel zur Runde, zum Kranze,
10 So arm und so jung, und so alt und so reich;
Doch hindern die Schleppen am Tanze.
Und weil hier die Scham nun nicht weiter gebeut[1],
Sie schütteln sich alle, da liegen zerstreut
Die Hemdlein über den Hügeln.

15 Nun hebt sich der Schenkel, nun wackelt das Bein,
Gebärden da gibt es vertrackte;
Dann klippert's und klappert's mitunter hinein,
Als schlüg' man die Hölzlein zum Takte.
Das kommt nun dem Türmer so lächerlich vor;
20 Da raunt ihm der Schalk, der Versucher, ins Ohr:
Geh! hole dir einen der Laken.

Getan wie gedacht! und er flüchtet sich schnell
Nun hinter geheiligte Türen.
Der Mond, und noch immer er scheinet so hell
25 Zum Tanz, den sie schauderlich führen.
Doch endlich verlieret sich dieser und der,
Schleicht eins nach dem andern gekleidet einher,
Und, husch, ist es unter dem Rasen.

[1] **gebeut (veraltet):** gebietet

Nur einer, der trippelt und stolpert zuletzt
30 Und tappet und grapst an den Grüften;
Doch hat kein Geselle so schwer ihn verletzt,
Er wittert das Tuch in den Lüften.
Er rüttelt die Turmtür, sie schlägt ihn zurück,
Geziert und gesegnet, dem Türmer zum Glück,
35 Sie blinkt von metallenen Kreuzen.

Das Hemd muss er haben, da rastet er nicht,
Da gilt auch kein langes Besinnen,
Den gotischen Zierat ergreift nun der Wicht
Und klettert von Zinne zu Zinnen.
40 Nun ist's um den armen, den Türmer getan!
Es ruckt sich von Schnörkel zu Schnörkel hinan,
Langbeinigen Spinnen vergleichbar.

Der Türmer erbleichet, der Türmer erbebt,
Gern gäb er ihn wieder, den Laken.
45 Da häkelt – jetzt hat er am längsten gelebt –
Den Zipfel ein eiserner Zacken.
Schon trübet der Mond sich verschwindenden Scheins,
Die Glocke, sie donnert ein mächtiges Eins,
Und unten zerschellt das Gerippe.

M3  *Eugène Ionesco*
**Die Nashörner** (uraufgeführt 1959)

*In der Stadt gehen seltsame Dinge vor sich. Nach und nach verwandeln sich immer
mehr Bürgerinnen und Bürger in Nashörner. Diese Verwandlung scheint ansteckend
zu sein. Als Herr Ochs nicht in seinem Büro erscheint, werden Behringer und seine
Bürokollegen misstrauisch …*

**Behringer** *schaut sich um* Tatsächlich, er ist nicht da.
**Schmetterling** Gerade jetzt hätte ich ihn gebraucht!
*Zu Daisy* Hat er sich krankgemeldet oder ist er sonst irgendwie verhindert?
**Daisy** Er hat mir nichts gesagt.
5 **Schmetterling** *öffnet die Tür ganz und tritt ein* Wenn das so weitergeht, setz ich ihn
vor die Tür. Das ist nicht das erste Mal, dass er mich im Stich lässt. Bis jetzt habe ich
ein Auge zugedrückt. Aber so geht das nicht weiter … Hat jemand von Ihnen den
Schlüssel zu seinem Schreibtisch?
*In diesem Augenblick tritt Frau Ochs auf. Man konnte sie schon während der letzten
10 Worte die letzten Stufen der Treppe, so schnell sie es nur vermochte, heraufsteigen
sehen. Sie reißt die Tür auf, ist völlig außer Atem und verängstigt.*
**Behringer** Sie da, Frau Ochs.
**Daisy** Guten Tag, Frau Ochs.
**Frau Ochs** Guten Tag Herr Schmetterling! Guten Tag, meine Herrschaften.
15 **Schmetterling** Nun, und Ihr Mann? Was ist passiert, will er sich nicht mehr
hierherbemühen?

**Frau Ochs** *außer Atem* Ich bitte Sie, entschuldigen Sie, entschuldigen Sie meinen Mann … Er ist übers Wochenende zu Verwandten gereist. Er hat eine leichte Grippe.

**Schmetterling** So! Er hat eine leichte Grippe!

20 **Frau Ochs** *hält dem Abteilungsleiter ein Papier hin.* Da, es steht in seinem Telegramm. Er hofft, er ist am Mittwoch wieder da… *Der Ohnmacht nahe*
Geben Sie mir ein Glas Wasser … und einen Stuhl …
*Behringer stellt ihr seinen Stuhl, auf den sie hinsinkt, mitten auf die Bühne.*

**Schmetterling** *zu Daisy* Geben Sie ihr ein Glas Wasser.

25 **Daisy** Sofort! *Sie bringt ihr ein Glas und flößt ihr während des folgenden Dialogs Wasser ein.*

**Stech** *zum Abteilungsleiter* Sie muss herzkrank sein.

**Schmetterling** Wirklich unangenehm, dass Herr Ochs nicht da ist. Aber das ist noch lange kein Grund zur Aufregung!

30 **Frau Ochs** *mit Mühe* Ein Nashorn … ein Nashorn … ein Nashorn hat mich von meiner Haustür bis hierher verfolgt …

**Behringer** Mit einem oder zwei Hörnern?

**Wisser** *lacht laut* Dass ich nicht lache.

**Stech** *entrüstet* Lassen Sie sie doch ausreden!

35 **Frau Ochs** *macht eine große Anstrengung, um sich deutlicher auszudrücken und zeigt mit dem Finger zur Treppe.* Da, da unten, am Eingang. Es scheint, es will die Treppe herauf.
*Im gleichen Augenblick hört man Lärm. Man sieht, wie die Treppenstufen unter einem ohne Zweifel gewaltigen Gewicht zusammenbrechen. Man hört von unten her*
40 *ängstliches Schnauben. Nachdem sich der Staub, den der Zusammenbruch der Treppe hervorrief, etwas gelegt hat, sieht man den Treppenabsatz in die Luft ragen.*
*[…] Das Schnauben des Nashorns dauert an. Frau Ochs ist aufgestanden und zur Gruppe getreten.*
*Sie beobachtet einige Augenblicke aufmerksam das Nashorn, das sich unten im Kreis*
45 *dreht, und stößt plötzlich einen schrecklichen Schrei aus.*

**Frau Ochs** Mein Gott! Ist es möglich!

**Behringer** Was haben Sie?

**Frau Ochs** Es ist mein Mann! Ochs, mein armer Ochs! Was ist passiert?

**Daisy** *zu Frau Ochs* Sind Sie ganz sicher?

50 **Frau Ochs** Ich erkenne ihn, ich erkenne ihn. *Das Nashorn antwortet mit einem heftigen, aber zarten Schnauben.*

---

**Eugène Ionesco** (1909–1994), ein französisch-rumänischer Autor, ist ein bekannter Vertreter des absurden Theaters, das in den 1950er Jahren entstand: Die Vorstellung, dass die Welt sinnentleert und die Menschen und ihr Verhalten absurd sind, wird durch verschiedene Gestaltungsaspekte transportiert: die Aneinanderreihung eigenartiger Situationen, marionettenhafte Figuren, gestörte Kommunikation zwischen den Figuren.
Das Stück „Die Nashörner" kann als Kritik an Massenbewegungen in der Gesellschaft gelesen werden.

**2** Nur der zweite der folgenden Basissätze zur Ballade „Der Totentanz" ist brauchbar. Beachte den Unterschied zwischen den beiden Varianten und formuliere davon ausgehend möglichst viele Hinweise zur Gestaltung eines gelungenen Basissatzes.

**A** Das Gedicht von Goethe berichtet von einem Türmer. Er stiehlt den Geistern ein Laken und kommt in arge Bedrängnis.

**B** Die Ballade „Der Totentanz" von Johann Wolfgang von Goethe aus dem Jahre 1815 blickt in einer gruseligen und fantastischen Szene auf die Themen Verwegenheit und Übermut. Dazu erzählt sie, wie ein Turmwächter auf einem Friedhof einem Geist ein Leichentuch stiehlt, von diesem verfolgt und erst durch das Ende der Geisterstunde glücklich gerettet wird.

**3** Vergleicht die beiden Aussagen (Deutungshypothesen) zur unheimlichen Wirkung in Goethes Gedicht in Partnerarbeit miteinander und bezieht eure Ergebnisse aus Aufgabe 1 mit ein. Entscheidet, welche Hypothese eurer Meinung nach besser passt, bzw. formuliert eine eigene verbesserte Version. Stellt eure Deutungshypothesen dann in der Klasse vor und besprecht sie.

    **A** Mithilfe von schaurigen Elementen wird gezeigt, dass Übermut lebensbedrohlich ist.
    **B** Die unheimliche Wirkung entsteht durch anschauliche Adjektive und Verben und den Spannungsaufbau der Ballade, die die lebensbedrohliche Lage des Übermütigen unterstreichen.

---

**So verfasst du einen Basissatz samt Deutungshypothese**

Du weißt bereits, dass ein Basissatz neben der Nennung des **Entstehungsjahrs**, der **Textsorte**, des **Titels** und des Namens des **Verfassers** vor allem den **Kern** eines Textes zusammenfasst. Ein Basissatz bereitet den Leser besser auf deine Textzusammenfassung vor, wenn du ihn um eine **Deutungshypothese** ergänzt: Formuliere dazu ein oder zwei Sätze, die dein Textverständnis zusammenfassen, indem du das Kernthema mit einer Deutung verbindest.

Folgende Formulierungen können dir helfen, deine Einleitung sprachlich sinnvoll zu gestalten: *Im Gedicht / Dramenauszug / Erzähltext ... geht es um ...*
*Der Textauszug / Das Gedicht / Der Dramenauszug... handelt von / beschreibt / thematisiert ....*
*Inhaltlich geht es darum, dass ...*
*Im Besonderen wird dabei deutlich, wie...*
*Im Mittelpunkt steht der zentrale Konflikt um / zwischen ...*

Das musst
du können

**4** Formuliere nun unter Einbezug der Textbausteine aus dem Kasten einen passenden Basissatz samt Deutungshypothese zum Auszug aus „Die Nashörner".

# Die Angst vor der Rache

## Eine erweiterte Inhaltsangabe eines lyrischen Textes verfassen

Hörtext: 11039–28

**1** Lest den Text oder hört ihn euch an. Fasst dann zu zweit den Inhalt zusammen und klärt Passagen, die ihr nicht verstanden habt. Bezieht den Informationskasten (→ S. 120) zu den historischen Hintergründen mit ein.

M1

*Conrad Ferdinand Meyer*
**Die Füße im Feuer** (1882)

Wild zuckt der Blitz. In fahlem Lichte steht ein Turm.
Der Donner rollt. Ein Reiter kämpft mit seinem Ross,
Springt ab und pocht ans Tor und lärmt. Sein Mantel saust
Im Wind. Er hält den scheuen Fuchs am Zügel fest.
5 Ein schmales Gitterfenster schimmert goldenhell
Und knarrend öffnet jetzt das Tor ein Edelmann...

– „Ich bin ein Knecht des Königs, als Kurier geschickt
Nach Nîmes[1]. Herbergt mich! Ihr kennt des Königs Rock!"
– „Es stürmt. Mein Gast bist du. Dein Kleid, was kümmert's mich?
10 Tritt ein und wärme dich! Ich sorge für dein Tier!"
Der Reiter tritt in einen dunkeln Ahnensaal,
Von eines weiten Herdes Feuer schwach erhellt,
Und je nach seines Flackerns launenhaftem Licht
Droht hier ein Hugenott[2] im Harnisch[3], dort ein Weib,
15 Ein stolzes Edelweib aus braunem Ahnenbild ...
Der Reiter wirft sich in den Sessel vor dem Herd
Und starrt in den lebend'gen Brand. Er brütet, gafft ...
Leis sträubt sich ihm das Haar. Er kennt den Herd, den Saal ...
Die Flamme zischt. Zwei Füße zucken in der Glut.
20 Den Abendtisch bestellt die greise Schaffnerin
Mit Linnen blendend weiß. Das Edelmägdlein hilft.
Ein Knabe trug den Krug mit Wein. Der Kinder Blick
Hangt schreckensstarr am Gast und hangt am Herd entsetzt ...
Die Flamme zischt. Zwei Füße zucken in der Glut.
25 – »Verdammt! Dasselbe Wappen! Dieser selbe Saal!
Drei Jahre sind's ... Auf einer Hugenottenjagd ...
Ein fein, halsstarrig Weib ... „Wo steckt der Junker? Sprich!"
Sie schweigt. „Bekenn!" Sie schweigt. „Gib ihn heraus!" Sie schweigt
Ich werde wild. Der Stolz! Ich zerre das Geschöpf ...

[1] **Nîmes**: Stadt in Südfrankreich; alter Kulturmittelpunkt; seit dem 16. Jahrhundert ein Zentrum der französischen Protestanten (Hugenotten)

[2] **Hugenotten**: französische Protestanten calvinistischen Glaubens; in Frankreich seit 1562 vom Katholizismus benachteiligt und unterdrückt. Zwischenzeitlich durch das Edikt von Nantes von 1598 bis 1685 vom Staat geschützt, wurden sie nach Aufhebung des Edikts verfolgt, auch gefoltert und getötet; daher 1685 massenhafte Auswanderung, z. B. nach Brandenburg-Preußen. Die Folter als Mittel zur Erpressung von Aussagen und Geständnissen sowie die gegensätzlichen Lebenseinstellungen infolge der unterschiedlichen Glaubensgrundsätze werden in dieser Ballade verdeutlicht.

[3] **Harnisch**: Rüstung

30 Die nackten Füße pack ich ihr und strecke sie
Tief mitten in die Glut.. „Gib ihn heraus!" ... Sie schweigt ...
Sie windet sich ... Sahst du das Wappen nicht am Tor?
Wer hieß dich hier zu Gaste gehen, dummer Narr?
Hat er nur einen Tropfen Bluts, erwürgt er dich."
35 Eintritt der Edelmann. „Du träumst! Zu Tische, Gast ...

Da sitzen sie. Die drei in ihrer schwarzen Tracht
Und er. Doch keins der Kinder spricht das Tischgebet.
Ihn starren sie mit aufgerissnen Augen an –
Den Becher füllt und übergießt er, stürzt den Trunk,
40 Springt auf: „Herr, gebet jetzt mir meine Lagerstatt!
Müd bin ich wie ein Hund!" Ein Diener leuchtet ihm,
Doch auf der Schwelle wirft er einen Blick zurück
Und sieht den Knaben flüstern in des Vaters Ohr ...
Dem Diener folgt er taumelnd in das Turmgemach.

45 Fest riegelt er die Tür. Er prüft Pistol und Schwert.
Gell pfeift der Sturm. Die Diele bebt. Die Decke stöhnt.
Die Treppe kracht... Dröhnt hier ein Tritt?... Schleicht dort ein Schritt?...
Ihn täuscht das Ohr. Vorüberwandelt Mitternacht.
Auf seinen Lidern lastet Blei und schlummernd sinkt
50 Er auf das Lager. Draußen plätschert Regenflut.

Er träumt. „Gesteh!" Sie schweigt. „Gib ihn heraus!" Sie schweigt.
Er zerrt das Weib. Zwei Füße zucken in der Glut.
Aufsprüht und zischt ein Feuermeer, das ihn verschlingt ...
– „Erwach! Du solltest längst von hinnen sein! Es tagt!"
55 Durch die Tapetentür in das Gemach gelangt,
Vor seinem Lager steht des Schlosses Herr – ergraut,
Dem gestern dunkelbraun sich noch gekraust das Haar.

Sie reiten durch den Wald. Kein Lüftchen regt sich heut.
Zersplittert liegen Ästetrümmer quer im Pfad.
60 Die frühsten Vöglein zwitschern, halb im Traume noch.
Friedsel'ge Wolken schwimmen durch die klare Luft,
Als kehrten Engel heim von einer nächt'gen Wacht.
Die dunkeln Schollen atmen kräft'gen Erdgeruch.
Die Ebne öffnet sich. Im Felde geht ein Pflug.
65 Der Reiter lauert aus den Augenwinkeln: „Herr,
Ihr seid ein kluger Mann und voll Besonnenheit
Und wisst, dass ich dem größten König eigen bin.
Lebt wohl. Auf Nimmerwiedersehn!" Der andre spricht:
„Du sagst's! Dem größten König eigen! Heute ward
70 Sein Dienst mir schwer.. Gemordet hast du teuflisch mir
Mein Weib! Und lebst! ... Mein ist die Rache, redet Gott."

**Historischer Hintergrund**

Conrad Ferdinand Meyer situiert das Gedicht vor dem Hintergrund der Hugenottenverfolgung in Frankreich. In der zweiten Hälfte des 16. Jahrhunderts kam es zu Gewalttaten durch den katholischen Klerus und den König gegen französische Protestanten, die verfolgt und getötet wurden. Die Handlung von Meyers „Die Füße im Feuer" setzt in einer zeitlichen Distanz zur Hugenottenverfolgung ein und ist keine Aufarbeitung der historischen Ereignisse, sondern thematisiert die vorbildliche Haltung des Einzelnen.

**2** Diskutiert in der Klasse, welche Kernthematik die Ballade behandelt. Bezieht auch die Informationen aus dem Wortspeicher mit ein.

> **Wortspeicher**
>
> Liebe – Rache – Ehrlichkeit – Freundschaft – Außenseitertum – Hass – Vergebung

**3** Übertrage die angefangene Tabelle zu den Handlungsschritten der Ballade in dein Heft, ergänze die fehlenden Handlungsschritte und ordne ihnen aussagekräftige Überschriften zu.

| Handlungsschritte (Versangaben) | Innere Handlung (Gedanken und Gefühle) |
|---|---|
| V. 1–6: Bei Unwetter, Ankunft eines Reiters vor einer Burg → Situierung der Handlung | … |
| … | … |

**4** Die Handlung lässt sich im Einzelnen nochmals untergliedern. Gegenwärtiges Geschehen und Erinnerungen wechseln sich ab. Markiere diese Unterscheidung in deiner Tabelle farbig.

**5** Neben der äußeren Handlung sind Gefühle und Gedanken, also die innere Handlung, von besonderer Bedeutung. Sammelt in Partnerarbeit Gefühle und Gedanken, die im Text erkennbar sind, und ergänzt diese in eurer Tabelle.

**6** Untersucht in Partnerarbeit den Zusammenhang zwischen dem Verlauf der Handlung und der Darstellung des Wetters und belegt eure Beobachtungen anhand geeigneter Textstellen. Welche sprachlichen Auffälligkeiten werden dafür verwendet? Formuliert hierzu eine Deutungshypothese.

**7** Fertigt in eurer Gruppe eine Fotostory zu C.F. Meyers Ballade „Die Füße im Feuer" an. Wählt die Fotos so aus, dass alle zum Verständnis der Handlung wichtigen Schritte erfasst, unwichtige Informationen aber ausgespart werden.

Über literarische Texte informieren

**So trennst du Wichtiges von Unwichtigem durch eine Fotostory**

Eine Fotostory erzählt, wie der Name schon sagt, eine Geschichte in Bildern. Diese können durch Sprech- und Denkblasen ergänzt werden, um den Inhalt verständlich zu machen. Das Besondere an der Fotostory ist ihre Kürze. Man muss sich auf das wirklich Wichtige beschränken, frei nach dem Ausspruch: „So kurz wie möglich, aber so ausführlich wie nötig." Du musst dir also überlegen, welche Informationen zum Verständnis unbedingt notwendig sind und welche Aspekte weggelassen werden können. Die wichtigen Informationen müssen dann auf Fotos festgehalten und können durch kleine Texte ähnlich wie bei einer Graphic Novel (→ S. 216) ergänzt werden.

**Das musst du können**

**8** Die untenstehende Zusammenfassung des ersten Handlungsschritts ist sprachlich noch wenig gelungen. Überarbeite den Text mithilfe der Satzbausteine und aus dem Kasten unten mit geeigneten Satzverknüpfungen.

> Ein Reiter trifft vor einer Burg ein. Ein heftiges Unwetter ist im Gange. Er zügelt sein Pferd und bittet um Eintritt. Das Tor öffnet sich.

**9** Formuliert nun mithilfe der Informationen aus eurer Tabelle drei weitere Handlungsschritte für die Inhaltszusammenfassung der Ballade aus.

**So gestaltest du Texte kohärent**

**Das kannst du bereits**

Du gestaltest deinen Text kohärent und verständlich, indem du ...
- deinen Text inhaltlich und sprachlich gut gliederst und
- einzelne Sätze oder Textteile durch die Verwendung von Konnektoren (Konjunktionen, Subjunktionen, Konjunktionaladverbien) zeitlich und logisch verknüpfst.

Folgende Satzbausteine können dir bei der Ausformulierung einer Inhaltszusammenfassung helfen:

- *Eingangs / Zunächst / Zu Beginn wird festgestellt / wird darauf hingewiesen ...*
- *Die Ballade beginnt damit, dass ...*
- *Es folgt ... / Im Folgenden ...*
- *Im Verlauf der Handlung wird deutlich ...*
- *Anschließend / Schließlich ...*
- *Zum einen ... zum anderen*
- *Im ersten Sinnabschnitt wird ... thematisiert.*
- *Der Handlungsschritt greift die Thematik ... auf.*

**10** Untersuche im folgenden Textausschnitt, wie einzelne sprachliche Auffälligkeiten ausformuliert wurden. Notiere den Dreischritt mit Zeilenangaben und formuliere nach diesem Schema zwei weitere sprachliche Auffälligkeiten aus.

**3** Funktion / Wirkung

sprachliche Auffälligkeit

**1**

**2** Belegstelle

Die Wettermetapher (V. 46, 50) drückt die Gefühle sowohl des Reiters als auch des Burgherrn aus. Beide sind innerlich aufgewühlt, nachdem sie sich an die Umstände – den Mord an der Burgherrin – erinnern, unter welchen sie sich schon einmal gesehen haben. Ihre inneren Kämpfe werden durch das nächtliche Unwetter gestützt: „Gell pfeift der Sturm. Die Diele bebt. Die Decke stöhnt …" (V. 46). Die Wetterberuhigung am Morgen („Kein Lüftchen regt sich heut." V. 58) verdeutlicht, dass der Burgherr von Rache abgesehen und seine seelische Ruhe wiedergewonnen hat.

**11** Die Angst des Kuriers ist ein sehr präsentes Gefühl in der Ballade. Notiere, welche formalen und sprachlichen Auffälligkeiten diese Wirkungsabsicht unterstützen. Tauscht euch im Anschluss in der Klasse aus.

**12** Für die Parallelklasse sollt ihr die inhaltlichen Schwerpunkte von C.F. Meyers Ballade kurz präsentieren.

■ Verfasst zu zweit unter Zuhilfenahme der Satzbausteine eine Mustereinleitung.

■ Verfasse eine Inhaltszusammenfassung, in der du besonders auf die Darstellung von Erinnerung und gegenwärtigem Geschehen eingehst.

→ weitere Übungsmöglichkeiten: Kapitel 7

■ Formuliere einen kurzen Text zu sprachlich-stilistischen Auffälligkeiten und deren Wirkung im Text.

**Das musst du können**

**So informierst du andere über literarische Texte**

Damit du andere über einen literarischen Text (Erzähltext, Dramentext, Gedicht etc.) informieren kannst, arbeitest du zunächst mit diesem und klärst dein Textverständnis.

Mache dir dann deine Aufgabe bewusst: Was soll dein Text erreichen? Wen willst du informieren? Was ist wichtig und sollte in deinem Text vorkommen? Wie baust du diesen auf? Wie formulierst du den Text kohärent und verständlich für deine Adressaten? Wie überarbeitest du deinen Text bei inhaltlichen und sprachlichen Korrekturen?

Erstelle einen Schreibplan und notiere auch nützliche Formulierungshilfen, die du verwenden möchtest. Folge deinem Schreibplan bei der Ausformulierung.

aufmerksam lesen – Wortbedeutungen klären

## Arbeit mit dem fremden Text: Textverständnis erarbeiten
(Romane, Kurzgeschichten, Dramentexte, Gedichte, Filme, Serien, …)

Sinnabschnitte bilden – Überschriften finden

▼

Aufgabe bewusst machen – Text untersuchen – Schreibplan erstellen

### Inhalt

**Einleitung:** Basissatz (grundsätzliche Angaben zum Text: Textsorte, Titel, Autor:in, Erscheinungsjahr) samt Deutungshypothese, die das Kernthema des Textes mit deiner Deutung verbindet

**Hauptteil:** Handlung / Inhalt zusammenfassen (wichtige Handlungsschritte in sinnvoller Abfolge, Figuren und Konflikte, Zusammenhänge darstellen);
+ Erweiterung um die Bearbeitung einer zusätzlichen Aufgabe: (besondere Gestaltung darlegen):

- sprachliche Auffälligkeiten benennen, belegen und deuten → S. 233, 237

- oder typische Gestaltungsmittel der literarischen Gattung untersuchen und deuten
  → Gedichte: S. 183, 187
  → Erzähltexte: S. 143 ff.
  → Dramentexte: S. 197, 201

**Schluss:** abschließende Deutung / Lese-Empfehlung / persönlicher Gewinn

## Arbeit am eigenen Text: Zusammenfassung anfertigen

### Sprachliche Gestaltung

- strukturierende Formulierungen verwenden → S. 246

- Sätze miteinander verknüpfen → S. 246

- Stil und Zeitform einhalten (sachlich, Präsens, bei Vorzeitigkeit Perfekt)

- bei der Zusammenfassung wörtliche Rede umformulieren (indirekte Rede, Paraphrasen)
  → S. 235, 239

- Zitate als Belege passend einbauen → S. 263

Adressat (Freunde, Familie, Literaturfans …) und Textsorte (Blog, Vlog, Buchvorstellung, …) berücksichtigen

# Der Bund mit dem Teufel
## Eine erweiterte Inhaltsangabe eines erzählenden Textes verfassen

**1** Lies den folgenden Textauszug. Mache dir die Ausgangssituation der Bauern bewusst und kläre, in welchem Dilemma sie sich befinden und welche möglichen Auswege sich ihnen bieten. Lasse einen der Bauern die Situation aus seiner Perspektive darstellen (Ich-Form).

*Jeremias Gotthelf*
**Die schwarze Spinne** (1842)

*Auf einer Tauffeier beginnt der Großvater auf Bitten einer Verwandten davon zu erzählen, was es mit dem alten, schwarzen Fensterpfosten im neugebauten Bauernhof auf sich hat. Der Hof, auf dem jetzt die Taufe gefeiert wird, hat früher Rittern gehört, die die Bauern immer mit unerfüllbaren Forderungen unterdrückten und erbarmungslos zu Frondiensten[1] zwangen, so dass diese ihre eigene Arbeit am Hof nicht mehr ausführen konnten. Ein besonders unnachgiebiger Herr war der Ritter Hans von Stoffeln. In mühevoller Arbeit errichteten ihm die Bauern ein Schloss und erhofften sich, nun zu ihren Feldern zurückkehren zu können. Der Ritter aber wartete ihnen mit einer weiteren kräftezehrenden Arbeit auf, der Errichtung eines Schattenganges[2]. In dieser ganz besonders verzweifelten Lage der Bauern bietet der Teufel in Gestalt eines wilden Jägers seine Hilfe an ...*

[1] **Frondienst**, der: unbezahlte Arbeit / Dienstleistung von Bauern für ihren Grundherren

[2] **Schattengang**, der: Baumpflanzung zur Beschattung

[3] **Barett**, das: Kopfbedeckung

Als der Weg sich beugte, vom Schlosse sie nicht mehr konnten gesehen werden, setzten sich die [Bauern] an des Weges Rand und weinten bitterlich, keiner hatte
5 einen Trost für den andern, und keiner hatte den Mut zu rechtem Zorn, denn Not und Plage hatten den Mut ihnen ausgelöscht, so dass sie keine Kraft mehr zum Zorne hatten, sondern nur noch
10 zum Jammer. Über drei Stunden weit sollten sie durch wilde Wege die Buchen führen mit Ästen und Wurzeln den steilen Berg hinauf, und neben diesem Berge wuchsen viele und schöne Buchen, und
15 die mussten sie stehen lassen! In Monatsfrist sollte das Werk geschehen sein, zwei Tage drei, den dritten vier Bäume sollten sie schleppen durchs lange Tal, den steilen Berg auf mit ihrem ermatteten Vieh.
20 Und über alles dieses war es der Maimond, wo der Bauer sich rühren muss auf seinem Acker, fast Tag und Nacht ihn nicht verlassen darf, wenn er Brot will und Speise für den Winter.

Wie sie da so ratlos weinten, keiner 25 den andern ansehen, in den Jammer des andern sehen durfte, weil der seinige schon über ihm zusammenschlug, und keiner heimdurfte mit der Botschaft, keiner den Jammer heimtragen mochte zu 30 Weib und Kind, stund plötzlich vor ihnen, sie wussten nicht, woher, lang und dürre ein grüner Jägersmann. Auf dem kecken Barett[3] schwankte eine rote Feder, im schwarzen Gesichte flammte ein 35 rotes Bärtchen, und zwischen der gebogenen Nase und dem zugespitzten Kinn, fast unsichtbar wie eine Höhle unter überhangendem Gestein, öffnete sich ein Mund und frug: „Was gibt es, ihr guten 40 Leute, dass ihr da sitzet und heulet, dass es Steine aus dem Boden sprengt und

Äste ab den Bäumen?" Zweimal frug er
also, und zweimal erhielt er keine Ant-
45 wort.

Da ward noch schwärzer des Grünen
schwarz Gesicht, noch röter das rote
Bärtchen, es schien darin zu knistern und
zu spretzeln⁴ wie Feuer im Tannenholz;
50 wie ein Pfeil spitzte sich der Mund, dann
tat er sich auseinander und frug ganz
holdselig und mild: „Aber, ihr guten Leute, was hilft es euch, dass ihr dasitzet und
heulet? Ihr könnet da heulen, bis es eine
55 neue Sündflut gibt oder euer Geschrei
die Sterne aus dem Himmel sprengt; aber
damit wird euch wahrscheinlich wenig
geholfen sein. Wenn euch aber Leute
fragen, was ihr hättet, Leute, die es gut
60 mit euch meinen, euch vielleicht helfen
könnten, so solltet ihr, statt zu heulen,
antworten und ein vernünftig Wort
reden, das hülfe euch viel mehr." Da
schüttelte ein alter Mann das weiße
65 Haupt und sprach: „Haltet es nicht für
ungut, aber das, worüber wir weinen,
nimmt kein Jägersmann uns ab, und
wenn das Herz einmal im Jammer ver-
schwollen ist, so kommen keine Worte
70 mehr daraus."

Da schüttelte sein spitziges Haupt der
Grüne und sprach: „Vater, Ihr redet nicht
dumm, aber so ist es doch nicht. Man
mag schlagen, was man will, Stein oder
75 Baum, so gibt es einen Ton von sich, es
klaget. So soll auch der Mensch klagen,
soll alles klagen, soll dem ersten besten
klagen, vielleicht hilft ihm der erste beste.
Ich bin nur ein Jägersmann, wer weiß, ob
80 ich nicht daheim ein tüchtiges Gespann
habe, Holz und Steine oder Buchen und
Tannen zu führen?"

Als die armen Bauern das Wort Gespann hörten, fiel es ihnen allen ins Herz,
85 ward da zu einem Hoffnungsfunken, und
alle Augen sahen auf ihn, und dem Alten
ging der Mund noch weiter auf, er sprach:
es sei nicht immer richtig, dem ersten
dem besten zu sagen, was man auf dem

⁴ **spretzeln**: prasseln

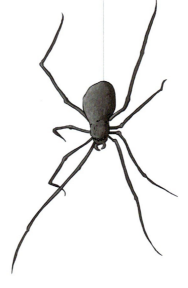

Herzen hätte; da man ihm es aber anhö-
re, dass er es gut meine, dass er vielleicht
helfen könne, so wolle man kein Hehl vor
ihm haben. Mehr als zwei Jahre hätten sie
schwer gelitten unter dem neuen Schloss-
bau, kein Hauswesen sei in der ganzen
Herrschaft, welches nicht bitterlich im
Mangel sei. Jetzt hätten sie frisch aufge-
atmet in der Meinung, endlich freie Hände zu haben zur eigenen Arbeit, hätten
mit neuem Mut den Pflug ins Feld geführt, und soeben hätte der Komtur ihnen befohlen, aus im Münneberg ge-
wachsenen Buchen in Monatsfrist beim
neuen Schloss einen neuen Schattengang
zu pflanzen. Sie wüssten nicht, wie das
vollbringen in dieser Frist mit ihrem ab-
gekarrten Vieh, und wenn sie es voll-
brächten, was hülfe es ihnen? Anpflan-
zen könnten sie nicht und müssten
nachher Hungers sterben, im Fall die
harte Arbeit sie nicht schon tötete. Diese
Botschaft dürften sie nicht heimtragen,
möchten nicht zum alten Elend noch den
neuen Jammer schütten.

Da machte der Grüne ein gar mitleidi-
ges Gesicht, hob drohend die lange, ma-
gere, schwarze Hand gegen das Schloss
empor und vermaß sich zu schwerer Rache gegen solche Tyrannei. Ihnen aber
wolle er helfen. Sein Gespann, wie keines
sei im Lande, solle vom Kilchstalden
weg, diesseits Sumiswald, ihnen alle Buchen, so viele sie dorthin zu bringen ver-
möchten, auf Bärhegen führen, ihnen zu-
lieb, den Rittern zum Trotz und um
geringen Lohn.

Da horchten hochauf die armen Männer bei diesem unerwarteten Anerbie-
ten. Konnten sie um den Lohn einig werden, so waren sie gerettet, denn bis an

den Kilchstalden konnten sie die Buchen
führen, ohne dass ihre Landarbeit darüber versäumt und sie zugrunde gingen.
Darum sagte der Alte: „So sag an, was du
verlangst, auf dass wir mit dir des Han-
dels einig werden mögen!" Da machte der
Grüne ein pfiffig Gesicht; es knisterte in
seinem Bärtchen, und wie Schlangenau-
gen funkelten sie seine Augen an, und ein
greulich Lachen stand in beiden Mundwinkeln, als er ihn voneinandertat und
sagte: „Wie ich gesagt, ich begehre nicht
viel, nicht mehr als ein ungetauftes
Kind."

Das Wort zuckte durch die Männer
wie ein Blitz, eine Decke fiel es von ihren
Augen, und wie Spreu im Wirbelwinde
stoben sie auseinander.

Da lachte hellauf der Grüne, dass die
Fische im Bache sich bargen, die Vögel
das Dickicht suchten, und grausig
schwankte die Feder am Hute, und auf-
und niederging das Bärtchen. „Besinnet
euch oder suchet bei euren Weibern Rat,
in der dritten Nacht findet ihr hier mich
wieder!", so rief er den Fliehenden mit
scharf tönender Stimme nach, dass die
Worte in ihren Ohren hängenblieben,
wie Pfeile mit Widerhaken hängenblieben im Fleische.

Blass und zitternd an der Seele und an
allen Gliedern stäubten die Männer nach
Hause; keiner sah nach dem andern sich
um, keiner hätte den Hals gedreht, nicht
um alle Güter der Welt. Als so verstört
die Männer dahergestoben kamen wie
Tauben, vom Vogel gejagt, zum Tauben-
schlag, da drang mit ihnen der Schrecken
in alle Häuser, und alle bebten vor der
Kunde, welche den Männern die Glieder
also durcheinanderwarf. [...]

**2** Formuliere eine Deutungshypothese zum Textauszug. Setze dafür folgenden Satz fort:

*Die Ausweglosigkeit der Bauern wird deutlich / hervorgehoben / betont durch …*

**3** Notiere in Stichpunkten, wodurch der Textauszug auf dich gruselig wirkt.

**4** Sammle Informationen zu Aussehen und Gestalt des „Jägersmanns" in einer Mind-Map.
Notiere zu deinen Stichpunkten jeweils einen Beleg mit Zeilennummern in Klammern.
Fertige mithilfe dieser Informationen eine Zeichnung an, wie du dir „den Grünen" vorstellst.

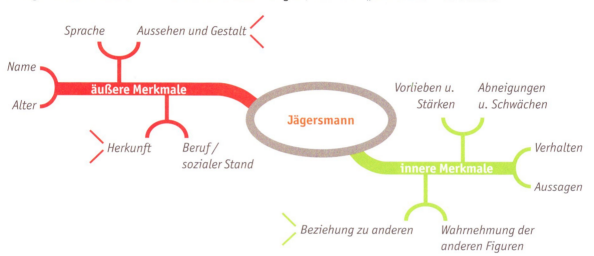

**5** Zusätzlich zum äußeren Erscheinungsbild erfährt man noch weitere Informationen zum
„grünen Jägersmann". Ergänze die Mind-Map und ordne die Informationen den Bereichen
Lebensumstände und Beziehungen zu anderen Figuren zu.

**6** Erkläre, wie die Darstellung des Jägers zur gruseligen Atmosphäre beiträgt.

**Erzähler**

Die Analyse der Erzählinstanz trägt viel zum Verständnis eines Textes bei. Dabei ist es wichtig, den Erzähler niemals mit dem Autor gleichzusetzen. Es lassen sich viele verschiede Aspekte mithilfe von Fachbegriffen unterscheiden (→ S. 144). Sie helfen dabei, die Wirkung des Textes besser beschreiben und erklären zu können.

**7** Untersucht zu zweit den vorliegenden Textauszug hinsichtlich der Erzählinstanz (→ S. 144 f.). Übertragt dazu die folgende Tabelle und ergänzt fehlende Informationen. Achtet darauf, dass ihr stets einen Textbeleg anführt.

| Analyse der Erzähl-technik: Aspekte | Textbeleg | Wirkung |
|---|---|---|
| Erzählform:<br>Er-/Sie-Erzähler | „Wie sie da so ratlos weinten, keiner den andern ansehen, in den Jammer des andern sehen durfte, weil der seinige schon über ihm zusammenschlug…" (→ Z. 25 ff.) | |
| Erzählperspektive: | | |
| Erzählsicht: | | Man identifiziert sich als Leser mit den Bauern und empfindet deren Verzweiflung und Entsetzen nach.<br><br>Der Teufel wirkt dadurch unnahbar und in Kombination mit seiner äußeren Erscheinung furchteinflößend. |
| Darstellungsweise: | | |

**8** Verfasst nun in Partnerarbeit unter Rückgriff auf die Tabelle eine kurze Erzähleranalyse. Nutzt dazu den Dreischritt: Aspekt / Auffälligkeit – Beleg – Funktion / Wirkung.

**3** Funktion / Wirkung

Auffälligkeit

**1**

**2** Belegstelle

**9** Tauscht eure Texte mit einem anderen Team aus und gebt euch gegenseitig Feedback mithilfe einer Textlupe oder einer Checkliste. Überarbeitet im Anschluss eure Entwürfe.   → Hilfe S. 303

**10** Fertige einen Schreibplan (→ S. 123) an, in welchem du alle wichtigen Aspekte zur erweiterten Erzähltextzusammenfassung berücksichtigst.

**11** Arbeite mit dem Anfang der Zusammenfassung zum Textauszug „Die schwarze Spinne" von Jeremias Gotthelf weiter. Bearbeite die Aufgaben nacheinander.   Arbeitsblatt: 11039–29

▪ Formuliere einen passenden Basissatz samt Deutungshypothese zur Textzusammenfassung.

▪ Überarbeite den vorliegenden Teil der Zusammenfassung, indem du inhaltliche Zusammenhänge auch sprachlich deutlich machst.

▪ Vervollständige die Zusammenfassung und formuliere einen passenden Schlussgedanken.

---

www.gruselliteratur.de

**Textzusammenfassung zu Jeremias Gotthelfs „Die schwarze Spinne":**
**Der Jägersmann**

Zu Beginn sind die Bauern traurig und enttäuscht. Sie haben bereits das Schloss des Ritters Hans von Stoffeln errichtet. Jetzt sollen sie ihm einen Schattengang in knapp bemessener Zeit anlegen. Sie müssen Buchen von weit her zum Schloss bringen …

→ weitere Übungsmöglich-keiten: Kapitel 6

# Verwandlung zum Tier

## Eine erweiterte Inhaltsangabe eines dramatischen Textes verfassen

**1** Lest den Dramenauszug in verteilten Rollen. Tauscht euch im Anschluss über den Inhalt des Dramenauszugs aus.

*Eugène Ionesco*
**Die Nashörner** (uraufgeführt 1959)

*Unglaublich! Ein Nashorn rennt durch die Stadt und zerstört alles um sich herum! Unmittelbar darauf folgt ein zweites, dann ein drittes und ein viertes. In der Stadt kursieren die wildesten Theorien über dieses Ereignis, denn die Nashörner sind nichts anderes als verwandelte Stadtbewohner. Ihre Verwandlung ist ansteckend und erfolgt schleichend. Hat man sich erst einmal daran gewöhnt, merkt man die eigene Verwandlung kaum und fühlt sich, im Gegenteil, sogar ausgesprochen wohl. Behringer, ständig müde, vom Leben gelangweilt und dem Alkohol nicht gerade abgeneigt, ist der einzige, der wirklich beunruhigt scheint. Als er erfährt, dass sein Freund Hans erkrankt ist, besucht er ihn zu Hause, aus Angst, dass sich auch dieser in ein Nashorn verwandeln könnte …*

**Behringer** *für sich* Es ist vielleicht doch schlimmer, als ich dachte. *Zu Hans* Man muss den Arzt rufen. *Geht zum Telefon hin.*

5 **Hans** Lassen Sie den Apparat in Ruhe *Stürzt sich auf Behringer und stößt ihn zurück. Behringer schwankt.* Kümmern Sie sich um Ihre eigenen Angelegenheiten.[…]

10 **Behringer** Ich sollte Sie nicht zum Reden verleiten. Es tut Ihnen anscheinend nicht gut.

**Hans** Im Gegenteil, es befreit mich.
**Behringer** Lassen Sie mich den Arzt rufen, trotzdem, ich bitte Sie. 15
**Hans** Ich verbiete es Ihnen ausdrücklich. Ich liebe keine Starrköpfe. *Hans tritt wieder ein. Behringer weicht etwas erschrocken zurück, weil Hans noch grüner ist und nur noch mühevoll spricht. Seine* 20 *Stimme ist unkenntlich.* Und wenn er schon Nashorn geworden ist, freiwillig oder unfreiwillig: vielleicht fühlt er sich wohler so.
**Behringer** Was sagen Sie? Wie können 25 Sie nur denken …
**Hans** Sie sehen überall das Schlechte. Wenn es ihm nun Freude macht, Nashorn zu werden. Wenn es ihm nun Freude macht! Was ist dabei schon 30 Außergewöhnliches?
**Behringer** Natürlich ist nichts Außergewöhnliches dabei. Aber dennoch bezweifle ich, dass ihm das besondere Freude gemacht hat. 35
**Hans** Und warum?

Über literarische Texte informieren

**Behringer** Es fällt mir schwer, zu sagen warum. Es versteht sich doch von selbst.

**Hans** Ich sage Ihnen, das ist gar nicht so
40 übel! Alles in allem sind die Nashörner doch Geschöpfe wie wir, die auf das Leben gleichen Anspruch haben wie wir!

**Behringer** Unter der Voraussetzung, dass sie unseres nicht zerstören. Sie sind
45 sich doch über den Unterschied der Mentalität[1] klar?

**Hans** *vom und zum Badezimmer, immer hin und her* Glauben Sie denn, dass unsere vorzuziehen ist?

50 **Behringer** Wie dem auch sei. Wir haben unsere Moral[2], die ich mit der tierischen für unvereinbar halte.

**Hans** Unsere Moral? Sprechen Sie mir nicht von unserer Moral. Ich habe ge-
55 nug von Moral. Etwas Schönes, unsere Moral! Man muss unsere Moral überwinden.
[…]

**Hans** *beim Eintreten ins Badezimmer*
60 Klischees! Sie reden Unsinn.

**Behringer** Unsinn?

**Hans** *aus dem Badezimmer mit sehr heiserer, kaum verständlicher Stimme* Genau das.

65 **Behringer** Ich bin erstaunt, Hans, Sie so reden zu hören. Sie verlieren den Kopf!

Schließlich und endlich: möchten Sie gerne Nashorn sein?

**Hans** Warum nicht? Ich habe nicht Ihre Vorurteile. 70

**Behringer** Sprechen Sie deutlicher. Ich verstehe nicht. Sie haben eine schlechte Aussprache.

**Hans** *noch immer im Badezimmer* Sperren Sie Ihre Ohren auf. 75

**Behringer** Wie?

**Hans** Sperren Sie Ihre Ohren auf. Ich sagte: Warum sollte ich nicht ein Nashorn sein? Ich liebe Veränderungen.

**Behringer** Solche Versicherungen von 80 Ihrer Seite … *Behringer unterbricht sich, denn Hans erscheint furchterregend. Jetzt ist er ganz grün. Die Beule auf seiner Stirn ist beinah das Horn von einem Nashorn geworden* 85 Oh! Sie scheinen wirklich den Kopf zu verlieren. *Hans stürzt auf sein Bett zu, schleudert die Decken zu Boden, stößt wild unverständliche Wörter und unerhörte Laute aus* Aber seien Sie doch 90 nicht so wild, beruhigen Sie sich! Ich erkenne Sie nicht wieder!

**Hans** *kaum zu verstehen* Heiß…zu heiß. Alles das zerstören, Kleider, das beißt, Kleider, das beißt! *Er lässt seine Hosen* 95 *fallen.*

**Behringer** Was machen Sie da? Ich erkenn Sie nicht wieder! Sie, Sie sind doch sonst so schamhaft!

**Hans** Die Sümpfe! Die Sümpfe! 100

**Behringer** Schauen Sie mich an, Sie scheinen mich nicht mehr zu sehen! Sie scheinen mich nicht mehr zu hören!

**Hans** Ich höre Sie sehr gut! Ich sehe Sie sehr gut! *Er stürzt auf Behringer, mit* 105 *gesenktem Kopf. Behringer weicht aus.*

**Behringer** Achtung!

**Hans** *schnaubt laut* Verzeihung! *Dann stürzt er sich in vollem Lauf ins Badezimmer.* 110

**Behringer** *will zur linken Tür hinaus, macht aber kehrt und folgt Hans ins Badezimmer* Ich kann ihn trotz allem

[1] **Mentalität**, die: die einem bestimmten Einzelnen oder einer Gruppe eigene Art zu denken und zu fühlen

[2] **Moral**, die: Normen und Grundsätze, die das zwischenmenschliche Verhalten einer Gesellschaft regulieren

nicht so lassen Er ist ein Freund. *Aus*
115 *dem Badezimmer* Ich werde den Arzt
rufen! Es ist unerlässlich, unerlässlich,
glauben Sie mir.
**Hans** *im Badezimmer* Nein.
**Behringer** *im Badezimmer* Doch.
120 Beruhigen Sie sich, Hans, machen Sie
sich nicht lächerlich … Oh, Ihr Horn
wächst, dass man's sehen kann. Sie sind
Nashorn!
**Hans** *im Badezimmer* Ich zertrete Dich.
125 Ich zertrete Dich. *Großer Lärm im*
*Badezimmer. Schnauben, fallende*
*Gegenstände, ein Spiegel zerbricht.*
*Dann erscheint Behringer, ganz verstört.*
*Ihm gelingt es mit Mühe, die Badezim-*
130 *mertür hinter sich zu schließen. Man*
*errät den Gegendruck.*
**Behringer** Er ist Nashorn, er ist Nashorn!
*Behringers Jacke ist aufgeschlitzt. In dem*
135 *Augenblick, in dem es ihm gelang, die*
*Tür zu schließen, wird sie von einem*
*Horn durchstoßen. Während die Tür un-*
*ter den fortwährenden Stößen des Tieres*
*wankt, während der Lärm im Badezim-*
140 *mer fortdauert, und man ein von kaum*
*verständlichen Worten wie „ich rase",*
*„Sauhund" etc. unterbrochenes Schnau-*
*ben hört, stürzt Behringer zur Tür links.*
**Behringer** Nie hätte ich das von ihm

gedacht! *Er öffnet die Tür der Nachbarn* 150
Sie haben ein Nashorn im Haus! Rufen
Sie die Polizei! *Die Tür öffnet sich.*
**Kleiner Alter** *steckt den Kopf aus der Tür*
Was haben Sie?
**Behringer** Rufen Sie die Polizei! 155
Sie haben ein Nashorn in Ihrem Haus.
**Stimme der Frau des kleinen Alten**
Was gibt es, Hans? Wozu dieser Lärm?
**Kleiner Alter** Was fällt Ihnen ein, die
Leute so zu stören. Ist das ein Beneh- 160
men. *Schlägt ihm die Tür vor der Nase*
*zu.*
**Behringer** *stürzt die Treppe hinunter*
Hausmeister, Hausmeister! Sie haben
ein Nashorn im Haus, rufen Sei die 165
Polizei! Hausmeister! *Von unten er-*
*scheint ein Nashornkopf.*
Noch eins! *Behringer rennt die Treppe*
*wieder hinauf, will in das Zimmer seines*
*Freundes Hans, zögert und stürzt aufs* 170
*Neue auf die Tür des kleinen Alten zu. In*
*diesem Augenblick öffnet sie sich und*
*zwei kleine Nashornköpfe erscheinen.*
Mein Gott! Himmel! *Behringer tritt ins*
*Zimmer von Hans, während Hans im-* 175
*mer noch an der Badezimmertür rüttelt.*
*Dann geht er zum Fenster vorne an der*
*Rampe, das durch einen Rahmen ange-*
*deutet ist. Er ist am Ende seiner Kraft,*
*hält sich kaum aufrecht und stammelt* 180
Ah mein Gott! Ah, mein Gott! *Er macht*
*eine große Anstrengung, setzt an, durch*
*das Fenster zu steigen, ist schon beinahe*
*durch, d.h. auf der Seite des Zuschauer-*
*raums, als er rasch wieder ins Zimmer* 185
*zurücksteigt: denn in diesem Augenblick*
*sieht man eine große Zahl von Nashör-*
*nern, die aus dem Orchesterraum her-*
*ausragen, vorbeirasen. Behringer, der*
*wieder im Zimmer ist, schaut einen* 190
*Augenblick aus dem Fenster.*
Eine ganze Herde davon ist auf der
Straße! Eine Nashornarmee, sie stürmen
die Straße hinab, immer weiter runter
… *Er schaut nach allen Seiten.* 195
Wie da raus? Wie da raus? …Wenn sie

sich wenigstens mit der Straße begnüg-
ten! Sie brechen über die Bürgersteige
her! Wie da raus? Wohin!
200 *Außer sich rennt er zu allen Türen und*
*ans Fenster. Währenddessen wankt die*
*Badezimmertür immer noch und man*
*hört Hans schnauben und unverständli-*
*che Flüche ausstoßen. Dieses Spiel dau-*
205 *ert einige Sekunden: Jedesmal, wenn sich*
*Behringer bei seinen kopflosen Fluchtver-*
*suchen vor der Tür der Alten oder auf*
*den Treppenstufen befindet, wird er von*
*Nashornköpfen empfangen, die schnau-*
210 *ben und ihn zurückschrecken. Ein letztes*
*Mal geht er zum Fenster und schaut hin-*
*aus.* Eine ganze Herde von Nashörnern!
Und da sagte man noch, dieses Tier ist
ein Einzelgänger! Alles falsch, man muss
215 seine Meinung ändern. Sie haben alle
Ruhebänke in den Anlagen zerstört.
*Ringt die Hände.*
Was tun? *Von neuem geht er auf die ver-*
*schiedenen Ausgänge zu. Aber die Nas-*
220 *hornköpfe hindern ihn. Als er sich wieder*

*vor der Badezimmertür befindet, droht*
*sie nachzugeben. Behringer wirft sich an*
*die Wand hinten, die nachgibt: Man*
*sieht nach draußen. Er entflieht und*
*schreit*      225
Nashörner! Nashörner! *Lärm, die Bade-*
*zimmertür gibt nach.*

*Vorhang*

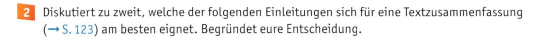

**2**   Diskutiert zu zweit, welche der folgenden Einleitungen sich für eine Textzusammenfassung
(→ S. 123) am besten eignet. Begründet eure Entscheidung.

**A**   Im vorliegenden Dramenauszug geht es um ein Treffen zwischen Hans und
Behringer. Es ist aus dem Stück „Die Nashörner" von Eugène Ionesco. Das Dra-
ma wurde 1959 veröffentlicht. Es geht um die Verwandlung der Menschen in
Nashörner. Im Mittelpunkt des Textauszugs ist das Gespräch von Hans und
Behringer über die Gesellschaft.

**B**   Im Drama „Die Nashörner" von Eugène Ionesco aus dem Jahre 1959 geht es um
eine Gesellschaft, in der sich nach und nach alle Bewohner in Nashörner verwandeln. Ähnlich einer Grippe scheint diese Verwandlung ansteckend zu sein.
Im vorliegenden Auszug sucht Behringer seinen Freund Hans auf, da dieser
krank ist und weil er Angst hat, dass auch Hans sich in ein Nashorn verwandeln
könnte. Im vorliegenden Dialog thematisieren die beiden die Frage, ob es verwerflich ist, sich in ein Nashorn zu verwandeln.

**3** Erstelle eine Konstellationsskizze zum Dramenauszug, um die Ausgangssituation zu verdeutlichen. Beziehe auch die Informationen zur Handlung vorher mit ein.

**4** Notiere Behringers Motiv (Beweggrund), warum er seinen Freund Hans besucht. Sammle Textbelege in deinem Heft, die verdeutlichen, dass sich Behringer um seinen Freund sorgt.

**5** Sammle Informationen über die Nashörner in einer Mind-Map. Wie werden sie dargestellt? Gehe im Besonderen auf die Verwandlung ein. Womit wird dieser Prozess verglichen?

**6** Halte die wichtigsten Handlungsschritte des vorliegenden Dramenauszugs grafisch fest, indem du sie mit der Stimmung Behringers in Beziehung setzt. Übertrage dazu die folgende Grafik in dein Heft und ergänze sie.

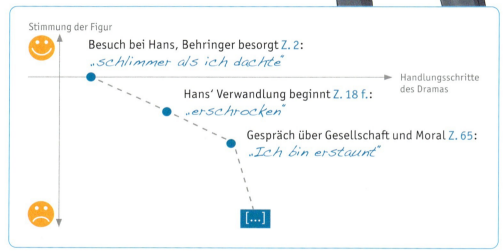

Stimmung der Figur

Besuch bei Hans, Behringer besorgt Z. 2: „schlimmer als ich dachte"

Handlungsschritte des Dramas

Hans' Verwandlung beginnt Z. 18 f.: „erschrocken"

Gespräch über Gesellschaft und Moral Z. 65: „Ich bin erstaunt"

[...]

---

**Das kannst du bereits**

**So setzt du Handlungsschritte und Stimmung einer Figur zueinander in Beziehung**

Stimmungen, Stimmungsveränderungen oder Spannung einer Geschichte lassen sich anschaulich in einem Stimmungsverlauf darstellen und zu den Handlungsschritten oder der Dialogführung mit Gesprächsabsichten und Figurenkonstellation in Beziehung setzen.

- Ein horizontaler Pfeil stellt die zeitliche Abfolge der Handlungsschritte dar.
- Bilde im Feld über dem Pfeil Textstellen ab, aus denen eine positive Stimmung der Figur abgeleitet werden kann. Unter dem Pfeil werden Stellen mit negativer Stimmung notiert.
- Achte darauf, jeden Eintrag durch ein kurzes Stichwort zum Inhalt und durch Zeilenangaben zu kennzeichnen.

Über literarische Texte informieren

## So analysierst du einen Dialog

In der Dialoganalyse untersuchst du den Gesprächsverlauf und das Gesprächsverhalten der auftretenden Figuren. Hierbei solltest du dir überlegen, welches Ziel bzw. welche Absicht die Gesprächsteilnehmer haben und welche Strategien sie anwenden, um dieses Ziel zu erreichen. Interessant ist auch, ob es ein harmonisches Gespräch ist oder ob sich die Sprecher gegenseitig ins Wort fallen.

Das musst du können

Folgende Fragen können dir bei der Gesprächsanalyse helfen:
- Was ist das zentrale Thema des Gesprächs?
- Wie sind die Redeanteile verteilt? Wer steuert das Gespräch?
- Wie ist die Haltung im Gespräch, z. B. emotional oder sachlich?
- Gehen die Gesprächsteilnehmer aufeinander ein oder reden sie aneinander vorbei?

**7** Untersuche das Gespräch der beiden Freunde mithilfe der Informationen aus dem Kasten. Erläutere, wodurch die Verwandlung zum Nashorn durch sprachliche Veränderungen deutlich wird. Halte deine Ergebnisse stichpunktartig im Heft fest.

→ Hilfe S. 303

**8** Neben dem Dialog der beiden Freunde verraten auch die Regieanweisungen viel über die unheimliche Verwandlung von Hans. Ergänze deine Aufzeichnungen.

**9** Formuliere nun noch eine Deutungshypothese für die Einleitung aus Aufgabe 2. Wähle dafür einen der Stichpunkte seitlich und ergänze den Satzanfang passend zu deinem Textverständnis:
*[Stichpunkt] im Dramenauszug wird verdeutlicht durch … und kritisiert dadurch Massenbewegungen in der Gesellschaft / zeigt das Unbehagen auf, das gesellschaftliche Veränderungen bewirken können / zeigt den Schrecken auf, einen guten Freund zu verlieren.*

gestörte Kommunikation

Nashornverwandlung als unheimliches Element

Behringers Stimmung

**10** Tauscht euch in der Klasse aus, wie die Verwandlung von Hans in einer Inszenierung auf der Bühne realisiert werden könnte.

Arbeitsblatt: 11039–30

**11** Diskutiert, worin der unheimliche Charakter der Nashörner besteht. Wofür könnten die Nashörner im übertragenen Sinne in unserer Zeit stehen?

„Je größer das Wir-Gefühl in der Gruppe und je stärker der Zusammenhalt, desto schneller kommt es zu Gruppendruck." (Dieter Frey, Sozialpsychologe LMU München)

**12** In der nächsten Schülerzeitung sollen Lektüretipps und interessante literarische Texte vorgestellt werden. Arbeitet arbeitsteilig in Dreiergruppen. Besprecht und korrigiert eure Texte gemeinsam.

→ weitere Übungsmöglichkeiten: Kapitel 9

- Verfasse für den vorliegenden Dramenauszug eine Inhaltszusammenfassung.

- Verfasse einen Abschnitt, in dem die Verwandlung und das Verhalten der Nashörner genauer beleuchtet werden.

- Stelle einen Bezug zu unserer heutigen Zeit her und formuliere eine Leseempfehlung.

# Was DU schon kannst!
## Kompetenztest

*Mary Shelley*
**Frankenstein** (1818, übersetzt von Alexander Pechmann)

*Der Wissenschaftler Victor Frankenstein trifft in den Bergen zum ersten Mal nach der Flucht auf die von ihm erschaffene „Kreatur". Das „Monster" erzählt ihm von all seinen negativen Erfahrungen und dem Hass, der ihm aufgrund seines Aussehens von den Menschen entgegenschlägt. In dem vorliegenden Textauszug scheint ihm erstmals eine Person Vertrauen entgegenzubringen …*

Ich [= das Monster] klopfte. „Wer ist da?" ertönte die Stimme des alten Mannes aus dem Inneren. „Tretet ein!" Ich folgte der Aufforderung. „Entschuldigt, dass ich hier eindringe," sagte ich. „Ich bin ein Wanderer, der etwas Ruhe bedarf. Ihr würdet mich zu großem Dank verpflichten, wenn Ihr mir einige Minuten Rast an
5 Eurem gastlichen Herde gönnen möchtet." „Kommen Sie nur," sagte de Lacey, „ich will Ihnen gern zu Diensten sein. Aber leider sind meine Kinder nicht hier, und da ich blind bin, wird es mir schwer fallen, einen Imbiss für Euch herbeizuschaffen." „Macht Euch deshalb keine Sorge, lieber Gastfreund, Hunger habe ich nicht; nur Ruhe und Wärme suche ich bei Euch." Ich ließ mich nieder und es entstand
10 eine Pause. […] „Ich habe nun die Absicht, den Schutz einiger Freunde zu suchen, die ich herzlich lieb habe und auf deren Gunst ich meine ganze Hoffnung setze." „Sind es Deutsche?" „Nein, es sind Franzosen. Aber wollen wir von etwas anderem sprechen. Ich bin ein armes, verlassenes Geschöpf. Wenn ich mich auf Erden umsehe, habe ich keinen Verwandten, keinen Freund. Die liebenswürdigen Leute,
15 zu denen ich will, haben mich noch nie gesehen und wissen nichts von mir. Ich bin voll Angst, denn wenn ich bei ihnen meinen Zweck verfehle, dann bin ich ausgestoßen aus der ganzen Welt." „Nur nicht verzweifeln! Freundlos sein ist ja ein Unglück. Aber die Herzen der Menschen sind, wenn nicht der Egoismus von ihm Besitz ergriffen hat, gut und mitleidig. Lasst also der Hoffnung Raum, dass
20 diese Freunde, wenn sie wirklich gut und edel sind, Euch nicht verstoßen werden." „Sie sind gut, sie sind die besten Geschöpfe, die ich kenne; aber unglücklicherweise haben sie ein Vorurteil gegen mich. Ich habe bis jetzt ein sehr harmloses Leben geführt und bin auch gewissermaßen wohltätig gewesen. Aber ein Schleier liegt vor ihren Augen; denn anstatt in mir einen treuen, aufrichtigen
25 Freund zu sehen, halten sie mich für ein verabscheuungswürdiges Ungetüm." „Das ist allerdings traurig. […]" Ich schwieg. Das war der Augenblick, der mir das Glück auf immer bringen oder rauben musste. Ich rang nach Worten, um ihm alles einzugestehen, aber ich fand nicht die Kraft. Ich sank auf einen Stuhl und stöhnte laut. Draußen hörte ich die Schritte der jungen Leute. Zeit war keine
30 mehr zu verlieren. Ich ergriff die Hand des Greises und schrie: »Nun ist es Zeit, dass ich es sage. Helft mir und schützt mich! Ihr und die Euren sind die Freunde, die ich suche. Verlasst mich nicht in meiner Not!" „Großer Gott!" rief der alte Mann. „Wer seid Ihr?" In diesem Augenblick öffnete sich die Tür des Zimmers

und Safie, Felix und Agathe kamen herein. Verstört und entsetzt starrten sie mich
35 an. Agathe sank um und Safie rannte aus dem Zimmer, unfähig, der Ohnmächti-
gen Hülfe zu leisten. Felix stürzte auf mich zu und riss mich mit übermenschli-
cher Kraft von seinem Vater weg, an dessen Kniee ich mich geklammert hatte. Im
Übermaß der Wut warf er mich zu Boden und schlug wie ein Rasender mit einem Stock auf mich ein. Ich hätte ihm ja leicht die Glieder auseinanderreißen
40 können, wie es der Löwe mit der Gazelle tut. Aber das unendliche Leid nahm mir
die Kraft. Ich sah, wie er den Arm zu einem neuen Schlag erhob, da sprang ich
auf und rannte aus dem Hause. In der allgemeinen Verwirrung vergaß man mich
zu verfolgen. […]

1   Verfasse für den vorliegenden Textauszug einen aussagekräftigen Basissatz samt
    Deutungshypothese.

Einen Basissatz
verfassen

2   Ordne die Handlungsschritte aus dem Ideenspeicher in einen nachvollziehbaren
    Schreibplan für eine Textzusammenfassung ein.

Eine Text-
zusammenfassung
vorbereiten

> **Ideenspeicher**
>
> Ankunft der Kinder de Laceys  –  Bitte, um Einlass seitens des „Monsters"  –  Zuspruch
> de Laceys  –  Beschreibung de Laceys: hilfsbereit, blind, empathisch  –
> heftige Reaktion beim Anblick der „Kreatur"  –  Erzählung des „Monsters": Darstellung der
> eigenen Einsamkeit  –  de Laceys Gastfreundschaft

3   Beschreibe das von Frankenstein geschaffene „Ungeheuer" anhand des vorliegenden
    Textauszugs. Gehe im Besonderen auf die Wirkung ein, die es auf andere ausübt, und
    erkläre, wie dies sprachlich und inhaltlich gelingt.

Verschiedene
Aspekte eines
literarischen
Textes untersuchen
und deuten

4   Erläutere, welche Rolle das Motiv der Augen in diesem Textauszug spielt. Inwieweit stimmt
    die Fremdwahrnehmung des „Monsters" mit seinem tatsächlichen Charakter überein?

5   Untersuche den Auszug hinsichtlich des Erzählers. Notiere in einer Tabelle Zeilenangaben
    und Aspekte der Erzählinstanz, beschreibe kurz die Wirkung.

6   Verfasse eine erweiterte Textzusammenfassung, in der du auf die Rolle und Wirkung des
    „Monsters" genauer eingehst.

Eine Text-
zusammenfassung
verfassen

+   Ergänze einen Absatz, in dem du die Erzählinstanz beschreibst und die entstehende Wirkung
    beim Leser erläuterst.

# 6 Wendepunkte, Lebens- entscheidungen

**Erzählende Texte untersuchen und deuten**

1 Sprecht in der Klasse über die Entscheidungssituationen, die auf den Bildern dargestellt sind. Was macht diese Entscheidungen eventuell zu „schweren Entscheidungen"?

2 Sammelt in Partnerarbeit Wendepunkte, die für Jugendliche in Deutschland wichtig sein oder wichtig werden können. Notiert kurz, welche Chancen und Risiken jeweils mit diesen Wendepunkten verbunden sind.

3 Um Lebensentscheidungen geht es auch oft in der Literatur oder in Filmen. Sammelt im Klassengespräch Beispiele aus Büchern oder Filmen, in denen eine Person eine folgenschwere Entscheidung treffen muss. Erzählt, wie sich die Entscheidung auf den weiteren Verlauf der Handlung ausgewirkt hat.

Was weißt
du noch?
Teste dich:
11039-31

„Dieses Gefühl kenne ich!", hast du beim Lesen einer Geschichte sicher schön öfter gedacht, wenn eine der Figuren vor einer schwierigen Entscheidung stand. In diesem Kapitel geht es um Erzählungen, in denen von bedeutsamen Situationen im Leben die Rede ist. Vielleicht kannst du die Handlungsweisen der Figuren aus den Geschichten auch auf dein eigenes Leben übertragen. Außerdem lernst und übst du in dem Kapitel, ...

... in einem erzählenden Text die Erzählinstanz samt Darstellungsweise des Erzählten und die Sprache zu untersuchen,

... eine Geschichte vor ihrem historischen Hintergrund zu interpretieren und zu deuten,

... die Merkmale von Kurzgeschichten und Kürzestgeschichten zu erkennen und kreativ damit umzugehen,

... das Handlungsschema und die aufgebaute Stimmung eines Romananfangs zu verstehen, zu deuten und zu bewerten.

# Eine mutige Entscheidung!
## Inhalt, Handlung und Aufbau einer Kurzgeschichte erfassen

> *Sei mutig genug, um deine Träume zu verwirklichen & das Leben zu leben, das du verdienst und willst.* (anonym)

> *Man entdeckt keine neuen Erdteile, ohne den Mut zu haben, alte Küsten aus den Augen zu verlieren.* (André Gide, französischer Schriftsteller, 1869–1951)

> *Mut steht am Anfang des Handelns, Glück am Ende.* (Demokrit, griech. Philosoph, um 45–371 v. Chr.)

> *Nicht weil es schwer ist, wagen wir es nicht, sondern weil wir es nicht wagen, ist es schwer.* (Seneca, röm. Philosoph u. Dichter, um 4 v. Chr.–65 n. Chr.)

**1** Wähle eine Aussage aus, die dich besonders anspricht, und erläutere sie in der Klasse anhand eines Beispiels. Welche Rolle spielt Mut bei wichtigen Entscheidungen? Diskutiert miteinander.

**2** Formuliere schriftlich Sätze, in denen die Wörter *Mut* oder *mutig* vorkommen. Sammle verwandte Begriffe und Gegenteile. Vergleicht dann eure Ergebnisse in Partnerarbeit.

*Jennifer Wiener*
**Mut ist … (2004)**

„Hallo!!!!! Ist da jemand?", schallte es aus dem Telefon. Livia wusste, wer es war. Sie wusste, dass sie ihn angerufen hatte und sie wusste, dass es das zehnte Mal war.
5 Doch sie legte wieder auf, ohne ein Wort zu sagen. Das einzige, was sie wollte, war ein Date, ein einziges, nur eines, nicht mehr. Aber sie konnte es nicht, konnte ihm nicht in die Augen schauen, konnte
10 kein Wort mit ihm wechseln.

Der Junge, den sie meinte, hieß Peter. Er war das Beste, was man bekommen konnte. Er hatte seidiges blondes Haar und blaue Augen. Seine Blicke waren wie
15 Küsse.

Doch Livia kannte nur seine Blicke. Na ja, er sah sie zwar nie an, aber das hieß doch nichts. Oder doch? Hasste er sie

vielleicht? Das war Livia egal, für sie war
20 Peter ihre Luft, er war wie eine Droge. Sie
war süchtig nach Peter und nach Liebe.

Aber immer wenn sie ihn anrief, bekam sie es mit der Angst zu tun.

Sie rief ihn trotzdem jeden Tag an.
25 Seine Telefonnummer hatte sie aus dem
Telefonbuch. Es hatte sie eine Stunde
gekostet, alle „Mender" durchzusuchen.
Jeden Tag nahm sie sich vor, ihn anzuru-
fen und zu fragen, aber sie schaffte es
30 nicht.

Livia beschloss, ihre Eltern zu fragen,
ob sie seine Eltern anrufen könnten. Vielleicht konnte Peter ihr ja Nachhilfe geben
und zu ihr kommen. Ja, das war's, das
35 würde sie machen.

Ihre Eltern zu überreden war nicht
schwer, und sie taten es tatsächlich. Livia
wollte nicht neben dem Telefon stehen.
Nein, das traute sie sich nicht. Sie lief in
40 ihr Zimmer, schloss die Tür und setzte
sich auf ihr Bett.

In dieser Zeit vergingen die Sekunden
wie Minuten und die Minuten wie Stunden.

45 Ihr kam es vor, als wäre sie eine Stunde
in ihrem Zimmer gesessen und hätte ge-
wartet. Aber es war nur eine Minute. Als
ihre Mutter die Tür öffnete, blieb ihr
Herz stehen und es brach, als sie Mutters
50 Worte hörte: „Er hat keine Zeit!" –
„Was?", schoss es ihr durch den Kopf. Sie
konnte nicht mehr richtig denken. War
es eine Lüge oder die Wahrheit?

Hasste er sie oder wollte er, dass sie
55 ihn fragte?

Diese und tausende andere Fragen
schossen ihr durch den Kopf. In dieser
Nacht schlief sie nicht so schnell ein. Sie
machte sich Gedanken, ob sie ihn fragen
60 sollte oder nicht.

Am nächsten Tag, in der schlimmsten
Stunde in Livias Augen, in Deutsch, ver-
kündete die Lehrerin, dass sie ein Projekt
starten wolle. Jeder sollte einen Aufsatz
65 über das andere Geschlecht schreiben.

Es wurde per Auszählreim beschlossen,
und wie es der Zufall wollte, sagte die
Lehrerin: „Livia und Peter." Beide sahen
sich an, sagten aber kein Wort. Beim
Läuten sprachen beide immer noch 70
nichts, sie sahen sich nicht mal an.

Am Abend versuchte Livia über Peter
zu schreiben, aber ihr fiel nichts ein. Sie
musste Peter anrufen, aber sie traute sich
nicht. 75

Sie ging in Zeitlupe zum Telefon und
im gleichen Tempo hob sie den Hörer ab
und wählte die Nummer. Ihre Hände
wurden nass vor Schweiß. Es fing an zu
klingeln, sie wurde fasst ohnmächtig, 80
doch plötzlich erklang seine aufregende
Stimme.

„Hallo! Wer ist da? Peter am Apparat!"
Livia suchte für einige Minuten ihre
Stimme. 85

„Ich bin's, Livia.", sagte sie ganz cool,
und ihre Angst war weg. Doch es meldete sich niemand.

„Äh, hallo Livia. Was gibt's?", fragte er.

„Du weißt doch, das blöde Projekt. Ich 90
wollte…", jetzt war der entscheidende
Moment, „fragen, wann wir uns treffen
können. Vielleicht nicht nur wegen dem
Projekt?" Sie dumme Kuh, warum hatte
sie das gesagt? Oh nein! 95

„Sehr gern. Wie wär's mit heute, jetzt?
Ich komm zu dir. Tschau!", schrie er. Es
machte klick. Sie lief in ihr Zimmer, zog
was Cooles an und schrieb in ihr Tage-
buch: Mut ist, die Liebe zu gestehen. 100

**3** Begründe schriftlich, welcher der beiden Basissätze besser zu der Geschichte passt.

**a)** In der Geschichte „Mut ist …" von Jennifer Wiener geht es um ein junges Mädchen, das nach mehreren vergeblichen Anläufen den Mut aufbringt, ihre Liebe zu gestehen.

**b)** In der Geschichte „Mut ist …" von Jennifer Wiener versucht ein Mädchen Kontakt mit dem Jungen aufzunehmen, den sie liebt. Erst durch einen Zufall finden die beiden zusammen.

**4** Setze Livias Tagebucheintrag fort:

> *Mut ist, jemandem die Liebe zu gestehen.*
> *Denn ich habe so viele Anläufe gebraucht,*
> *um mit Peter Kontakt aufzunehmen: …*

**5** Notiere alle Wendungen und Ausdrücke im Text, die mit Mut oder Angst zu tun haben. Ordne sie chronologisch (d.h. in der Reihenfolge ihres Auftretens) und zeichne auf dieser Grundlage eine Verlaufskurve der Handlung, die die Gefühle „Mut" und „Angst" darstellt.

| Zitat oder Paraphrase (Verweis auf die Textstelle) | Mut | Angst |
|---|---|---|
| Livia ruft Peter mehrmals an und traut sich nicht, sich zu melden (vgl. Z. 1–6). | ☐ | ✓ |
| | | |

**6** An den beiden Wendepunkten (→ Z. 68 „Livia und Peter" und → Z. 93 f. „Vielleicht nicht nur wegen …") könnte sich die Handlung auch anders entwickeln. Entwerft zu zweit einen alternativen Verlauf, notiert die Erzählschritte.

**7** Tauscht euch in der Klasse darüber aus, ob Livia mit ihrer Sichtweise „Mut ist, jemandem seine Liebe zu gestehen" recht hat. Begründet eure Antworten mit geeigneten Textstellen.

**8** Bereite eine Zusammenfassung der Kurzgeschichte vor, indem du den folgenden Anfang eines Schreibplans fortsetzt.

> *– gescheiterter Versuch*
> *Livias, Peter anzurufen*
> *– …*

**9** Fasse nun die Kurzgeschichte schriftlich zusammen.

Das musst du können

### So fasst du den Inhalt eines erzählenden Textes zusammen

Wie du grundsätzlich vorgehst, um einen literarischen Text zusammenzufassen, kannst du auf → S. 117 u. 122 f. nachlesen.

Bei einer erweiterten Textzusammenfassung informierst du zusätzlich über einen besonderen Aspekt des Textes und belegst deine Erkenntnisse durch Zitate oder Textverweise.

Bei Erzähltexten können das folgende Aspekte sein:

- **Erzählinstanz**: Erzählform, Erzählperspektive, Erzählsicht → S. 144 (neu in Klasse 9: Darstellungsweise des Erzählten → S. 145)
- sprachliche Besonderheiten hinsichtlich **Wortschatz** (viele / wenig Adjektive, Dialekt / Umgangssprache / Fachsprache, Fremdwörter etc.) oder **Satzbau** (lange / kurze Sätze, Parataxen / Hypotaxen, Satzabbrüche etc.)
- Besonderheiten der **Textsorte**, z. B. Bezug der Merkmale einer Kurzgeschichte auf ihre Aussage / Wirkung

**10** Begründe schriftlich, warum die Autorin mit dieser Telefonszene beginnt und die Erläuterungen in den zweiten Abschnitt stellt (Z. 2–30). Berücksichtige dabei auch die Wirkung auf den Leser.

*„Hallo!!!!! Ist da jemand?", schallte es aus dem Telefon.* (Z. 1)

**11** Diskutiert in der Klasse, ob die Geschichte tatsächlich einen offenen Schluss hat. Belegt eure Argumente immer am Text.

Das musst du wissen

### Die Textsorte Kurzgeschichte

Kurzgeschichten gelangten aus der angelsächsischen Literatur (dort: *short stories*) in den deutschen Sprachraum und prägten vor allem die Literatur nach dem Zweiten Weltkrieg – also nach 1945. Inhaltlich setzen sich Kurzgeschichten oft mit der Alltagsrealität auseinander. Viele Kurzgeschichten sind lehrhaft oder wollen die Menschen aufklären.

**Aufbau:** Die Handlung beginnt mit einem unmittelbaren Einstieg und steigert sich schnell bis zum Höhepunkt, der oft auch Wendepunkt ist. Die meisten Kurzgeschichten haben einen unvermittelten, offenen Schluss, der zum Weiterdenken auffordert.

**Thema:** Typischerweise zeigen Kurzgeschichten einen Ausschnitt aus dem Leben eines Menschen, der durch ein schicksalhaftes Ereignis gekennzeichnet ist. Dabei führt dieses Ereignis zu einem Wendepunkt in seiner Entwicklung oder seinem Leben. Oft bewirkt es auch eine Verhaltensänderung.

**Sprache:** Die Sprache einer Kurzgeschichte ist nüchtern, realitätsnah, knapp, sachlich und oft nur andeutend, häufig auch bildhaft, umgangssprachlich und geprägt von Dialogen.

**12** Berücksichtige die Ergebnisse dieses Kapitels und formuliere abschließend eine Deutungshypothese, die den Textaufbau mit berücksichtigt.

# Wer ist Livia?

## Erzähler und Darstellungsweise des Erzählten untersuchen und zur Deutung nutzen

**1** Arbeitet zu zweit: Erzählt den ersten Teil der Geschichte „Mut ist ..." (Z. 1–30) aus der Sicht Peters. Notiert alle Informationen, die in Peters Darstellung wegfallen müssten.

**2** Begründe, warum die Autorin Livia zur Hauptfigur der Geschichte gemacht hat und nicht Peter.

**Das weißt du bereits**

**Erzählform, Erzählperspektive und Erzählsicht**

Um die Wirkung eines Erzähltextes besser zu verstehen, untersucht man anhand verschiedener Merkmale, wie erzählt wird. Die Erkenntnisse beschreibt man und belegt sie stets mit passenden Textstellen (Dreischritt: Auffälligkeit – Belegstelle – Funktion / Wirkung → S. 122 f.).

Diese Merkmale zur Analyse des Erzählers kennst du bereits:
- **Erzählform:** Ich- bzw. Er-/Sie-Erzähler
- **Erzählperspektive:** Es kann aus der Perspektive einer oder mehrerer Figuren erzählt werden. Manchmal tritt der Erzähler als eine Figur der Geschichte auf, manchmal nur als Informationsquelle und bleibt selbst verborgen.
- **Erzählsicht:** In der Außensicht gibt der Erzähler nur das wieder, was man vom Geschehen als Beobachter wahrnehmen kann. In der Innensicht kennt und beschreibt er die Gedanken und Gefühle von mindestens einer der handelnden Figuren. Außen- und Innensicht wechseln auch häufig innerhalb einer Erzählung.

Die **Erzählinstanz** (der Erzähler) steuert also, wie die Geschichte vom Leser wahrgenommen wird. Dies ist vergleichbar mit Kamera und Kameraschnitt beim Film (→ S. 222).

**3** Bestimme Erzählform, Erzählperspektive und Erzählsicht der Kurzgeschichte. Nutze die Informationen aus dem Kasten. Notiere auch Textstellen als Belege.

**4** Notiere Stellen aus dem Text, in denen Livia Peter beschreibt. Beurteile, was diese Stellen über Livia selbst aussagen.

Das musst
du können

## So analysierst du die Darstellungsweise des Erzählten

Neben dem **Erzählerbericht** und der **direkten Figurenrede** (→ S. 201) gibt es in erzählenden Texten auch die Möglichkeit, dass Gefühle und Gedanken in der sogenannten **erlebten Rede** oder im **inneren Monolog** dargestellt werden.

Die erlebte Rede steht in der Regel in der dritten Person und in der Vergangenheit.

Der innere Monolog steht meist in der ersten Person und im Präsens.

In beiden Fällen wird die Innensicht ohne Anführungszeichen wiedergegeben.

|  | erlebte Rede | innerer Monolog |
|---|---|---|
| Beispiel | *Sie konnte nicht mehr richtig denken. War es eine Lüge oder die Wahrheit? Hasste er sie oder wollte er, dass sie ihn fragte?* (Z. 52–55) | *Na ja, er sieht mich nie an, aber das heißt doch nichts! Oder doch? Hasst er mich vielleicht?* |
| Inhalt | Wiedergabe von Worten, Gedanken und Gefühlen einer Figur | Wiedergabe von Worten, Gedanken und Gefühlen einer Figur |
| Form | • 3. Person<br>• Präteritum<br>• Wegfall von Redebegleitsätzen | • 1. Person<br>• Präsens<br>• oft Auflösung der Syntax (= Satzabbrüche, unvollständige Sätze etc.) |
| Wirkung | zwischen direkter und indirekter Rede (→ S. 239);<br>Einblick in Innensicht einer Figur Herstellung von Nähe zwischen Leser und Figur;<br>gefiltert durch den Erzähler („er/sie") | dramatischer / noch näher an der Innensicht einer Figur als bei der erlebten Rede;<br><br>unmittelbarer, da scheinbar ohne die vermittelnde Instanz des Erzählers („ich") |

**5** Lies die Geschichte und achte besonders auf die Darstellung von Gedanken und Gefühlen. Orientiere dich am Kasten und bearbeite eine der Aufgaben: Notiere drei Textstellen, …

- … an denen auf unterschiedliche Art Livias Gedanken und Gefühle dargestellt werden.

- … an denen auf unterschiedliche Art Livias Gedanken und Gefühle dargestellt werden. Erkläre jeweils, was die Darstellung beim Leser bewirkt.

- … an denen auf unterschiedliche Art Livias Gedanken und Gefühle dargestellt werden und schreibe diese jeweils in eine andere Darstellungsweise um. Bereite eine Erklärung der Unterschiede vor.

**6** Formuliere eine Deutungshypothese, indem du folgenden Satz beendest.
*Der Erzähler und die Darstellungsweise des Erzählten bewirken, dass …*

# Reise ins Leben

## Erzähltexte (zunehmend) selbstständig untersuchen

Hörtext: 11039–32

*Sibylle Berg*
**Hauptsache weit** (2001)

Und weg, hatte er gedacht. Die Schule war zu Ende, das Leben noch nicht, hatte noch nicht begonnen, das Leben. Er hatte nicht viel Angst davor, weil er noch keine
5 Enttäuschung kannte. Er war ein schöner Junge mit langen dunklen Haaren, er spielte Gitarre, komponierte am Computer und dachte, irgendwie werde ich wohl später nach London gehen, was Kreatives
10 machen. Aber das war später.

Und nun?

Warum kommt der Spaß nicht? Der Junge hockt in einem Zimmer, das Zimmer ist grün, wegen der Neonleuchte, es hat
15 kein Fenster und der Ventilator ist sehr laut. Schatten huschen über den Betonboden, das Glück ist das nicht, eine Wolldecke auf dem Bett, auf der schon einige Kriege ausgetragen wurden. Magen ge-
20 gen Tom Yan[1], Darm gegen Curry. Immer verloren, die Eingeweide. Der Junge ist 18, und jetzt aber Asien hatte er sich gedacht. Mit 1000 Dollar durch Thailand, Indien, Kambodscha, drei Monate unter-

wegs, und dann wieder heim, nach 25 Deutschland. Das ist so eng, so langweilig, jetzt was erleben und vielleicht nie zurück. Hast du keine Angst, hatten die blassen Freunde zu Hause gefragt, so ganz alleine? Nein, hatte er geantwortet, 30 man lernt ja so viele Leute kennen unterwegs. Bis jetzt hatte er hauptsächlich Mädchen kennen gelernt, nett waren die schon, wenn man Leute mag, die einen bei jedem Satz anfassen. Mädchen, die 35 aussahen wie dreißig und doch so alt waren wie er, seit Monaten unterwegs, die Mädchen, da werden sie komisch. Übermorgen würde er in Laos sein, da mag er jetzt gar nicht dran denken, in seinem 40 hässlichen Pensionszimmer, muss Obacht geben, dass er sich nicht aufs Bett wirft und weint, auf die Decke, wo schon die anderen Dinge drauf sind. In dem kleinen Fernseher kommen nur Leute 45 vor, die ihm völlig fremd sind, das ist das Zeichen, dass man einsam ist, wenn man die Fernsehstars eines Landes nicht kennt und die eigenen keine Bedeutung haben. Der Junge sehnt sich nach Stefan 50 Raab, nach Harald Schmidt[2] und Echt[3]. Er merkt weiter, dass er gar nicht existiert, wenn er nichts hat, was er kennt. Wenn er keine Zeitung in seiner Sprache kaufen kann, keine Klatschgeschichten 55 über einheimische Prominente lesen, wenn keiner anruft und fragt, wie es ihm geht. Dann gibt es ihn nicht. Denkt er. Und ist unterdessen aus seinem heißen Zimmer in die heiße Nacht gegangen, 60 hat fremdes Essen vor sich, von einer

[1] **Tom Yan**: sauerscharfe Suppe der thailändischen Küche

[2] **Stefan Raab, Harald Schmidt**: deutsche Comedians, die v.a. in den neunziger und den Nullerjahren bekannt waren

[3] **Echt**: Popgruppe, die von 1994-2002 bestand

fremdsprachigen Serviererin gebracht, die sich nicht für ihn interessiert, wie niemand hier. Das ist wie tot sein, denkt
65 der Junge. Weit weg von zu Hause, um anderen beim Leben zuzusehen, könnte man umfallen und sterben in der tropischen Nacht und niemand würde weinen darum. Jetzt weint er doch, denkt an die
70 lange Zeit, die er noch rumbekommen muss, alleine in heißen Ländern mit seinem Rucksack, und das stimmt so gar nicht mit den Bildern überein, die er zu Hause von sich hatte. Wie er entspannt
75 mit Wasserbüffeln spielen wollte, in Straßencafés sitzen und cool sein. Was ist, ist einer mit Sonnenbrand und Heimweh nach den Stars zu Hause, die sind wie ein Geländer zum Festhalten. Er geht
80 durch die Nacht, selbst die Tiere reden ausländisch, und dann sieht er etwas, sein Herz schlägt schneller. Ein Computer, ein Internet-Café. Und er setzt sich, schaltet den Computer an, liest seine
85 E-Mails. Kleine Sätze von seinen Freunden, und denen antwortet er, dass es ihm gut gehe und alles großartig ist, und er schreibt und schreibt und es ist auf einmal völlig egal, dass zu seinen Füßen aus-
90 ländische Insekten so groß wie Meerkatzen herumlaufen, dass das fremde Essen im Magen drückt. Er schreibt seinen Freunden über die kleinen Katastrophen und die fremde Welt um ihn ver-
95 schwimmt, er ist nicht mehr allein, taucht in den Bildschirm ein, der ist wie ein weiches Bett, er denkt an Bill Gates und Fred Apple, er schickt ein Mail an Sat 1, und für ein paar Stunden ist er wieder am
100 Leben, in der heißen Nacht weit weg von zu Hause.

**1** Setzt eure Leseeindrücke zu dem Foto auf der rechten Seite in Bezug. Diskutiert in der Klasse, wo Parallelen und Unterschiede zwischen dem Bild und dem Text liegen.

**2** Am Ende seiner Reise verfasst der Junge in einem Backpacker-Forum einen Ratgeber für Jugendliche, die eine Rucksackreise planen. Titel: „Wie du mit dem Heimweh zurechtkommst. 4 Ratschläge für Backpacker". Verfasse diesen Text auf der Grundlage der Kurzgeschichte.

**3** Arbeitet zu zweit. Sucht je drei Textstellen, in denen der Leser etwas über die Gedanken und Gefühle des Jungen erfährt, und solche, in denen die Vorgeschichte und die aktuelle Situation beschrieben werden. Notiert Zusammenhänge, die euch auffallen.

**4** Bestimme Erzählform, -perspektive, -sicht und Darstellungsweise der unten zitierten Textstelle. Orientiere dich dabei am Teilkapitel „Wer ist Livia?" sowie am Kasten auf der nächsten Seite.

*Bis jetzt hatte er hauptsächlich Mädchen kennen gelernt, nett waren die schon, wenn man Leute mag, die einen bei jedem Satz anfassen. (Z. 32–35)*

## So bestimmst du die Erzählinstanz mit Fachbegriffen

Diese Übersicht erweitert und ergänzt dir schon bekanntes Wissen aus dem Kasten von → S. 144: Die Erzählinstanz steht zwischen der erzählten Welt und der Leserschaft und vermittelt die Geschichte auf eine bestimmte Art, um eine bestimmte Wirkung beim Leser zu erzielen. Um den Text und seine Wirkung besser zu verstehen, kannst du die Erzählinstanz bestimmen, indem du Antworten auf Fragen zur Form, zur Perspektive, zum Erzählerwissen und seinem Verhalten findest. Das Erzählverhalten zeigt sich zum Beispiel dadurch, wie die Erzählinstanz das Erzählte darstellt.

| | | |
|---|---|---|
| **erzählte Welt** | In welcher Form wird erzählt? **Erzählform** | • Ich-Erzähler <br> • Er-/Sie-Erzähler |
| | Aus welcher Perspektive wird erzählt? **Erzählperspektive** | • **Erzähler = Figur** <br> a) innerhalb der Handlung <br> b) außerhalb der Handlung <br><br> • **Erzähler = verborgen** <br> (nicht als Figur erkennbar) |
| **Erzählinstanz** | Was weiß die Erzählinstanz? **Erzählerwissen** | **... über die Figuren: Erzählsicht** <br> a) Außensicht <br> b) Innensicht (einer Figur/mehrerer Figuren) <br> c) uneingeschränkte Sicht (aller Figuren) |
| **Leserschaft** | Wie gibt er die Geschichte wieder? **Erzählverhalten** | **Darstellungsweise:** <br> • Erzählerbericht <br> • Figurenrede: <br> a) direkte Rede <br> b) innerer Monolog <br> c) erlebte Rede |

Eine bekannte Theorie des Literaturwissenschaftlers Franz K. Stanzel unterscheidet folgende Erzählsituationen: auktoriale, personale, neutrale Erzählsituation und die Ich-Erzählung (→ Merkkästen). Allerdings bereitet die Einordnung Probleme, weshalb es zielführender ist, sich dem Erzähler über die einzelnen Fragen oben zu nähern.

Merkkästen:
11039–33

**5** Arbeitet zu zweit: Sammelt arbeitsteilig die Erlebnisse und Gedanken des Jungen, die in ihm das Gefühl der Einsamkeit auslösen, und die Erlebnisse, die ihm ein Heimatgefühl vermitteln. Vergleicht eure Ergebnisse, besprecht und notiert, warum die Erlebnisse die jeweilige Wirkung haben. Formuliert darauf aufbauend eine Deutungshypothese zum Text.

**6** Bereite die Interpretation der Kurzgeschichte zunächst durch einen Blick auf die Gattungs-merkmale vor. Verwende dazu den untenstehenden Wortspeicher. Vergleicht eure Ergebnisse im Klassengespräch. Beginne so:

*Bei „Hauptsache weit" handelt es sich um (k)eine typische Kurzgeschichte, weil …*

> **Wortspeicher**
>
> offen – Pointe – Wendepunkt – Alltag – schicksalhaftes Ereignis – Steigerung –
> Sprache – Realität – Figuren – Textlänge – Zeitsprünge

**7** Nutze die Ergebnisse der Aufgabe 6 und bearbeite eine der Aufgaben:

■ Notiere einen Satz aus der Geschichte, der für den Jungen einen Wendepunkt darstellt, und begründe, warum die Textstelle für den weiteren Verlauf der Geschichte entscheidend ist.

■ Erkläre den letzten Satz der Geschichte, indem du darlegst, was sich im Leben des Jungen verändert hat.

■ Wähle eine Textstelle aus, die für den Jungen einen Wendepunkt markiert. Überlege, wie die Geschichte ohne diesen Wendepunkt weitergehen könnte, und schreibe den Schluss entsprechend um.

**8** Diskutiert in einem Schreib-gespräch darüber, ob die Reise des Jungen sinnvoll war und was er dabei unter Umständen gelernt hat.

*Alle Reisen haben eine heimliche Bestimmung, die der Reisende nicht ahnt.* (Martin Buber, 1878 – 1965, jüdischer Philosoph)

**9** Im Internet-Café schreibt der Junge eine Mail an einen Fernsehsender. Eine Redakteurin antwortet ihm und bittet ihn um ein Interview. Spielt das Interview zu zweit. Orientiert euch bei den Antworten an der Geschichte.

**R(edakteurin):** Warum bist du überhaupt auf diese Reise gegangen?
**J(unge):** …
**R:** Was war für dich bisher das schönste Erlebnis?
**J:** …
**R:** Was hat dir am wenigsten gefallen?
**J:** …
**R:** Warum hast du uns eine Mail geschrieben?
**J:** …
**R:** Würdest du so eine Reise wieder machen?
**J:** …

**10** Nach diesem Interview schreibt die Redakteurin einen Bericht über die Reise des Jungen, in dem sie seine Erlebnisse zusammenfasst. Verfasse diesen Bericht (ca. 200 Wörter).

# Grenzerfahrungen

## Eine Erzählung zusammenfassen und den historischen Hintergrund für das Verständnis nutzen

**1** Lies die Geschichte mehrmals. Arbeitet dann in Partnerarbeit und bereitet eine Inhaltszusammenfassung vor: Erstellt eine Handlungskurve mit Stichwörtern und kurzen Zitaten. Notiert Fragen zu Textstellen, die ihr nicht ohne Weiteres versteht.

*Dorit Linke*
**Jenseits der blauen Grenze: Im Intershop** (2014; Auszug 1)

*Der Roman „Jenseits der blauen Grenze" von Dorit Linke erzählt von Hanna und Andreas, die ins Visier der DDR-Staatsmacht geraten und Verfolgung und Repressalien ausgesetzt sind. Daher beschließen sie im August 1989, 50 km über die Ostsee an die Küste der Bundesrepublik zu schwimmen. Im Rückblick werden dabei entscheidende Episoden aus dem Leben der beiden Jugendlichen in der DDR erzählt, die zeigen, wie das Leben für Hanna und Andreas immer schwieriger wird, bis sie sich schließlich zur Flucht entschließen.*

„Riecht ihr das?"

Sachsen-Jensi zog das Wort *riecht* total sächsisch in die Länge. Er raste mit zerzausten Haaren durch den Intershop. „Das riecht ganz anders als bei uns in der Kaufhalle. Viel blumiger und nicht so nach Wofasept[1]. Ist auch viel besser geheizt hier!"

Vor den Matchboxautos hielt er an und starrte mit offenem Mund durch die Glasscheibe. Sie beschlug sofort. Außer uns war noch eine Frau mit blonden Haaren im Intershop. Sie war braun gebrannt, trug eine schicke weiße Hose und eine goldene Armbanduhr.

Andreas schaute hoch zu den Platten. Da standen Paul Young, Nena, Michael Jackson und David Bowie[2]. „*Let's Dance* hätte ich so gern!" Sachsen-Jensi grabschte mit seinen fettigen Fingern überall hin. „Mensch, das riecht hier so gut!" Die Augenlider der stark geschminkten Intershopverkäuferin zuckten. Aufgebracht strich sie sich über ihre rosafarbene Strickjacke.

„Was würdest du kaufen, wenn du zehn Westmark hättest?" Andreas zog die picklige Stirn kraus. „Eine Platte kriegt man dafür nicht." „Aber Nutella! Und Lakritzschnecken und Eiskonfekt", rief Sachsen-Jensi.

„Mars und Raider[3]", sagte ich.

„Gummibärchen."

„Duplo."

Die Frau mit den schicken Sachen war an der Reihe.

„Die ist aus dem Westen", flüsterte mir Andreas ins Ohr.

Sie kaufte eine Flasche Jack Daniels[4] und viele Süßigkeiten.

„Für eine Flasche Jack Daniels kriegt man fünfundzwanzig Tüten Lakritzschnecken, sechzig Duplo, vierzig Mars oder fünfzehn Gläser Nutella", zischte Sachsen-Jensi. Auf einmal war er richtig gut in Mathe.

Die Intershopverkäuferin ließ uns nicht aus den Augen. Ihre knallrosa

[1] **Wofasept:** in der DDR genutztes Desinfektionsmittel

[3] **Raider:** Schokoriegel, heute Twix

[4] **Jack Daniels:** Whisky-Marke

[2] **Paul Young, Nena, Michael Jackson, David Bowie:** berühmte Popstars der 70er bis 90er Jahre

Lippen wurden spitz. „Und, was wollt ihr kaufen?"

„Wir gucken nur", antwortete Andreas.

55 „Sie hält sich für was Besseres, weil sie im Intershop arbeiten darf und nicht jeden Morgen ins Fischkombinat muss", flüsterte ich.

„Wie deine Mutti." Sachsen-Jensi 60 wippte in seinen Turnschuhen auf und ab und starrte den Schweinespeck an. In seinen Mundwinkeln sammelte sich *Spucke*. Plötzlich verspritzte er die über den Verkaufstresen. „Kennt ihr den 65 schon? Neulich ist ein Polizist im Intershop über den Tresen gesprungen und hat um politisches Asyl gebeten."

„Hahaha, blöd muss man sein", rief Andreas.

70 Die Westfrau lächelte freundlich.

„Und kennt ihr den schon? Kommt ein Mann in den Laden. Haben Sie Unterwäsche? Ne, keine Unterwäsche gibt es nebenan. Hier gibt's nur keine 75 Laken."

Die Intershopverkäuferin räusperte sich. Die Westfrau lächelte noch immer freundlich.

„Ein Mann kommt nach Hause. Er 80 stürzt in die Wohnung, sieht seine Olle mit einem Liebhaber im Bett und brüllt: Ihr mährt[5] hier rum und in der HO gibt's Apfelsinen!"

„Es reicht jetzt, erzählt eure Witze 85 woanders", rief die Intershopverkäuferin wütend.

Die Westfrau grinste und nahm ihre Tüten. Auf dem Weg zum Ausgang zwinkerte sie uns zu. Sachsen-Jensi fiel 90 fast in Ohnmacht und krallte sich an mir fest. „Die soll mich mitnehmen! In ihrem BMW", wimmerte er.

„Raus hier. Ihr habt genug geglotzt! Abmarsch!"

95 „Wieso dürfen wir nicht gucken?", fragte Andreas.

„Weil ihr nichts kaufen könnt."

„Und woher wollen Sie das wissen?"

Sie zeigte mit dem Finger zur Tür. „Raus!" 100

„Morgen bring ich meine zwanzig Forumschecks mit, da werden Sie sehen, was Sie davon haben!"

Sachsen-Jensi streckte ihr die Zunge raus. Wir liefen aus dem Intershop. Auf 105 dem roten Teppich knöpfte ich mir meine Steppjacke zu. Es war kalt und dunkel.

„Ob die schicke Frau wohl gemerkt hat, dass wir aus der DDR sind?" 110

„Du Sachse bist so blöd. Hör dich mal reden! Und guck dich mal an, Mensch!"

Andreas zeigte auf Sachsen-Jensis Germina-Schuhe und die ausgebeulte 115 Boxer-Jeans. „Und dann noch dein hässlicher Braunbärenpelz!"

Sachsen-Jensi schaute bekümmert aus der Wäsche. „Hannover meldet sich paketemäßig grad nicht. Ihr habt 120 offenbar mehr Glück."

Ich trug meine blau-weißen Puma-Schuhe und Andreas seine Levis-Jeans. Inzwischen war die kürzer als er. Seine Mutter nähte unten immer Stoff ran, 125 damit es nicht zu blöd aussah.

Wir liefen Richtung Leuchtturm.

„Heute Abend kommt James Bond auf dem Ersten West!"

Sachsen-Jensi hüpfte auf und ab, 130 weil ihm so kalt war. „Kennt ihr den schon? Wie heißt ARD richtig? Außer Raum Dresden."

Niemand lachte. Der Witz war uralt.

„Hallo! Hallo! Wartet mal." 135

Wir drehten uns um. Es war die Westfrau. Wie eine Irre kam sie auf uns zugehetzt. Abrupt blieb sie stehen und starrte uns an. Ihre blonden Haare wehten im Wind. 140

„Flüchten Sie vor dem KGB oder was?", fragte Andreas.

[5] **rummähren:** hier: Zeit vertrödeln

Sie schaute sich ängstlich um. Dann streckte sie ihren Arm aus. „Das ist für euch."

Ich nahm die Tüte.

„Macht's gut!"

Sie rannte zurück zum Hotel Neptun und drehte sich nicht mehr um. Wir schauten ihr nach wie die Deppen.

Sachsen-Jensi rührte sich als Erster. Er riss mir die Tüte aus der Hand und peste davon. Andreas und ich holten ihn ein und alle zerrten an der Tüte herum.

Ich hielt sie hoch über meinen Kopf. „Wir werden gerecht teilen!"

Wir setzten uns unter eine Laterne.

„Habt ihr gemerkt, wie gut die gerochen hat?", fragte ich.

„Logo", sagte Andreas. „Westparfüm."

Drei Raider, drei Mars, drei Maoam, drei Duplo, drei Luftschokoladen. Eine Tüte mit Lakritzschnecken, eine Tüte mit Gummibärchen. Das Aufteilen der Lakritzschnecken ging schnell, das Zählen der Gummibärchen und das Ordnen nach Farben dauerten lange. Ich schenkte Sachsen-Jensi meine Lakritzschnecken und bekam seinen Marsriegel. Andreas durfte die Tüte behalten.

Am Ende starrten wir das Glas Nutella an. „Was machen wir damit?"

„Umfüllen", schlug Andreas vor.

„Wohin denn?"

„Ich weiß was, ich weiß was!" Sachsen-Jensi riss den Arm hoch wie in der Schule. „Ich nehme es mit und ihr kommt jeden Morgen zum Frühstück vorbei."

Andreas zuckte mit den Schultern. „Warum nicht? Aber friss nicht alles weg!"

„Nö. Niemals." Er grinste froh. Natürlich würde er heimlich weiteressen.

Wir liefen zur S-Bahn.

⁶ **urst:** ostdeutsch, jugendsprachlich: äußerst

„Wie kann man nur so eine blöde Frage stellen", nölte Sachsen-Jensi herum. „Ob sie vor dem KGB flüchtet."

Andreas warf ein Gummibärchen hoch und fing es mit dem Mund auf. „Mir ist nichts anderes eingefallen. Was hättest du denn gefragt?"

„Na zum Beispiel, ob sie uns im Kofferraum ihres BMW mitnimmt. Zum Kurfürstendamm!"

„Was willst du denn da?"

„Nichts. Nur gucken."

„Wie öde", sagte Andreas. „Mein Vater sagt, dass der Kurfürstendamm auch nicht anders ist als die Lange Straße. Man muss da nicht unbedingt hin."

Sachsen-Jensis Gummibärchen landete auf dem Bürgersteig, weil er mal wieder zu ungeschickt war. Er hob es auf und steckte es sich in den Mund. „Die kontrollieren an der Grenze nicht jedes Auto, das hätte klappen können."

„Aber uns alle drei hätte sie gar nicht in den Kofferraum gekriegt", sagte ich. „So groß ist ein BMW auch wieder nicht."

Die S-Bahn stand schon auf dem Gleis. Wir setzten uns in ein Viererabteil. Andreas legte genervt seine Füße auf die Sitze.

„Mann, stinkt das hier wieder nach Pisse!"

„Die ist urst⁶ nett gewesen!" Sachsen-Jensi packte die Lakritzschnecken aus. „Wollen wir morgen noch mal hinfahren? Vielleicht treffen wir sie wieder."

„Zapple nicht so rum, Mensch. Außerdem ist das total peinlich!"

„Was denn?"

„Na, wir hätten das nicht annehmen sollen", sagte Andreas.

Sachsen-Jensi zog seine wild wuchernden Augenbrauen zusammen. „Warum denn nicht?"

235 „Na, weil die auf uns herabsieht!"

„So ein Quatsch!" Ich biss in den Mars.

„Wie die uns angesehen hat, als sie ‚Macht's gut' sagte. Als wären wir auf
240 dem Weg ins KZ oder so."

Sogar Sachsen-Jensis Sommersprossen wurden blass. „Spinnst du oder was?"

Andreas knabberte am Raider.
245 „Wahrscheinlich erzählt die ihren reichen Westfreunden beim Tennisspielen, wie sie den armen, armen DDR-Kindern geholfen hat."

„Warum nicht?" Sachsen-Jensi ent-
250 rollte eine Schnecke. „Was ist daran schlimm? Stell dir vor, du bist in Afrika und kannst viel Brot kaufen. Würdest du den Kindern nichts abgeben?"

„Das kann man nicht vergleichen."
255 „Doch!"

„Ich fand die arrogant", widersprach Andreas.

„Also, ich fand die urst nett!"

Die S-Bahn hielt in Lütten Klein.
260 Andreas hackte weiter auf der Frau herum. Irgendwann hatte Sachsen-Jensi die Nase voll. „Wenn das dein Stand-

punkt ist, darfst du die Süßigkeiten nicht essen. Gib sie uns!"

Er sprach mit vollem Mund, wobei
265 ihm das Ende der Lakritzschnecke wie ein Regenwurm heraushing.

„Ne!" Andreas sah ihn wütend an.

„Dann halt endlich die Schnauze!"

Noch nie habe ich Sachsen-Jensi so
270 reden hören. Auch Andreas war überrascht. Er aß den zweiten Raider-Riegel und schwieg.

**2** Besprecht eure Inhaltszusammenfassungen in der Klasse. Tauscht euch zu den Fragen aus und versucht, sie zunächst selbst im Gespräch zu beantworten.

**3** Bereitet zu zweit eine Erklärung der Witze (Z. 63–83) vor: Worin bestehen die Pointen? Welche Aussagen über die DDR sind enthalten? Lasst offen, was ihr noch nicht versteht.

**4** Die Textstellen, zu denen weitere Informationen – zum Beispiel über den Alltag in der DDR – nötig sind, sollen in Fußnoten erklärt werden. Gestalte zwei solcher Fußnoten zu Textstellen, die du schon erklären kannst. Orientiere dich an dem Beispiel:

> *„Intershop" (Z. 5): Handelskette in der damaligen DDR, in der internationale Produkte – auch aus der Bundesrepublik Deutschland – angeboten wurden; in Intershops konnte nicht mit der D-Mark Ost, dem üblichen DDR-Geld, bezahlt werden*

**5** Ist die Frau aus dem Westen arrogant? Hätten die Jugendlichen die Sachen zurückgeben sollen? Positioniere dich zu den Fragen und diskutiere sie in einer Kleingruppe. Entwickelt eine gemeinsame, zusammenfassende Position.

*Dorit Linke*
**Jenseits der blauen Grenze: In der Schule** (2014; Auszug 2)

275 In der Schule konnte er mal wieder nicht die Klappe halten und erzählte rum, was wir Tolles erlebt hatten. Jemand verpetzte uns, wahrscheinlich Sabine. Wir übten in Mathe gerade mit 280 dem SR1, als es an der Tür klopfte.

Sofort roch es nach Lavendel. „So, nun legt mal alle eure Taschenrechner weg!"

Frau Thiel ließ ihren Blick durch den 285 Raum wandern. „Hanna, Andreas und Jens."

Wir schauten auf Kommando runter auf die Schulbank.

„Ihr solltet euch sehr, sehr schä-290 men!"

Ich lugte hoch zu ihr. Sie stützte sich auf den Lehrertisch und schnaufte. Das goldene Medaillon wogte zwischen ihren Brüsten wie eine Boje in der Ost-295 see.

„Was ihr getan habt, ist sehr verwerflich. Und abscheulich!"

Hinter uns kicherte jemand.

Frau Thiel sah auf „Und warum ist 300 das so? Na, Ronny, was meinst du?"

„Weiß nicht", murmelte der.

„Aha."

Sie ging durch die Reihen. „Hätten sie vom Klassenfeind etwas annehmen 305 dürfen? Christian!"

„Nein", sagte der.

„Aha. Und warum bist du dieser Meinung?"

„Weil es abscheulich ist, vom Klas-310 senfeind was anzunehmen. Und verwerflich."

„Genau! Die drei sind ein sehr, sehr schlechtes Beispiel und müssen sich sehr, sehr schämen."

315 Anstatt sie einfach reden zu lassen, schnippte Andreas mit dem Finger. „Es war aber nicht der Klassenfeind, sondern eine wunderschöne blonde Frau."

Wieder kicherte jemand.

Frau Thiel lief rot an. „Das macht 320 keinen Unterschied! Der Klassenfeind hat viele Gesichter!"

Sachsen-Jensi meldete sich und plapperte wirres Zeug über hungernde Kinder in Afrika. Davon wollte Frau 325 Thiel erst recht nichts wissen.

„Raus, Jens Blum! Das ist doch wohl die Höhe! Den Freiheitskampf des afrikanischen Volkes mit eurer Gier nach westlichen Süßigkeiten zu 330 vergleichen! Raus, sofort!"

Er schlurfte hinaus. Seine Jeans rutschte ihm mal wieder über den Hintern.

„Und von dir hätte ich eine andere 335 Haltung erwartet, Hanna Klein", schrie sie mich an.

Ich schaute wieder runter auf die Schulbank.

„Antworte gefälligst!" 340

Dabei hatte sie gar nichts gefragt.

„Antworte!"

„Was denn?"

„Sabine, könntest du diese Frage bitte beantworten!" 345

Die ratterte wie ein Maschinengewehr los: „Hanna hätte sagen müssen, dass Kinder der DDR nicht auf Gaben aus dem imperialistischen Ausland angewiesen sind." 350

Frau Thiel nickte im Takt.

„Die Gaben kommen aber nicht aus dem Ausland, sondern können in einem Geschäft in der DDR gekauft werden." 355

„Wie bitte?" Frau Thiel starrte Andreas fassungslos an.

„Man braucht nur das richtige Geld dafür."

„Willst du damit sagen, dass die 360 Währung der DDR, also die Währung eines Mitgliedslandes des RGW, kein richtiges Geld ist?"

Andreas starrte auf den Tisch. Seine
365 blonden Locken verdeckten sein Gesicht.

„Wir hören!"

„Es ist so leicht", sagte er trotzig.

Ich dachte an Opa, der sich auch im-
370 mer über die Aluchips aufregte. Spielgeld für Spielmenschen, war einer seiner Lieblingssprüche beim Einkaufen in der HO.

„So leicht?!"
375 „Wie im Kaufmannsladen", sagte ich, um von Andreas abzulenken.

Jetzt langte es ihr. „Raus. Alle beide! Und nach der Stunde zum Direktor! Das ist doch wohl unmöglich!"

Direktor Schneider humpelte vor 380 uns umher und hielt eine lange Rede über sozialistische Errungenschaften und wie furchtbar es sei, dass wir uns vom Feind des Volkes hätten erniedrigen lassen. Wir mussten vor seinem 385 Schreibtisch stehen und dabei zusehen, wie er alle seine Bleistifte anspitzte, abbrach und wieder anspitzte.

Am Ende bekamen wir fette rote Einträge in unsere Hausaufgabenhefte. 390

---

**6** Fasst in Partnerarbeit den Inhalt des Textauszugs kurz zusammen. Stellt dann die jeweiligen Positionen und Argumente in einem Schaubild gegenüber. Werte deine Ergebnisse aus: Welche politischen und gesellschaftlichen Positionen werden deutlich? Um welche allgemeinen Themen geht es in dem Konflikt?

**7** Charakterisiert die vorkommenden Figuren und ihre Einstellung. Notiert Eigenschaften und Textbelege.

**8** Bestimmt die Erzählinstanz mit Fachbegriffen (→ S. 148). Übertragt Teile des Textes in eine andere Perspektive und prüft, wie sich die Wirkung verändert.

**9** Charakterisiert die Handlungen der beiden Textauszüge mit Begriffen aus dem Wortspeicher. Bereitet eine Begründung vor, in welcher ihr auf konkrete Textstellen eingeht.

> **Wortspeicher**
>
> tragisch – witzig – skurril – fremd – spannend – unverständlich – frech –
> konfliktreich – gefährlich – alltäglich – langweilig – bedrohlich ...

**10** Erkläre die Schüleraussage. Fasse noch einmal zusammen, was man verstehen kann, welche Fragen aber noch offen sind und weiterführende Informationen benötigen.

„Man versteht die Texte heute kaum ohne Zusatzinformationen."

**6**

**M1** **Kleines Lexikon zur DDR**

**Intershop:** Einzelhandelskette in der DDR; in den Shops wurden zu hohen Preisen Westwaren angeboten, die in der DDR nicht erhältlich waren, z. B. die im Text genannten Schokoriegel oder begehrte Schallplatten sowie Zigaretten, Alkoholika, Kaffee, Markenkleidung, Schmuck und Parfum. Bezahlung war nur in bestimmten
5 (West-)Währungen oder mit sog. Forumsschecks möglich, jedoch nicht mit DDR-Mark. Die meisten DDR-Bürger konnten dort nicht einkaufen, sahen jedoch, welche Waren im Westen gerade modern waren. Die Intershops waren vorrangig für Transitreisende nach West-Berlin oder Besucher der DDR gedacht. Auf diese Weise wollte man ausländische Währungen ins Land holen und sich so einen wirtschaftlichen Vorteil
10 verschaffen. Bis 1974 war es Bürgern der DDR offiziell verboten, Westgeld zu besitzen. Außerdem konnten DDR-Bürger die Mark der DDR nicht legal gegen andere Währungen eintauschen. Legal waren nur Geldgeschenke von Verwandten aus dem westlichen Ausland oder Arbeitsentgelt für Tätigkeiten im westlichen Ausland.
**Kombinat:** Großbetrieb in einem sozialistischen Staat
15 **HO:** kurz für „Handelsorganisation", der staatliche Einzelhandel der DDR
**KGB:** Geheimdienst der Sowjetunion von 1954 – 1991
**Klassenfeind:** in der DDR übliche Bezeichnung für die „Feinde der Arbeiterklasse", also Bürger nichtkommunistischer Staaten bzw. diese Staaten selbst, aber auch Oppositionelle aus dem eigenen Land
20 **imperialistisches Ausland:** abwertender Begriff für die nichtsozialistischen Staaten, u.a. die Bundesrepublik
**RGW:** Rat für gegenseitige Wirtschaftshilfe (gegründet 1949), internationale Organisation der sozialistischen Staaten unter Führung der Sowjetunion, gedacht als sozialistisches Pendant zu westlichen Organisationen für wirtschaftlichen Zusammen-
25 arbeit, z. B. der späteren EU

**M2** **Leben in der DDR**

40 Jahre lang [von 1949 – 1990, bzw. bis zur friedlichen Revolution von 1989] existierte die Deutsche Demokratische Republik (DDR) neben der Bundesrepublik Deutschland (BRD) als zweiter deutscher Staat, getrennt durch bewachte Grenzen und Mauern. Laut Verfassung waren in der DDR alle Bürger gleich. Der Staat übernahm
5 Großteile des Privateigentums und verstaatlichte die Wirtschaft. Es galt das Prinzip des Sozialismus. *Wiebke Ziegler, www.planet-wissen.de, 20.09.2019*

Die SED, die einzig regierende Partei, kontrollierte alle Lebensbereiche, von der Ausbildung der Kleinkinder über die Freizeitgestaltung bis hin zur Arbeitsplatz- und Wohnungswahl. Wer sich der Partei in den Weg stellte, wurde überwacht und verfolgt.
10 Deshalb versuchten viele Bürger in den Westen zu flüchten; ca. 5000 flohen über die Ostsee, für 174 von ihnen endete die Flucht tödlich.

*Verfassertext, Informationen aus:*
*Wiebke Ziegler und Andrea Oster: Alltag in der DDR, www.planet-wissen.de, 20.09.2019*
*und Flucht über die kalte Ostsee, www.mdr.de, 24.11.2020*

M3

### Schule in der DDR – Erziehungsziel: die sozialistische Persönlichkeit

Der Name der beiden Gesetze verweist auf die wesentlichen Merkmale des Schul- und Bildungssystems in der DDR: Ziel war die Erziehung zur „allseitig und harmonisch entwickelten sozialistischen Persönlichkeit" (Schulgesetz von 1965). Kinder und Jugendliche sollten zu Mitgliedern der „sozialistischen Gesellschaft" erzogen werden
5 und sich mit dem DDR-Staat identifizieren.
*www.mdr.de, 12.11.2019*

**11** Gestalte aufgrund der Informationen nun weitere Fußnoten mit Erklärungen zu den Romanauszügen. Welche deiner Fragen aus Aufgabe 10 sind nun geklärt, welche nicht? Suche im Internet nach weiteren Informationen.

**12** Nutze die Informationen aus den Texten auch, um das Verhalten der einzelnen Figuren weiterhin zu erklären.

**Zum Beispiel:** *Sachsen-Jensi ist ganz wild auf Nutella (vgl. Z. 31 f., 46), weil in der DDR Westprodukte in der Regel kaum erhältlich waren – es gab sie nur im Intershop gegen Westwährung (vgl. M1, Z. 2–5).*

- ◼ Erkläre das Verhalten der Lehrerin Frau Thiel, indem du die Zusatzinformationen einbeziehst.

- ◼ Erkläre das Verhalten von Sachsen-Jensi, indem du die Zusatzinformationen einbeziehst.

- ◼ Erkläre die Aussagen von Andreas, indem du die Zusatzinformationen einbeziehst.

---

#### So nutzt du Zusatzinformationen für ein besseres Textverständnis

Das musst du können

Manche Texte lassen sich **textimmanent** (also „aus sich heraus") nicht angemessen deuten oder erklären. Oft fehlt dem Leser Hintergrundwissen zum Beispiel zu **historischen Situationen** oder zur **Biografie** des Autors. Weitere, über den Text hinausgehende Informationen müssen einbezogen werden. Gehe folgendermaßen vor:

- Untersuche den Text zunächst wie üblich: Figuren, Handlungsschritte, Konflikte...
- Kläre das allgemeine Thema, wie es im Basissatz der Einleitung formuliert wird.
- Notiere dann Fragen zum Text: Welche Stellen sind unverständlich? Welche Informationen werden benötigt?
- Werte dann das Zusatzmaterial aus: Welche Fragen lassen sich damit beantworten? Welche Informationen helfen dir dabei, den literarischen Text besser zu verstehen?
- Verfasse ggf. selbst Worterklärungen zum Text.

**13** Ergänze den folgenden Schreibplan für eine erweiterte Inhaltszusammenfassung. Belege die Thesen zu Teil 4 jeweils mit passenden Textstellen.

**Aufgabenstellung:**
Fasse den Inhalt der beiden Textausschnitte zusammen und nutze dafür auch die Zusatzmaterialien, um Zusammenhänge und Verhaltensweisen zu erklären. Erläutere dann Hannas Rolle in der Erzählung, indem du die Erzählinstanz untersuchst und deutest. Erkläre abschließend, inwiefern der Besuch im Intershop für die Beziehung zwischen den drei Freunden und für ihre Stellung in der Schule entscheidend ist.

**Schreibplan:**
1 Basissatz: Dorit Linke, Jenseits der blauen Grenze: Im Intershop, In der Schule; Deutungshypothese: Hanna stellt Nähe zum Leser her über die Gestaltung der Erzählinstanz, Besuch des Intershops als lebensveränderndes Erlebnis

2 Textzusammenfassung: Der Besuch des Intershops und seine Folgen
- Andreas, Hanna und Sachsen-Jensi sehen sich die Waren in einem Intershop an.
- Sie beobachten eine Frau aus dem Westen, die dort einkauft.
- …

3 Hannas Rolle in der Erzählung: Herstellen von Nähe zwischen Erzählung und Leser
- Erzählform: … , Erzählperspektive: …, Erzählsicht: …
- Darstellungsweise des Erzählten: wörtliche Reden …
- …

4 Der Besuch des Intershops als Wendepunkt für die drei Freunde
- Sachsen-Jensi zeigt sich von einer bisher unbekannten Seite.
- Die drei werden verpetzt.
- …
- Für die Jugendlichen stellen die Ereignisse im Intershop insofern einen Wendepunkt dar, dass sie …

**14** Verfasse nun eine vollständige erweiterte Textzusammenfassung zur oben genannten Aufgabenstellung. Beginne mit einer vorinformierenden Einleitung, die eine Deutungshypothese enthält, fasse dann die Textauszüge zusammen und bearbeite im Anschluss die beiden Deutungsaufgaben.

**15** Tauscht eure Texte in der Klasse aus, gebt euch gegenseitig Feedback mithilfe der Checkliste und überarbeitet sie dann. Achtet besonders auf diese neuen Punkte:

- Ist die Deutungshypothese der Einleitung schlüssig?
- Werden die aufgestellten Deutungsthesen schlüssig begründet und am Text belegt?

## Checkliste

| | trifft zu | trifft zum Teil zu | trifft nicht zu | Verbesserungsvorschläge |
|---|---|---|---|---|
| **Inhaltliche Richtigkeit** Die Einleitung ist vollständig. | | | | |
| Die Deutungshypothese zeigt das eigene vertiefte Textverständnis auf. | | | | |
| Der Hauptteil enthält die wesentlichen Handlungsschritte. | | | | |
| Die Handlungsschritte im Hauptteil sind folgerichtig dargestellt. | | | | |
| Die logischen Zusammenhänge sind klar. | | | | |
| Der Schlussgedanke ist nachvollziehbar. | | | | |
| **Stil** Die Textkohärenz ist erkennbar. | | | | |
| Der Stil ist prägnant. | | | | |
| Die Sätze sind mit Konjunktionen und Subjunktionen verknüpft. | | | | |
| Die Sprache ist sachlich. | | | | |
| Wortwiederholungen werden vermieden. | | | | |
| Eigene Wörter werden benutzt. | | | | |
| Der Adressat wird berücksichtigt. | | | | |
| **Sprache** Das Tempus ist korrekt. | | | | |
| Direkte Rede wird umschrieben / ersetzt. | | | | |
| Rechtschreibung und Kommasetzung sind korrekt. | | | | |

# 6

# Ende unbekannt
## Eine Kurzgeschichte kreativ deuten und über Fiktionalität nachdenken

„Was würdest du tun, wenn du wüsstest, dass heute die letzte Nacht der Welt anbricht?"

 „Was ich tun würde? Meinst du das im Ernst?"

„Ja, absolut."

**1** Lass dich auf die Frage ein. Tausche dich in der Klasse über mögliche Antworten und über mögliche Reaktionen auf diese Frage aus.

*Ray Bradbury*
**Die letzte Nacht der Welt** (1951, Teil 1)

„Was würdest du tun, wenn du wüsstest, dass heute die letzte Nacht der Welt anbricht?"

„Was ich tun würde? Meinst du das im Ernst?"

„Ja, absolut."

„Ich weiß nicht. Ich habe nie darüber nachgedacht."

Er goss Kaffee ein. Im Hintergrund spielten die beiden Mädchen im Licht der grünen Sturmlaternen mit Bauklötzen auf dem Teppich des Wohnzimmers. Der angenehme, reine Duft des frisch aufgebrühten Kaffees lag in der Abendluft.

„Es wäre gut, wenn du dir jetzt einmal darüber Gedanken machtest", sagte er.

„Das kannst du nicht ernst meinen!"

Er nickte.

„Ein Krieg?"

Er schüttelte den Kopf.

„Nicht die Wasserstoff- oder die Atombombe?"

„Nein."

„Oder ein Krieg mit biologischen Waffen?"

„Nichts dergleichen", antwortete er, während er langsam seinen Kaffee umrührte. „Ich möchte es ganz einfach so formulieren: Ein Buch wird geschlossen."

„Ich glaube, das verstehe ich nicht."

„Auch ich verstehe es nicht ganz; es ist mehr ein Gefühl. Manchmal schreckt es mich, ein andermal wieder gar nicht, und der Gedanke lässt mich völlig ruhig." Er blickte zu den Mädchen hinein, deren blonde Haare im Lampenlicht schimmerten. „Ich habe dir bisher nichts gesagt. Zum ersten Mal kam er vor vier Nächten."

„Wer?"

„Der Traum. Ich träumte, dass alles zu Ende gehen würde, und eine Stimme bestätigte es; keine Stimme, an die ich mich erinnern kann, aber es war jedenfalls eine Stimme, und sie sagte, dass jegliches Leben hier auf der Erde enden würde. Am nächsten Tag dachte ich kaum noch daran, aber am Nachmittag sah ich im Büro, wie Stan Willis aus dem Fenster starrte, und ich sagte, ich gäb' was drum, Stan, wenn ich wüsste, was du denkst, und er antwortete, er hätte letzte Nacht einen Traum gehabt, und noch bevor er mir seinen Traum erzählte, kannte ich ihn. Genauso gut hätte ich ihm seinen Traum erzählen können, aber er erzählte ihn mir, und ich hörte zu."

„Und es war derselbe Traum?"

„Derselbe. Ich sagte es Stan, und er schien davon nicht einmal überrascht zu sein. Im Gegenteil, er atmete sichtlich auf. Danach begannen wir, das ganze Büro durchzukämmen. Das war nicht etwa geplant. Wir hatten uns nicht dazu verabredet, wir gingen einfach los, jeder für sich, und überall hatten die Leute die Blicke auf ihre Hände oder Schreibtische gesenkt oder sahen aus dem Fenster. Ich sprach mit einigen. Stan ebenfalls."

„Und sie hatten alle geträumt?"

„Alle. Denselben Traum – ohne jeden Unterschied."

„Und du glaubst daran?"

„Ja. Ich bin mir nie einer Sache sicherer gewesen."

„Und wann wird sie enden? Die Welt, meine ich."

„Für uns irgendwann in dieser Nacht, und während die Nacht weiter um die Welt geht, wird alles andere mitgehen. Im ganzen wird es vierundzwanzig Stunden dauern, bis alles zu Ende ist."

Sie saßen eine Weile, ohne ihren Kaffee anzurühren. Dann hoben sie langsam die Tassen und tranken, sich dabei in die Augen sehend.

„Haben wir das verdient?" fragte sie.

„Darum dreht es sich ja gar nicht; die Dinge sind einfach nicht so gelaufen, wie sie hätten sollen. Übrigens stelle ich fest, dass du nicht einmal an dieser Sache zu zweifeln scheinst. Warum nicht?"

„Ich glaube, ich habe meine Gründe dafür", erwiderte sie.

„Dieselben wie alle in meinem Büro?"

Sie nickte langsam. „Ich wollte eigentlich nichts sagen. Ich träumte es letzte Nacht. Und die Frauen in unserem Häuserblock redeten heute untereinander darüber. Sie haben es auch geträumt. Ich dachte, es sei nur ein zufälliges Zusammentreffen." Sie nahm die Abendzeitung in die Hand. „In der Zeitung steht nichts davon."

„Warum auch, es weiß ja jeder."

Er lehnte sich in seinen Sessel zurück und sah sie an. „Fürchtest du dich?"

„Nein. Früher habe ich das immer geglaubt, aber jetzt habe ich keine Angst."

„Wo bleibt dieser sogenannte Selbsterhaltungstrieb, über den so viel geredet wird?"

„Ich weiß nicht. Man regt sich nicht besonders auf, wenn man das Gefühl hat, dass die Dinge sich logisch entwickeln. Dies hier ist logisch. Nach dem Leben, das wir geführt haben, war nichts anderes zu erwarten."

„Sind wir denn so schlecht gewesen?"

„Nein, aber auch nicht besonders gut. Und ich glaube, darin liegt unser Fehler – wir haben uns zuviel mit uns selbst beschäftigt, während ein großer Teil der Welt nichts Besseres zu tun hatte, als lauter schreckliche Dinge anzurichten."

Im Wohnzimmer lachten die Mädchen.

„Ich habe immer gedacht, die Leute würden vor einem solchen Ereignis schreiend durch die Straßen rennen."

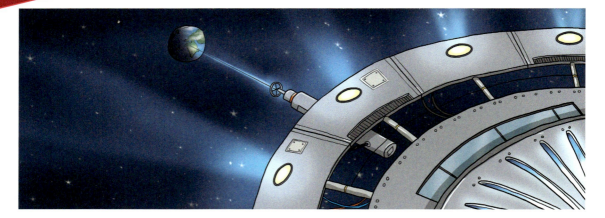

**2** Beschreibe das in der Geschichte dargestellte Weltuntergangsszenario. Orientiere dich am Muster der anderen Szenarien in der Tabelle und ergänze die letzte Zeile mit Informationen zur Geschichte von Ray Bradbury.

| Szenario | Wie tritt der Welt-untergang ein? | Durch wessen Schuld? | Verhalten der Menschen |
|---|---|---|---|
| naturwissen-schaftlich | Lebensraumzerstö-rung, z. B. durch Klimaveränderung | Umweltzerstörung durch den Men-schen | Angst, Versuch, Abhilfe zu schaffen |
| s.o. | Bedrohung aus dem All, z. B. Ko-meteneinschlag | vom Menschen unbeeinflussbare Vorgänge im Uni-versum | Panik |
| mythologisch religiös | Christentum: Jüngstes Gericht | Teil des göttlichen Heilsplans, Lohn für die Guten, Be-strafung der Bösen | Durcheinander, Angst |
| literarisch | Science Fiction, z. B. Krieg gegen Außerirdische | Außerirdische | Panik |
|  |  |  |  |

**3** Sammelt in Kleingruppen weitere literarische, mythologische und naturwissenschaftliche Vorstellungen vom Ende der Welt. Beschreibt sie nach den Kriterien der Tabelle und vergleicht sie miteinander. Besprecht, warum solche Geschichten die Menschen seit jeher faszinieren.

**4** Bereite eine Fortsetzung der Geschichte vor (ohne das auf den nächsten Seiten abgedruckte Ende zu lesen), indem du in Stichpunkten ein Szenario entwickelst. Vergleicht eure Ergeb-nisse in der Kleingruppe und beurteilt sie im Hinblick auf die Logik der Figurengestaltung und des Handlungsverlaufs.

**So deutest du Texte kreativ**

Die kreative Arbeit mit einem Text kann dich zu einer persönlichen Auseinandersetzung und zu einem besseren Verständnis führen. Beispielsweise kannst du eine Geschichte fortsetzen, umschreiben, die Erzählinstanz verändern, Lücken in der Handlung füllen oder eine Figur mit zusätzlichen Äußerungen zu Wort kommen lassen.

Achte darauf, dass deine Ergänzungen zur Logik der Geschichte passen, die Denkweise der Figuren berücksichtigen und die Prinzipien der Wahrscheinlichkeit beachten. Auch der Stil sollte nicht verändert werden.

**5** Lies die Geschichte „Die letzte Nacht der Welt" zu Ende, vergleiche sie mit deiner eigenen Version und notiere Gemeinsamkeiten und Unterschiede. Besprecht dann die Unterschiede in der Klasse und untersucht gemeinsam, welche Textstellen so offen sind, dass diese Unterschiede in den Fortsetzungen entstehen können.

*Ray Bradbury*
**Die letzte Nacht der Welt** (1951, Teil 2)

„Man schreit nicht, wenn man dem Unausweichlichen gegenübersteht."

145 „Weißt du, außer dir und den Kindern würde ich nie etwas vermissen. Meine Arbeit, die Stadt – nichts außer euch dreien habe ich je wirklich geliebt. Ich würde nichts Anderes vermissen –
150 außer vielleicht dem Wechsel im Wetter und ein Glas kaltes Wasser, wenn es sehr heiß ist, und vielleicht den Schlaf. Wie können wir hier nur so ruhig sitzen und so darüber reden?"
155 „Weil es nichts anderes zu tun gibt."
„Du hast recht, natürlich; denn sonst würden wir es tun. Wahrscheinlich ist dies das erste Mal in der Geschichte der Welt, dass jedermann ge-
160 nau weiß, was er in der kommenden Nacht tun wird."
„Ich würde gern wissen, was all die andern in den nächsten Stunden, heute Abend, tun werden."
165 „Irgendeine Vorstellung besuchen, Radio hören, vor dem Fernsehgerät sitzen, Karten spielen, die Kinder zu Bett bringen, schlafen gehen – wie immer."

„In gewisser Weise ist das etwas, worauf man stolz sein kann: wie im- 170 mer."
Sie schwiegen einen Augenblick, während er sich eine frische Tasse Kaffee eingoss. „Warum nimmst du an, dass es heute Nacht geschehen wird?" 175
„Weil es so ist."
„Warum geschah es nicht in irgendeiner Nacht des vorigen Jahrhunderts, oder vor fünf Jahrhunderten, oder zehn?" 180
„Vielleicht, weil noch nie der 19. Oktober 1969 gewesen ist, noch nie in der Weltgeschichte, und heute ist er da; weil dieses Datum wichtiger ist als jedes andere Datum zuvor; weil in die- 185 sem Jahr die Dinge überall in der Welt so und nicht anders sind, und weil darum das Ende kommen muss."
„Auch heute Nacht fliegen strategische Bomberkommandos, die nie 190 wieder landen werden, auf ihren vorgeschriebenen Routen in beiden Richtungen über den Ozean."
„Das ist einer der Gründe, warum."

„Also", sagte er und stand auf, „was wollen wir tun? Das Geschirr abwaschen?"

Sie wuschen das Geschirr ab und stellten es mit besonderer Sorgfalt in den Schrank. Um acht Uhr dreißig brachten sie die Kinder zu Bett, gaben ihnen den Gutenachtkuss, knipsten die kleinen Lampen an ihren Betten aus und ließen die Tür einen kleinen Spalt weit offen.

„Ich möchte gern wissen ...", sagte er, als er aus dem Schlafzimmer der Kinder gekommen war, mit der Pfeife in der Hand stehenbleibend und zurückblickend.

„Was?"

„Ob sich die Tür völlig schließen wird, oder ob sie einen kleinen Spalt weit offen bleibt, damit etwas Licht hereinfallen kann."

„Ich würde gern wissen, ob die Kinder etwas wissen."

„Nein, natürlich nicht."

Sie saßen und lasen Zeitungen und unterhielten sich und hörten Radiomusik; dann setzten sie sich an den Kamin und sahen in die Glut, während die Uhr halb elf, elf und halb zwölf schlug. Sie dachten an all die andern Leute auf der Erde, die auch diesen Abend verbrachten, jeder auf seine Weise.

„Alsdann", sagte er schließlich.

Er gab seiner Frau einen langen Kuss.

„Wir sind jedenfalls immer gut zueinander gewesen."

„Möchtest du weinen?" fragte er.

„Ich glaube nicht."

Sie gingen zusammen durch das Haus und drehten überall das Licht aus und traten in ihr Schlafzimmer; in der kühlen, dunklen Nachtluft zogen sie sich aus und deckten die Betten auf. „Die Laken sind so frisch und sauber."

„Ich bin müde."

„Wir sind *alle* müde."

Sie stiegen in die Betten und legten sich hin.

„Nur einen Augenblick", sagte sie.

Er hörte sie aus dem Bett steigen und in die Küche gehen. Einen Augenblick später war sie wieder da.

„Ich hatte vergessen, den Wasserhahn abzudrehen", sagte sie.

Er fand das so komisch, dass er lachen musste.

Sie stimmte in sein Lachen ein, denn ihr wurde jetzt auch bewusst, wie komisch sie gehandelt hatte. Als sie endlich aufhörten zu lachen, lagen sie still nebeneinander, Hand in Hand, die Köpfe aneinandergelegt.

„Gute Nacht", sagte sie einen Augenblick später.

„Gute Nacht", erwiderte er.

**6** Beschreibt das Verhalten der Menschen in der Geschichte und diskutiert in der Klasse, ob ihre Reaktion nachvollziehbar ist.

**7** Die Geschichte ist zum größten Teil in direkter Rede verfasst. Erläutere den Effekt der Figurenrede auf den Verlauf der Handlung.

**8** Erzähle die Geschichte mündlich durch einen Erzähler mit uneingeschränkter Sicht (→ S. 148), der alles über die von ihm erzählte Geschichte weiß. Bereite eine Erklärung vor: Was ändert sich an der Geschichte und ihrer Wirkung?

**9** Stell dir vor, die Handlung wäre anders verlaufen. Fülle die folgenden Leerstellen, indem du die Geschichte schriftlich ergänzt.

- Dialog: Die Kinder unterhalten sich am Abend im Kinderzimmer.

- Zeitungsbericht oder -reportage: Die Zeitung bringt doch einen Artikel zu dem gemeinsamen Traum der Menschen.

- Erzählung: Zu ihrer Verwunderung wachen alle am nächsten Morgen wieder auf.

---

### Fiktionalität und Realität

Ein wesentliches Merkmal literarischer Texte ist ihre **Fiktionalität**, d. h., es wird eine erfundene Welt mit eigenen Figuren, Ereignissen, Handlungen und auch einer eigenen Logik geschaffen.

Diese Welt muss nicht mit realen Gegebenheiten übereinstimmen, z. B. können Gesetze der Physik außer Kraft gesetzt werden (etwa in der Science-Fiction-Literatur). Trotzdem kann die Fiktion die Realität erklären, z. B. Denk- und Handlungsweisen von Menschen, und so im Leser einen Erkenntnisprozess auslösen.

**Das musst du wissen**

---

**10** Erkläre, inwiefern der letzte Satz in Z. 260 mehrdeutig ist und was er für das Ende der Geschichte bedeuten kann.

**11** Notiere mit Zeilenangaben diejenigen Teile der Geschichte, in denen deiner Meinung nach das Fiktionale besonders deutlich wird. Bereite eine Erklärung vor.

# Der Platz war knapp, die Zeit drängte.
## Kürzestgeschichten kennenlernen und untersuchen

**Florian Meimberg (2011)**
Das kleine Holzboot stemmte sich gegen die Wellen. Dan paddelte. Er starrte in das dunkle Wasser. Irgendwo da unten musste Manhattan sein.

Der Text links ist eine so genannte Kürzestgeschichte oder Flash Fiction. Der Autor, Florian Meimberg, hat viele solcher „Tiny Tales" im Twitter-Format, also 140 Zeichen lang, verfasst und für dieses Projekt 2010 den Grimme Online Award erhalten.

**1** Erkläre den letzten Satz der „Geschichte".

**2** Beschreibe die sprachliche Gestaltung des Textes, indem du auf Satzbau und Wortwahl eingehst. Überlegt im Klassengespräch, welche Assoziationen der Stil weckt.

**3** Erörtere, ob man den Text als „Geschichte" bezeichnen kann oder nicht. Ergänze die folgende Tabelle:

| Deshalb ist es eine Geschichte: | Für eine richtige Geschichte fehlt ... |
|---|---|
| • ... | • ... |
| • ... | • ... |
| ... | ... |

**4** Tauscht euch in Partnerarbeit über die Aussage von Sascha Lobo[1] aus, indem ihr folgenden Satz fortsetzt. Vergleicht eure Antworten.
*Die Geschichte löst in mir ... aus, weil ...*

[1] Sascha Lobo: deutscher Blogger, Autor, Journalist und Werbetexter

 „Aber was, wenn die wichtigste Zutat zu einer Geschichte gar nicht die Geschichte selbst wäre? Sondern das, was sie in uns auslöst?"

**5** Erstellt in Gruppen auf Plakaten einen möglichen ausführlichen Plot für die Kürzestgeschichte. Beantwortet die W-Fragen, formuliert auch einen Titel. Präsentiert eure Ergebnisse in der Klasse und sprecht darüber, welche Idee am überzeugendsten ist.

> **So erstellst du einen Plot für eine Geschichte**
>
> Unter einem Plot versteht man die **Handlungsstruktur einer Geschichte** (auch eines Theaterstücks oder eines Films), der wie der Grundriss eines Gebäudes die wichtigsten **Elemente der Handlung (Ort, Zeit, Figuren, Verlauf)** und den Zusammenhang zwischen diesen darstellt.
>
> Beispiele für Plots:
> Ausgangssituation – Ereignis – Happy End / Katastrophe / Pointe
> Ereignis – allmähliches Aufdecken der Vorgeschichte (z. B. im Krimi)
> Zielsetzung – Bewährung gegen Widerstände – Erreichen des Ziels oder Scheitern (…)

Das musst du können

**6** Wähle aus den folgenden Tiny Tales von Florian Meimberg den Text aus, der dir am besten gefällt, und schreibe dazu eine Geschichte, in der du die Leerstellen (z. B. Vorgeschichte, Figurencharakteristik, Dialoge, Folgen) ausfüllst.

■ Die junge Hebamme grinste böse, als sie die beiden Armbändchen vertauschte. Der kleine Luke Steel hieß nun Charles Windsor. Und umgekehrt.

■ Mürrisch blickt der alte Indianerhäuptling in die Flammen. Weiße Männer in Schiffen. Lächerlich! Es wurde Zeit für einen neuen Schamanen.

■ „Sorry. Ich hab' einen Freund." Eva log. Der Typ war ihr auf Anhieb unsympathisch. „Schade", murmelte Adam und verschwand wieder im Wald.

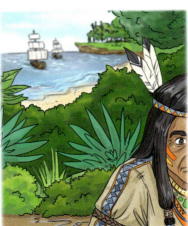

**7** Verfasse selbst eine Kürzestgeschichte nach dem Vorbild der Tiny Tales. Vergleicht eure Geschichten in der Klasse und wählt den besten Text aus.
Kriterien sind u.a.: Möglichkeiten, einen Plot zu erstellen; beabsichtigte Mehrdeutigkeit, Sprach- und Wortwitz, Pointe.

# Katniss' Entscheidung
## Einen Romanauszug untersuchen und deuten

**1** Beschreibt das Filmplakat zum ersten Teil der Trilogie „Die Tribute von Panem". Formuliert Fragen, die sich aus der Darstellung ergeben, und beantwortet sie mithilfe des untenstehenden Textes sowie eigener Kenntnisse.

*Suzanne Collins*
**Die Tribute von Panem – Tödliche Spiele** (2009, Auszug 1)

*Die Romantrilogie „Die Tribute von Panem" von Suzanne Collins spielt in dem totalitären Staat Panem in der Zukunft. Das Land besteht aus dem reichen Kapitol und 13 umliegenden Distrikten. Nach einem Armutsaufstand durch die Distriktbewohner wird der 13. Distrikt vollständig zerstört, die anderen Distrikte müssen zur Erinnerung und Mahnung jedes Jahr zum sogenannten „Tag der Ernte" einen Jungen und ein Mädchen als „Tribute" ausliefern, die sich in den Hungerspielen auf Leben und Tod bekämpfen.*
*Protagonistin der Romane ist die junge Katniss Everdeen, die versucht, ihre Familie über Wasser zu halten und schließlich auf verhängnisvolle Weise in die Hungerspiele einbezogen wird. Der folgende Ausschnitt ist der Beginn des ersten Romans der Trilogie. Er trägt den Titel „Die Hungerspiele".*

Als ich aufwache, ist die andere Seite des Bettes kalt. Ich strecke die Finger aus und suche nach Prims Wärme, finde aber nur das raue Leinen auf der
5  Matratze. Prim muss schlecht geträumt haben und zu Mutter geklettert sein. Natürlich. Heute ist der Tag der Ernte.

Ich stütze mich auf den Ellbogen.
10  Das Licht im Schlafzimmer reicht aus, um die beiden zu sehen. Meine kleine Schwester Prim, auf der Seite zusammengekauert, eingesponnen in Mutters Körper, Wange an Wange. Im
15  Schlaf sieht meine Mutter jünger aus, immer noch erschöpft, aber nicht so resigniert. Prims Gesicht ist frisch wie ein Regentropfen, so lieblich wie die Blume, nach der sie benannt wurde.
20  Primrose, Primel. Meine Mutter war früher auch sehr schön. Zumindest hat man mir das erzählt.

Vor Prims Knien hockt der hässlichste Kater der Welt und hält Wache. Eingedrückte Nase, ein halbes Ohr weg, Au-  [25]
gen von der Farbe eines fauligen Kürbisses. Prim hat ihn Butterblume genannt, sie beharrt darauf, dass das schlammgelbe Fell exakt so aussieht wie die leuchtende Blume. Der Kater  [30]
hasst mich. Misstraut mir zumindest. Obwohl es Jahre her ist, erinnert er sich bestimmt immer noch daran, wie ich versucht habe, ihn in einem Kübel zu ertränken, als Prim ihn mit nach  [35]
Hause brachte. Ein mageres Kätzchen, den Bauch voller Würmer, das Fell ein Tummelplatz für Flöhe. Das Letzte, was ich damals brauchen konnte, war ein weiteres Maul, das gefüttert wer-  [40]
den wollte. Doch Prim hat so lange gebettelt und geweint, dass wir ihn einfach behalten mussten. Es ging gut. Meine Mutter hat ihn von den Parasi-

45 ten befreit und er ist der geborene Mäusejäger. Fängt gelegentlich sogar eine Ratte. Manchmal, wenn ich Wild ausnehme, werfe ich Butterblume die Innereien hin. Dafür faucht er mich

50 nicht mehr an. [...]

Innereien. Kein Gefauche. Näher werden wir uns nie kommen.

Ich schwinge die Beine aus dem Bett und schlüpfe in meine Jagdstiefel.

55 Geschmeidiges Leder, das sich meinen Füßen angepasst hat. Ich ziehe die Hose an, ein Hemd, stopfe meinen langen dunklen Zopf unter eine Mütze und greife nach meiner Provianttasche.

60 Auf dem Tisch, unter einer Holzschüssel, die ihn vor hungrigen Ratten (und Katzen) schützt, liegt ein perfekter kleiner Ziegenkäse, der in Basilikumblätter eingewickelt ist. Den hat Prim

65 mir zum Erntetag geschenkt. Ich stecke den Käse vorsichtig in meine Provianttasche und schlüpfe hinaus.

In unserem Teil von Distrikt 12, genannt der Saum, wimmelt es um diese

70 Zeit normalerweise von Kohlearbeitern, die sich auf den Weg zur Frühschicht machen. Männer und Frauen mit krummen Rücken und geschwollenen Fingerknöcheln, die es schon vor

75 langer Zeit aufgegeben haben, den Kohlenstaub aus ihren brüchigen Nägeln zu schrubben, aus den Falten ihrer eingefallenen Gesichter. Doch heute sind die schwarzen Schlackestraßen

80 leer. Die Fensterläden der gedrungenen grauen Häuser sind geschlossen. Die Ernte beginnt erst um zwei. Da darf man ruhig ausschlafen. Wenn man kann.

85 Unser Haus steht fast am Rand des Saums. Ich muss nur an ein paar Toren vorbei, um auf das verwahrloste Feld zu gelangen, das die Weide genannt wird. Vom Wald wird sie durch einen

90 hohen Maschendrahtzaun mit Sta-

cheldrahtrollen am oberen Ende getrennt, der den gesamten Distrikt 12 umgibt. Theoretisch soll er vierund-zwanzig Stunden am Tag unter Strom

95 stehen, um die Raubtiere abzuhalten, die im Wald leben – Rudel wilder Hunde, einsame Pumas und Bären – und früher unsere Straßen bedroht haben. Aber wir können schon von Glück re-

100 den, wenn wir abends zwei oder drei Stunden Strom haben, und deshalb kann man ihn normalerweise gefahrlos anfassen. Dennoch warte ich immer einen Augenblick ab und lausche auf das

105 Summen, an dem ich höre, dass der Zaun unter Strom steht. Doch jetzt ist er stumm wie ein Stein. Im Schutz eines Gebüschs mache ich mich ganz flach und schlüpfe unter einem zwei

110 Fuß breiten Stück hindurch, das seit Jahren frei liegt. Es gibt noch einige andere Schwachstellen im Zaun, aber die hier befindet sich so nah an unserem Haus, dass ich sie fast immer benutze,

115 wenn ich in den Wald gehe.

Im Schutz der Bäume hole ich einen Bogen und einen Köcher mit Pfeilen aus einem hohlen Stamm. Ob unter Strom oder nicht, der Zaun hat die

Fleischfresser erfolgreich von Distrikt 12 ferngehalten. Innerhalb des Waldes ziehen sie allerdings frei umher und dann muss man sich noch vor Giftschlangen in Acht nehmen, vor tollwütigen Tieren, kaum begehbaren Pfaden. Dafür gibt es Nahrung – vorausgesetzt, man weiß, wo sie zu finden ist. Mein Vater wusste es und er hat mir einiges beigebracht, bevor er durch eine Explosion in der Mine in Stücke gerissen wurde. Da war nichts mehr, was wir hätten begraben können. Ich war damals elf. Heute, fünf Jahre danach, wache ich immer noch davon auf, dass ich ihm zuschreie, er solle wegrennen.

Obwohl das Betreten des Waldes illegal ist und Wilderei die schwersten Strafen nach sich zieht, würden es mehr Leute wagen, wenn sie Waffen hätten. Die meisten sind nicht mutig genug, sich nur mit einem Messer bewaffnet hineinzutrauen. Mein Bogen hat Seltenheitswert, er wurde noch von meinem Vater angefertigt, zusammen mit ein paar anderen, die ich, sorgfältig in wasserdichte Hüllen gewickelt, sicher im Wald versteckt habe. Hätte mein Vater sie verkauft, hätte er viel Geld verdienen können, doch wenn die Beamten dahintergekommen wären, wäre er wegen Anzettelung eines Aufstands öffentlich hingerichtet worden. Die meisten Friedenswächter drücken gegenüber uns wenigen Jägern ein Auge zu, weil sie wie alle anderen nach frischem Fleisch gieren. Sie gehören sogar zu unseren besten Kunden. Aber sie würden nie zulassen, dass jemand den Saum mit Waffen versorgt. [...]

Als ich jünger war, erschreckte ich meine Mutter zu Tode mit dem, was ich über Distrikt 12 sagte; über Panem und die Leute, die unser Land aus der fernen Stadt regieren, die das Kapitol genannt wird. Irgendwann begriff ich, dass uns das nur noch mehr Scherereien einbringen würde. Also lernte ich, meine Zunge zu hüten und eine gleichgültige Maske aufzusetzen, damit niemand meine wahren Gedanken lesen konnte. Lernte, in der Schule still meine Aufgaben zu machen. Auf dem Marktplatz nur höflich über Belangloses zu sprechen. Auf dem Hob, dem Schwarzmarkt, wo ich das meiste Geld verdiene, überhaupt nicht viel zu sagen und nur meinen Handel abzuschließen. Selbst zu Hause, wo ich weniger Rücksicht nehme, vermeide ich die heiklen Themen. Wie die Ernte oder die Lebensmittelknappheit oder die Hungerspiele. Prim könnte es mir ja nachplappern und was sollte dann aus uns werden?

Im Wald wartet der einzige Mensch, bei dem ich sein kann, wie ich bin. Gale. Ich spüre, wie sich meine Züge entspannen und ich schneller werde, während ich die Hügel hinauf zu unserem Ort klettere. Ein Felsvorsprung, der ein Tal überblickt und von einem Dickicht aus Beerensträuchern vor unerwünschten Blicken abgeschirmt ist.

Als ich sehe, dass Gale auf mich wartet, muss ich lächeln. Er sagt, ich lächele niemals, außer im Wald.

„Hallo, Kätzchen", sagt Gale. Eigentlich heiße ich Katniss, aber damals, als ich ihm zum ersten Mal meinen Namen sagte, habe ich ihn nur geflüstert. Und er hat Kätzchen verstanden. Als dann diese verrückte Wildkatze begann, mir in der Hoffnung auf Almosen durch den Wald zu folgen, wurde es Gales offizieller Spitzname für mich. Die Wildkatze musste ich schließlich töten, weil sie das Wild vertrieb. Ich bereute es fast, denn sie war keine schlechte Gesellschaft. Aber für ihr Fell habe ich einen guten Preis erzielt.

„Schau, was ich geschossen habe", sagt Gale und hält einen Laib Brot in die Höhe, in dem ein Pfeil steckt, und ich muss lachen. Es ist echtes Brot aus der Bäckerei, keins von den flachen, festen Broten, die wir aus unseren Getreiderationen backen. Ich nehme es in die Hände, ziehe den Pfeil heraus und halte die Einstichstelle an meine Nase. Ich sauge den Duft ein und merke, wie mir das Wasser im Mund zusammenläuft. Feines Brot wie dieses gibt es nur zu besonderen Anlässen.

„Mmmh, noch warm", sage ich. Er muss schon bei Tagesanbruch in der Bäckerei gewesen sein, um es zu tauschen. „Was hat dich das gekostet?"

„Nur ein Eichhörnchen. Ich glaub, der alte Mann war heute Morgen ein bisschen sentimental", sagt Gale. „Er hat mir sogar Glück gewünscht."

„Tja, heute rücken wir alle ein bisschen enger zusammen, nicht wahr?", sage ich und verdrehe nicht einmal die Augen dabei. „Prim hat einen Käse für uns übrig gelassen." Ich ziehe ihn hervor.

Als er die Leckerei sieht, hellt sich Gales Miene auf. „Danke, Prim. Das wird ein richtiges Festessen." Plötzlich fällt er in den Kapitolakzent und macht Effie Trinket nach, die wahnsinnig gut gelaunte Frau, die jedes Jahr zur Ernte angereist kommt und die Namen verliest. „Fast hätte ich es vergessen! Fröhliche Hungerspiele!" Er zupft ein paar Brombeeren von den Büschen um uns herum. „Und möge das Glück ..." Er wirft eine Brombeere in hohem Bogen in meine Richtung.

Ich fange sie mit dem Mund auf und lasse die feine Haut zwischen den Zähnen zerplatzen. Sofort breitet sich der süßsaure Geschmack auf meiner Zunge aus. „... stets mit euch sein!", beende ich den Satz ebenso schwungvoll. Wir müssen uns darüber lustig machen; die Alternative wäre, vor Angst zu sterben.

**2** Fasse den Inhalt des Romanbeginns in zehn Stichpunkten zusammen. Vergleicht eure Ergebnisse in der Klasse und diskutiert mögliche Unterschiede.

**3** Erstellt mithilfe eines Placemats eine Charakteristik von Katniss. Findet euch dabei in Dreiergruppen zusammen und untersucht arbeitsteilig ...

■ Äußeres und Lebensumstände (Name, Geschlecht, familiäre Situation ...),

■ Verhalten in entscheidenden Situationen,

■ Einstellungen und Meinungen.

Diskutiert, welche Charaktereigenschaften davon abgeleitet werden können, und notiert diese in der Mitte des Placemats. Belegt eure Ergebnisse immer am Text.

→ Hilfe S. 303
**4** Entwirf eine Figurenkonstellation des Romanbeginns. Beziehe auch die erwähnten Tiere ein. Verwende zur Beschreibung der Beziehungen den Wortspeicher.

> **Wortspeicher**
>
> ist befreundet mit – liebt – hasst – duldet – tötet – respektiert – unterdrückt – schätzt – vermisst – schützt – ernährt …

**5** Untersuche die Ausgangssituation in Auszug 1 des Romans weiter und notiere mit relevanten Textstellen, wodurch eine bedrohliche Stimmung immer weiter aufgebaut wird. Leite aus deinen Untersuchungsergebnissen eine Deutungshypothese ab.

**6** Setze den folgenden Textausschnitt fort bzw. formuliere einen ähnlichen Text, indem du deine Deutungshypothese aus Aufgabe 5 durch ein Beispiel am Text belegst. Denke an den Dreischritt: Auffälligkeit – Beleg – Funktion / Wirkung.

> Schon die ersten Sätze des Romans erschaffen eine bedrohliche Stimmung. Diese wird dadurch hervorgerufen, dass „der Tag der Ernte" (Z. 7 f.) durch Prims Albträume als etwas Unheilvolles wahrgenommen wird (vgl. Z. 5–8). So wird beim Leser sofort Spannung und die Erwartung eines einschneidenden Erlebnisses aufgebaut, das die Ich-Erzählerin in eine schwierige Situation bringen wird.

*Suzanne Collins*
**Die Tribute von Panem – Tödliche Spiele** (2009, Auszug 2)

260 In dem Moment, als die Stadtuhr zwei schlägt, betritt der Bürgermeister das Podest und beginnt zu lesen. Jedes Jahr das Gleiche. Er erzählt aus der Ge-
265 schichte von Panem, dem Land, das aus den Trümmern dessen erstand, was einst Nordamerika genannt wurde. Er zählt die Katastrophen auf, die Dürren, die Stürme, die Feuersbrünste, erzählt von dem anschwellenden Meer,
270 das so viel Land geschluckt hat, und erinnert an den brutalen Krieg um die wenige verbliebene Nahrung. Das Ergebnis war Panem mit einem strahlenden, von dreizehn Distrikten umgebenen Kapitol, das seinen Bürgern
275 Frieden und Wohlstand brachte. Dann kamen die Dunklen Tage, der Aufstand der Distrikte gegen das Kapitol. Zwölf wurden besiegt, der dreizehnte ausgelöscht. Der Hochverratsvertrag brachte 280 uns neue Gesetze, die den Frieden sichern sollten; und um uns alljährlich daran zu erinnern, dass die Dunklen Tage sich nie wiederholen dürfen, brachte er uns die Hungerspiele. 285

Die Regeln der Hungerspiele sind einfach. Zur Strafe für den Aufstand muss jeder der zwölf Distrikte ein Mädchen und einen Jungen für die Teilnahme stellen, die sogenannten 290 Tribute. Diese vierundzwanzig Tribute werden in einer riesigen Freilichtarena eingesperrt, bei der es sich um jede Art von Gelände handeln kann, von glühender Wüste bis zu eisiger Ödnis. 295 Über mehrere Wochen hinweg müssen die Konkurrenten einander bis auf den

Tod bekämpfen. Der Tribut, der als letzter übrig bleibt, hat gewonnen.

300 Das Kapitol nimmt die Kinder aus unseren Distrikten fort und zwingt sie dazu, sich gegenseitig zu töten, während wir zusehen – und erinnert uns auf diese Weise daran, dass wir ihm auf 305 Gedeih und Verderb ausgeliefert sind. Dass wir wenig Aussicht hätten, eine weitere Rebellion zu überleben.

Wie sie es auch verpacken, die eigentliche Botschaft ist klar. »Seht, wir 310 nehmen euch eure Kinder und opfern sie und ihr könnt nichts dagegen tun. Wenn ihr auch nur einen Finger hebt, werden wir euch bis auf den letzten Mann vernichten. So wie wir es mit Di- 315 strikt 13 gemacht haben.« Damit es für uns erniedrigend und qualvoll zugleich ist, verlangt das Kapitol, dass wir die Hungerspiele wie ein Fest feiern, ein Sportereignis, bei dem sich die Distrik- 320 te miteinander messen. Den überlebenden Tribut erwartet zu Hause ein sorgloses Leben und sein Distrikt wird mit Preisen überhäuft, die weitgehend aus Lebensmitteln bestehen. Das ganze 325 Jahr hindurch wird das Kapitol den Siegerdistrikt mit Getreide und Öl und sogar mit Leckereien wie Zucker überhäufen, während alle Übrigen gegen den Hunger kämpfen.

330 »Eine Zeit der Reue und des Dankes zugleich«, predigt der Bürgermeister.

Dann verliest er die Liste der letzten Gewinner aus Distrikt 12. In dreiundsiebzig Jahren waren es genau zwei. 335 Nur einer von ihnen lebt noch. Haymitch Abernathy, ein dickbäuchiger Mann im mittleren Alter, der in diesem Augenblick erscheint, etwas Unverständliches schreit, auf die Bühne 340 wankt und sich auf den dritten Stuhl fallen lässt. Er ist betrunken. Sehr. Die Menge antwortet mit höflichem Applaus, aber er ist verwirrt und versucht,

Effie Trinket zu umarmen, was sie nur mit großer Mühe abwehren kann. 345

Der Bürgermeister schaut gequält drein. Da das Ganze im Fernsehen übertragen wird, ist Distrikt 12 in diesem Moment das Gespött von ganz Panem und er weiß es. Schnell versucht 350 er, die Aufmerksamkeit zurück auf die Ernte zu lenken, indem er Effie Trinket vorstellt.

Gut gelaunt und lebhaft wie immer trabt Effie Trinket aufs Podest und sagt 355 ihren Spruch auf: »Fröhliche Hungerspiele! Und möge das Glück stets mit euch sein!« Bei dem rosa-farbenen Haar muss es sich um eine Perücke handeln, denn seit Haymitchs Umar- 360 mung ist ihre Lockenpracht leicht verrutscht. Sie lässt sich noch ein bisschen darüber aus, welche Ehre es sei, hier sein zu dürfen, obwohl jeder weiß, dass sie nur den Sprung in einen besseren 365 Distrikt schaffen will, wo sie echte Sieger haben, keine Betrunkenen, die einen vor dem ganzen Land anpöbeln.

Durch die Menge hindurch erkenne ich Gale, der mit dem Anflug eines Lä- 370 chelns meinen Blick erwidert. Dieser Teil der Ernte hat wenigstens einen gewissen Unterhaltungswert. Aber plötzlich denke ich an Gale und seine zweiundvierzig Namen in der großen 375 Glaskugel und dass seine Chancen im Vergleich mit den meisten anderen Jungen nicht gut stehen. Und vielleicht denkt er das Gleiche über mich, denn seine Miene verdüstert sich und er 380 wendet sich ab. »Aber da sind doch noch Tausende anderer Zettel«, möchte ich ihm zuflüstern.

Die Zeit der Ziehung ist gekommen. Effie Trinket sagt, was sie immer sagt: 385 »Ladies first!«, und geht hinüber zu der Glaskugel mit den Mädchennamen. Sie greift hinein, taucht ihre Hand tief in die Kugel und zieht einen Zettel her-

390 aus. Die Menge hält den Atem an, man könnte eine Stecknadel fallen hören, und ich fühle mich elend und hoffe inbrünstig, dass es nicht mein Name ist, nicht mein Name, nicht mein Name.

Effie Trinket geht zurück zum Podest, streicht den Zettel glatt und verliest mit klarer Stimme den Namen. Es ist nicht mein Name. 395

Es ist Primrose Everdeen.

**7** Deute das Ende des ersten Kapitels.

■ Erkläre den Konflikt, der sich ergibt.

■ Sammle verschiedene Lösungsmöglichkeiten.

■ Erkläre textnah, warum das Ende des ersten Kapitels einen Wendepunkt in Katniss' Leben darstellt.

**8** Ergänze die bereits gewonnen Informationen über den Roman, indem du den Inhalt des abgedruckten Auszugs aus dem ersten Kapitel in einem Schaubild darstellst.

**9** Sammle Textstellen, die zeigen, dass „Die Tribute von Panem" ein dystopischer Roman ist. Nutze die Hinweise im Kasten.

**Das musst du wissen**

**Dystopische Literatur**

Eine **Dystopie** ist ein fiktionaler Text oder ein Film, der im Gegensatz zur optimistisch geprägten **Utopie** eine negative oder bedrohliche Zukunftsvision entwirft. Meist wird eine Gesellschaft gezeigt, die von Unfreiheit des Einzelnen und Totalitarismus gekennzeichnet ist. Bekannte Dystopien sind z. B. der Film „Matrix" von den Wachowski Brothers oder die Romane „1984" von George Orwell und „Schöne neue Welt" von Aldous Huxley.

**10** Diskutiert in der Klasse: Welche Elemente des Romans könnten tatsächlich eine Zukunftsvision darstellen, an welchen Stellen ist die Geschichte eher unglaubwürdig?

**11** Die Trilogie „Die Tribute von Panem" wurde einerseits preisgekrönt, andererseits aber auch stark kritisiert. Lies die beiden Auszüge aus Rezensionen und formuliere jeweils in einem Satz das entscheidende Lob bzw. die Hauptkritikpunkte.

**Literaturkritik: Collins, Suzanne: Die Tribute von Panem 1. Tödliche Spiele**

[...] Mit Katniss und Peeta verfügt der Roman über ausführlich charakterisierte Identifikationsfiguren sowohl für Mädchen als auch für Jungen. Problematisch ist allerdings, dass durch die [...] Erzählperspektive eine starke Fokussierung auf die Protagonistin stattfindet, die eine neben der Identifikation ebenso wünschenswerte Distanzierung erschwert. [...] Problematisch wird das Buch [...] bei einer eindimensionalen Lektüre, die sich auf die vordergründige Handlung beschränkt, und zwar vor allem aufgrund der unreflektierten Darstellung von Gewalt. Seine Eignung als Lektüre für Jugendliche ist daher äußerst fragwürdig.

*Dr. phil. Iris Mende, www.kinderundjugendmedien.de, 22.11.2012*

**Buchbesprechung: Suzanne Collins „Die Tribute von Panem. Tödliche Spiele"**

[...] Suzanne Collins' Buch ist – das muss festgehalten werden – ein überraschend guter Roman mit Fantasy- und Science-Fiction-Elementen. Er spielt in einer anderen Welt und hat Spannung, aber er bleibt nicht dabei stehen, sondern enthält auch in Ansätzen so etwas wie Gesellschaftskritik. Denn welches Brimborium um die Teilnehmer an den Hungerspielen gemacht wird, das kann man auch als ernsthafte Persiflage[1] oder Kritik an dem Medienrummel um Fernsehsendungen wie „Deutschland such den Superstar" oder „Big Brother" ansehen: Der Zuschauer sitzt entspannt im Sessel und ergötzt sich an den tragischen Schicksalen auf dem Bildschirm. [...]

*Ulf Cronenberg, www.jugendbuchtipps.de, 04.11.2009*

[1] **Persiflage, die:** geistreiche Verspottung, ironisierende Darstellung

**Rezension**

Das musst du wissen

Eine Rezension ist eine (positive oder negative) Kritik zu einem Text, einem Buch, einem Theaterstück oder einem Film. In der Regel ist eine Rezension folgendermaßen aufgebaut: Zunächst wird der Inhalt zur Information des Lesers kurz zusammengefasst. Darauf folgt eine wertende Besprechung, d. h. die (begründete) Darstellung der gelungenen oder misslungenen Aspekte des Werks. Am Ende steht ein kurzes Fazit.

**12** Verfasse eine Rezension zu dem abgedruckten Romanauszug. Gehe dabei auf deiner Meinung nach gelungene und weniger ansprechende Seiten von Inhalt, Gestaltung und Sprache ein.

# Was DU schon kannst!

## Kompetenztest

*Wolfgang Borchert*
**Die Küchenuhr (1947)**

Sie sahen ihn schon von weitem auf sich zukommen, denn er fiel auf. Er hatte ein ganz altes Gesicht, aber wie er ging, daran sah man, daß er erst zwanzig war. Er setzte sich mit seinem alten Gesicht zu ihnen auf die Bank. Und dann zeigte er ihnen, was er in der Hand trug.

Das war unsere Küchenuhr, sagte er und sah sie alle der Reihe nach an, die auf der Bank in der Sonne saßen. Ja, ich habe sie noch gefunden. Sie ist übriggeblieben.

Er hielt eine runde tellerweiße Küchenuhr vor sich hin und tupfte mit dem Finger die blaugemalten Zahlen ab. […]

Die auf der Bank in der Sonne saßen, sahen ihn nicht an. Einer sah auf seine Schuhe und die Frau sah in ihren Kinderwagen. Dann sagte jemand:

Sie haben wohl alles verloren?

Ja, ja, sagte er freudig, denken Sie, aber auch alles! Nur sie hier, sie ist übrig. Und er hob die Uhr wieder hoch, als ob die anderen sie noch nicht kannten.

Aber sie geht doch nicht mehr, sagte die Frau.

Nein, nein, das nicht. Kaputt ist sie, das weiß ich wohl. […] Das Schönste kommt nämlich noch: Denken Sie mal, sie ist um halb drei stehengeblieben. Ausgerechnet um halb drei, denken Sie mal.

Dann wurde Ihr Haus sicher um halb drei getroffen, sagte der Mann und schob wichtig die Unterlippe vor.

Das habe ich schon oft gehört. Wenn die Bombe runtergeht, bleiben die Uhren stehen. Das kommt von dem Druck.

Er sah seine Uhr an und schüttelte überlegen den Kopf. Nein, lieber Herr, nein, da irren Sie sich. […] Um halb drei kam ich nämlich immer nach Hause. Nachts, meine ich. […]

Dann hatte ich natürlich Hunger, nicht wahr? Und ich ging immer gleich in die Küche. […]

Und dann, dann kam nämlich meine Mutter. Ich konnte noch so leise die Tür aufmachen, sie hat mich immer gehört. […]

Und dann machte sie mir das Abendbrot warm und sah zu, wie ich aß. […]

Es war mir so selbstverständlich. Das alles war doch immer so gewesen. […]

Und jetzt? Er sah die anderen an. Aber er fand sie nicht. Da sagte er der Uhr leise ins weißblaue runde Gesicht: Jetzt, jetzt weiß ich, daß es das Paradies war. Das richtige Paradies. Auf der Bank war es ganz still. Dann fragte die Frau: Und Ihre Familie? Er lächelte sie verlegen an: Ach, Sie meinen meine Eltern? Ja, die sind auch mit weg. Alles ist weg. Alles, stellen Sie sich vor. Alles weg. […]

Dann sagte er nichts mehr. Aber er hatte ein ganz altes Gesicht. Und der Mann, der neben ihm saß, sah auf seine Schuhe. Aber er sah seine Schuhe nicht. Er dachte immerzu an das Wort Paradies.

**1** Vervollständige den folgenden Text.

*Bei der Erzählung „Die Küchenuhr" von W. Borchert handelt es sich um eine …,
denn Anfang und Ende sind offen. Auf der Handlungsebene wird erzählt, wie ….
Grundsätzlich geht es um …*

■ Inhalt, Handlung und Aufbau erfassen

**2** Notiere Erzählform, Erzählperspektive und Erzählverhalten der Geschichte.

**+** Schreibe einen Abschnitt im Dialog so um, dass der junge Mann allein auf der Bank sitzt und seine Erlebnisse im inneren Monolog Revue passieren lässt.

■ Die Erzählinstanz untersuchen und variieren

**3** Beschreibe den Satzbau und die Wortwahl in den Zeilen 1–6 und erkläre, warum die sprachliche Gestaltung typisch für die Gattung der Kurzgeschichte ist.

■ Merkmale einer Kurzgeschichte kennen

**4** Wähle eine Information aus dem Textauszug unten und notiere, welche Textstelle aufgrund der Information nun besser verständlich wird:

*Die Information, dass … lässt sich auf die Textstelle beziehen, in der …
Erst durch die Information versteht man, dass …*

■ Zusatzinformationen für das Textverständnis nutzen

> Der Journalist und Schriftsteller Wolfgang Borchert (1921–1947) gilt als ein wesentlicher Wegbereiter der deutschsprachigen Kurzgeschichte und der sogenannten „Trümmerliteratur". Als Soldat im Zweiten Weltkrieg psychisch und körperlich versehrt, kehrt er im Jahr 1944 in seine völlig zerstörte Heimatstadt Hamburg zurück. Seine Texte werden zu einem Zeugnis des radikalen Verlustes und der zunächst fehlenden Zukunftsperspektive der jungen Generation.

**5** Schreibe eine kurze Rezension zu der Geschichte „Die Küchenuhr". Orientiere dich an folgendem Aufbau sowie bei Bedarf an den sprachlichen Versatzstücken.

■ Eine Rezension verfassen

**a)** Zusammenfassung
junger Mann – blauweiße Küchenuhr – bei einem Bombenangriff alles verloren – nach und nach – Gespräch mit anderen Leuten, die auf einer Bank sitzen – Eltern – Selbstverständlichkeit – Alltag – Paradies – erkennen

**b)** Besprechung
(nicht / teilweise) gelungen – sprachliche Gestaltung – Wendepunkt – Gegensatz Alltäglichkeit – schreckliches Erlebnis – Psychologie – traumatische Erfahrung …

**6** Entwirf in Stichpunkten einen Plot zu dieser Kürzestgeschichte.

■ Handlungsstrukturen kennen

### Florian Meimberg (2011)

Er blickte in die leeren Mienen der jungen Krieger. Seiner Privatarmee. Das Signal ertönte. Große Pause. Die 5b war jetzt bereit.

# Wenn Worte meine Sprache wären

## Liebeslyrik verstehen und deuten

1. Dem Sänger im Lied fehlen scheinbar die richtigen Worte, um seine Gefühle auszudrücken. Fasse die Kernaussagen des Songs zusammen.

2. Notiere Gründe, weshalb es Menschen schwerfällt, die richtigen Worte für ihre Gefühle zu finden. Tauscht euch anschließend gemeinsam über eure Ergebnisse aus.

3. Sammelt weitere Situationen, in denen Menschen „die Worte fehlen" können.

4. Beschreibe, wie die Sprachlosigkeit im Musikvideo zum Ausdruck gebracht wird.

Link: 11039–34

**Tim Bendzko**

# ♥ Wenn Worte meine Sprache wären (2011)

Wenn Worte meine Sprache wären
Ich hätt' dir schon gesagt
In all den schönen Worten
Wie viel mir an dir lag
Ich kann dich nur ansehen
Weil ich dich wie eine Königin verehr
Doch ich kann nicht auf dich zugehen
Weil meine Angst den Weg versperrt

Mir fehlen die Worte ich
Hab' die Worte nicht
Dir zu sagen was ich fühl'
Ich bin ohne Worte ich
Finde die Worte nicht
Ich hab' keine Worte für dich

[...]
Wenn Worte meine Sprache wären
Ich hätt' dir schon gesagt
Wie gern ich an deiner Seite wär'
Denn du bist alles, alles was ich hab
Ich kann verstehen, dass es dir nicht leicht fällt
Du kannst nicht hinter die Mauer sehen
Aber ich begreife nicht, dass es dich so kalt lässt
Dir könnt' der Himmel auf Erden entgehen
Der Himmel auf Erden

[...]
Du bist die Erinnerung an Leichtigkeit
Die ich noch nicht gefunden hab'
Der erste Sonnenstrahl
Nach langem Regen
Die die mich zurück holt
Wenn ich mich verloren hab'
Und wenn alles leise ist, dann ist deine Stimme da

Kennst du das? Du empfindest und fühlst etwas ganz intensiv. Dennoch ist es dir fast unmöglich, deine Gefühle auszusprechen? Gerade in der Liebe und in Beziehungen geht es vielen Menschen so. Poesie kann dabei manchmal hilfreich sein. So lernst du in diesem Kapitel, …

… Themen, Motive und Wirkung von Liebesgedichten wahrzunehmen,
… den Zusammenhang von Gestaltung und Wirkung zu beschreiben,
… Bilder, Symbole und Metaphern in Gedichten wahrzunehmen und zu deuten,
… Liebesgedichte aus anderen Zeiten zu verstehen,
… kreativ mit lyrischer Sprache umzugehen.

# Liebe ist …
## Themen, Motive und Wirkung von Liebesgedichten wahrnehmen

**1** Lies die Gedichte. Wähle dasjenige Gedicht aus, das dich persönlich am meisten anspricht. Bereite eine Begründung vor.

**A** *Ulla Hahn*
**Nie mehr** (1988)

Das hab ich nie mehr gewollt
um das Telefon streichen am Fenster stehn
keinen Schritt aus dem Haus gehn Gespenster sehn
Das hab ich nie mehr gewollt
Das hab ich nie mehr gewollt
Briefe die triefen schreiben zerreißen
mich linksseitig quälen bis zu den Nägeln
Das hab ich nie mehr gewollt
Das hab ich nie mehr gewollt
Soll der Teufel dich holen.

**B** *Johann Wolfgang Goethe*
**Rastlose Liebe** (1776)

Dem Schnee, dem Regen,
Dem Wind entgegen,
Im Dampf der Klüfte,
Durch Nebeldüfte,
Immer zu! Immer zu!
Ohne Rast und Ruh!

Lieber durch Leiden
Möcht ich mich schlagen,
Als so viel Freuden
Des Lebens ertragen.
Alle das Neigen
Von Herzen zu Herzen,
Ach, wie so eigen
Schaffet das Schmerzen!

Wie – soll ich fliehen?
Wälderwärts ziehen?
Alles vergebens!
Krone des Lebens,
Glück ohne Ruh,
Liebe, bist du!

**C** *Reiner Kunze*
**Rudern zwei** (1960)

Rudern zwei
ein boot,
der eine
kundig der sterne,
der andre
kundig der stürme,
wird der eine
führn durch die sterne,
wird der andere
führn durch die stürme,
und am ende, ganz am ende
wird das meer in der erinnerung
blau sein.

**D** *Heinrich Heine*
**Ein Jüngling liebt ein Mädchen**
(1822)

Ein Jüngling liebt ein Mädchen,
Die hat einen andern erwählt;
Der andre liebt eine andre
Und hat sich mit dieser vermählt.

Das Mädchen heiratet aus Ärger
Den ersten besten Mann,
Der ihr in den Weg gelaufen;
Der Jüngling ist übel dran.

Es ist eine alte Geschichte,
Doch bleibt sie immer neu;
Und wem sie just passieret,
Dem bricht das Herz entzwei.

**2** Beschreibe die Wirkung des von dir ausgewählten Gedichts mithilfe des Wortspeichers genauer. Begründe deine Wahrnehmungen an einzelnen Textstellen.

> **Wortspeicher**
>
> angenehm – anregend – außergewöhnlich – ängstlich – beeindruckend –
> belebend – beliebig – berauschend – berechenbar – ehrlich – einfühlend –
> erdrückend – fesselnd – frei – gefühlvoll – leidenschaftlich – malerisch –
> romantisch – schön – traurig – treu – unbeschwert – verlockend / verführerisch

**3** Ergänze den Satz passend zu „deinem" Gedicht: *Liebe ist …*

**4** Welches Bild passt zu deiner Wahrnehmung? Suche ein Bild in einer Zeitschrift oder im Internet, das zu dem Gedicht passt. Bereite auch hierzu eine Begründung vor.

**5** Bereitet zu zweit einen wirkungsvollen Vortrag des Gedichts vor. Tragt euch die Gedichte vor und gebt euch Feedback.  → Hilfe S. 303

> **So nimmst du die Wirkung von Gedichten wahr**
>
> Lies das Gedicht mehrfach in Ruhe und lasse es in dir klingen. Achte darauf, welche Eindrücke und Stimmungen einzelne Verse in dir wecken. Tausche dich – wenn möglich – mit anderen aus und präzisiere deine eigene Wahrnehmung dabei. Ein Gedichtvortrag sollte deine Wahrnehmungen ebenfalls ausdrücken: Gestalte Lautstärke, Betonungen, Pausen, Vortragstempo sowie Gestik und Mimik so, dass sie zu den Aussagen und Wirkungen der einzelnen Verse passen.

Das kannst du bereits

**6** Findet das Gedicht die „richtigen Worte", um ein intensives Gefühl auszusprechen?

🟦 Vergib eine Schulnote zu dieser Frage und begründe deine Antwort kurz.

🟧 Notiere Textstellen, an denen ein Gefühl „vermittelt" wird. Notiere das Gefühl.

⬛ Übertrage eine Textstelle in eine unpoetische Alltagssprache. Prüfe daran, ob es dem Gedicht besser gelingt, das „Unsagbare zu sagen".

# Herz, mein Herz ...
## Den Zusammenhang von Gestaltung und Wirkung beschreiben

Hörtext:
11039–36

**1** Lausche dem Gedichtvortrag. Schließe dabei die Augen. Notiere anschließend deine ersten Eindrücke: Welche „Bilder" sind bei dir entstanden? Welche Stimmung und welche Atmosphäre hast du empfunden und wahrgenommen?

**2** Fasse den Inhalt zusammen: Wovon wird erzählt? Welche Aspekte des Themas *Liebe* nimmst du wahr? Formuliert auch eine schriftliche Deutungshypothese (→ S. 117, 122f.).

*Joseph von Eichendorff*
**Neue Liebe** (1837)

Herz, mein Herz, warum so fröhlich,
So voll Unruh und zerstreut,
Als käm über Berge selig
Schon die schöne Frühlingszeit?

Weil ein liebes Mädchen wieder
Herzlich an dein Herz sich drückt,
Schaust du fröhlich auf und nieder,
Erd und Himmel dich erquickt

Und ich hab die Fenster offen,
Neu zieh in die Welt hinein
Altes Bangen, altes Hoffen!
Frühling, Frühling soll es sein!

[...]

Also schlendr' ich durch die Gassen,
Menschen gehen her und hin,
Weiß nicht, was ich tu und lasse,
Nur, dass ich so glücklich bin.

**3** Arbeitet zu zweit: Erörtert, welche vierte Strophe von **A–D** die richtige ist und welche Strophen nicht passen. Bereitet eine Begründung vor, die den Inhalt und die Form berücksichtigt.

**A** Still kann ich hier nicht mehr bleiben,
Durch die Brust ein Singen irrt,
Doch zu licht ist's mir zum Schreiben,
Und ich bin so froh verwirrt.

**B** Im Stillen kann ich heute nicht mehr bleiben
Durch meine Brust ein Lied irrt,
Doch zu unruhig bin ich zum Schreiben,
froh und verwirrt.

**C** Still kann ich hier nicht mehr bleiben,
Und zu licht ist's mir zum Schreiben,
Durch die Brust ein Singen irrt,
Und ich bin so froh verwirrt.

**D** Still muss heut' mein Herze bleiben,
Tiefe Trauer mich verwirrt,
Seelennacht lähmt Dichters' Schreiben,
Einsam er durchs Leben irrt.

**4** Analysiert und beschreibt das Gedicht in Partnerarbeit nun genauer. Führt die Ergebnisse
aus Aufgabe 3 weiter aus und nutzt die Hinweise im Kasten.

🟦 Notiert die Anzahl der Strophen und Verse. Bestimmt das Reimschema,

🟧 bestimmt das Metrum: Stellt die erste Strophe dazu auch durch Silbenkreuze dar,

⬜ prüft die Regelmäßigkeit der Gedichtform und notiert euer Ergebnis samt Belegen.

---

### So analysierst und beschreibst du Gedichte

Das kannst
du bereits

Wie bei der erzählenden Literatur (Epik) und der Bühnenliteratur (Dramatik) lassen sich
auch für die Form und Sprache von Gedichten (Lyrik) wiederkehrende Kennzeichen
benennen. Der analytische Blick auf ein Gedicht kann deine Begegnung mit dem Text
noch intensivieren. Wiederkehrende – aber nicht notwendige – Kennzeichen von
Gedichten sind etwa:

- **verdichtete/verkürzte Darstellung** von Ereignissen, Wahrnehmungen und Urteilen
- wirkungsvolle Vermittlung von **Stimmungen**
- Gliederung des Textes in **Strophen** und **Verse**
- Formulierung in einem bestimmten **Metrum** (Versmaß)
- **Reime** am Versende
- Verwendung von **Personifikationen, Metaphern** und **Vergleichen**

**Reimschema und Metrum** lassen sich genauer beschreiben:

- Reimschemata: Paarreime (aabb), Kreuzreime (abab), umarmende Reime (abba).
- Metren: Jambus (x×́x×́), Trochäus (×́x×́x), Daktylus (×́xx×́xx), Anapäst (xx×́xx×́);
  Bei einem unregelmäßigen Wechsel von betonten und nicht betonten Silben spricht
  man von einem „freien Rhythmus".

Prüfe jeweils, ob die formale Gestaltung des Gedichts zu seinem Inhalt und zu seiner
Stimmung passt. Aufregung oder Unruhe könnten zum Beispiel in einem unregelmäßigen Metrum abgebildet werden.

→ Hinweise zum
Verfassen einer
erweiterten Inhalts-
zusammenfassung:
Kapitel 5

---

**5** In der Klasse wird über den Zusammenhang von Form und Stimmung diskutiert.
Positioniere dich, indem du den jeweiligen Satz ergänzt.

„Das ist doch Unsinn! Form
und Stimmung passen gar
nicht zusammen, denn ..."

„Ich denke, die Form passt
wunderbar zur Stimmung
des Gedichts, weil ..."

**6** Verfasse für den Literaturblog deines Freundeskreises eine Inhaltszusammenfassung des
Gedichts. Gehe auch auf den Zusammenhang von Stimmung und Gestaltung ein.

# Unsagbares sagen

## Bilder, Symbole und Metaphern in Gedichten wahrnehmen und deuten

eine Fahrt auf der Achterbahn.

ein grippaler Infekt.

ein Rosenstrauch.

ein Kompass auf hoher See.

**Liebe ist ...**

eine Tasse warmer Kakao.

**1** Die Klasse hat Metaphern für *Liebe* gesammelt. Erklärt, welche Erscheinungsformen und Eigenschaften jeweils gemeint sein könnten. Sammelt weitere Metaphern.

**2** Lies das folgende Gedicht zunächst auf einer wortwörtlichen Ebene: Fasse seinen Inhalt zusammen. Erkläre dann, inwiefern es sich um ein Liebesgedicht handelt.

*Conrad Ferdinand Meyer*
**Zwei Segel** (1882)

Zwei Segel erhellend
Die tiefblaue Bucht!
Zwei Segel sich schwellend
Zu ruhiger Flucht!

Wie eins in den Winden
Sich wölbt und bewegt,
Wird auch das Empfinden
Des andern erregt.

Begehrt eins zu hasten,
Das andre geht schnell,
Verlangt eins zu rasten,
Ruht auch sein Gesell.

**3** Erkläre die verwendeten Metaphern in dem Gedicht genauer. Nutze die Tabelle.

| im Gedicht | Eigenschaften | können stehen für ... in der Liebe |
|---|---|---|
| zwei Segel | harmonisch nebeneinander von der Bewegung her | |
| tiefblaue Bucht | | Mischung aus Geborgenheit/ Sicherheit und Offenheit/ Herausforderung |

**4** Der Metaphern-Schieber hilft dir dabei, eigene Verse im Stil des Gedichts „Zwei Segel" zu gestalten. Ergänze für jedes Kärtchen zwei weitere passende Formulierungen. Gestalte mindestens ein neues Verspaar und …

🟦 … notiere eine kurze Erklärung der Metapher.

🟧 … umschreibe zusammenfassend, wie das Gedicht fortgesetzt werden könnte.

⬛ … verfasse weitere Gedichtverse und -strophen im Stil des Originalgedichts.

| | | |
|---|---|---|
| Zwei Fahnen | … | |
| Zwei Segel | weit strahlend | die tiefblaue Bucht |
| Zwei Bäume | erhellend | im … |
| Zwei Kerzen | sich wiegend | im stürmischen Wind |
| Zwei … | … | … |

**5** Übertrage die Aussagen von „Zwei Segel" in einen Text, der die Harmonie eines Paars beschreibt, ohne Sprachbilder zu benutzen. Orientiere dich an folgendem Textanfang. Vergleiche die Wirkung deines Textes mit der des Gedichts.

*Die beiden fallen schon von Weitem auf.*
*Sie wirken sehr fröhlich und sympathisch.*
*Der Betrachter kann gut erkennen, dass sie*
*zusammengehören.*

**6** Hans-Peter Kraus verwendet Metaphern aus dem Bereich der Astronomie. Erkläre zunächst, welcher Eindruck damit insgesamt bei dir entsteht. Nutze dann die Tabelle auf der nächsten Seite zur weiteren Deutung der einzelnen Sprachbilder.

*Hans-Peter Kraus*
**Liebesrausch** (2015)

Als ich dich das erste Mal sah,
raste mein Herz durch einen Tunnel
ins Licht.

Als ich dich das erste Mal küsste,
hob mein Hirn von der Startbahn ab und
durchbrach die Schallmauer.

Als ich dich das erste Mal liebte,
flog jede Zelle meines Körpers mit
Überlichtgeschwindigkeit bis ans Ende des Universums
und wieder zurück.

Jetzt lieg ich hier
neben dir,
ich bin das Weltall
und du die Sterne darin,
und die schwarzen Löcher
lächeln uns an
in ihren rosa Tüllröckchen.

Tabelle zu Aufgabe 6:

| So steht es im Gedicht: | Damit soll ausgedrückt werden: |
|---|---|
| *... raste mein Herz durch einen Tunnel ins Licht ...* | ... es war eine intensive „Liebe auf den ersten Blick"<br>... lyr. Ich konnte sich nicht wehren, alles ging sehr schnell<br>... es gab keinen Ausweg oder Umweg<br>... |
|  |  |

**7** Die Metaphern in dem Gedicht „Liebesrausch" sind teilweise schwer zu deuten und zu erklären. Wählt einzelne Metaphern und erörtert in der Klasse, warum euch die Deutung schwerfiel.

**8** Arbeitet zu zweit: Prüft unterschiedliche Möglichkeiten, sich „beide Hände zu geben". Notiert dann möglichst viele Eindrücke, die mit der Geste verbunden werden können.

**9** Lies das Gedicht von Friederike Mayröcker. Erkläre die Bedeutung des Händegebens und beschreibe das Thema und die Stimmung des Gedichts.

**10** Nutze den Kasten auf der rechten Seite und erkläre, inwiefern es sich bei der Geste „beide Hände gegeben" um ein Symbol handelt.

*Friederike Mayröcker*
**falsche Bewegung** (1982)

gestern
beim Auseinander-
gehen haben wir uns
beide Hände
gegeben –
aber nicht die Lippen
zum Kuss –
eine plötzlich erstarrte
Umarmung?
frage ich mich
ruhelos
und in Tränen
du blickst
ohne Lächeln
über die Schulter zurück

**11** Gestalte eine ausführliche Gedankenblase zu den Gedanken und Gefühlen des lyrischen Ichs kurz nach der Verabschiedung.

*Heiner Müller*

**Ich kann dir die Welt nicht zu Füßen legen** (1992)

Ich kann dir die Welt nicht zu Füßen legen
Sie gehört mir nicht. Ich werde dir keinen Stern
Pflücken:
Ich habe kein Geld für Blumen und keine Zeit
Verse zu machen nur für dich: mein Leben
Wird so und so zu knapp sein für ein ganzes.
Wenn ich dir sage: für dich werd ich alles tun
Werde ich dir eine Lüge sagen. (Du weißt es)
Ich liebe dich mit meiner ganzen Liebe.

**12** Notiere die Metaphern und Symbole, die in Heiner Müllers Gedicht vorkommen.
Erkläre ihre Bedeutung kurz.

**13** Erkläre den letzten Vers des Gedichts. Beziehe ein, welche Aussagen Müller zu den
Sprachbildern macht.

---

**So deutest du sprachliche Bilder**

Lyrische Sprache drückt Gefühle und Stimmungen auch durch eine bildhafte Sprachverwendung aus. Nimm zuerst die Stimmung und das Thema des Gedichts wahr, versuche
dann, dir die Bilder bewusst zu machen und diese zu entschlüsseln:

Bei **Metaphern** werden Besonderheiten von Gegenständen oder Lebewesen durch
Wörter beschrieben, die eigentlich zu einem anderen Gegenstand gehören.
**Vergleiche** ähneln Metaphern, enthalten aber Vergleichswörter (*als, wie*).

**Symbole** können Gegenstände, Farben oder Tiere sein, die oft mehrfach konkret in
einem Text vorkommen, dabei aber auch über sich hinausweisen und für einen abstrakten, nicht sichtbaren Sachverhalt stehen. Symbole können viel- und mehrdeutig sein.
Der Zusammenhang zwischen Symbol und Gemeintem ist nicht immer unmittelbar
erkennbar. Oft benötigt man Vorwissen (z. B. *Taube* als Symbol für *Frieden*).

**Das musst
du können**

---

**14** Der folgende Kommentar wurde auf einer Lyrikseite im Internet gepostet. Formuliere einen
Gegenkommentar, indem du auf die Bedeutsamkeit von Sprachbildern in Gedichten eingehst.

💬 **JulieMeiers8a:** „Mein Gott, wie gestellt und krampfhaft doch Dichter mit unver-
ständlichen Sprachbildern spielen. Was soll das?! Das können die doch auch ganz
einfach haben, wenn die direkt sagen, was sie denken. Dann versteht es der Rest der
Welt auch wenigstens!"

# Die süße Ruh soll mir das Liebste seyn …
## Liebesgedichte aus anderen Zeiten lesen und verstehen

*Catherina Regina von Greiffenberg*
**Gegen Amor** (1675)

Der kleine Wüterich mag mit den Pfeilen spielen
und tändeln, wie er will: er gewinnet mir nichts ab,
weil gegen seine Pfeil ein Demant Herz ich hab.
Er machet mich nicht wund, ich darf nit Schmerzen fühlen.

Er mag mit tausend List auf meine Freyheit zielen.
Ihm ich, dem blinden Kind, ein Zucker-Zeltlein gab:
er meint´, es wär mein Herz. O leicht-geteuschter Knab!
Ich will mein Mütlein noch an deiner Einfalt kühlen.

Schau, wie gefällt dir das! trotz, spräng mir diesen Stein
mit deinem goldnen Pfeil. Der Lorbeer soll mich zieren,
nicht deine Dornen-Ros' und Myrten-Sträuchelein.

Du meinst es sey nur Scherz, ich wolle mich vexiren.
Nein! nein! die süße Ruh soll mir das Liebste seyn,
mein dapfers Herz soll nichts als Ruh und Freyheit spüren.

> **Hörtext:**
> **11039–37**

**1** Höre dir das Gedicht zweimal an. Tauscht euch dann in Partnerarbeit aus und bereitet eine erste Erklärung vor: Was habt ihr schon verstanden? Welche Fragen habt ihr noch?

**2** Lest nun das Gedicht. Nutzt die Worterklärungen und präzisiert eure ersten Ideen zum Verständnis.

> **tändeln:** flirten, spielerisch drängeln
> **Demant:** Diamant
> **Myrte:** Pflanze, Symbol der Liebe und des Heiratens
> **vexiren:** verirren, verführen lassen

**3** Übertragt die Aussagen des lyrischen Ichs in eine heute verständlichere Sprache. Diskutiert in der Klasse, ob ihr das lyrische Ich eher als eine Sprecherin oder als einen Sprecher wahrnehmt.

**4** Das Gedicht folgt einem zeittypischen Aufbaumuster. Stelle seinen Aufbau schematisch dar: Notiere Kreuze samt Betonungszeichen für die einzelnen Silben, notiere kleine Buchstaben für die Reimwörter.

**5** Tauscht euch noch einmal aus: Spricht euch das Gedicht an? Unterscheidet es sich im Umgang mit dem Thema „Liebe" grundsätzlich von den anderen Gedichten?

**6** Nutze den Informationskasten und deute das Gedicht „Gegen Amor":

- Ordne das Gedicht begründet der dargestellten Epoche zu.

- Nenne drei Verse, an denen du Zeittypisches ablesen kannst.

- Ist das Gedicht typisch für die Zeit? Erörtere diese Frage kurz.

---

**Barock**

Die Liebeslyrik des Barock (17. und frühes 18. Jahrhundert) ist gekennzeichnet durch die ausgiebige Freude am Leben einerseits und das Bewusstsein der Vergänglichkeit des Lebens andererseits. Um den inneren Zwiespalt zwischen der Vergänglichkeit mit dem Streben nach dem Unendlichen aufzuzeigen, ist die barocke Lyrik überwiegend in der Sonettform (zwei Vierzeiler (Quartette) und zwei Dreizeiler (Terzette)) geschrieben worden, weil sich das Sonett besonders dazu eignet, in spitzfindigen antithetischen (gegenübergestellten) Beschreibungen zu einer einprägsamen, belehrenden Aussage am Schluss zu gelangen.

---

**7** Der Mediencode führt dich zu Informationstexten zu den Strömungen „Sturm und Drang" und „Romantik". Nutze diese Texte, um auch die Gedichte „Rastlose Liebe" (→ S. 180) und „Neue Liebe" (→ S. 182) zu deuten. Nutzt die Fragestellungen aus Aufgabe 6.

Texte: 11039–38

---

**So beziehst du literaturgeschichtliche Informationen ein**

Beschäftigst du dich mit einem literarischen Text, ohne auf den Autor, die Entstehungszeit und die Wirkung des Textes zu achten, spricht man von einer **textimmanenten Interpretation**.

Der Blick **über den Text hinaus** ermöglicht oft weitere Zugänge. Wenn du die **Lebenssituation des Autors** oder die **zeitgeschichtlichen Rahmenbedingungen** der Entstehung und Veröffentlichung eines Textes kennst, erschließen sich manche Textstellen noch weitergehend.

Beachte, dass der Blick über den unmittelbaren Text hinaus eine Erweiterung der textimmanenten Deutung darstellt und diese **nicht ersetzt**. Das Einbeziehen biografischer und geschichtlicher Informationen macht eine Deutung nicht „besser" oder „wahrer".

Das musst du können

# Ein Klecks Liebe aus der eigenen Feder
## Kreativ mit lyrischer Sprache umgehen

*Julia Engelmann*
*Keine Ahnung, ob das Liebe ist*
**DAS IST LIEBE**
*vielleicht*

Unterm Gesichtspunkt der Ewigkeit
sind wir beide ziemlich klein.
Aber guckt man nur auf Lebenszeit,
könnten wir nicht größer sein.

Ich weiß, wir sind beide nicht für immer,
aber immer, wenn ich an dich denke,
kommt es mir so vor,
oder ein bisschen zumindest,
und das Licht in deinem Zimmer
scheint so oft aus offenen Fenstern
in die Großstadtnacht empor.

Gleich eins, wir spielen Tetris mit den Armen,
ich habe zwei Drittel deiner Decke,
aber das macht dir nichts aus,
denn du schläfst schon in der anderen
Ecke vom Ikea-Holzbett,
und ich starre währenddessen
in das Weltall hoch hinauf.

*Keine Ahnung, ob das Liebe ist,*
*vielleicht werde ich das nie wissen.*
*Aber immer, wenn du bei mir bist,*
*hör ich auf, dich zu vermissen.*

Von weit weg höre ich die Straße
plus das Surren deines Kühlschranks
und ein bisschen Stille auch.
Das ist alles viel zu flüchtig,
so wie unser beider Atem –
ist wie Schaukelwind am Spielplatz,
und ich träum mit Augen auf.

Mit dir sind die Tage abends länger,
und die Nächte werden kürzer,
es ist alles schön und viel.
Wir dehnen die Momente
von Sekunden gen unendlich.
Damit ich dich nie vergesse,
ist es besser, du hältst still.

*Keine Ahnung, ob das Liebe ist,*
*...*

Ich weiß, wir beide sind nicht für immer,
aber immer, wenn ich an dich denke,
kommt es mir so vor,
oder ein bisschen zumindest,
denn das Licht in deinem Zimmer
scheint so oft aus offenen Fenstern
in die Großstadtnacht empor.

Wer weiß, vielleicht schaut ja grad per Zufall
ein Kometenpaar zusammen
auf die Erde, weit entfernt,
guckt vorbei an allen Ampeln
in dein Fenster auf die Lampe,
dann sagt einer zu dem anderen:
»Guck mal da, ein kleiner Stern!«

*Keine Ahnung, ob das Liebe ist,*
*...*

Unterm Gesichtspunkt der Ewigkeit
sind wir nichts, nur ein Schritt,
den man einmal vergehen kann.
Aber guckt man nur auf Lebenszeit,
sind wir sicherlich das Größte,
das ich bisher gesehen hab.

**1** Julia Engelmanns „Keine Ahnung, ob das Liebe ist" soll als Podcast veröffentlicht werden. Um möglichst viele Aufrufe zu erzielen, muss ihr Text einer inhaltlichen Sparte zugewiesen werden. Benenne mithilfe der Begriffe aus dem Wortspeicher das Thema, mit dem sich Julia Engelmann in ihrem Poetry Slam auseinandersetzt.

> **Wortspeicher**
>
> Trennung – Liebeskummer – Einsamkeit – Unsicherheit – Trauer – Traum – Vermissen – Dunkelheit – Hoffnungslosigkeit

**2** Prüfe mithilfe des Infokastens, welche Merkmale eines Poetry-Slam-Textes sich bei Julia Engelmanns Text nachweisen lassen.

**3** Wähle ein Gedicht aus den vorausgehenden Teilkapiteln aus. Nutze die Informationen zum Poetry-Slam im Kasten und …

- begründe, warum sich das gewählte Gedicht – eventuell mit ein paar Veränderungen – für einen Poetry-Slam eignen würde.

- plane eine Bearbeitung des Gedichts: Was muss inhaltlich und formal geändert werden?

- überarbeite das Gedicht oder Teile des Gedichts inhaltlich und formal, um damit an einem Poetry-Slam teilnehmen zu können.

**4** Entwerft und verfasst in Partnerarbeit einen eigenen Slam-Text zur Sprachlosigkeit in der Liebe. Veranstaltet in eurer Klasse einen eigenen Wettbewerb im Poetry-Slam.

---

**Poetry Slam**

Das musst du wissen

Beim Poetry Slam (dt. Dichter-Wettkampf; wörtlich auch: Dichter-Schlacht) handelt es sich um das Vortragen selbst verfasster lyrischer Texte – in der Regel aus der Ich-Perspektive – vor einem Publikum und / oder einer Jury, die am Ende des Wettbewerbs die Siegerin oder den Sieger ermitteln. Der Poetry Slam zeichnet sich durch folgende Merkmale aus:

- Klanglichkeit (fließender, liederartiger Lese-/Vortragsstil),
- Interaktion (Anschlusskommunikation mit dem Publikum nach dem Vortrag),
- Intertextualität (Zugriff und Verfremdung von bekannten Texten, zum Beispiel von Märchen, Fabeln, Zeitschriftenartikeln, …),
- Kürze (Vortragszeit in der Regel auf fünf Minuten begrenzt),
- manchmal auch Aktualitätsbezug (gesellschaftskritische Inhalte).

# Was DU schon kannst!

## Kompetenztest

*Erich Kästner*
**Sachliche Romanze** (1929)

Als sie einander acht Jahre kannten
(und man darf sagen: sie kannten sich gut),
kam ihre Liebe plötzlich abhanden.
Wie andern Leuten ein Stock oder Hut.

Sie waren traurig, betrugen sich heiter,
versuchten Küsse, als ob nichts sei,
und sahen sich an und wußten nicht weiter.
Da weinte sie schließlich. Und er stand dabei.

Vom Fenster aus konnte man Schiffen winken.
Er sagte, es wäre schon Viertel nach Vier
und Zeit, irgendwo Kaffee zu trinken.
Nebenan übte ein Mensch Klavier.

Sie gingen ins kleinste Café am Ort
und rührten in ihren Tassen.
Am Abend saßen sie immer noch dort.
Sie saßen allein, und sie sprachen kein Wort
und konnten es einfach nicht fassen.

**Die Stimmung/ Wirkung eines Gedichts beschreiben**

**1** Welche Stimmungen vermittelt das Gedicht „Sachliche Romanze"? Welche Wirkung ruft es hervor? Wähle drei Begriffe aus dem Wortspeicher aus, notiere den jeweiligen Begriff und belege diesen mit einem passenden Vers aus dem Gedicht.

> **Wortspeicher**
>
> einsam – kühl / kalt – traurig – bedeutungslos – normal – allein – sprachlos –
> unbegreiflich – ehrlich – alltäglich – entbehrlich – auseinandergelebt – frei –
> unentschlossen – distanziert

**Ein Gedicht für den Vortrag vorbereiten**

**2** Schreibe die zweite Strophe ab und versieh sie mit Markierungen zum Vortrag. Notiere in zwei bis drei Sätzen, was du durch deinen Vortrag ausdrücken möchtest.

**3** Notiere den / die Buchstaben der zutreffenden Aussage(n) über die Gedichtform.

**a)** Das Gedicht besteht aus vier Strophen (17 Versen).
**b)** Das Versmaß des Gedichts ist ein Jambus.
**c)** Das Reimschema des Gedichts ist ein Kreuzreim.

▮ Die Form eines Gedichts beschreiben

**4** Erkläre die übertragene Bedeutung der Sprachbilder in dem Gedicht. Übertrage die Tabelle in dein Heft und fülle sie aus.

▮ Sprachliche Bilder in Gedichten erkennen und deuten

| im Gedicht | Eigenschaften des Dargestellten | übertragene Bedeutung in Bezug auf die Liebe |
|---|---|---|
| … wie andern Leuten ein Stock oder Hut. (V. 4) | … | … |
| … konnte man Schiffen winken (V. 9) | … | … |

**5** Notiere Themen aus dem Lexikonauszug zur Neuen Sachlichkeit, die du im Gedicht wiederfindest.

▮ Zusätzliche Informationen in die Deutung einbeziehen

Infotext: **Lyrik – Neue Sachlichkeit**

Die Lyrik der Neuen Sachlichkeit blickt zur Zeit der Weimarer Republik (1919–1933) zwischen den beiden Weltkriegen mit einer illusionslosen, nüchternen Darstellung auf die Probleme des Alltags der damaligen Zeit (bspw. Gesellschaft, Erotik, Technik oder Weltwirtschaftskrise).

Dementsprechend war die Lyrik gekennzeichnet durch eine leicht verständliche Sprache und einen ironisch-satirischen Blick, der von Distanz und teilweise erschreckender Schonungslosigkeit geprägt war, auf den Umgang mit den vorherrschenden Problemen. Im Fokus der damaligen Dichter stand aber nicht nur die Kritik an den gesellschaftlichen Zuständen, sondern sie verbanden diese auch oftmals mit der Aufforderung zur Verhaltensänderung.

# 8 „Ihr Blick genügt, plötzlich bist du so, wie sie sagen"

## Ein Theaterstück untersuchen

1 „… [ihr] Blick genügt, plötzlich bist du so, wie sie sagen." (Max Frisch: „Andorra") – Erklärt und diskutiert im Klassengespräch, wie schnell die Beurteilung einer Person durch andere geschehen kann. Sammelt Alltagssituationen, die zu der Aussage passen.

2 Hältst du den Dialog-Auszug für ein gelungenes Gespräch? Begründe deine Einschätzung am Text.

3 „Andri, du denkst zu viel!" – Wie sollte die Schauspielerin, die Barblin spielt, diesen Satz aussprechen und betonen? Mache einen Vorschlag, indem du den Satz zunächst erklärst und dann einen Hinweis zum Sprechen des Satzes gibst: *Barblin will damit sagen, dass … Der Satz sollte also …*

4 Prüft und besprecht verschiedene Sprechweisen des Satzes aus Aufgabe 3.

*Badische Landesbühne: Andorra, 2017, Andri und Barblin*

Was weißt
du noch?
Teste dich:
11039–39

*Max Frisch*
**Andorra: Bild 2** (1961, Auszug)

*Der junge Andri lebt im fiktiven Land Andorra und
wird von der dortigen Gesellschaft für einen Juden
gehalten. In Wirklichkeit ist er der uneheliche Sohn des
andorranischen Lehrers Can und einer Frau aus dem*
5 *feindlichen Nachbarland, in dem die sogenannten
„Schwarzen" leben — also kein Jude. Can verschweigt
seine Vaterschaft und nimmt Andri als vermeintliches
Pflegekind, das er angeblich vor den „Schwarzen"
gerettet hat, in seine Familie auf. Ohne zu wissen, dass*
10 *sie tatsächlich Halbgeschwister sind, verlieben sich
Andri und Barblin, Cans jüngere Tochter.*

**Barblin:** Andri, schläfst du?
**Andri:** Nein.
**Barblin:** Warum gibst du mir keinen Kuss?
15 **Andri:** Ich bin wach, Barblin, ich denke.
**Barblin:** Die ganze Nacht.
**Andri:** Ob's wahr ist, was die andern sagen.
*Barblin hat auf seinen Knien gelegen, jetzt richtet sie
sich auf, sitzt und löst ihre Haare.*
20 **Andri:** Findest du, sie haben recht?
**Barblin:** Fang jetzt nicht wieder an!
**Andri:** Vielleicht haben sie recht.
*Barblin beschäftigt sich mit ihrem Haar.*
**Andri:** Vielleicht haben sie recht …
25 **Barblin:** Du hast mich ganz zerzaust.
**Andri:** Meinesgleichen, sagen sie, hat kein Gefühl.
**Barblin:** Wer sagt das?
**Andri:** Manche. […] Alle.
**Barblin:** Andri, du denkst zu viel! […]
30 **Andri:** Da ist kein Aberglaube, o nein, das gibt's,
Menschen, die verflucht sind, und man kann machen
mit ihnen, was man will, ihr Blick genügt, plötzlich bist
du so, wie sie sagen. Das ist das Böse. […]

Max Frischs Theaterstück „Andorra" wurde
im Jahr 1962 uraufgeführt. Die behandel-
ten Konflikte und Themen sind noch heute
aktuell und bedeutsam. In diesem Kapitel
übst du, …

… Konflikte und Konstellationen der
Figuren zu beschreiben,
… Interaktionen zwischen diesen
zu beschreiben und zu deuten,
… die Entwicklung von Beziehungen
und Konflikten in einem Theaterstück
zu beschreiben,
… Sprechweisen zu erproben und eine
Szene zu inszenieren,
… ein Theaterstück und seine Aufführung
zu beurteilen.

# 8

# „Ich bin nicht schuld, dass es so gekommen ist …"
## Konflikte und Konstellationen beschreiben

**1** Notiere auf der Grundlage der Auftaktseite und des kurzen Infotextes, welche grundsätzlichen Themen und Konflikte in „Andorra" auf die Bühne gebracht werden. Beziehe eventuell deine Lektüreerfahrungen des gesamten Stücks ein.

> Im Laufe der Handlung macht Andri viele konfliktreiche Begegnungen: Der Tischler, bei dem er eine Lehre machen möchte, verlangt für die Ausbildung eine hohe Geldsumme von Andris Vater. Als Andri einen Stuhl tischlert, lobt der Tischler dafür seinen Gesellen. Andris Fähigkeiten ignoriert er. Der Doktor gibt sich eitel und ist geprägt von antisemitischen Vorurteilen. Obwohl Andri sich nichts zu Schulden kommen lässt, wird er schließlich für einen Mord verantwortlich gemacht und hingerichtet. – Max Frisch lässt einzelne Figuren während des Stücks immer wieder wie Zeugen in einem Gerichtsprozess an die „Zeugenschranke" treten und zum Publikum sprechen.

**2** Beginne eine Skizze zur Figurenkonstellation. Trage erste Feststellungen ein, ändere und ergänze die Skizze bei der Arbeit mit dem Kapitel immer wieder.

**3** Notiere stichpunktartig, was die einzelnen Figuren in ihren Aussagen vorbringen: Welche Begegnungen hatten sie mit Andri? Wie bewerten sie diese? Welchen Konflikt erleben sie? Sichere deine Ergebnisse auch in der begonnenen Skizze von Aufgabe 2.

*Max Frisch*
**Andorra** (1961, Auszüge)

*Der Tischler tritt an die Zeugenschranke.*
**Tischler:** Ich gebe zu: Das mit den 50 Pfund für die Lehre, das war eben, weil ich ihn nicht in meiner Werkstatt wollte, und ich wusste ja, es wird nur Unannehmlichkeiten geben. Wieso wollte er nicht Verkäufer werden? Ich dachte, das würd' ihm liegen.
5 Niemand hat wissen können, dass er keiner ist. Ich kann nur sagen, dass ich es im Grund wohlmeinte mit ihm. Ich bin nicht schuld, dass es so gekommen ist später.

*Der Geselle, jetzt in einer Motorradfahrerjacke, tritt an die Zeugenschranke.*
**Geselle:** […] Ich wollte ja nachher mit ihm reden, aber da war er schon so, dass man halt nicht mehr reden konnte mit ihm. Nachher hab' ich ihn auch nicht mehr leiden
10 können, geb' ich zu. Er hat einem nicht einmal mehr guten Tag gesagt. Ich sag' ja nicht, es sei ihm recht geschehen, aber es lag auch an ihm, sonst wär's nie so gekommen. Als wir ihn nochmals fragten wegen Fußball, da war er sich schon zu gut für uns. Ich bin nicht schuld, dass sie ihn geholt haben später.

*Der Soldat, jetzt in Zivil, tritt an die Zeugenschranke.*

15 **Soldat:** Ich gebe zu: Ich hab' ihn nicht leiden können. Ich habe ja nicht gewusst, dass er keiner ist, immer hat's heißen, er sei einer. Übrigens glaub ich noch heut, dass er einer gewesen ist. Ich hab' ihn nicht leiden können von Anfang an. Aber ich hab' ihn nicht getötet. Ich habe nur meinen Dienst getan. Order ist Order. Wo kämen wir hin, wenn Befehle nicht ausgeführt werden! Ich war Soldat.

20 *Der Doktor tritt an die Zeugenschranke*

**Doktor:** Ich möchte mich kurzfassen, obschon vieles zu berichtigen wäre, was heute geredet wird. Nachher ist es immer leichter zu wissen, wie man sich hätte verhalten sollen, abgesehen davon, dass ich, was meine Person betrifft, wirklich nicht weiß, warum ich mich hätte anders verhalten sollen. Was hat unsereiner denn eigentlich

25 getan? Überhaupt nichts. Ich war Amtsarzt, was ich heute noch bin. Was ich damals gesagt haben soll, ich erinnere mich nicht mehr, es ist nunmal meine Art, ein Andorraner sagt, was er denkt – aber ich will mich kurz fassen … Ich gebe zu: Wir haben uns damals alle getäuscht, was ich selbstverständlich nur bedauern kann. Wie oft soll ich das noch sagen? Ich bin nicht für Gräuel, ich bin es nie gewesen. Ich habe den

30 jungen Mann übrigens nur zwei- oder dreimal gesehen. […] Ich bestreite keineswegs, dass wir sozusagen einer gewissen Aktualität erlegen sind. Es war, vergessen wir nicht, eine aufregende Zeit. […]

**4** Erkläre Max Frischs Idee, die Figuren an die Zeugenschranke treten zu lassen. Ergänze das begonnene Gespräch der beiden Theaterbesucher beim Nachhauseweg.

- *Dass die Figuren an die Zeugenschranke getreten sind, fand ich eine gute Idee. Man kann die Inszenierung mit einem Gerichtsprozess vergleichen, da … Die Zuschauer bekommen große Verantwortung. Sie haben die Rolle eines … und sollen …*

- *Ja. Das sehe ich auch so. Verhandelt wurden Themen wie … Offenbar haben die Figuren in der Vergangenheit … Nun ist es ihnen aber wichtig, zu betonen, dass …*

- *Das ist eine interessante Aussage des Stücks. Man soll gewissermaßen durchschauen, dass hier… Typische Verhaltensweisen des Menschen sind scheinbar …*

---

### Handlungen, Konflikte, Konstellationen

Das musst du wissen

Seit der Antike nutzen Theaterautoren ihre Stücke, um bestimmte **Wirkungen** auf den Zuschauer zu erzielen. Oft durchlebt eine Figur einen **typischen menschlichen Konflikt**, dessen Verlauf bis zur Lösung oder zur Katastrophe dargestellt wird. Im Dialog mit anderen Figuren erfährt er verschiedene Handlungsmöglichkeiten und erlebt, wie **frei** oder **abhängig** er innerhalb der Beziehungen (**Konstellationen**) entscheiden und handeln kann, wo er **Verantwortung** übernehmen muss und wo er **schuldig** werden kann.

Der Zuschauer erlebt den Konflikt entweder, indem er sich mit der Figur – dem Helden des Stücks – **identifiziert**, oder indem er von außen auf die Entwicklung schaut und sie kritisch begleitet.

# „Andri, wir wollen sprechen miteinander"

## Die Interaktion zwischen Figuren beschreiben und deuten

**1** Erstelle auf der Grundlage deiner eigenen Erfahrungen eine Mind-Map zum Thema „gelingendes Miteinander-Sprechen". Tragt eure Ergebnisse dann in Partnerarbeit zusammen.

Arbeitsblatt:
11039–40

**2** Setzt in Partnerarbeit die folgende Zusammenfassung des Gesprächsverlaufs fort: Nutzt wie an den unterstrichenen Stellen im Beispiel passende Verben zur Beschreibung der Sprechakte, geht jeweils kurz auf den Inhalt ein.

Zunächst scheint der Pater um Andri besorgt und erklärt, dass er mit Andri sprechen möchte. Andri fragt, worüber zu sprechen sei. Mehrfach wird er aufgefordert, sich zu setzen, bleibt aber stehen …

---

*Max Frisch*
**Andorra: Bild 7** (1961, Auszug)

*Sakristei, der Pater und Andri*
**Pater:** Andri, wir wollen sprechen miteinander. Deine Pflegemutter wünscht es. Sie macht sich große Sor-
5 ge um dich … Nimm Platz!
*Andri schweigt*
Nimm Platz, Andri!
*Andri schweigt.*
Du willst dich nicht setzen?
10 *Andri schweigt.*
Ich verstehe, du bist zum ersten Mal hier. Sozusagen. Ich erinnere mich: Einmal als euer Fußball hereingeflo-
gen ist, sie haben dich geschickt, um ihn hinter dem Altar zu holen. 15
*Der Pater: lacht.*
**Andri:** Wovon, Hochwürden, sollen wir sprechen?
**Pater:** Nimm Platz!
*Andri schweigt.* 20
Also du willst dich nicht setzen.
*Andri schweigt.*
**Pater:** Nun gut.
**Andri:** Stimmt das, Hochwürden, dass ich anders bin als alle? *Pause.* 25
**Pater:** Andri, ich will dir etwas sagen.

**Andri:** – ich bin vorlaut, ich weiß.

**Pater:** Ich verstehe deine Not. Aber du sollst wissen, dass wir dich gern
30 haben, Andri, so wie du bist. Hat dein Pflegevater nicht alles getan für dich? Ich höre, er hat Land verkauft, damit du Tischler wirst.

**Andri:** Ich werde aber nicht Tischler.

35 **Pater:** Wieso nicht?

**Andri:** Meinesgleichen denkt alleweil nur ans Geld, heißt es, und drum gehöre ich nicht in die Werkstatt, sagt der Tischler, sondern in den Verkauf.
40 Ich werde Verkäufer, Hochwürden.

**Pater:** Nun gut.

**Andri:** Ich wollte aber Tischler werden.

**Pater:** Warum setzest du dich nicht?

45 **Andri:** Hochwürden irren sich, glaub ich. Niemand mag mich. Der Wirt sagt, ich bin vorlaut, und der Tischler findet das auch, glaub ich. Und der Doktor sagt, ich bin ehrgeizig, und
50 meinesgleichen hat kein Gemüt.

**Pater:** Setz dich!

**Andri:** Stimmt das, Hochwürden, dass ich kein Gemüt habe?

**Pater:** Mag sein, Andri, du hast etwas
55 Gehetztes.

**Andri:** Und Peider sagt, ich bin feig'.

**Pater:** Wieso feig'?

**Andri:** Weil ich ein Jud'[1] bin.

**Pater:** Was kümmerst du dich um Peider!
60

*Andri schweigt.*

**Pater:** Andri, ich will dir etwas sagen.

**Andri:** Man soll nicht immer an sich selbst denken, ich weiß. Aber ich kann nicht anders, Hochwürden, es
65 ist so. Immer muss ich denken, ob's wahr ist, was die andern von mir sagen: dass ich nicht bin wie sie, nicht fröhlich, nicht gemütlich, nicht einfach so. Und Hochwürden finden ja
70 auch, ich hab' etwas Gehetztes. Ich versteh' schon, dass niemand mich mag. Ich mag mich selbst nicht, wenn ich an mich selbst denke. *Der Pater erhebt sich.* Kann ich jetzt gehn?
75

**Pater:** Jetzt hör mich einmal an!

**Andri:** Was, Hochwürden, will man von mir?

**Pater:** Warum so misstrauisch?

**Andri:** Alle legen ihre Hände auf mei-
80 ne Schulter.

**Pater:** Weißt du, Andri, was du bist?

*Der Pater: lacht.* Du weißt es nicht, drum sag ich es dir. *Andri starrt ihn an.*
85

Ein Prachtskerl! In deiner Art. Ein Prachtskerl! Ich habe dich beobachtet, Andri, seit Jahr und Tag –

[1] Die Bezeichnung „Jud" wird im Laufe des Stücks immer wieder verwendet, um die Abschätzigkeit und Abneigung der Menschen gegenüber Andri weiter zu verdeutlichen. Jüdinnen und Juden wurden und werden noch immer wegen ihres Glaubens und aufgrund von Vorurteilen ihnen gegenüber ausgegrenzt, angegriffen, diskriminiert und verfolgt. Es ist wichtig zu wissen, dass es Max Frisch in „Andorra" auch um grundsätzliche Ausgrenzungen und Diskriminierungen ging – unabhängig von Herkunft und Glauben.

**Andri:** Beobachtet?

90 **Pater:** Freilich.

**Andri:** Warum beobachtet ihr mich alle?

**Pater:** Du gefällst mir, Andri, mehr als alle andern, ja, grad weil du anders 95 bist als alle. Was schüttelst du den Kopf? Du bist gescheiter als sie. Jawohl! Das gefällt mir an dir, Andri, und ich bin froh, dass du gekommen bist und dass ich es dir einmal sagen 100 kann.

**Andri:** Das ist nicht wahr.

**Pater:** Was ist nicht wahr?

**Andri:** Ich bin nicht anders. Ich will nicht anders sein. Und wenn er drei-105 mal so kräftig ist wie ich, dieser Peider, ich hau ihn zusammen vor allen Leuten auf dem Platz, das hab' ich mir geschworen –

**Pater:** Meinetwegen.

110 **Andri:** Das hab' ich mir geschworen –

**Pater:** Ich mag ihn auch nicht.

**Andri:** Ich will mich nicht beliebt machen. Ich werde mich wehren. Ich bin nicht feig – und nicht gescheiter als die anderen, Hochwürden, ich will 115 nicht, dass Hochwürden das sagen. [...] Alle wollen mein Bestes.

**Pater:** Warum lachst du?

**Andri:** Wenn er [der Lehrer] mein Bestes will, warum Hochwürden, wa-120 rum will er mir alles geben, aber nicht seine eigene Tochter? [...] Warum aber? Warum? Weil ich Jud' bin.

**Pater:** Schrei nicht!

*Andri schweigt* 125

**Pater:** Kannst du nichts andres mehr denken in deinem Kopf? Ich habe dir gesagt, Andri, als Christ, dass ich dich liebe – aber eine Unart, das muss ich leider schon sagen, habt ihr alle: Was 130 immer euch widerfährt in diesem Leben, alles und jedes bezieht ihr nur darauf, dass ihr Jud' seid. Ihr macht es einem wirklich nicht leicht mit eurer Überempfindlichkeit. 135

*Andri schweigt und wendet sich ab. [...]*

**3** Erörtert diesen Einwand zu zweit. Fasst euer Gesprächsergebnis in einem Antwortsatz auf die gestellte Frage zusammen.

„Der Pater meint es doch nur gut mit Andri. Wo ist denn das Problem?"

**4** Arbeitet arbeitsteilig in Partnerarbeit zu jeweils einer der folgenden Textstellen: Klärt mithilfe des Kastens die Überlegenheitsverhältnisse in der Textstelle, gestaltet ein Standbild, in welchem ihr euer Ergebnis ausdrückt.

■ Zeilen 2–23: „Andri, wir wollen sprechen miteinander." bis „Nun gut."

■ Zeilen 34–51: „Ich werde aber nicht Tischler." bis „Setz dich!"

■ Zeilen 82–87: „Weißt du, Andri, was du bist?" bis „Ein Prachtskerl!"

**5** Präsentiert euch die Standbilder aus Aufgabe 4 gegenseitig. Prüft und besprecht ihre Angemessenheit im Blick auf konkrete Textstellen.

**6** Prüfe die nummerierten Vorwürfe, die sich der Pater im folgende Textauszugmacht.

- Notiere Textstellen aus dem Dialog (→ S. 199 f.), die zu den unterstrichenen Aussagen passen.

- Erkläre, inwiefern der Pater sich ein „Bild gemacht" und Andri „gefesselt" hat.

- Gestalte einen Teil des Dialogs zu einer gelungeneren Kommunikation um.

---

*Max Frisch*
**Andorra** (1961, Auszug)

*Der Pater kniet*
**Pater:** Du sollst dir kein Bildnis machen von Gott, deinem Herrn, und nicht von den Menschen, die seine Geschöpfe sind. Auch **1** <u>ich bin schuldig geworden</u> damals. Ich **2** <u>wollte ihm mit Liebe begegnen</u>, als ich gesprochen
5 habe mit ihm. Auch ich **3** <u>habe mir ein Bildnis gemacht von ihm</u>, auch ich **4** <u>habe ihn gefesselt</u>, auch ich habe ihn an den Pfahl gebracht.

---

**So beschreibst und analysierst du Interaktionen zwischen Figuren**

Nach der Untersuchung eines Dialogs mithilfe einiger Fragen (→ S. 135), kannst du die einzelnen Sprechakte beschreiben. Beschreibe also zum Beispiel, ob *befohlen, erbeten, aufgetragen, zugestimmt, widersprochen* usw. wird.
An den Sprechakten, an der Länge der Redebeiträge und der Häufigkeit des Sprechens einzelner Figuren (Redeanteile) kannst du zwischen einer **asymmetrischen Kommunikation** (eine Figur ist der anderen überlegen) und einer **symmetrischen Kommunikation** (das Verhältnis der Figuren ist ausgewogen) unterscheiden.

Achte bei der Beschreibung der Interaktion zudem auf …
- Angaben zu **Mimik**, **Gestik**, **Körperhaltung** und **Bewegung**.
- die **Wortwahl** (Lexik). Prüfe zum Beispiel, ob Fachsprache, Bildungssprache oder Alltagssprache genutzt wird, oder ob bestimmte auf- oder abwertende Wortfelder genutzt werden.
- den **Satzbau** (Syntax). Achte auf die Länge der Sätze, die Verwendung von Haupt- und Nebensätzen (Parataxe, Hypotaxe), auf Fragen und Imperative.
Prüfe, ob **rhetorische Mittel**, z. B. rhetorische Fragen, Metaphern, Vergleiche, verwendet werden.

*Das musst du können*

---

**7** Analysiere den Dialog mithilfe der Kriterien aus dem Kasten genauer. Nutze deine Ergebnisse (auch die aus den vorherigen Aufgaben) und verfasse eine Inhaltszusammenfassung der Szene (→ S. 117, 122 f.), die einer Schultheatergruppe der Mittel- und Oberstufe bei ihren Vorbereitungen zu den Proben helfen könnte. Stelle dabei eine Deutungshypothese zur Interaktion zwischen den Figuren auf und erläutere diese, sodass der Gruppe die Umsetzung der Szene erleichtert wird.

# „Ich bin nicht dein Sohn!"
## Die Entwicklung von Beziehungen und Konflikten beschreiben

**1** Teilt die Klasse: Gruppe 1 merkt sich den ersten Zitatsatz in der linken Tabellenspalte, Gruppe 2 den rechts danebenstehenden. Stellt euch paarweise im Raum gegenüber. Jeweils zwei Jugendliche gehen aufeinander zu. Wenn sie sich in der Mitte begegnen, bleiben sie kurz stehen, schauen sich an und sprechen die Zitate zueinander. Probt unterschiedliche Sprechweisen. Beginnt mit der Zitatgruppe 1, führt dieselbe Übung dann mit den Zitatgruppen 2 und 3 durch.

| | | |
|---|---|---|
| 1 | *Es ist Zeit, Vater, dass wir heiraten.* | *Andri, das geht nicht.* |
| 2 | *Mein Sohn!* | *Du ekelst mich!* |
| 3 | *Du bist verloren, wenn du mir nicht glaubst.* | *Was du getan hast, tut kein Vater.* |

**2** Wertet die szenische Übung aus Aufgabe 1 aus: Besprecht, welches Verhältnis zwischen Andri und seinem Vater spürbar wird. Begründet eure Wahrnehmungen.

**3** Lies die folgenden Szenenauszüge. Bereite eine mündliche Inhaltszusammenfassung vor. Gehe vor allem auf das Verhältnis zwischen Andri und seinem Vater ein. Prüfe dabei, ob eure Vermutungen aus Aufgabe 2 zu den Szenen passen.

*Max Frisch*
**Andorra: Bild 4** (1961, Auszug)

**Lehrer:** Und?
**Andri:** Wir möchten heiraten.
*Lehrer lässt das Brot fallen.*
[...] Vater wir lieben einander. Davon
5 zu reden, ist schwierig. Seit der grünen Kammer, als wir Kinder waren, reden wir vom Heiraten. [...]
*Der Lehrer schweigt wie versteinert.*
Es ist Zeit, Vater, dass wir heiraten.
10 **Lehrer:** Andri, das geht nicht.
**Mutter:** Wieso nicht?
**Lehrer:** Weil es nicht geht!
**Mutter:** Schrei nicht.

**Lehrer:** Nein – Nein – Nein...
*Barblin bricht in Schluchzen aus. [...]* 15
**Andri:** Weil ich Jud bin.
**Lehrer:** Andri – [...]
Gibt es denn keine andern Gründe mehr?!
**Mutter:** Dann sag sie. 20
*Lehrer schweigt, dann nimmt er seinen Hut.*
Wohin?
**Lehrer:** Wo ich meine Ruh hab.
*Er geht und knallt die Tür zu. [...]* 25

*Max Frisch*
**Andorra: Bild 6** (1961, Auszug)

**Lehrer:** Mein Sohn!
**Andri:** Ich bin nicht dein Sohn.
**Lehrer:** Ich bin gekommen, Andri, um dir die Wahrheit zu sagen, bevor es wieder Morgen ist...
5 **Andri:** Du hast getrunken.
**Lehrer:** Deinetwegen, Andri, deinetwegen.
*Andri lacht.*
Mein Sohn –
**Andri:** Lass das!
10 **Lehrer:** Hörst du mich an?
**Andri:** Halt dich an einem Laternenpfahl, aber nicht an mir, ich rieche dich.
*Andri macht sich los.*
Und sag nicht immer: Mein Sohn! wenn du blau bist.
*Lehrer wankt. [...]*
15 **Lehrer:** Ich hab' getrunken, Andri, die ganze Nacht, um dir die Wahrheit zu sagen – ich hab zu viel getrunken …
**Andri:** Das scheint mir auch.
**Lehrer:** Du verdankst mir dein Leben...
**Andri:** Ich verdanke es.
20 **Lehrer:** Du verstehst mich nicht.
*Andri schweigt.*
Steh nicht so da! – wenn ich dir mein Leben erzähle …
*Hähne krähen.*
Also mein Leben interessiert dich nicht?
25 **Andri:** Mich interessiert mein eignes Leben.
*Hähne krähen.*
Jetzt krähen schon die Hähne.
*Lehrer wankt.*
Tu nicht, als ob du noch denken könntest.
30 **Lehrer:** Du verachtest mich …
**Andri:** Ich schau dich an. Das ist alles. Ich habe dich verehrt. Nicht weil du mein Leben gerettet hast, sondern weil ich glaubte, du bist nicht wie alle, du denkst nicht ihre Gedanken, du hast Mut. Ich hab' mich verlassen auf dich. Und dann hat es sich gezeigt, und jetzt schau ich dich an.
35 **Lehrer:** Was hat sich gezeigt?...
*Andri schweigt. [...]*
**Lehrer:** – ich hab' gelogen.
*Pause*
Du willst mich nicht verstehn...
40 *Hähne krähen [...]*
**Lehrer:** Mein Sohn –!
**Andri:** Fass mich nicht wieder an!
*Lehrer wankt.*
Du ekelst mich. [...]

*Max Frisch*
**Andorra: Bild 10** (1961, Auszug)

**Andri:** [...] Eigentlich ist es genau so, wie man es sich hätte vorstellen können.
Genau so.

**Lehrer:** Wovon redest du?

**Andri:** Von eurer Kapitulation.

5 *Drei Männer, ohne Gewehr, gehen über den Platz.*
Du bist der letzte mit einem Gewehr.

**Lehrer:** Lumpenhunde.

**Andri:** Kein Andorraner hat etwas zu fürchten.

*Vogelzwitschern [...]*

10 **Lehrer:** Mein Sohn –

**Andri:** Fang jetzt nicht wieder an!

**Lehrer:** Du bist verloren, wenn du mir nicht glaubst.

**Andri:** Ich bin nicht dein Sohn

**Lehrer:** Man kann sich seinen Vater nicht wählen. Was soll ich tun, damit du's
15 glaubst? Was noch? Ich sag es ihnen, wo ich stehe und gehe, ich hab's den
Kindern in der Schule gesagt, dass du mein Sohn bist. Was noch? Soll ich
mich aufhängen, damit du's glaubst? Ich geh nicht weg von dir.
*Er setzt sich zu Andri.*
Andri – [...]
20 Komm nach Haus!

**Andri:** Es hat keinen Zweck, Vater, dass du es nochmals erzählst.
Dein Schicksal ist nicht mein Schicksal, Vater, und mein Schicksal ist nicht
dein Schicksal. [...]

**Andri:** Was du getan hast, tut kein Vater.

25 **Lehrer:** Woher weißt du das?
*Andri horcht.*
Ein Andorraner, sagen sie, hat nichts mit einer von drüben und schon gar
nicht ein Kind. Ich hatte Angst vor ihnen, ja, Angst vor Andorra, weil ich feig'
war –

30 **Andri:** Man hört zu.

**Lehrer:** *sieht sich um und schreit gegen die Häuser:* –
weil ich feig' war!
*Wieder zu Andri:*
Drum hab' ich das gesagt. Es war leichter, damals, ein Judenkind zu haben.
35 Es war rühmlich. Sie haben dich gestreichelt, im Anfang haben sie dich ge-
streichelt, denn es schmeichelte ihnen, dass sie nicht sind wie diese da drüben.
*Andri horcht.*
Hörst du, was dein Vater sagt?
*Geräusch eines Fensterladens*
40 Sollen sie zuhören!
*Geräusch eines Fensterladens*
Andri – [...]

**4** Teilt eure Klasse in mindestens sechs Kleingruppen und vergebt jede Szene zweimal: Formuliert zu zwei Textstellen eurer Szene einen kurzen Text, der Andris mögliche Gedanken an dieser Stelle des Dialogs in Worte fasst. Probt und spielt die Szene mit verteilten Rollen. Ein Sprecher steht hinter Andri, legt seine Hand auf dessen Schulter und spricht den Gedanken-Text an der entsprechenden Textstelle als Rollen-Ich. Erklärt eure Umsetzung und Texte anschließend.

**5** Gestalte einen Monolog Andris: Lass ihn ebenfalls an die Zeugenschranke treten und die Entwicklung des Verhältnisses zu seinem Vater beschreiben. Gehe auf verschiedene Konfliktthemen ein.

---

### Handlungsentwicklung im Drama

Die Handlung in einem Theaterstück entfaltet sich meist entlang einer bestimmten **Konfliktentwicklung**. **Klassische / traditionelle Theaterstücke** stellen zunächst den Konflikt vor (Exposition), begleiten dann seine weitere Entwicklung (steigende Handlung) bis zu einem Höhepunkt oder Wendepunkt (Peripetie), von dem aus sich die Handlung (fallende Handlung) auf den Schluss (Katastrophe / Lösung) entwickelt. **Offener gestaltete Dramen**, zu denen auch Max Frischs „Andorra" gehört, folgen diesem Aufbaumuster nur teilweise. Hier zeigt sich der grundsätzliche Konflikt in jeder Szene gleichermaßen.

**Das musst du wissen**

---

**6** Prüfe, ob die Konfliktentwicklung aus Andris Sicht der Beschreibung im Kasten folgt. Lies noch einmal die entsprechenden Textstellen (→ S. 195, S. 198–200, S. 202–204) und formuliere möglichst präzise, welcher Konflikt dargestellt wird.

**7** Stelle in einer Verlaufskurve dar, wie sich der Konflikt aus Sicht Andris entwickelt. Notiere in der Kurve Textstellen als Belege.    → Hilfe S. 303

**8** Prüfe und erkläre, zu welchen der im Kasten genannten Schritte der Konfliktentwicklung die Textauszüge passen.

# „Ich möchte auch nicht in seiner Haut stecken."

## Sprechweisen erproben und eine Szene selbst inszenieren

*Max Frisch*
**Andorra: Bild 12** (1961, Auszug)

*Auch nachdem Andri erfahren hat, dass er der leibliche Sohn des Lehrers und einer Frau aus dem Land der „Schwarzen" ist, gelingt es ihm nicht, die ihm aufgezwungene Identität als Außenseiter abzulegen – selbst als seine Mutter, die Senora, ihn besucht. Nachdem die Senora vor ihrer Abreise durch einen Steinwurf getötet wird, rücken „die Schwarzen" in Andorra ein, um den Mörder zu finden. Obwohl Andri ein sicheres Alibi hat, beschuldigen die Andorraner ihn des Mordes. In einer öffentlichen Schau wollen „die Schwarzen" den „Juden" als vermeintlichen Mörder identifizieren. Alle Andorraner bekommen ein schwarzes Tuch um die Augen gebunden und sollen ohne Schuhe den Platz überqueren. Alleine an seinem besonderen Gang soll der Schuldige identifiziert werden.*

*Platz vor Andorra. Der Platz ist umstellt von Soldaten in schwarzer Uniform. Gewehr bei Fuß, reglos. Die Andorraner, wie eine Herde im Pferch, warten stumm, was geschehen soll. Lange geschieht nichts. Es wird nur geflüstert.*

**Doktor:** Nur keine Aufregung. Wenn die Judenschau vorbei ist, bleibt alles wie
5 bisher. Kein Andorraner hat etwas zu befürchten, das haben wir schwarz auf
weiß. Ich bleibe Amtsarzt, und der Wirt bleibt Wirt, Andorra bleibt andorra-
nisch …
*Trommeln*
[…] *Es werden schwarze Tücher ausgeteilt.*
10 Nur jetzt kein Widerstand.
*Barblin erscheint, sie geht wie eine Verstörte von Gruppe zu Gruppe, zupft die Leute am Ärmel, die ihr den Rücken kehren, sie flüstert etwas, das man nicht versteht.*
**Wirt:** Jetzt sagen sie plötzlich, er sei keiner.
15 **Jemand:** Sagen sie?
**Wirt:** Er sei keiner.
**Doktor:** Dabei sieht man's auf den ersten Blick.
**Jemand:** Wer sagt das?
**Wirt:** Der Lehrer.
20 **Doktor:** Jetzt wird es sich zeigen.
**Wirt:** Jedenfalls hat er den Stein geworfen.
**Jemand:** Ist das erwiesen?
**Wirt:** Erwiesen!?

**Doktor:** Wenn er keiner ist, wieso versteckt er sich denn? Wieso hat er Angst?
25 Wieso kommt er nicht auf den Platz wie unsereiner?
**Wirt:** Sehr richtig.
**Jemand:** Sie haben ihn gesucht die ganze Nacht, heißt es.
**Doktor:** Sie haben ihn gefunden.
**Jemand:** Ich möchte auch nicht in seiner Haut stecken.
30 **Wirt:** Jedenfalls hat er den Stein geworfen –
*Sie verstummen, da ein schwarzer Soldat kommt, sie müssen die schwarzen*
*Tücher in Empfang nehmen. Der Soldat geht weiter.*
**Doktor:** Wie sie einem ganzen Volk diese Tücher verteilen: ohne ein lautes
Wort!
35 Das nenne ich Organisation. Seht euch das an! Wie das klappt. [...]
*Barblin kommt zu der Gruppe mit dem Doktor und dem Wirt, zupft sie am*
*Ärmel und flüstert, man kehrt ihr den Rücken, sie irrt weiter. [...]*
**Doktor:** Nur jetzt kein Widerstand. [...]

**1** Klärt in der Klasse den Inhalt, die Verhaltensweisen und die Charakterzüge der auftretenden
Figuren.

**2** Entscheide dich für eine der vorkommenden Figuren und merke dir das zugehörige Zitat.
Bewegt euch im Klassenraum. Passt euren Gang eurer Stimmung an. Geht zwei Minuten still
umher. Beginnt dann, euch zu grüßen, und sprecht euch mit den jeweiligen Zitaten an.
Die Darsteller der Barblin improvisieren ohne Text. Testet auch hier wieder verschiedene
Sprechweisen.

▪ **Doktor:** Nur jetzt kein Widerstand. / **Wirt:** Jetzt sagen sie plötzlich, er sei keiner.

▪ **Jemand:** Ich möchte auch nicht in seiner Haut stecken.

▪ **Barblin** *flüstert und irrt weiter*

**3** Entwerft, probt und gestaltet die Inszenierung des Auszugs. Orientiert euch am Kasten.

---

### So gestaltest du selbst eine Szene

**Das musst du können**

Theaterszenen werden lebendig und wirkungsvoll, wenn sie **inszeniert** werden. Der
gesamte Prozess von der Planung bis zur Aufführung wird dabei zu einer Interpretation
der Szene. Wenn ihr in der Schule eine Szene inszeniert,
- wählt eine Szene, deren Umfang und Anspruch ihr bewältigen könnt,
- besetzt die Rollen – vielleicht nach einer Aufwärmübung oder einem Casting,
- teilt Jugendliche ein, die für das Bühnenbild, die Requisiten, die Beleuchtung und
  die Regie verantwortlich sind,
- probt Positionen, Sprechweisen und die gesamte Szene.
Besprecht die Inszenierung im Anschluss auch: Wie hat jeder seine Rolle und seine
Aufgabe empfunden? Welche Wirkungen wurden spürbar? An welchen Stellen haben
sich Interaktionen entwickelt, die ungeplant aber passend waren?

# Von der Kraft des Vorurteils

## Ein Theaterstück und seine Aufführung bewerten

Video:
11039–41

**1** Betrachte die Bilder der Züricher Inszenierung und schaue dir den zugehörigen Trailer und die zugehörige Audio-Einführung zur Inszenierung an. Mache dir Notizen. Beschreibe und erkläre dann die Ideen der Inszenierung: Gehe zum Beispiel auf das Bühnenbild, die Schauspieler und die gesamte Atmosphäre ein.

**2** Nutze die Theaterkritik zunächst, um dich weiter über die Inszenierung in Zürich zu informieren: Notiere Einzelheiten aus der Inszenierung, die genannt werden.

**3** Erörtert im Klassengespräch die einzelnen Ideen: Sind sie im Sinne der Interpretation des Stücks nachvollziehbar? Wie schätzt ihr ihre Wirkung auf das Publikum ein? Haltet ihr sie für angemessen?

**4** Prüft, wie die Ideen in der Theaterkritik beurteilt werden. Vergleicht die Einschätzung mit euren Positionen aus Aufgabe 3.

[1] **Parabel:** Gleichnis für grundsätzliches menschliches Verhalten und grundsätzliche Konflikte

**5** Der Text spricht von einer „nach 55 Jahren noch immer aktuelle[n] Parabel[1]" (Z. 61 f.). Diskutiert die Aktualität des Stücks in der Klasse.

> **Das musst du können**
>
> ### So beziehst du Theaterkritiken in deine Wahrnehmung ein
>
> Neben dem Proben und Inszenieren trägt auch die anschließende öffentliche Auseinandersetzung zur Wirkung eines Stücks bei. Theaterkritiken in Zeitungen und im Internet bilden eine eigene anspruchsvolle Textsorte. Nutze bei der Beschäftigung mit Theaterkritiken die Lesetechniken zur Rezeption argumentierender Texte → S. 35).

**6** Plane und gestalte einen ausführlichen Kommentar, den du im Internet zu dieser Theaterkritik posten könntest. Nutze die Ergebnisse der vorhergehenden Aufgaben.

**Ein Theaterstück untersuchen**

# „Andorra"-Inszenierung: Von der Kraft des Vorurteils

Am Schauspielhaus Zürich schält Regisseur Bastian Kraft den Kern von Max Frischs Parabel spannend heraus

Hoch ragt das Gerüst in der Box des Schiffbaus[1]. In der Konstruktion aus Stangen und lot- und waagrecht eingefügten Glasplatten warten
[5] Claudius Körber und Henrike Johanne Jörissen[2] im Halbdunkel auf den Spielstart; er mit hochgelagerten Beinen liegend, sie an einem anderen Ort kauernd. Ob wohl so ein Bühnen-
[10] bild (Peter Baur) für einen ganzen Max-Frisch-Theaterabend taugt? [...]

In dieser Inszenierung stecken die Andorraner also gleichsam in Andris Kopf. Und Bastian Krafts Grundein-
[15] fall leuchtet ein, wenn man bedenkt, dass Andri die ihm von der Gesellschaft zugeschriebenen Eigenschaften verinnerlicht hat. So gerät das Ganze zum brillant gemachten Psy-
[20] chogramm eines Außenseiters, wobei der Gerüstbau, dessen Glasflächen laufend weiß angestrichen werden, wesentlich auch als Projektionsfläche dient für die Videos von Jinas Link.

[25] Während der reale Körber bald wie in einem Käfig sinnierend dasitzt, im Gestänge herumturnt oder mit [den] Schauspielerinnen und seinen Ich-Abspaltungen dialogisiert, führt er in
[30] den Videos wunderbar typengerecht, in wechselnden Kostümen (Inga Timm) und von der Maskenbildnerei verwandelt, einzeln oder gar als Gruppe, das Sozialpanorama[3] der

Andorraner vor: von dem unter sei- [35] ner Lebenslüge laborierenden Säufervater bis zur ironisch distanzierten Nebenfigur des „Jemand", vom grobschlächtig-sadistischen Soldaten bis zum übel antisemitischen und patrio- [40] tischen Doktor. Und wenn gegen Ende, bevor Andri getötet und Barblin wahnsinnig wird, diese Figuren sich ihre Vermummungen vom Gesicht ziehen und sich abschminken, [45] werden die als Kopfgeburten von Andri durchschaubar.

Es gibt raffinierte Körperverzerrungen auf der zerklüfteten Projektionsfläche. Metaphorische Bilder [50] wie etwa von einer Weltkugel werden eingeblendet. Hinzu kommen Live-Kamera-Sequenzen, der leitmelodisch genutzte Song „Wish You Were here" und Geräuscheffekte. Ins [55] Selbstzweckhafte driftet solches nicht ab, und auch Jörrisen und Wrage[4] vermögen ihr Spiel mit den Bildereinspeisungen zu verzahnen. Und so schälen der Regisseur und sein Team [60] den Kern von Frischs nach 55 Jahren noch immer aktueller Parabel schlau und spannend heraus: Du sollst dir kein Bildnis machen!

*Torbjörn Bergflödt,*
*Südkurier, 05.05.2016*

[1] **Schiffbau:** Name des Züricher Theaters

[2] **Claudius Körber** spielte Andri, **Henrike Johanne Jörissen** die Rolle der Barblin.

[4] **Wrage:** Marie Wrage spielte die Senora in der Züricher Besetzung.

[3] **Sozialpanorama:** Bilder der Gesellschaft / der gesellschaftlichen Gruppen und Einstellungen

# 8

# Was DU schon kannst!

## Kompetenztest

*Max Frisch*
**Andorra** (1961, Auszug)

*Der Wirt, jetzt ohne Wirteschürze, tritt an die Zeugenschranke.*
**Wirt:** Ich gebe zu: Wir haben uns in dieser Geschichte alle getäuscht. Damals. Natürlich hab' ich geglaubt, was alle geglaubt haben damals. Er selbst hat's geglaubt. Bis zuletzt. Ein Judenkind, das unser Lehrer gerettet habe. […] Hab' ich
5 ihn vielleicht an den Pfahl gebracht? Niemand von uns hat wissen können, dass Andri wirklich sein eigner Sohn ist, der Sohn von unsrem Lehrer. Als er mein Küchenjunge war, hab' ich ihn schlecht behandelt? […] Ich bin nicht schuld.

**Konflikte und Konstellationen erfassen**

**1** Auch der Wirt weist alle Schuld und Verantwortung von sich. Notiere, welche konkreten Gründe er anführt, um seine Unschuld zu belegen.

**2** Notiere, passend zur Aussage des Wirts, zwei „typische" und verallgemeinerbare Aussagen, mit denen Menschen ihre Schuld und Verantwortung leugnen.

**Interaktionen beschreiben**

**3** Ergänze und begründe die Einschätzung zu folgendem Auszug kurz: *Der Dialog zeigt eine gelungene / nicht gelungene Kommunikation, da …*

*Max Frisch*
**Andorra, Bild 9** (1961, Auszug)

*Die Senora, Andris Mutter aus dem Land der „Schwarzen", hat Andri besucht und ihm einen Ring geschenkt. Trotz zahlreicher Andeutungen erkennt Andri nicht, dass sie seine Mutter ist. Der Pater soll es ihm mitteilen.*
**Pater:** Nimm Platz.
5 **Andri:** Was ist eigentlich los mit Euch allen?
**Pater:** Es ist nicht zum Lachen, Andri.
**Andri:** Aber lächerlich.
*Andri betrachtet den Ring.*
Ist das ein Topas oder was kann das sein?
10 **Pater:** Andri, wir sollen sprechen miteinander.
**Andri:** Schon wieder?
*Andri lacht.*
Alle benehmen sich heut wie Marionetten, wenn die Fäden durcheinander sind, auch Sie, Hochwürden.
15 *Andri nimmt sich eine Zigarette.*
War sie einmal seine Geliebte? Man hat so das Gefühl. Sie nicht?
*Andri raucht.*
Sie ist eine fantastische Frau.

**Pater:** Ich habe dir etwas zu sagen.
20 **Andri:** Kann man nicht stehen dazu?
*Andri setzt sich.*
Um zwei muss ich im Laden sein. Ist sie nicht eine fantastische Frau?
**Pater:** Es freut mich, dass sie dir gefällt.
**Andri:** Alle tun so steif.
25 *Andri raucht.*
Sie wollen mir sagen, man soll halt nicht zu einem Soldat gehen und ihm die
Mütze vom Kopf hauen, wenn man weiß, dass man Jud' ist, man soll das
überhaupt nicht tun […] überhaupt vergeht jetzt, seit unserm Gespräch, kein Tag,
ohne dass ich etwas lerne, was mir nichts nützt, Hochwürden, so wenig wie Ihre
30 guten Worte, ich glaub's, dass Sie es wohl meinen, Sie sind Christ von Beruf,
aber ich bin Jud' von Geburt, und drum werd ich jetzt auswandern.
**Pater:** Andri –
**Andri:** Sofern's mir gelingt.
*Andri löscht die Zigarette.*
35 Das wollte ich niemand sagen.
**Pater:** Bleib sitzen! […]
*Andri erhebt sich.*
Ich muss gehen.
*Andri lacht.*
40 Ich hab' so etwas Gehetztes, ich weiß, Hochwürden haben ganz recht …
**Pater:** Sprichst du oder spreche ich? […]

**4** Formuliere eine Aussage zum Verhältnis zwischen dem Pater und Andri in diesem Textauszug. Beachte den Inhalt, die Sprechakte und die Redeanteile.

**+** Erkläre kurz den Einfluss der Regieanweisungen auf die Kommunikation und das Verhältnis der Sprechenden.

**5** Welches Theaterplakat findest du am passendsten? Begründe in drei Sätzen.

Inszenierungs-
ideen beurteilen

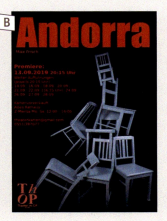

# 9 Außergewöhn-lICH

**Medien verstehen und nutzen**

Link:
11039–42

1 „Ich" oder „man" – welches Wort verwendest du wann und warum? Mache dir dazu ein paar stichpunktartige Notizen und tausche dich mit anderen über deine Ergebnisse aus.

2 Was zeichnet eigentlich das eigene ICH aus? Erstelle wie im nebenstehenden Beispiel eine Wortwolke, die dein ICH am besten widerspiegelt.

3 Seht euch in Kleingruppen die Bilder auf der rechten Seite an. Welchen Zusammenhang seht ihr zwischen diesen und dem Begriff „Identität"? Formuliert jeweils eine kurze Begründung eurer Einschätzung.

4 „Wer einmal sich selbst gefunden hat, kann nichts auf dieser Welt mehr verlieren!" lautet ein Zitat des Schriftstellers Stefan Zweig. Diskutiert in der Klasse, wie diese Aussage zu verstehen ist.

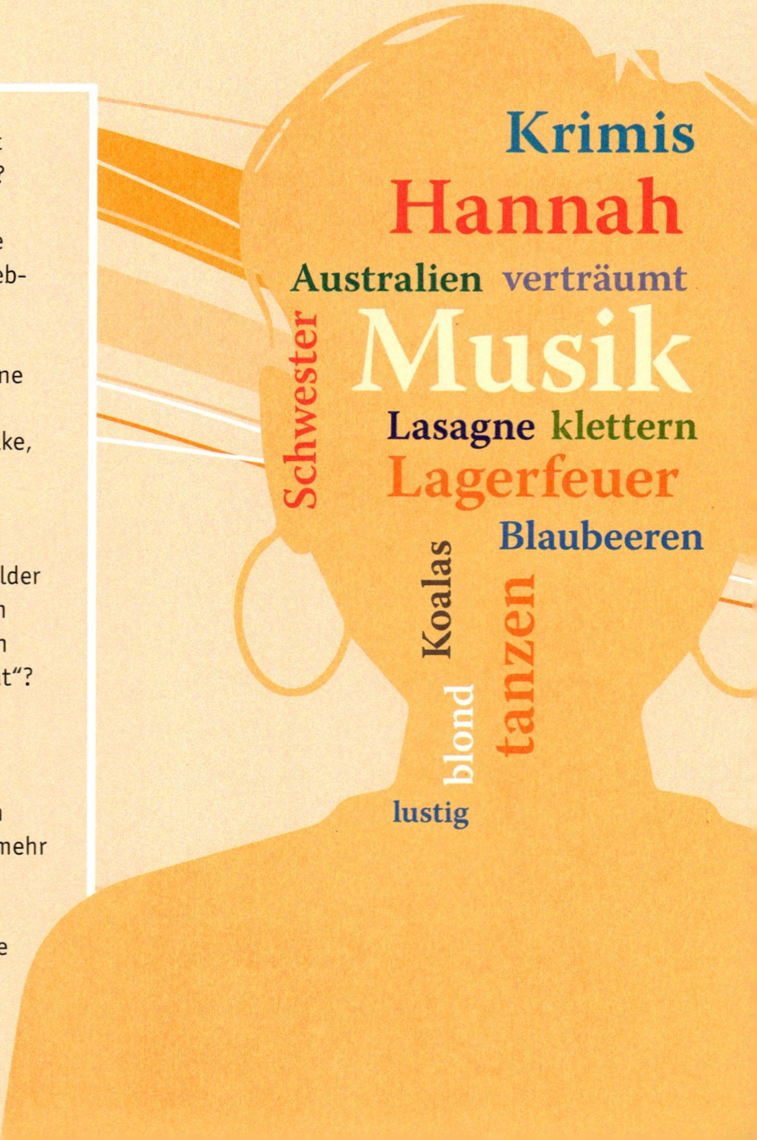

Krimis
Hannah
Australien verträumt
Schwester
Musik
Lasagne klettern
Lagerfeuer
Blaubeeren
Koalas
blond tanzen
lustig

Was weißt
du noch?
Teste dich:
11039–43

Wie wir unser ICH wahrnehmen, hängt oftmals auch davon ab, welche (medialen) Bilder bzw. Vorstellungen von Identität uns vor Augen geführt werden. Doch wie erkennt man sein „wahres" ICH?

In diesem Kapitel begibst du dich auf die Suche nach deinem ICH und …

… erfasst dabei verschiedene Darstellungsformen von Identität in gezeichneten und bewegten Bildern,
… analysierst die Wirkung medialer Gestaltungsmittel,
… nimmst mediale Adaptionen als Deutungen von Textvorlagen wahr und
… setzt Medien selbst gestalterisch ein.

# Auf der Suche nach dem ICH
## Eine Graphic Novel untersuchen

*Pénélope Bagieu greift in WIE EIN LEERES BLATT humorvoll und auf eine besondere Weise das Thema der „Suche nach sich selbst" auf.*

**1** Nutze das Zitat und das Buchcover: Tausche dich in Kleingruppen über den möglichen Inhalt sowie eine mögliche Zielgruppe des Textes „Wie ein leeres Blatt" aus.

**2** Vergleicht die Hinweise im folgenden Textauszug mit euren Ideen aus Aufgabe 1: Welche Erwartungen werden erfüllt, welche eurer Ideen passt gar nicht zum Buch?

---

„Eloïse Pinson, 10, Rue de Nancy 75010 Paris", das sagt der jungen Pariserin Eloïse nichts. Sie hat ihr Gedächtnis verloren. „Wie ein leeres Blatt" ist aber keine Geschichte über das Vergessen, sondern über das Finden und Entwickeln einer individuellen Persönlichkeit, die von dem „leeren" Leben der Protagonistin fortführt.

Die Verknüpfung von Text und liebevollen, ausdrucksstarken Zeichnungen macht diese Graphic Novel so besonders. Sie beschreibt, wie sich Eloïse auf charmante, lustige und anrührende Weise auf die Suche nach sich selbst begibt und ihr Leben dabei in allen Facetten aus einem anderen Blickwinkel betrachtet […]."

*www.jugendliteratur.org*

---

**3** Sieh dir den nachfolgenden Auszug aus der Graphic Novel „Wie ein leeres Blatt" an, in dem der Anfang von Eloïses Suche dargestellt wird. Bearbeitet dann zu zweit eine der folgenden Aufgaben.

■ Fasst stichpunktartig die dargestellte Handlung zusammen.

■ Sammelt möglichst viele Adjektive, mit denen sich Eloïse beschreiben lässt.

■ Ihr beobachtet als Außenstehende die Szene. Verfasst einen kurzen Dialog über das, was ihr als Beobachter in dieser Situation wahrnehmt.

Medien verstehen und nutzen

Boulet (frz. Originaltext), Ulrich Pröfrock (Übersetzung),
Pénélope Bagieu (Illustration)
**Wie ein leeres Blatt. Graphic Novel** (2018, Auszug 1)

4 Notiere stichpunktartig, wodurch in Auszug 1 deutlich wird, dass Eloïse ihr Gedächtnis verloren hat.

5 „Wie ein leeres Blatt" ist kein gewöhnlicher Erzähltext, sondern eine Graphic Novel. Formuliere eine erste Definition für diese besondere Textform. Du kannst dazu die Wörter aus dem Wortspeicher nutzen und auch weitere Beispiele für Graphic Novels nennen.

### Wortspeicher

Bild-Text-Verbindung – erzählerisch und bildlich anspruchsvoll – grafische Literatur – Verbindung verschiedener Textformen – Einsatz verschiedener Mittel aus der Filmsprache – für Lesepublikum in verschiedenem Alter geeignet – fordert den Leser und Betrachter in besonderem Maße

**9**

Das musst du können

## So untersuchst du die Gestaltung einer Graphic Novel – Teil 1

Graphic Novels sind eine Form grafischer Literatur und können auch als „Texte" bezeichnet werden. Bei dieser Art Literatur setzt sich der Text aus Bild-Text-Verbindungen zusammen, deren Gestaltung und Wirkung man untersuchen kann.

Bei der Illustration lassen sich in einer Graphic Novel eine Vielzahl von Gestaltungsmöglichkeiten nutzen. Folgende kannst du bei einer Analyse genauer unter die Lupe nehmen:

- **Balloons** (Textblasen): z. B. Wiedergabe von gesprochener Sprache der handelnden Figuren in **Sprechblasen** und von gedachter Sprache in **Gedankenblasen**
- bildsprachliche **Symbole** / **Piktogramme**: Wiedergabe von Gemütszuständen von Figuren (z. B. Schweißtropfen auf der Stirn = Angst) oder nichtgegenständlichen Begriffen (Noten = Musik) ; Werden mehrere dieser Symbole halbkreisförmig um den Kopf einer Figur angeordnet spricht man von einer **Korona**.
- **Panel**: Einzelbild – mit oder ohne Umrandung, in dem ein bestimmter Handlungsschritt wiedergegeben wird
  - Image Panel (stummes Panel) / Word Panel / Image and Word Panel: Handlung wird ausschließlich über Bilder / Wörter / bewusst im Text-Bild-Verbund dargestellt.
  - Plot Panel / Character Panel / Setting Panel: Panel, bei dem das Grundgerüst der Handlung, die handelnde Figur oder der Handlungsort in den Fokus gerückt wird
- **Caption** / **Textbox**: in ein Panel eingefügtes Textfeld, Art Erzählkommentar, durch den der Leser zusätzliche Informationen z. B. zum Handlungsort oder zur Handlungszeit erhält
- **Gutter**: „weißer Steg", Leerstelle oder Auslassung zwischen zwei Panels
- **Soundword**: Versprachlichung von Geräuschen, z. B. „knirsch" bei Schritten auf Kies oder auf verschneitem Boden

**6** Bereite mithilfe des Informationskastens einen Vortrag vor der Klasse vor, in welchem du auf die Gestaltung der Graphic Novel in Auszug 1 (→ S. 215) eingehst.
Wähle dazu drei Panels aus und analysiere diese genauer.
Formuliere auch jeweils Erklärungen zur möglichen Wirkungsabsicht der Gestaltung.

**7** Höre dir einige Vorträge zu Auszug 1 an. Nutze die Tabelle zum Mitschreiben. Tausche dich anschließend in einer Arbeitsgruppe zu deinen Notizen aus.

| ausgewählte Panels | Gestaltungsmittel | mögliche Wirkung auf den Betrachter |
|---|---|---|
|  |  |  |

**8** Bei der Ausgestaltung von Auszug 1 (→ S. 215) hat die Illustratorin auch filmsprachliche Mittel (→ S. 291) genutzt. Ergänze deine Arbeitsergebnisse aus den Aufgaben 5 und 6 durch entsprechende Notizen. Gehe wiederum auf die mögliche Wirkung ein.

Medien verstehen
und nutzen

*Boulet (frz. Originaltext), Ulrich Pröfrock (Übersetzung),*
*Pénélope Bagieu (Illustration)*
**Wie ein leeres Blatt** (2018, Auszug 2)

*In einer neben ihr liegenden Tasche findet Eloïse einen Hinweis auf ihre bzw.*
*Eloïses Wohnadresse. Bevor sie den Schlüssel in die Wohnungstür steckt, malt*
*sich Eloïse aus, was sie dahinter wohl erwarten wird.*

**9** Notiere kurz, welche Vorstellungen jeweils dargestellt sind. Notiere auch, wie Eloïses
Gedanken in Auszug 2 wiedergegeben werden. Auf welche Gestaltungsmöglichkeiten greift
die Illustratorin hierbei zurück?

**10** Ein Panel in Auszug 2 (→ S. 217) bleibt deiner Vorstellung überlassen. Welches Szenario könnte sich Eloïse noch ausmalen? Bearbeitet in Kleingruppen dazu die Aufgaben nacheinander, soweit ihr kommt:

- Entwerft skizzenhaft ein mögliches Panel.

- Gestaltet das Panel aus. Notiert dazu passend auch Texte für Sprech- und Gedankenblasen.

- Formuliert schriftlich eine kurze Begründung für die Gestaltung eures Entwurfs.

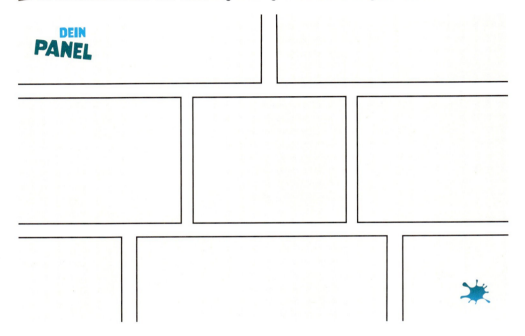

**11** Sieh dir die Auszüge 1 und 2 noch einmal genauer an. Bereite eine mündliche Erklärung zu der Frage vor, wie sich durch eine bestimme Farbwahl die Stimmung in einer Graphic Novel beeinflussen lässt. Verweise dazu auf konkrete Panelbeispiele aus den Auszügen.

**Das musst du können**

### So untersuchst du die Gestaltung einer Graphic Novel – Teil 2

Durch die Verwendung verschiedener Schriftarten/-größen, die Verwendung von Großbuchstaben oder die Verwendung von Kursiv- oder Fettdruck können einzelne Wörter oder Sätze in Sprech- oder Gedankenblasen besonders markiert werden. So gewinnt das Gesagte oder Gedachte an Intensität.

**12** Bereitet in Kleingruppen eine kurze Präsentation vor, in der ihr mithilfe des Kastens und anhand des Auszugs 3 auf der Folgeseite erläutert, welche unterschiedlichen Gestaltungsmöglichkeiten für die Illustration in einer Graphic Novel bei gesprochener und gedachter Sprache genutzt werden und wie diese Wahl die Wirkung des Dargestellten beeinflussen können.

Boulet (frz. Originaltext), Ulrich Pröfrock (Übersetzung),
Pénélope Bagieu (Illustration)
**Wie ein leeres Blatt** (2018, Auszug 3)

*Eloïse findet heraus, dass ihr altes Ich in einer Buchhandlung gearbeitet hat. Um mehr über sich zu erfahren, versucht sie, wieder in ihr altes Leben einzutauchen. Doch das ist alles andere als einfach. Schließlich vertraut sie sich ihrer Arbeitskollegin Sonja an.*

**13** Verfasse schriftlich eine kurze Erklärung, wie Text und Bild in Auszug 3 miteinander verbunden werden. Wird z. B. das Gesagte durch die bildliche Darstellung ergänzt, erweitert oder sogar verändert?

**14** Überlegt in Partnerarbeit, wie Eloïses Suche nach ihrem ICH weitergehen könnte, und skizziert oder verfasst ein mögliches Ende ihrer Geschichte.

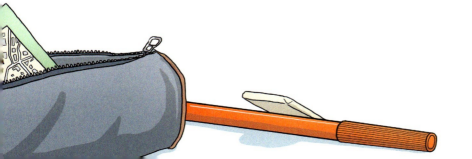

# Selbstbild(er)

## Bearbeitungen in verschiedenen Medien untersuchen und bewerten

Hörtext:
11039–44

**1** Hört euch in der Klasse den Beginn des Jugendromans „Letztendlich sind wir dem Universum egal" von David Levithan an. Notiere deine ersten Eindrücke und Gedanken.

**2** Führt in der Klasse ein „literarisches Gespräch" – also ein Gespräch über die Eindrücke und Wirkungen – zu dem gehörten literarischen Text. Geht dabei auf folgende Fragen ein:

- Wie findet ihr die Idee vom täglichen Wechsel des Körpers, die Levithan in seinem Text entwickelt? Welche Vorteile und Nachteile könnte das bergen?
- Welche Leseerwartungen habt ihr? Würdet ihr das Buch lesen bzw. das Hörbuch zu Ende hören? Wie begründet ihr eure Entscheidung?
- Welche Verbindung stellt ihr anhand des kurzen Hörtextes zwischen dem möglichen Inhalt des Textes und dem gewählten Buchtitel her?
- Wie beeinflusst die Wahl einer Sprecherin / eines Sprechers und die Art wie dieser den Text vorliest dessen Wirkung auf den Hörer?

**3** Lies Auszug 1 und höre dazu parallel nochmals den Hörtext. Mache dir Notizen, ob du eine Stelle anders als der Sprecher vorgelesen hättest. Tauscht euch in der Klasse über die Änderungsvorschläge aus. Begründet die Vorschläge jeweils.

---

*David Levithan*
**Letztendlich sind wir dem Universum egal** (2014, Auszug 1)

Ich werde wach.

Und muss auf der Stelle herausfinden, wer ich bin. Nicht nur äußerlich die Augen aufschlagen und nach- 5 sehen, ob ich am Arm helle oder dunkle Haut habe, ob meine Haare lang oder kurz sind, ob ich dick oder dünn bin, Junge oder Mädchen, voller Schrammen und Narben oder glatt 10 und unversehrt. Darauf stellt man sich am leichtesten ein, wenn man es gewöhnt ist, jeden Morgen in einem neuen Körper aufzuwachen. Aber das Leben darum herum, das Umfeld – 15 das ist manchmal schwer in den Griff zu bekommen.

Jeden Tag bin ich jemand anderes.

Ich bin ich – so viel weiß ich – und zugleich jemand anders.

Das war schon immer so. 20 Die Information ist da. Ich werde wach, schlage die Augen auf und begreife: wieder ein neuer Morgen, wieder ein neuer Ort. Die Lebensgeschichte schaltet sich zu, ein will- 25 kommenes Geschenk von dem Nicht-Ich-Teil in meinem Kopf.

Heute bin ich Justin. Nein, falsch, bin ich nicht, aber heute heiße ich so und leihe mir für einen Tag Justins 30 Leben aus. Ich sehe mich um. Das ist also sein Zimmer. Das ist sein Zuhause. In sieben Minuten klingelt der Wecker.

Medien verstehen und nutzen

**4** 2018 wurde „Letztendlich sind wir dem Universum egal" verfilmt. Suche im Internet nach dem Filmplakat und begründe, ob die Darstellung deinen Erwartungen an den Text entspricht bzw. diesen widerspricht.

---

### So erkennst du mediale Adaptionen als Deutung eines Originaltextes

Das musst du können

Ein Originaltext (z. B. Roman, Kurzgeschichte) kann für verschiedene Medien wie z. B. einen Film oder einen Hörtext unterschiedlich bearbeitet (adaptiert) und entsprechend inszeniert werden.

Bei einem Hörbuch hat der die Sprecherin / der Sprecher die Möglichkeit durch Variationen in der Stimme, z. B. Veränderungen der Lautstärke, schnelleres / langsameres Sprechen, Wahl „verschiedener" Stimmen für unterschiedliche Figuren dem Originaltext eine bestimmte Wirkung zu geben.

Beim Film lässt sich das geschriebene Wort auf vielfältige Weise visualisieren. So kann eine Regisseurin / ein Regisseur mithilfe filmsprachlicher Mittel eine Textvorlage den filmischen Bedürfnissen anpassen und sie nach visuellen Gesichtspunkten kürzen, erweitern oder verdichten.

Es gibt Verfilmungen, die sich stark an der literarischen Vorlage orientieren, und sogenannte „interpretierende Transformationen", die zwar den Textsinn des Originals aufgreifen, diesen aber nicht 1:1 in Bilder umwandeln.

Willst du z. B. eine Literaturverfilmung bewerten, musst du dir bewusst machen, dass Printtext und Verfilmung ganz eigenen Gesetzen folgen und jede Adaption einer Interpretation gleichkommt.

---

**5** Lies dir den Textauszug 1 auf der linken Seite nochmals durch und bearbeite dann in einer kleinen Arbeitsgruppe eine der folgenden Aufgaben.

 Notiert eine Idee, wie die Aussagen des Sprecher-Ichs in einer Verfilmung umgesetzt werden könnten.

Überlegt, wie ihr die Aussagen des Sprecher-Ichs *nicht* in einer Verfilmung umsetzen würdet. Notiert eine kurze schriftliche Begründung eurer Einschätzung.

Überlegt, welche interpretierende Transformation der Textstelle euch als Zuschauende am meisten überzeugen würde. Skizziert diese stichpunktartig und begründet kurz eure Entscheidung.

Video:
11039–45

**6** Seht euch gemeinsam den Trailer zur Verfilmung von „Letztendlich sind wir dem Universum egal" an. Äußert dann in einem Blitzlicht eure erste Assoziation zum Gesehenen.

**7** Notiere, inwiefern der Regisseur Michael Sucsy die tägliche morgendliche Erfahrung – das Aufwachen in einem anderen Körper –, die das Sprecher-Ich zu Beginn des Originaltextes beschreibt, in Bilder umgesetzt hat.

**8** Das Sprecher-Ich, das sich im Originaltext als „A" vorstellt, verliebt sich in die 16-jährige Rhiannon. Haltet in Partnerarbeit schriftlich fest, wie es dem Regisseur im Film gelingt zu verdeutlichen, dass Rhiannon in den Begegnungen mit verschiedenen Leuten immer wieder auf „A" trifft.

---

**Das kannst du bereits**

### So erkennst du filmsprachliche Mittel und beurteilst die Wirkung auf den Betrachter

Durch die Wahl verschiedener Kameraperspektiven (Sicht auf das Geschehen / die Figuren in Normalsicht, Vogel- oder Froschperspektive) und Kameraeinstellungen (Ausschnitt des Gezeigten von Detail bis Totale) erhält der Betrachter einen unterschiedlichen Blickwinkel auf das Gezeigte. Zudem können die dargestellten Situationen vertrauter oder distanzierter wirken.

Auch die bewusste Wahl von Licht und Schatten kann Situationen, Gegenständen oder Personen mehr oder weniger Bedeutung verleihen sowie eine entspannte oder eine eher spannungsgeladene Szenerie schaffen.

Der Verlauf der Handlung lässt sich durch Kamerabewegungen (z. B. Schwenk, Kamerafahrt) und die Verwendung bestimmter Schnitt- und Montagetechniken (weiche / harte Schnitte, Blenden, Einblendung von Zwischentiteln) steuern.

Auch der Filmton kann eine Handlung im Film begleiten bzw. diese erweitern oder verändern. Das Zusammenspiel von Geräuschen, (Hintergrund-)Musik und gesprochener Sprache (der handelnden Figur oder Voice-Over) trägt viel dazu bei, wie das Gezeigte auf den Betrachter wirkt.

Medien verstehen und nutzen

**9** Seht euch in Partnerarbeit die nachfolgenden Bilder an. Übertragt dann die Tabelle in eure Unterlagen und füllt diese aus.

Arbeitsblatt: 11039–46

| Bild | dargestellter Inhalt | verwendete Kameraperspektiven/ -einstellungen | Lichtverhältnisse | mögliche Wirkung auf den Betrachter |
|------|---------------------|-----------------------------------------------|--------------------|-------------------------------------|
| A | | | | |
| B | | | | |
| C | | | | |
| D | | | | |

A

B

C

D

**10** Wählt als Team eines der Bilder aus und gestaltet ein kurzes Storyboard, das aus insgesamt drei Einzelbildern besteht, wobei ihr das gewählte Bild an beliebiger Stelle platzieren könnt.

→ Hilfe S. 303

**11** Präsentiert eure Storyboards aus Aufgabe 10 eurer Klasse. Sprecht über ähnliche oder völlig unterschiedliche Gestaltungen und wie diese in einer filmischen Umsetzung auf den Betrachter wirken könnten.

**12** Lies dir den nachfolgenden Textauszug durch. Sieh dir anschließend nochmals den Trailer zur Verfilmung an und tausche dich in der Klasse darüber aus, ob und wenn ja wie Auszug 2 darin umgesetzt worden ist.

> David Levithan
>
> **Letztendlich sind wir dem Universum egal** (2014, Auszug 2)
>
> *A lässt keine Möglichkeit aus, Rhiannon wiederzusehen, und auch Rhiannon scheinen die Treffen mit A etwas zu bedeuten. Dennoch stellen manche Begegnungen die beiden immer wieder vor Hürden.*
>
> 35 Ich habe ein schönes Lokal ausgesucht, doch das ist noch keine Garantie dafür, dass es auch ein schöner Abend wird.
>
> Sie starrt mich – Finn – unver-
> 40 wandt an.
>
> „Was ist?", frage ich schließlich.
>
> „Nichts, bloß … ich kann dich da drin nicht erkennen. Normalerweise sehe ich schon einen Schimmer von
> 45 dir, in den Augen. Aber heute ist das nicht so."
>
> In gewisser Hinsicht schmeichelt mir das. Andererseits ist es entmutigend.
>
> 50 „Ich bin hier drin, Ehrenwort."
>
> „Ich weiß. Aber ich kann nichts dagegen machen. Ich empfinde einfach nichts. Wenn ich dich so sehe, meine ich. Es geht nicht."
>
> 55 „Ist schon okay. Du erkennst mich nicht, weil er so anders ist als ich. Du empfindest nichts, weil ich nicht so bin. So gesehen, ist das also stimmig."
>
> „Kann sein", sagt sie und spießt ein
> 60 paar Spargelstangen auf.
>
> Sie klingt nicht überzeugt. Meinem Gefühl nach habe ich von vornherein verloren, wenn wir jetzt offenbar auf der Überzeugungsebene angelangt sind. 65
>
> Es hat nichts von einem Date. Und auch nichts von Freundschaft. Es fühlt sich an wie etwas, das vom Drahtseil gefallen, aber noch nicht ins Netz gekracht ist. 70
>
> Wir gehen zurück zu unseren Autos, die noch beim Buchladen stehen. […]
>
> Wenn ich in einem anderen Körper steckte, wäre das der Moment, in dem 75 ich mich zu ihr beugen und sie küssen würde. Dieser Kuss könnte den Abend doch noch zu einem prickelnden machen. Wenn ich in einem anderen Körper steckte, würde sie mich darin 80 sehen. Das, was sie sehen wollte.
>
> Aber so, wie es jetzt ist, stimmt es hinten und vorne nicht. […]

**13** Erstellt in Partnerarbeit eine Liste mit Gründen, die dafür sprechen, Textpassagen aus einem Originaltext bei der Verfilmung nicht umzusetzen bzw. wegzulassen oder diese zu verändern.

**14** Der Inhalt von Textauszug 2 findet sich in veränderter Form in der Verfilmung. Bewertet diese interpretatorische Transformation mithilfe eurer in Aufgabe 13 gesammelten Gründe.

**15** A reflektiert immer wieder über seine Erfahrungen. Lies dir den nachfolgenden Textauszug durch und bearbeite dann in einer Arbeitsgruppe eine der Aufgaben.

- Formuliert eine Idee, wie diese Reflexion in einer Verfilmung umgesetzt werden könnte.

- Formuliert eine kurze Begründung, warum die Reflexion von A in die Verfilmung integriert werden sollte.

- Verfasst eine kurze Erläuterung, welche filmsprachlichen Mittel ihr bei der Bearbeitung des Textauszugs nutzen würdet, und begründet eure Wahl.

---

*David Levithan*
**Letztendlich sind wir dem Universum egal** (2014, Auszug 3)

Anfangs war es schwer, einen Tag
85 nach dem anderen durchzustehen, ohne ernsthafte Beziehungen zu knüpfen oder Veränderungen im Leben anderer zu hinterlassen. Als ich noch jünger war, sehnte ich mich nach
90 Freundschaft und Nähe. Ich ließ mich auf Bindungen ein, ohne mir einzugestehen, wie schnell und endgültig sie wieder gekappt sein würden. Ich nahm das Leben anderer persönlich,
95 hatte das Gefühl, ihre Freunde und ihre Eltern könnten meine Freunde und meine Eltern sein. Aber nach einer Weile musste ich damit aufhören.
100 Es war zu herzzerreißend, mit so vielen Trennungen zu leben.

Ich bin Treibgut, und so einsam das mitunter sein kann, es ist auch enorm befreiend. Ich werde mich niemals über jemand anderen definieren. Ich 105 werde nie den Druck von Gleichaltrigen oder die Last elterlicher Erwartung spüren. Ich kann alle als Teile eines Ganzen betrachten und mich auf das Ganze konzentrieren, nicht 110 auf die Teile. Ich habe gelernt zu beobachten, weit besser als die meisten anderen Menschen.

Die Vergangenheit setzt mir keine Scheuklappen auf, die Zukunft moti- 115 viert mich nicht. Ich konzentriere mich auf die Gegenwart, denn nur in ihr ist es mir bestimmt, zu leben.

# Bilder von dir
## Medien gestalterisch einsetzen

Link:
11039–47

**1** Für den „Welttag des Buches" plant die Lese-AG, in der Schule und in der Stadt Werbung für verschiedene Bücher zu machen. Sammelt in einem Cluster Ideen und diskutiert diese: An welchen Orten, mit welchen Medien und mit welchen Gestaltungsmöglichkeiten könnte diese Buchwerbung stattfinden?

**2** In sozialen Netzwerken gibt es immer mehr so genannte „Buchtrailer". Besprecht und diskutiert die Idee in der Klasse. Klärt zunächst, was ein Buchtrailer ist, orientiert euch dann an den Stichwörtern. Falls möglich, recherchiert dazu auch im Internet.

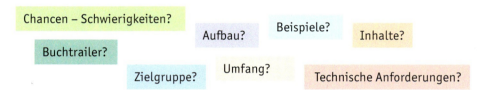

Chancen – Schwierigkeiten?

Aufbau?   Beispiele?   Inhalte?

Buchtrailer?

Zielgruppe?   Umfang?   Technische Anforderungen?

→ Hilfe S. 303

**3** Bereitet euch darauf vor, selbst eine Idee für einen Buchtrailer zu entwickeln: Tragt dazu in Partnerarbeit zusammen, welche Bestandteile des Trailers diese Planung berücksichtigen muss.

**4** Entwerft nun in einer kleinen Arbeitsgruppe Ideen zur Gestaltung eines Trailers zur Graphic Novel „Wie ein leeres Blatt". Skizziert zum Beispiel, welche Bilder und welche Texte zu sehen sein sollen und was jeweils zu hören sein könnte. Gestaltet einen Entwurf mit ungefähr fünf Bildern.

Video:
11039–48

**5** Im Rahmen des Deutschen Jugendliteraturpreises 2014 haben jugendliche Leser zwischen zwölf und 19 Jahren einen Nominierungsfilm für die Graphic Novel „Wie ein leeres Blatt" gedreht. Sieh dir den Film an und formuliere dann ein kurzes schriftliches Feedback zu dessen Gestaltung. Vergleicht in der Klasse den Film mit euren Ideen zu Aufgabe 4.

**6** „Ein Buchtrailer ist einfach eine mithilfe digitaler Medien erstelle Zusammenfassung eines literarischen Textes." – Stimmt ihr dieser Aussage mit Blick auf eure Ergebnisse zu Aufgabe 2 zu? Begründet kurz eure Einschätzung.

**7** Ein Schüler der Lese-AG zweifelt an, dass man einen Buchtrailer einfach auf der Internetseite der Schule veröffentlichen darf. Verfasst mithilfe des Kastens rechts oben eine Checkliste, was bei der Veröffentlichung des Trailers zu beachten ist.

Medien verstehen und nutzen

Das musst du wissen

## Veröffentlichung eines Buchtrailers

Bei einem Buchtrailer erstellst du zwar einen eigenen Film, du greifst dabei aber auf verschiedene (Text-)Quellen zurück. Dementsprechend musst du spätestens im Abspann zu deinem Trailer alle zentralen **bibliographischen Angaben** zum verwendeten Originaltext (Name Autorin / Autor sowie ggf. Illustratorin / Illustrator, Verlag, Erscheinungsort /-jahr und Auflage) anführen. Zitate oder aus dem Text verwendete Bilder solltest du entsprechend markieren, indem du beispielsweise auf die genaue Seitenzahl verweist.

Bedenken musst du zudem, dass in der Regel auch Musik urheberrechtlich geschützt ist. Daher kann man nicht einfach jeden beliebigen Song als Hintergrundmusik verwenden. Es gibt allerdings Titel mit einer so genannten **„Creative Commons-Lizenz"**, bei denen Urheber, deren Namen du immer nennen musst, ihre Titel für nicht-kommerzielle Zwecke freigegeben haben.

Wenn ihr in der Klasse selbst einen Trailer mit Jugendlichen dreht, müsst ihr die **Persönlichkeitsrechte aller Mitwirkenden** am Trailer beachten. Erkennbar dürfen demnach nur Personen sein, die einer Veröffentlichung vorher – am besten schriftlich – zugestimmt haben.

**8** Setzt nun eure eigenen Ideen in die Praxis um und bearbeitet in Kleingruppen eine der folgenden Aufgaben:

- ■ Überlegt, welche der in diesem Kapitel abgedruckten Panels aus „Wie ein leeres Blatt" ihr für einen Buchtrailer nutzen könnt. Erstellt für einen möglichen Trailer ein Storyboard.

- ■ Überlegt, wie sich der Nominierungsfilm aus Aufgabe 5 mit weiteren (filmsprachlichen) Mitteln ergänzen bzw. noch anschaulicher gestalten lassen könnte. Gestaltet dazu eine kurze Präsentation.

- ■ Gestaltet einen eigenen Buchtrailer zu „Wie ein leeres Blatt" mit bewegten Bildern.

**9** Präsentiert eure Ergebnisse zu Aufgabe 8 in der Klasse und gebt euch gegenseitiges Feedback. Füllt dazu zunächst den Bewertungsbogen für den Buchtrailer aus.

Arbeitsblatt: 11039–49

# 9

# Was DU schon kannst!

## Kompetenztest

**Graphic Novels als Textgattung kennen**

**1** Notiere die Buchstaben der richtigen Aussagen.

**a** In vielen Graphic Novels findest du Bilder, Texte in Sprechblasen und Überleitungstexte.
**b** Graphic Novels richten sich nur an Kinder.
**c** In einer Graphic Novel lassen sich Gefühle und Gedanken der Figuren nicht darstellen.
**d** In einer Graphic Novel werden oft auch filmsprachliche Mittel genutzt.

**2** Wähle eine der Aussagen, die du für falsch hältst, und notiere eine kurze Begründung für deine Einschätzung.

**Die Gestaltung einer Graphic Novel untersuchen**

**3** Notiere drei typische grafische Gestaltungsmittel einer Graphic Novel, die du im abgebildeten Auszug 4 findest.

*Boulet (frz. Originaltext), Ulrich Pröfrock (Übersetzung), Pénélope Bagieu (Illustration)*
**Wie ein leeres Blatt** (2018, Auszug 4)

**4** Notiere zum markierten Panel, wie die Graphic Novel auch mit filmsprachlichen Mitteln arbeitet.

**5** Sieh dir den Trailer zu „Letztendlich sind wir dem Universum egal" nochmals genau an. Übertrage die Tabelle in dein Heft und erläutere dann jedes angegebene filmsprachliche Mittel anhand eines konkreten Beispiels aus dem Trailer.

**Filmszenen untersuchen**

Video: 11039–45

| Szene in Trailer (stichpunktartige Wiedergabe des Gezeigten) | filmsprachliches Mittel | genaue Erläuterung | mögliche Wirkung auf den Betrachter |
|---|---|---|---|
| | Kameraperspektive | | |
| | Filmton | | |
| | Kamerabewegung | | |
| | Montagetechnik | | |

**6** Erkläre in eigenen Worten, warum mediale Adaptionen einer Textvorlage in der Regel als eine Deutung / Interpretation des Originals verstanden werden können.

**Mediale Adaptionen als Deutungen erkennen**

**7** Entscheide, ob die folgenden Aussagen zum Stichwort „Buchtrailer" richtig oder falsch sind. Formuliere in deinem Heft für alle falschen Angaben Korrekturvorschläge.

**Einen Buchtrailer gestalten**

| Aussagen | 👍 | 👎 | Korrektur |
|---|---|---|---|
| **a)** Ein Buchtrailer ist eine digitalisierte Inhaltsangabe zu einer Textvorlage. | | | |
| **b)** Buchtrailer können gezeichnete und / oder bewegte Bilder beinhalten. | | | |
| **c)** Buchtrailer werden oftmals in sozialen Netzwerken veröffentlicht. | | | |
| **d)** Jeder kann einen Buchtrailer erstellen und diesen ohne Probleme im Internet hochladen. | | | |

# 10
# Das soll „gerecht" sein?

## Sprachliche Gestaltungmittel und deren Wirkung untersuchen

1 „Was bedeuten für dich die Wörter „gerecht" und „ungerecht"? Ergänze dazu den folgenden Satzanfang.
*Ich empfinde es als gerecht / ungerecht, wenn / dass ...*

2 Diskutiert in der Klasse, wo und warum es innerhalb einer Gesellschaft zu Ungerechtigkeiten kommen kann. Orientiert euch dabei auch an den Bildern auf dieser Doppelseite.

3 Stellt eure Ergebnisse aus Aufgabe 2 grafisch, z. B. in Form einer Mind-Map, dar.

4 Vergleicht die nebenstehenden Äußerungen zum Thema „Gerechtigkeit"/„Ungerechtigkeit" miteinander. Wie sind sie inhaltlich und sprachlich gestaltet?

Was weißt du noch? Teste dich: 11039–50

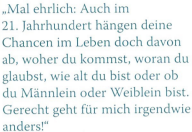

„Mal ehrlich: Auch im 21. Jahrhundert hängen deine Chancen im Leben doch davon ab, woher du kommst, woran du glaubst, wie alt du bist oder ob du Männlein oder Weiblein bist. Gerecht geht für mich irgendwie anders!"

Prinzipiell hat jeder von uns das Recht, jederzeit und ohne Gefahr öffentlich zu reden und seine Meinung äußern zu können. Dennoch sollten wir uns immer bewusst sein, wie wir unsere Äußerungen formulieren und wie diese Formulierungen auf andere wirken können.

Deswegen vertiefst du in diesem Kapitel dein Sprachbewusstsein, indem du

... Formen der sprachlichen Verdichtung und Abstraktion untersuchst,

... unterschiedliche Arten der Redewiedergabe und der sprachlichen Differenzierung unterscheidest,

... sprachliche Strategien erkennst und bewertest sowie

... Elemente der Textkohärenz unterscheidest und in eigenen Texten verwendest.

„Ungerechtigkeit an irgendeinem Ort bedroht die Gerechtigkeit an jedem anderen."
(Martin Luther King)

„Laut aktueller Studien soll das Entstehen sozialer Konflikte oder die Stabilität des gesellschaftlichen Zusammenhalts mehr denn je von der Gerechtigkeitswahrnehmung des sozialen Ungleichgefüges abhängen."

# Auf den Punkt gebracht

## Formen der sprachlichen Verdichtung und Abstraktion untersuchen und nutzen

**1** Im Rahmen einer Projektwoche will sich die Klasse 9a mit dem Thema „Soziale Gerechtigkeit" sowie ihren eigenen Vorstellungen von einer gerechten Gesellschaft auseinandersetzen. Führt ein Brainstorming zu diesem Thema durch und sichert eure Beiträge in einem Cluster.

**2** Formuliert in Lernteams eine mögliche Definition für „Soziale Gerechtigkeit". Nutzt die Ergebnisse des Brainstormings aus Aufgabe 1.

**3** Nachfolgend findet ihr eine Ausführung zum Begriff „Soziale Gerechtigkeit". Klärt unbekannte Wörter und vergleicht den Text mit eurer eigenen Definition. Haltet Gemeinsamkeiten und Unterschiede stichpunktartig fest.

---

Text 1 **Soziale Gerechtigkeit**

(1) [...] Unter sozialer Gerechtigkeit sind allgemein akzeptierte und wirksame Regeln zu verstehen, die der Verteilung von Gütern und Lasten durch gesellschaftliche Einrichtungen (Unternehmen, Fiskus, Sozialversicherungen, Behörden etc.) an eine Vielzahl von Gesellschaftsmitgliedern zugrunde liegen, nicht aber Verteilungsregeln, die beispielsweise ein Ehepaar unter sich ausmacht. (2) Soziale Gerechtigkeit findet sich auf mehreren Ebenen: Erstens ist sie gewissermaßen „eingebaut" in viele gesellschaftliche Einrichtungen (z.B. in die höheren Steuerklassen für Ledige oder in die gesetzliche Krankenversicherung, in der Familienmitglieder unter Umständen kostenlos mitversichert sind). (3) Zweitens ist soziale Gerechtigkeit in den Einstellungen der Menschen enthalten. (4) Und drittens wird sie deutlich in deren Verhalten, z.B. in der politischen Partizipation. [...] (5) Vorstellungen von (Start-)Chancengerechtigkeit zielen darauf ab, dass alle Menschen, die im Wettbewerb um die Erlangung von Gütern und die Vermeidung von Lasten stehen, die gleichen Chancen haben sollen, Leistungsfähigkeit zu entwickeln und Leistungen hervorzubringen. (6) Das Konzept der Chancengerechtigkeit bezieht sich also nicht auf das Ergebnis, sondern auf die Ausgestaltung von Leistungswettbewerb. [...] (7) Nur eine mehrheitlich als gerecht empfundene Gesellschaft wird auf Dauer friedlich kooperieren und Konflikte ohne Gewalt regeln können. (8) Dies gilt umso mehr in einer Gesellschaft wie Deutschland, die kulturell, ethnisch, sprachlich, religiös und im Alltagsverhalten immer heterogener wird, deren traditionelle Bindeglieder also immer schwächer werden.

*Stefan Hradil, www.bpb.de/politik/grundfragen; 31.05.2012*

---

Formen der sprachlichen Verdichtung und Abstraktion untersuchen und nutzen →AH S. 89 f.

Sprachliche Ge-
staltungmittel und
deren Wirkung
untersuchen

**4** Setze dich vertieft mit Text 1 auseinander. Beantworte dazu stichpunktartig die folgenden Fragen:
- Für welche Zielgruppe könnte der Text verfasst worden sein?
- Welche Schreibintention liegt dem Text zugrunde?
- Wie wirkt der Text auf den Leser?
- Wie beurteilst du allgemein die inhaltliche und sprachliche Gestaltung des Textes nach dem ersten Lesen?

---

**So untersuchst und beschreibst du Sprache und ihre Wirkung in Texten**

Das kannst
du bereits

Zusammenhänge zwischen sprachlicher Gestaltung und Wirkung in pragmatischen und auch in literarischen Texten kannst du herausarbeiten, indem du dich auf folgende Aspekte konzentrierst:

- **Lexik**: Prüfe, ob der Verfasser eher **alltagssprachliche Wendungen** oder vermehrt **Fachbegriffe** und **Fremdwörter** nutzt.
  Achte auch auf die Verwendung von Nominal- und Verbalstil sowie die Präferenz für bestimmte Wortarten oder bildhafte Sprachverwendung (→ S. 187).
- **Syntax**: Prüfe, ob der Verfasser eher auf einen einfachen oder einen komplexen **Satzbau** zurückgreift. Untersuche auch die einzelnen Satzarten, die Gewichtung von Haupt- und Nebensätzen sowie die Art der verwendeten **Nebensätze** und deren Einfluss auf die Lesewirkung.

---

**5** Diskutiert in der Klasse, ob ihr Text 1 in einem Lexikon abdrucken würdet. Begründet eure Meinung.

**6** Auf der Schulhomepage will die 9a andere Klassen über das Thema „Soziale Gerechtigkeit" informieren. In Zusammenarbeit ist dabei Text 2 (→ S. 234) entstanden.
Das Redaktionsteam findet den Text für die Schulhomepage noch nicht passend.
Notiere mögliche Kritikpunkte. Achte z. B. auf den gesamten Aufbau, die Herstellung von Zusammenhängen, auf den Satzbau und die Wortwahl.

Text 2

**Was ist eigentlich „Soziale Gerechtigkeit"? Die Klasse 9a klärt auf:**

(1) Wer kann welche Schule besuchen? (2) Wie wird Geld zwischen armen Bürgerinnen und Bürgern und reichen Bürgerinnen und Bürgern aufgeteilt? (3) Können ältere Frauen und Männer unter denselben Lebensbedingungen leben wie junge Frauen und Männer? (4) Welche Rechte haben Männer und welche Rechte haben Frauen?

(5) Stellst du dir manchmal auch diese Fragen? (6) Dann setzt du dich bereits mit „sozialer Gerechtigkeit" auseinander oder beschäftigst dich mit dem Aufbau eines Sozialstaats. (7) Weil jeder etwas anderes unter „gerecht" versteht, können sich Politikerinnen / Politiker, Wissenschaftlerinnen / Wissenschaftler, Philosophinnen / Philosophen und auch befragte Bürgerinnen und Bürger bis heute auf keine für alle zufriedenstellende Definition von „sozialer Gerechtigkeit" einigen. (8) Gerecht meint aber im Kern, dass die Lebensbedingungen für alle Mitglieder einer Gesellschaft möglichst ähnlich sein sollten. (9) Auch das Recht auf freie Entfaltung der Persönlichkeit, das Recht auf Leben und körperliche Unversehrtheit, das Recht auf Glaubens- und Religionsfreiheit und das Recht auf freie Meinungsäußerung müssen zu jeder Zeit für alle gelten. (10) Geld, Nahrungsmittel, Wasser, Strom und andere Dinge des alltäglichen Lebens sollten im Idealfall unter allen Bürgerinnen und Bürgern einer Gesellschaft „fair" verteilt werden und zudem sollte jeder dieselben Chancen und Möglichkeiten haben. (11) Zum Beispiel sollte jeder die Chance haben eine weiterführende Schule seiner Wahl zu besuchen. (12) Im realen Leben sieht es jedoch leider oft anders aus. (13) Im realen Leben haben nicht alle dieselben Chancen. (14) So gehen viele Schülerinnen und Schüler z. B. nicht auf ein Gymnasium, weil ihre Eltern auch kein Gymnasium besucht haben. (15) Und viele Mädchen und Jungen können dann in Folge auch nicht den Beruf ausüben, den sie gerne ausüben würden, weil sie nicht die entsprechende Schule besucht haben. (16) „Soziale Gerechtigkeit" ist also keinesfalls eine Selbstverständlichkeit. (17) Die Mädchen und Jungen, die in nicht so guten Verhältnissen aufwachsen, haben eben nicht dieselben Chancen, wie Mädchen und Jungen, die in guten Verhältnissen aufwachsen können. (18) Je besser die finanziellen Voraussetzungen der Eltern sind, desto besser sind eben auch die Möglichkeiten, die ihre Kinder im späteren Leben einmal haben.

(19) Ziel muss es daher sein, dass sich mehr Menschen mit dem Thema „Soziale Gerechtigkeit" auseinandersetzen. (20) Uns allen muss bewusst sein, dass es unterschiedliche Bildungschancen gibt oder auch, dass ältere Bürgerinnen und Bürger eben oftmals nicht dieselben Lebensbedingungen wie jüngere Bürgerinnen und Bürger haben. (21) Aber es geht nicht nur darum, dass einem diese Missstände bewusst sein müssen. (22) Wenn ein Mitglied der Gesellschaft sozial ungerecht behandelt wird, müssen alle, die das mitbekommen, einschreiten, um zu verhindern, dass derjenige Umständen ausgesetzt ist, die ihm eine freie Entfaltung seiner Persönlichkeit und ein menschenwürdiges Leben unmöglich machen.

*Verfassertext*

**7** Aufgrund der Kritik des Redaktionsteams will die 9a einige Kürzungen am Text vornehmen. Notiere dir die Nummern der Sätze in Text 2, die man deiner Meinung nach kürzen oder weglassen könnte. Begründe jeweils kurz deine Einschätzung.

**8** Die 9a schlägt für Satz 7 die nachfolgende Überarbeitung vor. Formuliere eine kurze Erklärung dafür, was genau verändert wurde.

> *Wegen unterschiedlicher Auffassungen bezüglich der Bedeutung von „gerecht", gibt es bis heute keine allgemeingültige Definition von „sozialer Gerechtigkeit".*

**9** Formuliere für Text 2 eine mögliche Überarbeitung von Satz 9.

---

**So erkennst und nutzt du Möglichkeiten der sprachlichen Verdichtung**

Durch verschiedene sprachliche Kniffe lassen sich wesentliche Informationen in einem Text „verdichten", d. h. knapper und präziser wiedergeben, ohne dass die Sätze dabei an Verständlichkeit und Aussagegehalt einbüßen.

Auf Satzebene erreichst du eine Informationsverdichtung u. a. über
- **Oberbegriffe**, um eine unnötige Aufzählung von Einzelbegriffen zu umgehen,
- **Nominalisierungen**, z. B. durch das Einbauen adverbialer Bestimmungen statt der gehäuften Verwendung konjunktionaler Nebensätze,
- **Attribuierungen**, wobei statt Relativsätzen Attribute genutzt werden,
- **Ellipsen**, bei denen z. B. Wortteile in Sätzen verkürzt oder mehrerer Sätze, die sich auf einen Aspekt beziehen, zu einem zusammengefügt werden,
- **Parenthesen**, bei denen in einen Satz – markiert durch Gedankenstriche oder Kommata – ein anderer Satz oder Teile eines Satzes eingeschoben werden, wobei diese in sich aber vollständig und stimmig sein müssen.

*Das musst du können*

---

**10** Erkläre mithilfe des Kastens, welche Formen für die sprachliche Verdichtung in Satz 7 und 9 genutzt werden können.

**11** Überlegt in Lernteams, wie sich Text 2 weiter überarbeiten lassen könnte.
Bearbeitet dazu eine der folgenden Aufgaben.

■ Nutzt eine Möglichkeit der Verdichtung aus dem Kasten für Satz 10.

■ Nutzt Möglichkeiten der Verdichtung aus dem Kasten für die Sätze 14 und 15.

■ Wählt fünf Sätze aus Text 2 aus und nutzt für diese Möglichkeiten der Verdichtung aus
dem Kasten. Begründet jeweils kurz eure Wahl.

**12** Erarbeitet in Partnerarbeit einen möglichen Überarbeitungsvorschlag.

„Es ist ja schön, dass ihr in eurem Text immer beide Geschlechter, z. B. mit „Bürgerinnen und Bürger", ansprecht. Aber irgendwie stört das an manchen Stellen den Lesefluss. Bitte lasst euch da etwas einfallen."

**Das musst du wissen**

**Verwendung geschlechtergerechter Sprache**

Oftmals wird in gesprochener und geschriebener Sprache für Personen- oder Berufsbezeichnungen noch ausschließlich die maskuline Form als geschlechtsneutrale Form verwendet, wie z. B. „Lehrer", „Schüler", „Polizist".
Problematisch ist, dass eigentlich alle Personen gemeint sind, viele dabei automatisch aber nur an männliche Personen denken.
Um zu verdeutlichen, dass auch weibliche Personen gleichermaßen gemeint sind, sollte man daher immer auch die feminine Form gleichzeitig anführen.
Aus sprachökonomischen Gründen (z. B. für einen besseren Lesefluss) kann man auf geschlechtsneutrale Wörter wie z. B. „Mensch", „Person", Sachbezeichnungen wie „Lehrkraft" oder „Schülerschaft" oder Substantivierungen des Partizips I und II sowie von Adjektiven im Plural wie „die Teilnehmenden" zurückgreifen.
In geschriebenen Texten ist neben der Doppelpunktschreibweise zudem die Schreibung mit Genderstern beliebt, z. B. „Schüler*innen", bei der alle Geschlechter miteinbezogen werden. Der Rat für deutsche Rechtschreibung empfiehlt diese Schreibung allerdings nicht (Stand: März 2021), da Texte dadurch weniger verständlich, vorlesbar oder automatisch übersetzbar werden. Es sollten also nach Möglichkeit geschlechtsneutrale Bezeichnungen oder eben beide Formen gewählt werden, um Sprache geschlechtergerecht zu verwenden.

**13** Prüft nun euren Vorschlag aus Aufgabe 12 und notiert, welche Strategien aus dem Kasten ihr verwendet habt. Überarbeitet die Version nochmal und versucht, ausschließlich geschlechtsneutrale Wörter zu verwenden. Diskutiert anschließend in der Klasse, wo dies gut möglich ist und wo nicht.

**14** Lies dir nun nochmals Text 1 durch. Würdest du diesen als sprachlich anspruchsvoller im Vergleich zu Text 2 einstufen? Begründe kurz deine Einschätzung.

**15** Überlegt in Partnerarbeit, wie sich in Text 1 die Informationen des ersten Satzes verkürzt wiedergeben lassen könnten. Notiert einen entsprechenden Satz und vergleicht diesen mit dem eines anderen Lernteams.

**16** Erarbeitet zu zweit eine mögliche Verdichtung der Sätze 2–4 in Text 1.

**17** Die 9a hat sowohl einfache als auch komplexe Sätze für Text 2 verwendet. Übertrage die nachfolgende Tabelle in dein Heft und notiere aus Text 2 für jede Spalte zwei Beispiele.
**Tipp:** Der Kasten hilft dir bei der Zuordnung.

| einfacher Satz | Parataxe | Hypotaxe |
|---|---|---|
| ... | ... | ... |

**So beschreibst du die Syntax von Texten**

Beim Satzbau kannst du zwischen folgenden „Bauarten" unterscheiden:
- **einfache Sätze**, die nur ein finites Verb beinhalten,
- **Satzreihen** (Parataxen), bei denen Hauptsätze meist durch Konjunktionen miteinander verbunden werden,
- **Satzgefüge** (Hypotaxen), bei denen Haupt- und Nebensätze meist durch Subjunktionen oder Relativpronomen miteinander verbunden werden.

*Das kannst du bereits*

**18** Wie beurteilst du das Verhältnis von einfachen und komplexen Sätzen in Text 2? Ergänze dazu schriftlich die folgenden Satzanfänge.

*Das Verhältnis zwischen einfachen und komplexen Sätzen in Text 1 finde ich ausgewogen / unausgewogen, weil ...*
*Es werden einfache Sätze genutzt, um ...*
*Es werden komplexe Sätze genutzt, wenn ...*

**19** Beschreibe nun den Satzbau von Text 1 genauer. Wie wirkt dieser auf den Leser?

# Wenn Jugendliche das Sagen haben / hätten ...

## Formen der Redewiedergabe und der sprachlichen Differenzierung untersuchen

Im Internet ist ein Schüler auf das *Schüler-Planspiel United Nations* gestoßen, das auf der Homepage wie folgt beschrieben wird:

(1) Das Schüler-Planspiel United Nations (SPUN) ist die älteste deutschsprachige Simulation der Vereinten Nationen. Seit 1995 kommen Schülerinnen und Schüler der gymnasialen Oberstufe in Deutschland und deutscher Schulen im Ausland einmal im Jahr in Bonn zu diesem Planspiel
5   zusammen. Jeweils eine Gruppe von Schülern bildet dabei die Delegation eines Mitgliedslandes der Vereinten Nationen oder einer Nichtregierungsorganisation (NGO). Die 250 Teilnehmer aus der ganzen Welt erleben in diesen Rollen eine Sitzungswoche, genau wie sie in New York abläuft: Der Rahmen der Debatten ist durch eine Geschäftsordnung festgelegt und
10  die Charta, sowie die Gepflogenheiten der Vereinten Nationen besitzen ihre Gültigkeit. Im Vorfeld bereiten sich die Teilnehmerinnen und Teilnehmer auf die auf der Tagesordnung stehenden Themen vor, damit sie ihre Delegation möglichst realitätsnah vertreten können. Während der Sitzungswoche kommt es jedoch nicht zu einem Protokoll folgenden
15  Debatten, sondern die Schülerinnen und Schüler diskutieren selbst eingebrachte Lösungsvorschläge.

(2) SPUN bietet euch die Möglichkeit, auf dem internationalen Parkett mitzureden und die Vereinten Nationen kennenzulernen. Dass ihr als Delegation originalgetreu und überzeugend die politische Linie eures Landes
20  vertretet, ist wichtig. Jedoch geht es darum, innerhalb der politischen Möglichkeiten Lösungen zu finden, die durchaus besser als die der „echten" Diplomaten sein können.

(3) SPUN soll keine Wiederholung der realen Politik sein, sondern ihr könnt mitdenken und die Konflikte und Lösungsansätze zusammen mit anderen
25  interessierten Jugendlichen weiterentwickeln. Dies gilt auch für das Projekt an sich: SPUN ist ein Schüler-Planspiel. Es gilt der Grundsatz „Von Schülern für Schüler". Beteiligung im Orgateam ist deshalb bei der Vorbereitung und Planung der Sitzungswoche sehr erwünscht!      *www.spun.de*

**1** Fasse in eigenen Worten (1–2 Sätze) zusammen, worum es bei dem Planspiel geht.

**2** Diskutiert in der Klasse, ob ihr euch eine Teilnahme an diesem Planspiel vorstellen könntet.

**3** Sieh dir die drei nummerierten Abschnitte des Textes (→ S. 238) nochmals genauer an. Erkläre, inwieweit sich Abschnitt 2 und 3 sprachlich von Abschnitt 1 unterscheiden.

**4** Eine Schülergruppe möchte einen kurzen Informationstext über das Planspiel auf der Schulhomepage veröffentlichen und dazu die Informationen aus Abschnitt 2 und 3 nutzen. Macht euch in Partnerarbeit Notizen, was sie bei der Übernahme der Informationen beachten müssen.

---

**So nutzt du verschiedene Formen der Redewiedergabe**

Das kannst du bereits

Um Inhalte aus fremden Texten in deinen eigenen Text einzubauen, kannst du auf verschiedene Formen der Redewiedergabe zurückgreifen.
Nutze die

- **direkte** Redewiedergabe, wenn du ganze **Sätze** oder **Satzteile wörtlich wiedergeben** willst. Die Zitate markierst du dabei entsprechend durch die **Setzung von Anführungszeichen**. Die genutzte Quelle notierst du direkt nach dem Zitat in Klammern.
Beispiel: *„Das Schüler-Planspiel United Nations (SPUN) ist die älteste deutschsprachige Simulation der Vereinten Nationen"* (Material 1, Z. 1 f.).
- **indirekte Redewiedergabe**, wenn du verdeutlichen willst, dass du **Aussagen Dritter** wiedergeben möchtest. Dafür musst du auf die indirekte Rede zurückgreifen und diese ggf. auch entsprechend einleiten. Auch hier steht wiederum die Quelle in Klammern nach Ende der Informationenübername. Hier fügst du allerdings noch ein „vgl." für „vergleiche" ein.
Beispiel: *Laut Aussagen der Veranstalter sei das Schüler-Planspiel United Nations (SPUN) die älteste deutschsprachige Simulation der Vereinten Nationen (vgl. Material 1, Z. 1 f.).*
- **Paraphrase**, wenn du bestimmte Informationen **in umschriebener Form** also mit eigenen Worten wiedergeben möchtest. Notiere die Quellenangabe wie bei einer indirekten Redewiedergabe.
Beispiel: *Das Simulationsspiel, bei dem Schülerinnen und Schüler einen Einblick in das Agieren der Vereinten Nationen erhalten, ist das erste seiner Art in Deutschland (vgl. Material 1, Z. 1 f.).*

**5** Bestimmt in Partnerarbeit mithilfe des Kastens, welche Form der Redewiedergabe der Schüler nachfolgend bei der Übernahme der Informationen genutzt hat.

| Beispielsatz | Form der Redewiedergabe |
|---|---|
| (1) Laut den Veranstaltern biete SPUN den Teilnehmenden die Möglichkeit, auf dem internationalen Parkett mitzureden und die Vereinten Nationen kennenzulernen. | … |
| (2) Bei dem Planspiel sollen sich die Teilnehmenden zwar an der Politik des jeweiligen Landes, das sie vertreten, orientieren, aber vor allem auch nach eigenen diplomatischen Lösungsansätzen suchen. | … |

**6** Überlegt nun in Lernteams, wie sich die Informationen aus Abschnitt 3 in einen Infotext für die Schulhomepage übertragen lassen könnten. Bearbeitet dazu eine der folgenden Aufgaben.

■ Formuliert einen Satz, bei dem ihr Teile aus dem ersten Satz aus Abschnitt 3 wörtlich zitiert.

■ Übertragt den ersten Satz aus Abschnitt 3 in indirekte Rede und erläutert kurz, welche Veränderungen ihr vorgenommen habt.

■ Wandelt den kompletten Abschnitt 3 für einen Informationstext für die Schulhomepage um. Nutzt dafür verschiedene Formen der Redewiedergabe und begründet jeweils kurz eure Wahl.

**7** Setze den nachfolgenden Satz in unterschiedliche Formen indirekter Rede, indem du die Möglichkeiten für eine abwechslungsreiche Redewiedergabe aus dem Wortspeicher nutzt.

*Jeweils eine Schülergruppe bildet dabei die Delegation eines Mitgliedslandes der Vereinten Nationen oder einer Nichtregierungsorganisation (NGO).*

**Wortspeicher**

Verwendung von satzeinleitenden Verben des Sagens, Fragens oder Denkens – Verwendung von Passivkonstruktionen – Wiedergabe in Form eines *dass*-Satzes – Wiedergabe in Form eines uneingeleiteten Nebensatzes – Wiedergabe mithilfe einer Infinitivkonstruktion oder eines Präpositionalgefüges – ohne Einleitungssatz

**8** Auf der Homepage von SPUN haben sich einige Jugendliche zu ihren Erfahrungen mit dem Planspiel geäußert. Die Erfahrungsberichte kannst du über den Link aufrufen. Lies dir die Berichte durch und wähle einen aus, der dich besonders überzeugt hat. Begründe kurz deine Wahl.

Link: 11039–51

**9** Notiere aus dem ausgewählten Erfahrungsbericht aus Aufgabe 8 diejenigen Sätze, die für einen Informationstext auf der Schulhomepage genutzt werden können.

**10** Wähle drei Sätze aus und nutze für diese jeweils eine Form der Redewiedergabe.

**11** Lies dir die nachfolgenden Aussagen über das Planspiel durch. Erkläre mithilfe des Kastens, wie sich der Verfasser zum Gesagten positioniert.

(1) Das Organisationsteam von SPUN will auch für eine digitale Durchführung des Planspiels gut vorbereitet sein.

(2) Bei SPUN soll es sich um ein von Schülergruppen für Schülergruppen organisiertes Simulationsspiel handeln.

(3) Laut Veranstalter sollen die Teilnehmer im Rahmen des Planspiels nicht nur die Arbeitsweisen der internationalen Politik kennenlernen, sondern auch ihre rhetorischen Fähigkeiten trainieren.

(4) Der Schüler will von der Gesamtorganisation des Simulationsspiels in positivem Sinne überrascht gewesen sein.

### So nutzt du Modalverben für die Redewiedergabe

Mithilfe der **Modalverben** *sollen* und *wollen* kannst du **fremde Behauptungen** wiedergegeben, dich von den Äußerungen jedoch distanzieren. Durch die Verwendung von *wollen* zeigst du an, dass eine fremde Person, z. B. ein Interviewpartner, selbst eine Behauptung aufgestellt hat. Im Gegensatz dazu verdeutlichst du über die Verwendung von *sollen*, dass eine Behauptung über eine fremde Person wiedergegeben wird.

**Das kannst du bereits**

# Einflussreiche Sprache – sprachliche Einflussnahme

## Sprachliche Strategien sowie Elemente der Textkohärenz untersuchen

**1** Im Rahmen einer Projektwoche will die 9a mit anderen Schülern darüber diskutieren, wie das Leben in einer Gesellschaft für alle „gerechter" werden kann. Tauscht euch darüber aus, inwiefern die folgenden Schwerpunkte zu diesem Diskussionsthema passen.

> Geschlechtergleichstellung    Schulbildung    Digitalisierung
>
> Generationengerechtigkeit    Gesundheitsweisen    Steuern

**2** Sammelt weitere Schwerpunkte, über die im Hinblick auf den Gerechtigkeitsaspekt diskutiert werden könnte.

**3** Nach der Sammlung von möglichen Schwerpunkten tauschen sich die Schüler der 9a über einige Schwerpunkte aus. Wähle eine Aussage aus, die dich besonders überzeugt. Begründe kurz deine Wahl.

**A**

„Wenn man bedenkt, welche Privilegien wir als Schüler eines Gymnasiums genießen, müssen wir doch einfach über die allgemeine Bildungsungerechtigkeit in unserem Land sprechen!"

**B**

„Laut Statistischem Bundesamt stieg der Anteil der über 64-Jährigen, die armutsgefährdet sind, in den vergangenen 15 Jahren um 4, 7 Prozentpunkte auf 15, 7% im Jahr 2019. Das liegt daran, dass immer mehr Senioren mit der ihnen zur Verfügung stehenden Rente sich das tägliche Leben kaum leisten können. So müssen sich beispielsweise viele Senioren ihre Lebensmittel bei der Tafel holen, weil sie dafür kein Geld mehr zur Verfügung haben. Diesen menschenunwürdigen Zuständen müssen wir entgegenwirken!"

**C**

„Ich hab' ja prinzipiell nichts gegen Steuern, aber es ist doch ein bisschen verfrüht, wenn wir uns als 14-Jährige damit beschäftigen."

**D**

„Es ist unsere Pflicht als Mitglieder dieser Gesellschaft für eine gleichberechtigte Behandlung aller Menschen einzustehen, egal welchem Geschlecht sie angehören, ob sie alt oder jung sind oder ein körperliches oder geistiges Handicap haben!"

**E**

„Wir beschäftigen uns
natürlich vorerst mit
Problemen, die uns persönlich am meisten betreffen!
Jeder ist sich schließlich
selbst der Nächste!"

**F**

„Aus der „Sozialen Gerechtigkeit" kann nichts werden, wenn
jeder entscheiden will, wie diese
auszusehen hat und dabei nur
seine Perspektive wahrnimmt."

**4** Ordnet in Partnerarbeit mithilfe des Kastens den Schüleräußerungen begründet die
entsprechenden Argumentationsstrategien zu.

### Verschiedene Argumentationsstrategien

Das musst
du wissen

Prinzipiell kannst du folgende Argumentationsstrategien voneinander unterscheiden:

- **rational**: Bei den Argumenten wird Wert auf Stichhaltigkeit gelegt. Daher werden in
  der Regel nachprüfbare Tatsachen bzw. klare Daten und Fakten oder Erkenntnisse
  namhafter Expertinnen und Experten in die Argumente eingebaut. Über eine
  logische Gedankenführung sucht die/der Argumentierende den Verstand seines
  Gegenübers anzusprechen.
- **plausibel**: Bei diesem Typ setzt die/der Argumentierende auf Mehrheitsmeinungen,
  Gewohnheit oder den „gesunden Menschenverstand". Die Argumente, die sich
  oftmals durch Pauschalisierungen, Übertreibungen und Verallgemeinerungen
  auszeichnen, leuchten dem Gegenüber vordergründig rasch ein und können zu
  dessen kurzweiliger Verunsicherung bzgl. seiner eigenen Meinung führen.
  Überzeugt werden kann das Gegenüber letztendlich jedoch nicht.
- **moralisch-ethisch**: Die/der Argumentierende setzt hier auf geltende Norm- und
  Wertvorstellungen innerhalb einer Gesellschaft und sucht so an Anstand und Gefühl
  seines Gegenübers zu appellieren. Dieses wird somit in gewisser Weise unter Druck
  gesetzt, seine eigene Meinung zu ändern.
- **taktisch**: Die/der Argumentierende vermittelt hier den Anschein, dass die eigene
  und die Sichtweisen anderer ganz „objektiv" beurteilt werden. Im Kern wird aber
  deutlich, dass sie/er von der Überlegenheit der eigenen Perspektive überzeugt ist
  und auch andere davon zu überzeugen sucht.

**5** Macht euch in Partnerarbeit Notizen, was euch an bestimmten Argumenten der Klasse 9a
nicht gefällt und was diese an ihrer Aussage ändern müssten, um euch zu überzeugen.

**6** Beurteile, welche Argumentationsstrategie in bestimmten Situationen am ehesten überzeugen kann und daher sowohl bei mündlichen als auch schriftlichen Argumentationen
vornehmlich verwendet werden sollte. Begründe kurz deine Entscheidung.

# 10

**7** Bildet Lernteams und beteiligt euch am Austausch der Jugendlichen. Bearbeitet dazu eine der folgenden Aufgaben.

■ Formuliert eine Aussage zum Schwerpunkt „Gleichstellung von Mann und Frau". Nutzt dafür ein „moralisch-ethisches" Argument.

■ Formuliert eine Aussage zu einem Schwerpunktthema eurer Wahl und nutzt dafür ein „plausibles" Argument.

■ Wählt zwei Aussagen aus Aufgabe 3 aus, die ihr nicht als rational einstuft und wandelt die Aussagen in „rationale" Argumente um.

**8** Überprüft mithilfe des nachfolgenden Kastens eure Argumente aus Aufgabe 7 dahingehend, ob sich eure Argumente aus den vier Bausteinen zusammensetzen. Ergänzt und korrigiert gegebenenfalls.

> **Das kannst du bereits**
>
> **So baust du Argumente auf**
>
> Deine Argumente sollten immer aus den folgenden vier Bausteinen bestehen (→ S. 89, 91):
> - **Behauptung**: Formulierung eines Beweisgrunds passend zur eigenen Position
> - **Begründung**: genaue Begründung der Behauptung
> - **Beispiel / Beleg**: Steigerung der Überzeugungskraft eines Arguments durch gut nachvollziehbare Beispiele sowie der Stichhaltigkeit durch abgesicherte Fakten/ Daten/Expertenmeinungen
> - **(Rück-)Bezug**: Bezugnahme auf eigene Position
>
> Die vier Bausteine kannst du auch anders anordnen, wenn du einen zu gleichförmigen Aufbau deiner Argumentation vermeiden willst.

**9** Setze aus den folgenden Bruchstücken ein überzeugendes Argument zusammen.

> **Wortspeicher**
>
> Grundgesetz, Bürgerliches Gesetzbuch (BGB) und das Allgemeine Gleichbehandlungsgesetz verbieten eine Schlechterstellung der Geschlechter – Chancengleichheit für Frauen und Männer im Berufsleben ist nicht gewährleistet – weniger Frauen in technischen Berufen und in Führungspositionen – keine gleiche Bezahlung für gleichwertige Arbeit – Stark-machen für Verbesserungen im Hinblick auf die Geschlechtergerechtigkeit

**10** Einige Jugendliche aus der Parallelklasse mischen sich in die Unterhaltung der 9a mit ein. Tauscht euch zu zweit darüber aus, welche Aussagen bzw. Formulierungen ihr als nicht passend einstuft. Begründet jeweils kurz eure Einschätzung.

**G**

„Das mit den wachsenden Prozentzahlen bezüglich der Altersarmut ist aber bloß wieder so eine Milchmädchenrechnung!"

**H**

„Die Überalterung unserer Gesellschaft ist doch das eigentliche Problem!"

**I**

„Bist du gehirnamputiert? Oma und Opa mal schnell ins Altersheim stecken und dann hoffen, dass sich das „Problem" von selbst löst, oder wie?"

**J**

„Ihr habt ja keine Vorstellung davon, wie es ist, an einen Rollstuhl gefesselt zu sein! Ist es etwa gerecht, wenn mein Bruder zusehen muss, wie so Idioten wie ihr jederzeit über den Fußballplatz stürmen können, während er dabei nur zusehen kann?"

**K**

„Dass dein Bruder benachteiligt ist, weil er beim Fußballspielen zusehen muss, ist doch Unsinn, dass ist wieder so eine typische Mädchensichtweise!"

**L**

„Das ist doch gut, dass alle Mädchen so empathisch sind!"

**11** Beurteilt, welche Formen der sprachlichen Diskriminierung von den Jugendlichen jeweils bewusst oder unbewusst genutzt wurden.

**12** Sammelt in der Klasse Ideen, wie sich die sprachlich diskriminierenden Formulierungen vermeiden bzw. so umformulieren lassen, dass sie niemanden abwerten oder verletzen.

---

### So erkennst du sprachliche Diskriminierung und vermeidest sie

Das musst du können

Sprache kannst du nutzen, um deine eigenen Gedanken, Gefühle und Meinungen zum Ausdruck zu bringen. Oftmals wird Sprache aber auch dazu missbraucht, andere durch das und mit dem, was wir sagen in ihrer Meinung oder Persönlichkeit abzuwerten. Dabei kann die Diskriminierung auf allen Ebenen der Sprache erfolgen, z. B.

- auf der **Wort-** oder **Begriffsebene** über negativ besetzte Wörter, die Verwendung von Verkleinerungsformen oder allgemein von geringschätzenden Bezeichnungen,
- indem Personen / Personengruppen bestimmte **stereotype** oder **vorurteilsbehaftete Eigenschaften** zugeschrieben werden sowie
- auf der Ebene der Argumentation, indem die Diskriminierung durch „Scheinargumente" (z. B. *Das sagen alle!*) zu rechtfertigen gesucht wird oder auch Stereotype und Vorurteile formuliert werden.

**13** Lest euch den nachfolgenden Textauszug aufmerksam durch. Tauscht euch in der Klasse darüber aus, ob dieser, eurer Meinung nach, logisch und stimmig aufgebaut ist.

> Fakt ist: Mit Artikel 24 der UN-Behindertenrechtskonvention, der auch in Deutschland seit 2009 Geltung hat, sollen Schülerinnen und Schüler mit einer Behinderung grundsätzlich das Recht haben, gemeinsam mit anderen Schülerinnen und Schülern an einer allgemeinen Schule unterrichtet zu werden. Was
> 5 dabei aber viele nicht näher thematisieren wollen, sind die damit verbundenen Schwierigkeiten. Denn wie sieht es mit dem Auftrag – jede Schülerin und jeden Schüler bei ihrer/seiner Identitätsbildung und Persönlichkeitsentwicklung zu unterstützen – aus, wenn manche Heranwachsenden einfach „anders" sind oder zumindest so wahrgenommen werden? Wie kann, muss oder darf man als
> 10 Lehrkraft mit diesen Andersartigkeiten umgehen?
>
> Ergebnisse einer bundesweiten Repräsentativbefragung der *forsa* aus dem Jahre 2017 zeigen, dass das gemeinsame Unterrichten von Schülerinnen und Schülern mit und ohne körperlichen und / oder geistigen Einschränkungen – auch bekannt unter dem Namen „Inklusion" – von Lehrinnen und Lehrern nach wie
> 15 vor kontrovers betrachtet wird. So gibt es laut deren Ansichten zwar eine Vielzahl von Gründen, die für, aber auf der anderen Seite auch genauso viele Gründe, die gegen einen „Unterricht für alle" sprechen. *Verfassertext*

**14** Arbeitet in Partnerarbeit heraus, wie die einzelnen Sätze im Textauszug logisch miteinander verbunden wurden. Notiert Beispiele und Zeilennummern.

**15** Überprüft, welche der sprachlichen Gestaltungsmittel aus dem folgenden Kasten im Textauszug genutzt werden. Notiert – falls vorhanden – jeweils ein Beispiel.

> **Das musst du können**
>
> ### So beeinflusst du durch Elemente der Textkohärenz die Wirkung von Texten
>
> Lesern kannst du das Textverstehen erleichtern, indem du bewusst auf verschiedene Elemente der Textkohärenz zurückgreifst. Nutze...
> - innerhalb von Sätzen **Proformen** (Pronomen, Pronominaladverbien), um etwas Vor- oder Nacherwähntes nochmals aufzugreifen und somit logische **Satzverknüpfungen** zu erzielen,
> - **gliedernde Formulierungen**, wie z. B. *erstens, zweitens ... / zuerst ... dann / einerseits ... andererseits ...*, mit denen du eine Abfolge von Sachverhalten / Gedankengängen verdeutlichen kannst,
> - **textuelle Verweise / Querverweise**, mit denen du auf andere Texte oder Textstellen verweisen kannst,
> - **Mittel der Distanzierung und Wertung**, z. B. Wechsel zwischen direkter / indirekter Rede, die Verwendung von Modalverben *sollen* und *wollen* in der indirekten Rede

**16** Für Inklusion lassen sich überzeugende Pro- und Kontra-Argumente finden. Bildet diese in Partnerarbeit aus den untenstehenden Bausteinen, indem ihr jeweils einen Baustein auf der linken mit einem Baustein auf der rechten Seite sinnvoll miteinander verbindet.

jeder Mensch handelt auf seine ganz eigene Art und Weise

Abbau von Berührungsängsten und Vorurteilen

tägliches Spielen und Lernen wird zur Gewohnheit

Über- / Unterforderung bestimmter Kinder oder Jugendlicher

Leistungsfähigkeit der Kinder und Jugendlichen ist in einzelnen Bereichen durch große Unterschiede gekennzeichnet

Überforderung im Schulalltag durch fehlendes pädagogisches Wissen

Kinder und Jugendliche ohne körperliche / geistige Einschränkung lernen durch die Beobachtung von solchen mit eben diesen Einschränkungen

mögliche Diskriminierung und Ausgrenzung von Kindern und Jugendlichen mit körperlichen / geistigen Einschränkungen

in der Lehrerbildung werden spätere Lehrkräfte nicht auf inklusives Unterrichten vorbereitet

Unsicherheit, Unwissen, Ängste auf beiden Seiten

Förderung von Toleranz

**17** Bildet Lernteams und bearbeitet eine der folgenden Aufgaben:

■ Formuliert drei Gründe, die für einen inklusiven Unterricht sprechen. Nutzt dazu gliedernde Formulierungen.

■ „Inklusion ist für Lehrkräfte nicht zu bewerkstelligen. Lehrkräfte werden in der normalen Ausbildung nicht darauf vorbereitet." (Lehrkraft an einem Gymnasium) In einem Zeitungsartikel wollt ihr die Aussage der Lehrkraft als indirektes Zitat wiedergeben. Verbindet die Sätze dazu sinnvoll miteinander und zeigt, dass ihr euch vom Gesagten distanziert.

■ Verfasst einen kurzen Zeitungsartikel für die Schülerzeitung, in dem ihr für das Thema „Inklusion" „Werbung" macht. Nutzt in eurem Text verschiedene Elemente der Textkohärenz.

# Was DU schon kannst!

## Kompetenztest

Formen der
Verdichtung erkennen
und nutzen

**1** Formuliere die nachfolgenden Sätze knapper und präziser, indem du die jeweilige Möglichkeit der Informationsverdichtung in Klammern nutzt.

**A** Der Rentner, der auf fremde Hilfe angewiesen war, konnte nicht selbst den Rettungsdienst rufen. (Attribuierung)

**B** Je ärmer die Eltern sind, desto geringer sind die Fördermöglichkeiten und desto geringer sind die späteren beruflichen Chancen der Kinder. (Ellipse)

**C** Kinobesuche, Zoobesuche, die Mitgliedschaft in einem Sportverein, Klavier- oder Gitarrenunterricht sollten für alle Jugendlichen möglich sein. Dabei sollte es keine Rolle spielen, was die Eltern verdienen. (Oberbegriffe, Parenthese)

**2** Verknappe die folgenden Sätze und begründe kurz, für welche Form(en) der Verdichtung du dich entschieden hast.

**A** Weil der Junge das Brot gestohlen hatte, erhielt er im Supermarkt Hausverbot. Dabei hatte er aus reiner Verzweiflung gehandelt.

**B** Wenn das Wahlrecht reformiert würde, hätten die Jugendlichen ein echtes Mitbestimmungsrecht, da viele politische Entscheidungen, die in der Gegenwart getroffen werden, Konsequenzen für die Zukunft der heutigen Jugend beinhalten, so ist es beispielsweise in Fragen der Energiewende der Fall.

Sprache und
ihre Wirkung
beschreiben

**3** Formuliere eine kurze Bewertung des nachfolgenden Textes im Hinblick auf dessen Lexik und Syntax.

Jede neue Regierung tritt mit dem Versprechen an, für mehr „soziale Gerechtigkeit" zu sorgen. Auch wenn der Terminus im Koalitionsvertrag zwischen [den Parteien] explizit gar nicht vorkommt – die Rede ist von „Generationen-", „Leistungs-" und „Beitragsgerechtigkeit" –, so schwingt er doch an vielen Stellen „zwischen den Zeilen" mit. Gerechtigkeit ist jedoch keine objektive, messbare Größe. Was gerecht ist und was nicht, liegt im Auge des Betrachters. Ist also die erbrachte Leistung die entscheidende Kategorie oder der Bedarf? Auch die politischen Parteien haben divergierende Konzepte von sozialer Gerechtigkeit und führen sie zuweilen als „Kampfbegriff" ins Feld. *www.bpb.de*

**4** Du möchtest einige von Julias Aussagen in deinen eigenen Text zu SPUN integrieren, um mit diesem andere zu überzeugen, beim Planspiel mitzumachen. Wähle zwei Sätze aus. Wandle einen in eine indirekte Redewiedergabe um und paraphrasiere den anderen.

Formen der
Redewiedergabe
nutzen

> Julia, 9a:
>
> Von Anfang an hat uns SPUN, ein Planspiel, bei dem Schülerinnen und Schüler sich realitätsnah mit der Arbeit der Vereinten Nationen auseinandersetzen können, fasziniert. Deswegen konnten wir es gar nicht erwarten, uns selbst für das Simulationsspiel zu bewerben. Meine Mitschüler Simon P., Anouk R.
> 5 und ich haben uns nach reiflicher Überlegung letzten Endes für die Delegation von Großbritannien entschieden und uns entsprechend bei den Veranstaltern von SPUN für die Teilnahme beworben. Wir hatten schon gar nicht mehr an das Planspiel gedacht, als plötzlich eine Zusage für unsere Teilnahme per Post an unsere Schulleitung geschickt wurde. Mithilfe unseres Sozialkunde-
> 10 lehrers, Herrn Kiefer, haben wir uns dann über mehrere Wochen intensiv auf die Sitzungswoche vorbereitet. In der Vorbereitungsphase konnten wir uns auch mit Mitgliedern unserer schuleigenen SPUN-AG austauschen, die vor zwei Jahren von einem Schüler der jetzigen Q12 gegründet wurde. Neben dem kommunikativen Austausch mit anderen, haben wir zudem auch im In-
> 15 ternet nach Themen recherchiert, die für Großbritannien gerade von Bedeutung sind. Der Förderverein unserer Schule hat uns dankenswerterweise die Reisekosten für die gesamte Sitzungswoche in Bonn finanziert.
>
> *Verfassertext*

**5** Sieh dir die Karikatur an und erkläre, auf welche Argumentationsstrategie der Sprecher hier zurückgegriffen hat.

Argumentations-
strategien un-
terscheiden und
nutzen

*© Karsten: Soziale Gerechtigkeit*

# 11 Programmheft: Teil der Kunst

## Sicherheit in der Rechtschreibung erlangen

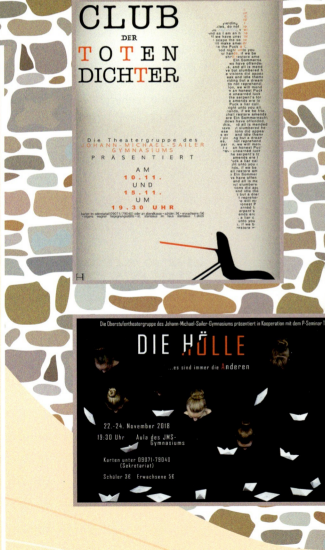

1 Gibt es an deiner Schule eine Theatergruppe? Sprecht über Stücke, an die ihr euch erinnern könnt. Welche weiteren Stücke sollten und könnten aufgeführt werden?

2 Mache dir Notizen zu den abgedruckten Plakaten: Sprechen sie dich an? Würdest du die Aufführung besuchen? Welchen Inhalt vermutest du?

3 Recherchiert über die Theaterstücke, die auf den Plakaten angekündigt werden. Denkt daran, dass evtl. der Originaltitel vom Titel des Schul-Theaterstücks abweichen kann. Nennt mögliche Gründe, die Titel für die Schulaufführung zu ändern.

4 Der Chat (Text 1) beschäftigt sich mit Rechtschreibfragen. Benennt in Partnerarbeit die Fragen, die angesprochen werden. Diskutiert eure Positionen zu diesen Fragen.

5 Der Notizzettel (Text 2) enthält einige Schreibfehler. Benenne, was falsch gemacht wurde. Erkläre und begründe die richtige Schreibung.

Das Johann-Michael-Sailer-Gymnasium präsentiert:

# DARF ICH BITTEN?
## Vampire laden zum Tanz

Am 25.01 und 26.01
um 19:30 Uhr

Am 28.01
um 18:00 Uhr

St. Stanislaus-Saal
(Regens Wagner)

Was weißt
du noch?
Teste dich:
11039–52

**Text 1** **„Darf ich bitten?" im Schultheater**
Das aktuelle Stück ist absolut
sehenswert. Nicht nur für Fans von
Stephenie Meyers „Biss zum
Morgengrauen".

**ACHTUNG FEHLER !**

### Kommentare

🔵 **flip @cindystar** lese gerade
FEHLER in der zeitngüberschrift ...
muss es nicht heissen 'bis!! zum
Morgengrauen' ??? 😍

🔵 **immortal_judy @flip**
Das musst Du gerade sagen.
Dein Text ist voller Fehler!
Außerdem heißt es „Bis(s) zum
Morgengrauen." 👏

🔵 **flip @immortal_judy** kommt im
chat soch nicht auf rechtschreibung an – aber in der ZEITUNG!!
🙊 🤓 📱

In diesem Kapitel lernst du auf
dem Weg zum fehlerfreien Programmheft,...

... bekannte Rechtschreibstrategien anzuwenden,

... Fremdwörter richtig zu schreiben
und sie nach ihrer Herkunft zu
kategorisieren,

... die Zeichensetzung zu üben,

... mehrteilige Substantive und
Substantivierungen richtig zu
schreiben,

... Zitate wirkungsvoll in Texte zu
integrieren.

**Text 2** Ich spiele Theater, weil...
... ich Literaturliebe.
... ich theaterspielen mag.
... ich in Rollen schlüpfen kann.
... ich ein Bewusstsein für manche Themen
schaffen will.
... ich gerne literarische Texte lese.
... ich dabei Freunde finde.
... ich eine SAG belegen musste.
... ich selbst gern ins Theater gehe.
... ich die Lehrerin sehr gutleiden kann.
... es mir vergnügen bereitet.
... ich es gut kann.

**ACHTUNG FEHLER !**

# 11

# Vom Textbuch zum Erinnerungsstück
## Rechtschreibstrategien anwenden und Fehler vermeiden

**1** Sprecht darüber, in welchen Situationen ihr Programmhefte in den Händen hattet. Tauscht euch darüber aus, wie sie gestaltet waren, welche Gemeinsamkeiten und Unterschiede sie aufwiesen, welche Aufgaben sie verfolgten.

**2** Sprecht in der Klasse zunächst über den Inhalt des Textes. Welche Information findet ihr am interessantesten?

| Dokument |
|---|
| Ein **Programmheft** ist ein Geheft, das druck frisch zu Theateraufführungen, Konzerten und ähnlichen Veranstaltungen angeboten wird und Informationen über das aufgeführte Program und die mitwirkenden enthelt. Ursprünglich, also bis etwa zum Ende des 19. Jahrhunderts, gab es als die Aufführungen bekleitende Druckerzeugnisse lediglich den Theaterzetel, auf dem die Autoren und Mitwirkenden vermerkt waren, sowie ein keufliches Textbuch zum mitlesen während der Veranstaltung. Seitdem der Zuschauerraum im Theater follständig abgedunkelt wurde, konnte kaum noch mitgelesen werden, und es genügte eine Zusammenfasung der Handlung. Außerdem hatten Theater- und Konzertveranstallter ein Interesse an individuellen Drucksachen, die auf einzelne Veranstaltungen zugeschnitten waren. Das Publikum widerum schätzte Erinnerungsstücke an vergangene Anläse und war bereit, dafür Geld auszugeben. Deßhalb bürgerte sich im 20. Jahrhundert das Programmheft mit Handlungszusammenfassungen, Erklerungen und persönlichen Daten der Künstler ein. Während im Stadt- und Statstheater der letzten zwanzig Jahre eine Verwissenschafftlichung der Programmhefte zu beobachten ist, sind sie etwa beim Zirkus oder bei Musicals reich bebildert, so das sie den Zuschauer auch nach dem besuchten Event noch erfreuen können. \| |

Arbeitsblatt: 11039–53

**3** Die Theater-AG hat einen Text für das Schul-Wiki entworfen. Er enthält noch einige Fehler. Arbeite mit dem Arbeitsblatt, ordne die Fehler den dir bekannten Fehlerschwerpunkten zu und verbessere die falsch geschriebenen Wörter.

Schärfung  Dehnung  s-Laute

gleich / ähnlich klingende Konsonanten  Groß-/Kleinschreibung

**4** Wähle fünf falsch geschriebene Wörter aus dem Text und notiere jeweils, welche Strategie du angewandt hast, um die korrekte Schreibung zu erkennen.

**5** Arbeitet zu zweit: Diktiert euch den folgenden Text gegenseitig. Gleicht eure Texte anschließend mit dem Original ab und verbessert sie. Notiert vier Wörter, bei deren Schreibung ihr unsicher wart. Notiert jeweils eine passende Strategie.

> Wenn ein Zuschauer eine Theaterveranstaltung besucht, kann er oft an der Abendkasse ein fertig gedrucktes Programmheft erwerben. Im besten Fall werden aussagekräftige Fotos der Theaterproben gezeigt und ein optisch interessanter und übersichtlicher Beitrag über den Plot, den Dramenaufbau und die Akteure informieren den Zuschauer vorab. Dahinter steckt eine Menge Arbeit, die so manchem Besucher vielleicht überhaupt nicht bewusst ist. Neben einem Cover, das das aufwendig gestaltete Plakat zeigen könnte, werden zumeist die mitwirkenden Schauspieler vorgestellt und die Haupt-Handlung des Stücks beschrieben. Auch könnten wesentliche Zitate aus dem Stück oder Stimmen zum Stück in das Programmheft aufgenommen werden. Zum Schluss sollte immer Platz für den Dank an alle Beteiligten gelassen werden. Das Heft sollte ansprechend gelayoutet werden, denn es spiegelt die Arbeit und den Geist in der Gruppe wider.
>
> *(130 Wörter)*

## So wendest du Strategien zur Fehlervermeidung an

- Verlängere ein Wort oder leite es von einem verwandten Wort ab (Stammprinzip).
- Zerlege das Wort in Sprechsilben (Silbenprobe).
- Achte auf Signalwörter (z. B. Artikel und Adjektive), die die Großschreibung anzeigen.
- Untersuche die Funktion von *das / dass*: Relativpronomen am Anfang eines Attributsatzes = *das*; Subjunktion am Anfang eines Subjekt-, Objekt- oder Adverbialsatzes = *dass*.
- Nutze ein Wörterbuch oder das Rechtschreibprogramm, wenn dir die Strategien nicht weiterhelfen.

**Das kannst du bereits**

**6** Bereitet einen Diktatwettbewerb zum Thema „Theater" für eure Schule vor. Orientiert euch am Kasten und …

- … schreibt Wörter auf, die ihr aufgrund ihrer Fehleranfälligkeit unbedingt im Diktat haben wollt.

- … formuliert jeweils drei Sätze für einen Wettbewerb, in denen ihr schwierige Wörter einbaut, die häufig falsch geschrieben werden.

- … schreibt ein Diktat über ca. 200 Wörter zum Thema „Theater", in das ihr schwierige Wörter einbaut, die häufig falsch geschrieben werden.

# Mit Charme, Bravour und Authentizität

## Fremdwörter ihrer Herkunft nach bestimmen und richtig schreiben

**1** Bei großen Theateraufführungen gibt es ein Programmheft, das z. B. über das Stück und die Schauspieler informiert. Überlegt in Kleingruppen, warum und wofür ein Programmheft auch für die Theaterveranstaltung in der Schule wichtig sein könnte. Versetzt euch in die verschiedenen Besucher der Veranstaltung.

**2** Der Notizzettel enthält viele Schreibfehler. Schreibe die fehlerhaften Wörter in richtiger Schreibweise auf. Nutze ein Rechtschreibwörterbuch, wenn nötig.

**ACHTUNG FEHLER !**

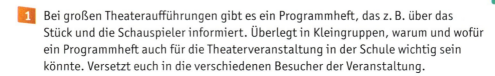

Intension eines Programmheftes für eine Teateraufführung
- Aktöre vorstellen
- Informationen zum Plott geben
- Publicitty
- die Arbeit in der Theatergruppe beleuchten, z.B. mit Photos
- allen Beteiligten Dank aussprechen
- über die Iden des Autors informiren
- den Aufbau des Tramas beschreiben
- Geld in die Theater-Casse bringen durch Verkauf des Programmheftes
- Dokumentazion des Ergebnisses der Proben

Arbeitsblatt: 11039–54

**3** Mit dem Arbeitsblatt informierst du dich über die Herkunft (Etymologie) von Fremdwörtern. Exerpiere die wichtigsten Informationen aus dem Text. Lege dir hierfür eine Tabelle an:

| Sprache der Herkunft | Zeit | Beispiele |
|---|---|---|
| ... | ... | ... |

**4** Arbeite mit der Tabelle und sortiere die auf dem fehlerhaften Notizzettel festgehaltenen Fremdwörter ihrer Herkunft nach. Schreibe sie richtig.

**5** Unterstreiche die Teile des Wortes, die zeigen, dass es sich um ein Fremdwort handelt, und untersuche, ob es bestimmte Buchstabenfolgen gibt. Formuliere jeweils eine Regel für das Schreiben der verschiedenen Fremdwörter.

Arbeitsblatt: 11039–55

**6** Bearbeitet zu zweit das Arbeitsblatt. Ordnet unter Verwendung eines Online-Lexikons die Fremdwörter der Tabelle zu.

**7**  Du möchtest nun ein eigenes Programmheft erstellen und schaust dir Beispiele dazu an. Bei der Durchsicht von Theater-Programmheften hast du Fremdwörter gefunden.

### Wortspeicher

> Dramaturgie – Soundcheck – Ensemble – Nervosität – Blackout – Backstage –
> Dramenstruktur – Mentalität – Premiere – Originalität

■ Recherchiere die Bedeutung der Wörter in einem Online-Wörterbuch und notiere eine passende deutsche Entsprechung.

■ Recherchiere die Bedeutung der Wörter in einem Online-Wörterbuch und erkläre schriftlich ihren Bezug zum Theater. Nutze dabei möglichst wenig Fremdwörter.

■ Nutze mindestens vier der Wörter für einen kurzen Text, in dem es um das Theater geht. Formuliere einen entsprechenden Text, der keine Fremdwörter verwendet. Vergleiche die Texte und entscheide jeweils, welche Version für ein Programmheft des Schultheaters gewählt werden sollte.

---

### So schreibst du Fremdwörter richtig

Das musst du können

Die Schreibung von **Fremdwörtern** kann eine große Herausforderung darstellen. Wenn du dir bei einer Schreibung unsicher bist, solltest du in einem **Wörterbuch** nachschlagen. Berücksichtige auch die grundsätzlichen Tipps:

- Falls unterschiedliche Wortschreibungen möglich sind, bleibe in deinem Text konsequent bei einer ausgewählten Schreibung. Schreibe entweder *Friseur* oder *Frisör*.
- Merke dir Wörter, bei denen eine bestimmte **Schreibung vorgeschrieben** ist. Beispiele sind: *Strophe, Katastrophe, Triumph, Philosophie, Visagist*.
- Denke daran, dass Wörter mit **Rh, Ch oder y** in ihrer Schreibung **festgelegt** sind (ohne Alternativen). Beispiele sind: *Rhythmus, Rhetorik, Charakter*.
- Beachte die an die deutsche Sprache angepasste Pluralbildung englischer Lehnwörter: *Hobby* → ~~Hobbies~~ *Hobbys*
- Berücksichtige, dass einige **Fremdwörter der deutschen Schreibung angepasst** werden können (Beispiel: *Bravour – Bravur*), andere allerdings nicht. Beispiele sind: *Saison, Milieu, Chance, Plot, Publicity*.
- Beachte, dass das **französische *é* als *ee*** geschrieben werden kann. Beispiele sind: *Dekolleté – Dekolletee, Exposé – Exposee*.
- Merke dir die Schreibung der **Suffixe** *-tion, -ieren* und *-tät*. Zum Beispiel in: *Intention, sensibilisieren, Authentizität*.

# Bücher, vor allem Dramen
## Die Zeichensetzung vertiefen und einüben

**1** Tauscht euch in der Klasse über das Cover des Programmhefts aus: Welche Aussagekraft hat es? Welche Hinweise auf den Inhalt des Stücks werden gegeben?

**2** Übertrage die Sätze in dein Heft. Ergänze fehlende Kommas und Anführungszeichen. Klammere Kommas ein, die nicht verpflichtend sind.

(1) Das Theaterstück Club der toten Dichter wird am Donnerstag 10.11. und am Dienstag 15.11. aufgeführt. (2) Es findet im Stanislaus-Saal der guten Stube Dillingens statt. (3) Das Stück geht auf den Roman Club der toten Dichter verfasst von N.H. Kleinbaum zurück. (4) Nutzen Sie die bekannten Vorverkaufsstellen um sich eine Karte zu sichern. (5) Anstatt diesen Weg zu nutzen können Sie auch an der Abendkasse eine Karte kaufen.

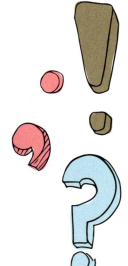

> **Kommasetzung bei Appositionen und bei Infinitiv- und Partizipialkonstruktionen**
>
> Bei **Infinitivgruppen** steht ein verpflichtendes Komma,
> - wenn sie durch **um, ohne, statt, anstatt, außer, als** eingeleitet werden: *Sie lernt den Text, um ihn auswendig zu beherrschen.*
> - wenn der Infinitiv eine **Wiederaufnahme** darstellt. Signalwörter sind Verweiswörter wie **daran, darauf, es**: *Sie liebt es, auf der Bühne zu stehen.*
> - wenn der Infinitiv von einem **Substantiv** abhängt: *Er hat den Traum, Schauspieler zu werden.*
>
> Bei **erweiterten Partizipien** hast du die Wahl, ob du ein Komma setzt. Wenn ein **eingeschobenes erweitertes Partizip** mit einem Komma eingeleitet wird, muss es auch wieder mit einem Komma beendet werden. *Das ist[,] ehrlich gesagt[,] eine schwere Rolle* Ein Komma muss gesetzt werden, wenn die Partizipialkonstruktion als Zusatz oder Nachtrag anzusehen ist. *Das Publikum saß in der Aula, erwartungsvoll Richtung Bühne blickend.*
> Folgt das **konjugierte Verb** des Hauptsatzes erst **nach dem Partizip**, muss die Partizipialkonstruktion durch Kommas gekennzeichnet werden. *Das Publikum, erwartungsvoll in Richtung Bühne blickend, wurde langsam ruhiger.*
> **Appositionen** sind nachgestellte nähere Bestimmungen, die im gleichen Kasus stehen wie das Bezugswort. Hier stehen auf jeden Fall Kommas: *Sie liest viele Bücher, vor allem Dramen.*

**3** Lea hat einen Text für das Programmheft entworfen und bittet um Hilfe bei der Zeichensetzung. Arbeitet zu zweit: Jeder notiert zunächst zu vier verschiedenen Textstellen eine Begründung der Zeichensetzung. Tauscht euch dann aus und überprüft eure Ergebnisse mithilfe des Kastens.

(1) Die renommierte Bildungsanstalt, das Johannis-Internat, scheint auf den ersten Blick wenig Furchterregendes zu haben. (2) Um die Schüler auf das Leben vorzubereiten, unterrichten strenge, aber wohlmeinende Pädagogen in der wohltuend nostalgischen Atmosphäre humanistischer Tradition. (3) Letztlich aber besteht der Zweck der Schule darin, im Auftrag der Eltern dafür zu sorgen, die Schüler einen fest vorgeschriebenen Weg im Sinne von Prestige und Bildung beschreiten zu lassen. (4) Ansehen und Karriere, das sind die entscheidenden Triebkräfte. (5) Nur hoch gebildet scheinen die Schüler die Anerkennung ihrer Eltern zu finden. (6) Es passt zu dem Wesen des Johannis-Internats, menschliche Beziehungen zu versachlichen und emotional verkümmern zu lassen. (7) Frau Dannermann, die Schulleiterin, sieht sich in erster Linie als Funktionärin der Elternschaft. (8) Lehrer beziehen ihre Autorität aus fachlicher Kompetenz statt aus der Kraft ihrer Persönlichkeit.

… bin bei der Zeichensetzung unsicher … könnt ihr mal drüberlesen? LG, Lea

**4** Beschreibe und beurteile die dargestellte Schule in eigenen Worten: Welche Probleme birgt das beschriebene Schulklima? Was würdest du verändern? Formuliere drei Sätze zu diesen Fragen. Nutze Infinitiv- und Partizipialkonstruktionen.

**5** Lea bittet auch um Überprüfung eines weiteren Textes. Untersuche und begründe die Kommasetzung im folgenden Textausschnitt stichpunktartig mithilfe des Kastens. Beachte auch: Manchmal kann ein Komma gesetzt werden, um die Lesbarkeit zu verbessern.

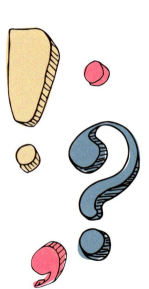

(1) Persönlichkeit bringt ein junger Lehrer in die scheinbar fest gefügten Lebensräume ein. (2) Aufgewühlt durch die Gedichte erleben die Schüler Leidenschaft, Fantasie und „Unvernünftiges", einst mühsam ausgetrieben von Eltern und Lehrern. (3) Der junge Lehrer Berner gewinnt das Interesse der Schülerinnen mit seinem unkonventionellen Unterricht, basierend auf Sinneserfahrungen und Selbsterkenntnis. (4) Die starre Ordnung von Wissen und Lernen im Internat auflösend versetzt Berner die Schüler in die Lage, ihrer Existenz eine individuelle Zielsetzung zu geben der Tatsache eingedenk, dass der Tod dem Leben eine Beschränkung auferlegt. (5) „Carpe diem" lautet daher das Motto des Lehrers. (6) Ob Berner damit die ihm anbefohlenen Schülerinnen überfordert und sie im Fall der Schülerin Charlotte Lüdinghoff in einen unlösbaren Konflikt den Anpassungsdruck und den internalisierten Prinzipien betreffend bringt, ist eine zentrale dem Zuschauer am Ende zugemutete Frage des Stücks.

**6** Finde alternative Formulierungen für den Text aus Aufgabe 5. Nutze dazu Adverbial- und Attributsätze (→ S. 298).

■ Notiere Alternativen zu vier Sätzen. Nutze darin Adverbial- oder Attributsätze.

■ Ersetze alle markierten Partizipien durch Adverbial- und Attributsätze.

■ Bearbeite die rote Aufgabe. Entscheide bei vier Textstellen, ob die Formulierung mit einem Partizip belassen oder ersetzt werden sollte. Bereite eine Begründung vor.

# Das Zwischen-den-Stühlen-Sitzen

## Mehrteilige Substantive und Substantivierungen richtig schreiben

**1** Beschreibt die Bilder der Schauspieler auf dieser und der folgenden Doppelseite im Klassengespräch. Wie wirken sie auf euch? Welche Charakterzüge lassen sich schon aus den Bildern ableiten? Haltet eure Ergebnisse dann schriftlich fest, indem ihr folgende Formulierungen nutzt und mindestens drei passende Substantive ergänzt.

*Sie / Er besitzt wahrscheinlich … / zeichnet sich vermutlich durch … aus.*

**2** Passt die Schauspielerin zur Rolle? Vergleiche deine Erwartungen aus Aufgabe 1 mit der Kurzcharakterisierung und diskutiere die Besetzung in Kleingruppen.

Charlotte Lüdinghoff ist eine sehr gute **(1)** Schülerin des Internats. Sie verfügt über eine hohe Intelligenz und **(2)** Gabe zur Auffassung. Sie ist ein Einzelkind und wird sehr von ihrer Mutter bevormundet. Das ständige Bevormunden ihrer Mutter nervt die, **(3)** die 16 Jahre alt ist. Ihre Träume und Leidenschaften stimmen nicht mit der mütterlichen **(4)** Planung des Lebens für sie überein. Wenn ihre einzige Tochter **(5)** verträumt in die Luft starrt, bringt das die Mutter zur Weißglut. Herr Berner hat für Charlotte **(6)** den Charakter eines Vorbilds. Durch ihn verwirklicht sie die **(7)** Vorstellung aus ihren Träumen, **(8)** Schauspielerin als Hobby zu werden. In den Augen der Mutter sind dies nur **(9)** Tanzereien, die in Träumen stattfinden, und eine **(10)** Sucht, nur das eigene „Ich" zu sehen.

**3** Überprüfe die nummerierten Formulierungen im Text oben und notiere mögliche Wortzusammensetzungen. Formuliere dann einen begründeten Hinweis an den Redakteur, ob die Formulierungen so stehen bleiben sollten oder ob mit Wortzusammensetzungen gearbeitet werden sollte.

**4** Notiere Fragen und Tücken, auf die du bei der Schreibung von Wortzusammensetzungen in Aufgabe 3 gestoßen bist. Bei welcher Schreibung bist du dir noch unsicher?

**5** Überprüfe deine Schreibungen der Wortzusammensetzungen mithilfe eines Rechtschreib-wörterbuchs oder eines Rechtschreibprogramms. Notiere Regeln und Regelmäßigkeiten, die du ableiten kannst. Notiere auch, welche Schwierigkeiten bestehen bleiben.

**6** Hinter den Formulierungen (5) und (9) stecken Metaphern. Erkläre ihre Bedeutung. Entscheide, ob du die Metaphern im Programmheft durch eine nicht bildhafte Sprache ersetzen würdest oder ob sie stehenbleiben sollten. Finde jeweils eine alternative Formulierung.

---

### Zusammensetzungen mit Substantiven

Das musst du wissen

In der deutschen Sprache können Substantive zu neuen Wortverbindungen zusammen-gefügt werden. Beachte die Hinweise zur Schreibung:

- Die neu entstandenen Formulierungen werden entweder **zusammengeschrieben** oder durch einen **Bindestrich** miteinander verbunden.
- In rund einem Drittel der Beispiele werden zwei verbundene Substantive durch ein **Fugenzeichen** – *e/es/en/er* – verbunden. Hierzu gibt es keine Regel. Du musst deinem Sprachgefühl vertrauen oder nachschlagen.
  Beispiele sind: *Geburtstagsgeschenk, Straßenbahn, Kinderzimmer*.

Die Schreibung mit **Bindestrich** dient vor allem der Lesbarkeit oder der Schwerpunkt-setzung bei einzelnen Bestandteilen. Unterscheide die folgenden Situationen:
**Ein Bindestrich <u>muss</u> stehen:**
- in Aneinanderreihungen und Zusammensetzungen mit **Wortgruppen**.
  Beachte: Die Kleinschreibung von Adjektiven und Präpositionen innerhalb der Wortgruppe bleibt bestehen. Beispiele: *Mund-zu-Mund-Beatmung, Links-rechts-Kombination*
- in Zusammensetzungen mit **Abkürzungen** (z. B.: Kfz-Papiere, röm.-kath., dpa-Meldung), einzelnen Buchstaben (z. B.: *i-Punkt, A-Dur, s-förmig*) und **Ziffern** (*8-Zylinder, die 17-Jährigen*)
- wenn der **zweite Bestandteil des Worts** bereits ein **Kompositum** ist (*Theater-Abendkasse*).

**Ein Bindestrich <u>kann</u> genutzt werden, …**
- um **einzelne Bestandteile** der Zusammensetzung **hervorzuheben**,
  z. B. *Ich-Sucht, Soll-Stärke* (neben *Ichsucht* und *Sollstärke*).
- … um **unübersichtliche Zusammensetzungen verständlicher** zu machen:
  *Mehrzweck-Theaterbühne* (neben *Mehrzwecktheaterbühne*).
- … um Missverständnisse zu vermeiden, z. B.: *Druck-Erzeugnisse*.
- … wenn **drei gleiche Buchstaben** in einer Zusammensetzung aufeinandertreffen:
  *Kaffee-Ersatz* (neben *Kaffeeersatz*).

**7** Schreibe den folgenden Text ab und entscheide dabei, ob die groß gedruckten Zusammensetzungen auch zusammengeschrieben oder durch einen Bindestrich getrennt werden sollten oder sogar getrennt werden müssen. Bereite die Begründungen vor.

Martin Berner kommt als neuer LITERATUR-LEHRER ans JOHANNISGYMNASIUM. Er wird von der SCHULLEITERIN mit offenen Armen empfangen. Sie weiß, dass Berner selbst zu den
5 ehemaligen ELITESCHÜLERN des Gymnasiums zählt, und ist sich sicher, mit ihm eine 1AWAHL getroffen zu haben. Mit Berner machen die Schülerinnen und Schüler allerdings ganz besondere LEHRERFAHRUNGEN. Er überzeugt die 16JÄHRIGEN durch seinen
10 IDEENREICHTUM, sein EINFÜHLUNGSVERMÖGEN und seinen Humor. Berners UNTERRICHTSPHILOSOPHIE fördert die LERNFREUDE der Schülerinnen und Schüler. Eine einfache Vorbereitung auf die ABIKLAUSUREN ist ihm zu wenig. So macht er seinen LITERATURUNTER-RICHT zu einem wirklichen LITERATURERLEBEN. Berner gehört nicht zu
15 den üblichen FÄHNCHENINDENWINDHÄNGERN, wodurch er schnell zur IDENTIFIKATIONSFIGUR der Jugendlichen wird. Die TRADITIONS-BEWUSSTEN und die PARAGRAPHENREITER im Kollegium bewerten ihn natürlich völlig anders.

**8** Sprecht in der Klasse darüber, zu welchen Problemen es am Johannis-Gymnasium aufgrund der Persönlichkeit des neuen Lehrers kommen wird. Notiert dazu fünf Zusammensetzungen mit Substantiven.

**9** Formuliere die Aussagen zu Anna so um, dass substantivierte Infinitive entstehen. Entscheide mithilfe des folgenden Kastens, ob du sie zusammen oder mit Bindestrich schreibst. Beispiel: *Dass sie sehr beliebt ist → Ihr Beliebtsein verdankt sie …*

Anna Vielhaber ist ebenfalls eine Schülerin des Internats.

(1) Dass sie sehr beliebt ist, verdankt sie ihrer Fähigkeit, sich empathisch und mit viel Geduld auf ihre Mitschülerinnen einlassen zu können.

(2) Sie wird von den Lehrern sehr geschätzt. Dies ergibt sich auch aus ihrer Klugheit und ihrem Interesse an vielen Themen.

(3) Anna liegt es, Dinge auf den Punkt zu bringen. Sie mag es nicht, lange drumherum zu reden.

(4) Annas Freundinnen wissen, dass sie schon lange für Patrick schwärmt.

(5) Patrick ist verlobt. Das macht Anna sehr zu schaffen.

(6) Sie will Patricks Situation nicht außer Acht lassen. Sie überlegt aber, wie sie ihn auf sich aufmerksam machen kann.

Mehrteilige Substantive und Substantivierungen richtig schreiben → AH S. 97 f.

Sicherheit in der Rechtschreibung erlangen

**10** Vergleicht eure Schreibungen in Partnerarbeit. Entscheidet euch jeweils für eine gemeinsame Schreibversion und bereitet eine Begründung vor.

**11** Plant und verfasst in Partnerarbeit eine kurze Charakterisierung Annas für das Programmheft. Entscheidet, wo ihr Zusammensetzungen nutzt. Achtet auf deren Schreibung.

**12** Sprecht in der Klasse über die Rollenbesetzungen für Anna und Herrn Berner: Passen die ausgewählten Schauspieler zu den beschriebenen Charakteren?

---

### Schreibung substantivierter Infinitive

Das musst du wissen

Dass Infinitive substantiviert werden können und dann großgeschrieben werden, weißt du bereits (z. B.: *das Gehen, das Zuhören*). Unterschiedliche Regeln gibt es für die Schreibung mehrteiliger substantivierter Infinitive:

- Substantivierte Infinitive **mit zwei Bestandteilen** werden **groß- und zusammengeschrieben**. Beispiele: *das Radfahren, das Computerspielen, das Kaffeekochen*
- Stehen **vor** dem substantivierten Infinitiv **zwei oder mehr Wörter**, kann diese Fügung unübersichtlich werden. Sie kann **zusammengeschrieben oder durch Bindestriche getrennt** werden. Beispiele: *das Inkraftsetzen – das In-Kraft-Setzen, das Außerachtlassen – das Außer-Acht-Lassen*

Beachte die **Schreibung**: Das erste Wort sowie alle enthaltenen Substantive und Substantivierungen werden groß geschrieben. Alle anderen Wörter klein.
Beispiele: *das Von-der-Hand-in-den-Mund-Leben, das Auf-die-lange-Bank-Schieben, das Hand-in-Hand-Arbeiten*

---

**13** Formuliere mithilfe des Textes unten eine eigene Beschreibung der Schülerin Alexandra. Bilde verschiedene Komposita und mehrteilige Substantive aus den Wörtern.

Alexandra v. Wissing tut sich mit **(1)** dem Wechsel an die neue Schule noch schwer. Sie vertraut sich selbst zu wenig, da sie im Schatten ihres älteren Bruders steht. Er ist der **(2)** Mittelpunkt der Familie. Sie wird kaum von ihren Eltern beachtet, was sich zum Beispiel darin zeigt, **(3)** was sie zum Geburtstag geschenkt bekommt. Wie in jedem Jahr könnte sie aus der Haut fahren, **(4)** als sie sieht, wie lieblos das Geschenk gewählt wurde. In Charlotte findet sie eine gute Freundin. Mit ihr kann sie sich über alles auslassen.

■ Ersetze die markierten Formulierungen durch mehrteilige oder zusammengesetzte Substantive und Substantivierungen mit identischer Bedeutung.

■ Löse die blaue Aufgabe und ersetze möglichst viele weitere Formulierungen durch Substantive und Substantivierungen mit identischer Bedeutung.

■ Löse die rote Aufgabe. Unterstreiche diejenigen Umformungen, die dir im Blick auf die Lesbarkeit und den Stil des Textes als sinnvoll erscheinen. Bereite jeweils eine knappe Begründung vor.

# Wie der Schulleiter richtig sagte ...
## Zitate wirkungsvoll in Texte integrieren

„Club der toten Dichter"

**1** Nach der Premiere bedankt sich der Schulleiter Dr. Fischer in einer kurzen Rede bei der Theater-AG. Benenne die Sprechabsichten der einzelnen Zitate und ordne die Zitate sinnvoll in den möglichen Redeverlauf ein.
Formuliere etwa: *Am Beginn der Rede dankt Dr. Fischer der Theater-AG. Im weiteren Verlauf der Rede erkennt er an, ...*

**(1)** „Wir erkennen an, wie viele Stunden der Vorbereitung und Probe – vor allem auch an Wochenenden – hinter diesem Stück stehen."

**(2)** „Liebe Idealisten, liebe Romantiker, liebe Weltverbesserer und Poeten! Herzlichen Dank für die Aufführung dieses Stücks, die mich sehr angesprochen und berührt hat."

**(3)** „Vielleicht nehmen Sie sich zu Hause noch einmal einen Gedichtband zur Hand und vielleicht gelingt es Ihnen, auf die Botschaft der Gedichte zu hören. Das wünsche ich Ihnen!"

**(4)** „Allein dem allmächtigen Götzen Erfolg nachzujagen und dabei die Träume der Jugend zu vergessen, das kann's einfach nicht sein."

**2** Jakob soll Dr. Fischers Rede für die Homepage der Theater-AG zusammenfassen. Nenne Stellen des folgenden Textentwurfs, zu denen die Zitate aus Aufgabe 1 passen.

> Die Premiere des Stücks „Club der toten Dichter" war ein voller Erfolg. Schulleiter Dr. Fischer lobte das Engagement und die Qualität unseres Theaterensembles. Er führte aus, dass die Botschaft des Stücks auch heute wichtig und aktuell sei. Den charismatischen Lehrer Berner aus „Club der toten Dichter" würde der Schulleiter gerne in sein Kollegium aufnehmen. Dr. Fischer geht davon aus, dass die Aussagen des Stücks bei allen Zuschauerinnen und Zuschauern noch nachwirken werden.

**3** Direktes oder indirektes Zitat? Zitat vor, nach oder während der Aussage? Formuliere einen begründeten Rat an Jakob: Welche der folgenden Versionen soll er wählen?

**(1)** „Liebe Idealisten, liebe Romantiker, liebe Weltverbesserer und Poeten!" Mit diesen Worten sprach der Schulleiter Dr. Fischer die Schauspieler an und ...

**(2)** Dr. Fischer bedankte sich bei den Schauspielern, denen er ganz deutlich die Fähigkeit zusprach, die Welt mit anderen Augen zu sehen, indem er sie als besonders poetische, idealistische und romantische Menschen ansprach.

**(3)** Dr. Fischer bedankte sich bei den als „liebe Idealisten, liebe Romantiker, liebe Weltverbesserer und Poeten" bezeichneten Schauspielern.

Das musst du können

### So integrierst du Zitate korrekt und eloquent in den Satz

Du weißt bereits, dass du Wörter, Sätze oder längere Passagen aus Texten als direkte (wörtliche) und indirekte (umschreibende) Zitate übernehmen kannst. Zitate können als Ausgangspunkt, Kontrast oder Unterstützung deiner eigenen Ausführungen genutzt werden. Es gibt verschiedene Möglichkeiten, ein Zitat in deinen Text zu integrieren:

- Beim nachgestellten Zitat wird erst eine Erklärung oder Deutung geliefert; sie wird dann mit dem Zitat nachgewiesen.
- Beim vorangestellten Zitat wird zuerst eine Textstelle angeführt und dann erläutert.
- Beim eingebauten Zitat wird die Textstelle in einen erklärenden Satz passend eingefügt.

Kennzeichne alle Übernahmen, indem du sie in Anführungszeichen setzt. Gib die Quelle des Zitats direkt im Text oder durch eine Fußnote an.
Beachte, dass du direkte Zitate stets wortwörtlich übernehmen musst. Kennzeichne notwendige Auslassungen durch [...], grammatische Veränderungen mit [].

**4** Überarbeite Jakobs Text aus Aufgabe 2.

🟦 Ergänze Zitate an drei Stellen des Textes.

🟧 Ergänze möglichst viele Zitate. Nutze alle Möglichkeiten, die der Kasten vorstellt.

⬛ Bearbeite die rote Aufgabe. Gestalte zu zwei Beispielen alternative Möglichkeiten, das Zitat zu positionieren. Bereite die Begründung der favorisierten Version vor.

**5** Fasse die Passage aus dem Monolog Herrn Berners für die Homepage zusammen. Arbeite mit verschiedenen Zitaten. Übe auch das Auslassen und die grammatische Veränderung einzelner Zitatteile.

Ich will Ihnen ein Geheimnis verraten. [...] Wir lesen und schreiben Gedichte nicht nur so zum Spaß. Wir lesen und schreiben Gedichte, weil wir zur Spezies Mensch zählen, und die Spezies Mensch ist von Leidenschaft erfüllt; und Medizin, Jura, Wirtschaft und Technik sind zwar durchaus edle Ziele und auch notwendig; aber Poesie, Schönheit, Romantik, Liebe sind die Freuden unseres Lebens. Ich möchte an dieser Stelle Whitman zitieren, »Ich und mein Leben ... die immer wiederkehrenden Fragen, der endlose Zug der Ungläubigen, die Städte voller Narren. Wozu bin ich da? Wozu nützt dieses Leben? Die Antwort. Damit du hier bist. Damit das Leben nicht zu Ende geht. Deine Individualität. Damit das Spiel der Mächte weiterbesteht und du deinen Vers dazu beitragen kannst.« Damit das Spiel der Mächte weiterbesteht und du deinen Vers dazu beitragen kannst. Was wird wohl euer Vers sein?

# Was DU schon kannst!

## Kompetenztest

Rechtschreib-strategien anwenden

**1** Notiere jeweils die richtige Schreibung der nummerierten Schreibvorschläge. Notiere hinter jedem Wort, welche Strategie sinnvoll ist, um die korrekte Schreibung herauszufinden. Notiere jede Strategie nur einmal.

> Das Programmheft **(1)** birgt / birkt einige interessante Informationen. So **(2)** erfehrt / erfährt der Leser zum Beispiel, wie die Schauspieler heißen und welche Rollen sie spielen. **(3)** Vielleicht / vieleicht erfährt er auch, **(4)** das / dass **(5)** das / dass Stück eine Pause hat. Auch die **(6)** dauer / Dauer der Aufführung sollte vermerkt sein.

Fremdwörter richtig schreiben

**2** Schreibe den folgenden Text richtig ab. Nutze gegebenenfalls ein Wörterbuch, um die Schreibung der unterstrichenen Wörter zu überprüfen.

> **Der Club der toten Dichter** (Titel des <u>Orginals</u>: *Dead Poets Society*) ist ein US-amerikanisches <u>Filmtrama</u> des <u>Regiseurs</u> Peter Weir, das am 2. Juni 1989 seine <u>Premmiere</u> <u>celebrierte</u>. Der Film feierte in Deutschland am 25. Januar 1990 sein <u>Debut</u>.

mehrteilige Substantive und Substantivie-rungen richtig schreiben

**3** Im folgenden Text sind einige Wörter in Großbuchstaben geschrieben. Diese Wörter können Komposita sein, Nominalisierungen und Wörter, die mit Bindestrich geschrieben werden. **Achtung:** Einige Wörter müssen auch klein- und getrennt geschrieben werden. Übertrage den Text vollständig und in korrekter Schreibweise in dein Heft und überprüfe Zweifelsfälle mithilfe eines Wörterbuchs.

> Das zentrale FILMTHEMA ist der Konflikt zwischen der KONSERVATIV-DENKENDEN Schulleitung und den nach SELBSTENTFALTUNG strebenden Jungen. Die Leitideen des WELTONINTERNATS, wie sich die Schule nennt, und deren Umsetzung sollen die Schüler zu BERUFSERFOLG führen und zur kommenden ELITEGENERATION machen. Dies wird durch einen strikten Lehrplan, hohe Anforderungen, harte Sanktionen bei Verweigerung und starkes EINMISCHEN von Eltern und Lehrern bei der FÄCHERWAHL umgesetzt. Die Schule ist hiermit erfolgreich, was sich darin niederschlägt, dass ein hoher SCHÜLERANTEIL später auf ERSTEKLASSE-UNIVERSITÄTEN der Ivy League studiert. Kritik hiergegen findet nur im VERBORGENEN statt, wo die Leitideen der Schule von den Schülern zu *Travesty, Horror, Decadence, Excrement* persifliert werden und die WELTON-AKADEMIE den Spitznamen HELLTONAKADEMIE (engl. *hell* bedeutet *Hölle*) trägt, ohne dass es den Schülern LEIDTUT.

**4** Der Kasten enthält sechs Wendungen, die als substantivierte Infinitive formuliert werden können. Finde die Wendungen und notiere jeweils einen sinnvollen Satz, in welchem du den substantivierten Infinitiv korrekt schreibst.

kleuihdavonlaufenxueucgindiezukunftblickenknniaufeigenenbeinenstehenmoiphselbstdenkenlhizurschulegehenguitzqmusikhören

**5** Übertrage die Sätze 1, 3 und einen weiteren Satz deiner Wahl in dein Heft und ergänze die fehlenden Kommas. Klammere Kommas ein, die nicht verpflichtend sind.

**Kommas richtig setzen**

**(1)** Während sich im Buch das Augenmerk auf Neil Perry und Todd Anderson gleichermaßen richtet spielt Neil im Film eindeutig die Hauptrolle.

**(2)** Seine Geschichte die Neugründung des Clubs als kreative Gegenwelt zum stupiden Schulunterricht das Theaterspielen als emanzipatorischer Rollenwechsel und gegen den Vater gerichteter Befreiungsakt der Suizid als Flucht aus der Gefangenschaft des durch die Eltern aufgezwungenen Lebenswegs stellt der Film ausführlich dar.

**(3)** Todd Andersons innere Entwicklung dagegen wird im Film weniger stark akzentuiert denn der Film legt nahe dass Todd am Ende die vorgefertigte Erklärung zu Keatings alleiniger Schuld mitunterzeichnet.

**(4)** Im Buch aber verweigert er als einziger seine Unterschrift wodurch er den entstehenden Konflikten nicht ausweicht.

**(5)** Nicht zufällig ist er auch der erste der dankbar konsequent und mutig genug ist Keating beim Abschied mit dem Ruf O Captain, mein Captain! eine letzte Ehre zu erweisen und für ihn auf den Tisch zu steigen.

**(6)** Die Entwicklung zu einem selbständig denkenden und handelnden Menschen Keatings primäres Unterrichtsziel war bei Todd demnach noch erfolgreicher als bei Neil.

**+** Du hast sicher bemerkt, dass die Originalnamen nicht mit denen aus der Theaterinszenierung übereinstimmen. Formuliere Sätze, in denen du die Zusammenhänge herstellst. Nutze dabei verschiedene Nebensätze:

*Neil Perry, der im Schultheater durch Charlotte Lüdinghoff verkörpert wird, erfüllt die Erwartungen seiner Eltern nicht.*

**6** Die folgenden Sätze zitieren jeweils eine Wendung aus Aufgabe 5, Beispielsatz 2. Übertrage die Sätze in dein Heft und kennzeichne das Zitat richtig. Beachte, dass die Sätze b, c und d das Zitat leicht verändern, weil das Durchgestrichene weggelassen werden soll.

**Zitate richtig kennzeichnen**

**a)** Man braucht manchmal einen Ort **als kreative Gegenwelt zum stupiden Schulunterricht.**

**b)** Man braucht manchmal Orte **als kreative Gegenwelten zum stupiden Schulunterricht.**

**c)** So gibt es Orte, die eine **kreative Gegenwelt zum ~~stupiden~~ Schulunterricht** darstellen.

**d)** So gibt es Orte, die eine **kreative Gegenwelt zum stupiden** und langweiligen **Schulunterricht** darstellen.

In einem Kasten findest du vor den vier Lernbereichen jeweils aufgelistet, was du in den einzelnen Bereichen bereits aus Jahrgangsstufe 8 wissen und können solltest. Bei Unsicherheiten kannst du zu jedem Punkt nochmals genauere Erläuterungen über den Mediencode abrufen.

Wissen
aus Klasse 8:
11039–56

---

**Das kannst du bereits im Lernbereich „Sprechen und Zuhören":**

- Kennzeichen mündlicher Kommunikation erkennen und nutzen
- die eigene Meinung formulieren und sich die Wirkung eigener Aussagen auf andere bewusst machen
- Gesprächsbeitrage anderer aufgreifen, diese zusammenfassen und daran anknüpfen

- verschiedene Diskussionsformen unterscheiden und an diesen teilnehmen
- konstruktives Feedback geben
- Arbeitsergebnisse vorstellen
- Referate / Präsentationen planen und diese wirkungsvoll und anschaulich gestalten
- szenisch spielen

---

## Mit anderen sprechen

Kommunikations-
störungen
erkennen und
vermeiden
→ S. 15 u. 17

Immer wieder kann es in einer Kommunikation zu Störungen kommen. Um diese zu vermeiden, sollte man deren mögliche Entstehungsgründe kennen.

---

**So erkennst du Kommunikationsstörungen und vermeidest diese:**

Sei dir bewusst, dass du sowohl über deine Sprache als auch über deine Körpersprache Signale aussendest, die von deinem Gegenüber gedeutet und teilweise auch falsch verstanden werden können. Gesprochene Sprache und Körpersprache sollten daher im Idealfall dasselbe zum Ausdruck bringen.

Hinterfrage, wie du zu deinem Gegenüber stehst, denn oftmals entscheidet diese Beziehung darüber, wie das, was du sagst, bei anderen ankommt.

Jede Kommunikation ist ein Wechselspiel von Ursache und Wirkung oder anders gesagt, weil du etwas auf eine bestimmte Art und Weise sagst, reagiert dein Gegenüber auf eine bestimmte Art und Weise darauf und umgekehrt. Auch dabei kann es zu Missverständnissen kommen. Fällt also eine Reaktion nicht wie erwartet aus oder fühlst du dich missverstanden, solltest du auf jeden Fall bei deinem Gegenüber nachfragen, was dieser wie verstanden hat.

Willst du in Gesprächen Konflikte ansprechen, solltest du dabei auf Ich-Botschaften setzen und direkte Angriffe deines Gegenübers vermeiden. Sprich deine eigenen Gedanken und Gefühle direkt an, z. B. *Mir ist nicht ganz klar, warum … / Ich empfinde es als ungerecht, dass …*

Kommunikationsstörungen lassen sich zudem vermeiden, wenn alle bei gleichen Voraussetzungen (z. B. Vorwissen, sprachliche Ausdrucksmöglichkeiten) auf Augenhöhe miteinander kommunizieren.

Sprechen und Zuhören

◻ Verschiedene Argumentationstypen unterscheiden
→ S. 243

Prinzipiell hast du das Recht, jederzeit deine eigene Meinung frei zu äußern und dieses Recht solltest du auch deinem Gegenüber zugestehen. Dennoch muss dir bewusst sein, dass jeder Sprecher auch bestimmte Strategien anwenden kann, um andere von seiner eigenen Meinung zu überzeugen. Prüfe daher Aussagen immer kritisch.

**So erkennst du verschiedene Argumentationsstrategien:**

Im Kern lassen sich folgende Argumentationsstrategien voneinander unterscheiden:

- **rational**: Hier legt der Sprecher Wert auf die Stichhaltigkeit seiner Argumente. Daher werden Aussagen in der Regel durch nachprüfbare Tatsachen bzw. Daten und Fakten oder Erkenntnisse namhafter Expertinnen und Experten gestützt. Es geht dem Sprecher also darum, durch eine logische und nachvollziehbare Gedankenführung sein Gegenüber von seiner Position zu überzeugen.
  Beispielformulierung:
  *Laut einer Umfrage von/des XY haben XY Prozent der Schülerinnen und Schüler keine Probleme mit …*

- **plausibel**: Bei diesem Typ setzt die/der Argumentierende auf Mehrheitsmeinungen, Gewohnheiten oder den „gesunden Menschenverstand". Da sich die Argumente oftmals durch Verallgemeinerungen/Selbstverständlichkeiten auszeichnen, können sie für die Angesprochenen kurzzeitig einleuchtend sein und diese in ihrer eigenen Meinung verunsichern. Letztendlich kann das Gegenüber aber nicht von dem Standpunkt des Sprechers überzeugt werden.
  Beispielformulierung:
  *Alle mit gesundem Menschenverstand erkennen doch, dass …*

- **moralisch-ethisch**: Die/der Argumentierende setzt hier auf geltende Norm- und Wertvorstellungen innerhalb einer Gesellschaft und sucht so an Anstand und Gefühl seines Gegenübers zu appellieren. Das Gegenüber wird in gewisser Weise unter moralischen Druck gesetzt, seine eigene Meinung zu ändern.
  Beispielformulierung:
  *Alle Erziehungsberechtigten wollen doch das Beste für ihre Kinder!*

- **taktisch**: Die/der Argumentierende vermittelt hier den Anschein, dass sie/er die eigene und die Sichtweisen anderer ganz „objektiv" beurteilt. Im Kern wird aber deutlich, dass sie/er von der Überlegenheit der eigenen Perspektive überzeugt ist und auch andere davon zu überzeugen sucht.
  Beispielformulierung:
  *Ich habe ja nichts gegen die Digitalisierung, aber deswegen müssen doch nicht gleich alle Klassen mit Laptops ausgestattet werden.*

Argumente lassen sich jederzeit in informellen Gesprächen ganz ungezwungen austauschen. Im schulischen und beruflichen Kontext wirst du jedoch Formen des Meinungsaustauschs begegnen, die mit bestimmten Erwartungen an die Diskutierenden verbunden sind.

**So äußerst du deine Meinung in Diskussionen und Debatten:**

In einer Diskussion geht es vor allem um die Klärung einer offenen Fragestellung *(Sollen wir an der Aktion „Saubere Meere" teilnehmen?)*. Im Idealfall nähern sich die unterschiedlichen Meinungen im Laufe der Diskussion aneinander an, sodass es am Ende zu einem Konsens, d. h. zu einer Meinungsübereinstimmung kommt.

In Diskussionen kannst du jederzeit deine eigene Position zu einem Thema einbringen und vertreten, diese aber auch in deren Verlauf nochmals ändern, sofern dich die Argumente der Gegenseite mehr überzeugen.

Wichtig ist prinzipiell, dass du bei deinen Aussagen fair und sachlich argumentierst und keine anderen wegen ihrer Ansichten verurteilst oder angreifst. Zudem solltest du anderen auch aktiv zuhören und ihre Argumente nochmals aufgreifen.

Da bei einer Diskussion viele Teilpositionen miteinander vermischt werden, ist es sinnvoll, dem Diskussionsverlauf durch eine Moderation eine bestimmte Struktur zu geben. So lassen sich Aussagen zusammenfassen, bündeln und der Fokus geschickt auf einen bestimmten Kernaspekt lenken.

Bei der Form einer Diskussion, die am meisten reglementiert ist, spricht man von einer „Debatte". Hierbei wird eine klare Entscheidungsfrage, zu der sich eindeutige Pro- und Kontra-Positionen einnehmen und vertreten lassen, formuliert. Aufgrund dieser Trennung geht es auch nicht darum, einen Konsens zu finden, sondern seine eigene Position am Ende am überzeugendsten darzulegen. Auch wenn die Sprecher nur ihre eigene Position vertreten, sollten sie bei einer Debatte immer fair und sachlich bleiben und auf die Aussagen der Gegenseite eingehen. Zudem gilt es, sich an die vorgegebene Redezeit zu halten und anderen nicht ins Wort zu fallen.

# Vor anderen sprechen

Mit einem Kurzreferat kannst du zentrale Informationen zu einem neuen Themenfeld prägnant und anschaulich ohne subjektive Wertung für andere aufbereiten. Damit dies gut gelingt, solltest du dich bei der Planung schon an bestimmten Schritten orientieren.

Kurzreferate planen → S. 57 u. 75

## So bereitest du ein Kurzreferat vor:

- Bestimme zunächst präzise das Thema, über das du sprechen möchtest.
- Setze dich dann mit der Zielgruppe deines Kurzreferats auseinander und hinterfrage, welches Vorwissen diese mitbringt bzw. welche Fragen und Erwartungen sie bezüglich des Kurzreferats haben könnte.
- Überlege dir, warum das von dir gewählte bzw. dir zugeteilte Thema – auch rückblickend und vorausschauend – von Bedeutung ist. Dabei solltest du dir auch bewusst machen, dass es unterschiedliche Sichtweisen auf das Thema geben kann.
- Sammle in einem nächsten Schritt Materialien zu deinem Thema sowie den damit verbundenen Fragestellungen und überprüfe die in den Materialien enthaltenen Informationen hinsichtlich ihrer Qualität und Seriosität. Notiere dir zu allen Informationen, die du für deinen Vortrag nutzen möchtest, die jeweilige Quelle.
- Gliedere dein Kurzreferat, indem du die relevanten Informationen in eine sinnvolle Reihenfolge bringst. Dazu kannst du zunächst z. B. eine Mind-Map erstelllen und dann Karteikarten nutzen, auf die du zusätzliche Anmerkungen zur Gestaltung des Referats (z. B. auch zum Einsatz von Körpersprache sowie von Medien) notieren.
- Halte einen Probevortrag – z. B. vor Publikum aus Familie / Freunden. Im Idealfall können dir letztere gleich Feedback geben. Nach den positiven Aspekten sollte konstruktiv Kritik geübt werden, d. h. dass Schwachstellen zwar benannt, dir zu diesen aber gleichzeitig auch konkrete Lösungsvorschläge gemacht werden.

Bei jedem Kurzreferat solltest du dir überlegen, wie du deine Zuhörer besser erreichen und ihr Interesse für das von dir präsentierte Thema wecken kannst.

Zuhörer bei Kurzreferaten berücksichtigen → S. 57 u. 59

## So berücksichtigst du bei einem Kurzreferat die Zuhörer:

- Überlege dir Fragestellungen, die deine Zuhörer haben könnten, sowie die dazu möglichen Antworten.
- Lenke während deines Kurzvortrags die Aufmerksamkeit der Zuhörer auf bestimmte Aspekte, indem du diese z. B. durch Gestik und Mimik unterstreichst oder durch besondere Betonung, bewusste Sprechpausen oder Wiederholungen markierst.
- Knüpfe an das Vorwissen deiner Zuhörer an, indem du ihnen z. B. Fragen zu ihrer Erfahrung mit dem Thema stellst oder mögliche Vergleiche und Bezüge zu ihrer Lebenswelt ziehst.
- Sprich bei deinem Vortrag möglichst frei mit Blickkontakt und achte auf eine angemessene Sprachgeschwindigkeit sowie Stimmlautstärke.

Wissen
aus Klasse 8:
11039–57

Journalistische
Textsorten
unterscheiden
und verfassen
→ S. 100 u. 102

## Das kannst du bereits im Lernbereich „Schreiben":

- Texte planen, formulieren und überarbeiten
- beim Schreiben Situation und Adressaten berücksichtigen
- mündliche und schriftliche Texte kohärent gestalten
- eine Mitschrift verfassen
- Materialien für eigene Texte suchen, auswerten und Zitate daraus richtig in eigene Texte integrieren

- informierende Texte planen und gestalten
- argumentierende Texte planen, überzeugend aufbauen, schlüssige Begründungen formulieren und eigene Texte nochmals überarbeiten
- in Leserbriefen oder in einem Blog Stellung nehmen
- gestaltend mit literarischen Texten umgehen, z. B. Texte um- oder weiterschreiben

## Texte planen, formulieren und überarbeiten – am Beispiel „Kommentar"

Der Kommentar zählt – im Gegensatz zu den eher informierenden Textsorten wie Nachricht, Bericht, Feature oder Reportage – neben Glosse und Kritik zu den meinungsbetonten Darstellungsformen des Journalismus. In ihm legt der Verfasser begründet seine eigene subjektive Position zu einem Ereignis oder einer Fragestellung dar, wobei diese Sichtweise häufig durch Verallgemeinerungen getarnt wird. Im weiteren Sinne finden sich Kommentare auch in Form von Leserbriefen oder in sozialen Netzwerken.

### Der Kommentar als meinungsbildender journalistischer Text:

Intention / Sprache:
Mit seinem Text will die Verfasserin / der Verfasser, die / der explizit namentlich genannt wird, aufrütteln, Probleme aufzeigen und an das Lesepublikum appellieren. Um dieses von der eigenen Ansicht zu überzeugen, wird auf emotional gefärbte Wörter und Wortfolgen, bildhafte Vergleiche, Ausrufe sowie direkte und indirekte Zitate zurückgegriffen. Viele Aussagen weisen zudem einen ironischen oder humorvollen Unterton auf.

Aufbau:
- „reißerische" Überschrift, die das Interesse der Leser wecken soll
- einleitende Passage mit einer These, die ein Verfasser aufstellt, um zum Thema hinzuführen
- wertende Ereignisschilderung aus subjektiver Sicht des Verfassers, wobei eine Nachricht / Fragestellung kurz zusammengefasst wird
- Argumentation des Verfassers für seine Sichtweise und gegebenenfalls Widerlegung von Gegenargumenten
- Fazit, das in einem pointierten Schlusssatz Elemente der Überschrift oder der Einleitung nochmals aufgreift

Bestimmte Planungsschritte helfen dir dabei, deine ersten Ideen in einen konkreten Text zu übertragen.

Einen Kommentar planen
→ S. 81 u. 89

### So planst du das Verfassen deines Kommentars:

- Am Anfang deiner Textplanung steht zunächst die korrekte Erfassung der Aufgabenstellung, der Schreibsituation und des Schreibanlasses. Mache dir dabei bewusst, welche Art von Text mit seinen eigenen inhaltlichen und formalen Merkmalen du für wen wie und mit welcher Intention schreiben willst. Berücksichtige dabei auch mögliche Erwartungshaltungen deiner Zielgruppe.
- Greifst du bei deinem Kommentar auf Materialien zurück, musst du diese zunächst sichten, kritisch bewerten und dann zentrale Informationen grafisch (z. B. in Form einer Mind-Map oder einem Schaubild) so aufbereiten, dass du mit diesen gut weiterarbeiten kannst. Notiere jeweils die entsprechenden Quellen zu deinen Materialien und kennzeichne wörtlich übernommene Zitate entsprechend.
- Überlege dir, welche Aussagen zu deinen Argumenten bzw. denen der Gegenseite passen könnten, und ordne diese entsprechend zu.
- Lege einen Schreibplan an, um wichtige Aspekte / Argumente in eine sinnvolle Reihenfolge zu bringen. Prüfe dabei verschiedene Gliederungsmöglichkeiten für deinen Text. Frage dich auch, welche Schritte sinnvoll sind, damit der Schwerpunkt deines Themas im Mittelpunkt steht.

Beim Ausformulieren deines Textes solltest du immer die sprachlichen und formalen Anforderungen der jeweiligen Textsorte im Blick haben. Am besten arbeitest du dazu mit Checklisten, auf denen du die wichtigsten Punkte festhalten kannst.

Einen Kommentar ausformulieren
→ S. 109

### So verfasst du einen überzeugenden Kommentar:

Durch bestimmte sprachliche Kniffe kannst du in einem Kommentar deine Leserschaft von deinen subjektiven Aussagen, Schlussfolgerungen oder Forderungen überzeugen.
- Wähle als Tempus für deinen Kommentar das Präsens.
- Knüpfe an Alltagserfahrungen deiner Leser an und verwende emotional geprägte Wörter / Wortgruppen, bekannte Redewendungen, Ausrufe sowie bildhafte Ausdrücke (Metaphern, Vergleiche). Zudem kannst du auch gezielt mit Wörtern spielen.
- Da sich bei kürzeren und einfachen Sätzen Gedankengänge für den Leser oftmals leichter nachvollziehen lassen, solltest du vor allem auf Parataxen zurückgreifen. Zudem kannst du auch Ellipsen oder rhetorische Fragen in deinen Text einbauen.
- Setze bewusst Ironie, Humor oder einen provokanten Sprachstil ein.

In allen Phasen deines Schreibprozesses kannst du innehalten, um deine bisherigen Ergebnisse zu bewerten und gegebenenfalls Veränderungen vorzunehmen.
Hilfreich ist es dabei, sich an bestimmten Fragestellungen zu orientieren.

---

### So überarbeitest du einen Kommentar mithilfe eines Kriterienkatalogs:

Überprüfe deinen Kommentar mit Blick auf die folgenden Aspekte:

- **Textfunktion:** Hast du in deinem Kommentar deiner Leserschaft begründet deine eigene subjektive Meinung zu einem Ereignis / einer Fragestellung dargelegt?
- **Textaufbau:** Findet sich zu Beginn deines Kommentars eine überzeugende These, die das Interesse der Leser weckt? Hast du deinen Kommentar klar strukturiert? Sind deine Argumente – sowie gegebenenfalls die der Gegenseite – als solche zu erkennen und sinnvoll miteinander verknüpft? Findet sich am Ende deines Kommentars ein pointierter Schlusssatz, in dem du dich nochmals auf die einleitende Passage deines Kommentars beziehst und einen Appell an die Leser formulierst?
- **Sprache:** Ist dein Kommentar im Präsens abgefasst? Finden sich in deinem Kommentar emotional geprägte Wörter und Wortgruppen, Ausrufe, bildhafte Ausdrücke, direkte wie indirekte Zitate sowie ironische / humorvolle oder provokante Formulierungen? Hast du auch rhetorische Fragen in deinen Text eingebaut? Sind deine Sätze möglichst kurz und leicht verständlich gehalten?
- **Formales:** Hast du in deinen Kommentar Aussagen Dritter eingebaut und diese als direkte oder indirekte Zitate markiert?

---

Vor der Veröffentlichung von Kommentaren (z. B. in der Schülerzeitung) solltet ihr eure Texte auch gegenseitig lesen und konstruktive Überarbeitungsvorschläge formulieren. Liegen euch die Texte als digitale Dateien vor, könnt ihr dafür auch ein Textverarbeitungsprogramm nutzen.

---

### So kommentierst du digital einen Text:

In den neueren Textverarbeitungsprogrammen findest du die „Kommentar"-Funktion unter dem Reiter „Überprüfen" oder „Einfügen". Fahre mit dem Cursor der Maus an die zu überarbeitende Stelle im Text und klicke diese einmal kurz an. Drücke dann auf die unter den oben erwähnten Reitern angezeigte Option „(Neuer) Kommentar". Daraufhin öffnet sich am rechten Seitenrand ein Textfeld, in das du deine Anmerkungen direkt eintragen kannst. Das können ganze Sätze sein oder auch bestimmte – vorher vereinbarte – Abkürzungen oder Fachbegriffe zur Korrektur (z. B *G* für Grammatik oder *Sz* für Satzzeichen).

Auch nach Abspeichern und Versenden des Textes bleiben die eingegebenen Anmerkungen erhalten. Nach der Korrektur deines Textes durch andere kannst du diese also ebenfalls lesen und mit ihnen entsprechend an deinem Text weiterarbeiten.

# Materialien für eigene Texte nutzen

In deine informierenden und argumentierenden Texte kannst du Informationen und Meinungen aus Fremdtexten integrieren und dabei auf eine Fülle von Materialien zurückgreifen. Um dich in der Materialfülle nicht zu verlieren, solltest du beim Sichten und Sichern der Informationen auf verschiedene Strukturierungshilfen zurückgreifen.

Kerninformationen aus Materialien herausarbeiten und sichern
→ S. 83 u. 87

---

**So arbeitest du zentrale Aspekte aus Materialien heraus und sicherst diese:**

Kernaspekte in Texten kannst du ermitteln, indem du deine Quellen auf eine zentrale Fragestellung hin untersuchst und Punkte bzw. konkrete Aussagen zu dieser dann auf eine der folgenden Weisen festhältst:

- Erstellen eines Exzerpts: Notiere dir Schlüsselbegriffe bzw. Kerngedanken des Textes und gib den Grundaufbau des Materials in knapper Form wieder.
- Erstellen eines Schaubilds: Übertrage die Kerngedanken und den Grundaufbau des Materials in ein Schaubild, in welchem du Zusammenhänge zwischen einzelnen Punkten grafisch darstellst.

Übernimmst du Aussagen aus den Materialen wörtlich oder dem Sinn nach, müssen diese auch als Zitate (→ S. 297 u. 301) gekennzeichnet werden.

---

**So suchst du nach passenden Materialien im Internet und wertest diese aus:**

- Nutze bei der Recherche nach Materialien im Internet möglichst prägnante Suchbegriffe. Effektiver wird die Suche, wenn du beispielsweise Wortgruppen in Anführungszeichen setzt, Trunkierungen wie * nutzt, Begriffe mit UND verbindest oder ein Minuszeichen (–) setzt, um bestimmte Aspekte auszuschließen.
- Beurteile die Seriosität einer Seite, indem du zum Beispiel den Anbieter ermittelst. Handelt es sich um eine bekannte Institution (z. B. ein Verlagshaus) und sind Namen und Anschriften von Kontaktpersonen in einem Impressum angegeben? Werden die Informationen präzise – auch unter Verweise auf andere Quellen – wiedergeben und sind sie sprachlich korrekt?
- Sichere und exzerpiere die Ergebnisse deiner Internetrecherche im Hinblick auf eine konkrete Fragestellung. Notiere dir zudem den Anbieter / Verfasser des Materials, den Titel / die Website sowie Stichwörter zum Inhalt.

# Informierende Texte planen und gestalten

Einen erklären-
den Ausstellungs-
text planen und
verfassen
→ S. 67 u. 69

Ausstellungsbesucher wünschen sich oftmals Hintergrundinformationen dazu, warum bestimmte (Kunst-)Objekte ausgestellt werden. Deswegen sollen professionell verfasste Ausstellungstexte durch ihre inhaltliche und formale Gestaltung Laien das Verstehen von Fachbegriffen, Funktionen und / oder Abläufen sowie die Bedeutung eines Ausstellungs-stücks im ausgestellten Kontext erleichtern.

**So planst und verfasst du einen Ausstellungstext:**

Aufbau und Inhalt:

- Benennung und Definition des Ausstellungsstücks
- Umschreibung durch die Zuordnung zu einem Oberbegriff und Erklärung der zentralen Funktion des Objekts in Form eines angefügten Relativsatzes
  Beispielformulierung:
  *XY ist / bezeichnet ein / e XY, der / die / das …*
  - ggf. Hintergrundinformationen zur Begriffsherkunft
  Beispielformulierung:
  *Der Begriff „XY" stammt aus dem Lateinischen und bedeutet in seiner ursprünglichen Form …*
  - genauere Beschreibung des Objekts und ggf. präzise Erklärung von dessen Funktionsweise
  - Information über einen weiteren, ausgewählten Aspekt
  - abschließende Erklärung der Bedeutung des Objekts in einem bestimmten Kontext, z. B. in Form von Aussagen zu dessen Vorkommen in bestimmten Bereichen oder zu seiner Verwendungshäufigkeit

Layout und formale Aspekte:

- Der Ausstellungstext sollte maximal eine mit einem Textverarbeitungsprogramm erstellte DINA-A4-Seite umfassen.
- Gliedere deinen Text sinnvoll, indem du Absätze bildest und gegebenenfalls Zwischenüberschriften einfügst.
- Beim Verfassen deines Textes am PC solltest du auf eine gut lesbare Schrift (z. B. Arial oder Calibri), eine angemessene Schriftgröße (ca. 16 Punkt) und einen ausreichenden Zeilenabstand (mind. 1,5) achten. Insgesamt solltest du die einzelnen Zeilen möglichst kurz halten.
- Verwende einfache Satzstrukturen und vermeide unnötige Füllwörter. Nutze stattdessen passende Adverbialsätze und Adverbien (→ S. 298), um Zusammen-hänge aufzuzeigen.
- Verwende nur notwendige Fachbegriffe und erkläre diese möglichst präzise.
- Nutze zur Verdeutlichung von Teilaspekten oder Zusammenhängen anschauliche Beispiele.

Um andere über literarische Texte wie z. B. Erzähltexte oder dramatische Texte zu informieren, musst du dich zunächst einmal selbst intensiv mit der Textvorlage auseinandersetzen und dein eigenes Textverstehen klären. Im Rahmen einer erweiterten Textzusammenfassung kannst du dann die Kernaspekte eines literarischen Textes logisch und verständlich für die Zielgruppe deines Textes wiedergeben.

Andere über literarische Texte informieren → S. 117, 121 f., 143. 157 u. 189

---

**So informierst du andere über literarische Texte:**

**Planung:**
Setze dich zunächst intensiv mit dem literarischen Text auseinander, indem du folgende Aspekte herausarbeitest:
- zentrales Thema des Textes sowie die durch ihn übermittelte Stimmung
- Figurendarstellung / Beziehungen der Figuren zueinander
- Handlungsverlauf bzw. einzelne Handlungsschritte

Mache dir nach der intensiven Textbegegnung bewusst, wen du über den literarischen Text informieren willst und wie (mit Blick auf mögliche Erwartungshaltungen) deine Textzusammenfassung formuliert und aufgebaut sein sollte. Erstelle dann einen entsprechenden Schreibplan.
Viele literarische Texte lassen sich textimmanent, d. h. „aus sich selbst heraus", logisch deuten. Aber in einigen Fällen kann es hilfreich sein, weitere Informationen (z. B. zur Entstehungsgeschichte des Textes oder zur Autorenbiografie) in die Deutung zusätzlich miteinzubeziehen, um bestimmte Textstellen besser zu verstehen.

**Textaufbau:**
Beginne deine Zusammenfassung mit einem Basissatz, in welchem du die Verfasserin / den Verfasser des Textes, den Titel, die Textsorte, das Erscheinungsjahr und das zentrale Thema des Textes anführst. Anspruchsvollere Basissätze gestaltest du, indem du diese um eine Deutungshypothese erweiterst. Formuliere dazu ein oder zwei Sätze, die dein Textverständnis zusammenfassen, insofern sie das Kernthema mit einer Deutung desselben verbinden.
Im Hauptteil fasst du die wesentlichen, zum Verständnis notwendigen Inhalte des Textes in der richtigen Reihenfolge so zusammen, dass die einzelnen Handlungsschritte für den Leser logisch miteinander verknüpft sind.
Bei einer erweiterten Textzusammenfassung informierst du zusätzlich über einen besonderen Aspekt des Textes (z. B. Erzählinstanz, sprachliche Gestaltung, Besonderheiten einer Textsorte) und belegst deine Erkenntnisse mit entsprechenden Textverweisen / Zitaten.
In einem Schlussteil gehst du schließlich auf offene Fragen des Textes ein und belegst deine Aussagen ebenfalls am Text.

**Formale Vorgaben:**
Formuliere deine Zusammenfassung im Präsens, bei Vorzeitigkeit kannst du das Perfekt nutzen. Verwende eine sachliche Sprache. Gib zentrale Redepassagen in indirekter Rede wieder. Achte auf Textkohärenz, indem du Sätze oder einzelne Textteile durch Konnektoren (Konjunktionen, Subjunktionen, Konjunktionaladverbien) logisch miteinander verknüpfst.

# Argumentierende Texte planen und gestalten

Lineare und
antithetische
Argumentation
unterscheiden
→ S. 94

Prinzipiell lassen sich zwei Formen der Erörterung unterscheiden. Zum einen die lineare Erörterung, zum anderen die antithetische Erörterung. Um diese entsprechend zu gestalten, solltest du dich mit ihren jeweiligen Besonderheiten vertraut machen.

---

**So unterscheidest du eine lineare von einer antithetischen Erörterung:**

Bei einer linearen Erörterung konzentrierst du dich nur auf deine eigene Position, zu der du Argumente sammelst und diese dann überzeugend aufbaust.

Linear ist die Erörterung deswegen, weil die Argumente nach ihrer Wichtigkeit angeordnet werden, d. h. vom schwächsten zum stärksten bzw. überzeugendsten Argument.

Da auch in einer Demokratie unterschiedliche, strittige Positionen zu einer bestimmten Entscheidungsfrage diskutiert und erörtert werden dürfen und sollen, können im Gegensatz zu einer linearen Erörterung in einer antithetischen Erörterung zwei gegenteilige Positionen im Detail erfasst und gegeneinander abgewogen werden. Antithetisch wird diese Form der Erörterung dann genannt, wenn sich eine Pro-Position (Pro-These + unterstützende Argumente für etwas) einer Anti-Position (Anti-These + unterstützende Argumente gegen etwas) eindeutig gegenüberstellen lässt.

Ziel einer antithetischen Argumentation ist es, einen Sachverhalt aus verschiedenen Perspektiven zu betrachten, den eigenen Standpunkt kritisch zu prüfen und dann für diesen in einem abschließenden Fazit einstehen zu können.

---

Argumentierende
Texte planen
→ S. 81

Ob linear oder antithetisch – in beiden Fällen ist es sinnvoll, sich das Diskussionsthema Schritt für Schritt zu erschließen.

---

**So planst du argumentierende Texte:**

- Sammle möglichst viele Ideen / Argumente für deine Position und gegebenenfalls auch für die Position der Gegenseite. Deine Ideen kannst du z. B. in einer Mind-Map oder in einer Pro-/Kontra-Liste sinnvoll anordnen.
- Achte bei der Sortierung darauf, zusammengehörende Ideen / Argumente miteinander in Beziehung zu setzen sowie Behauptungen, Begründungen und Beispiele klar zu markieren.
- Bei einer materialgestützten Argumentation wertest du bei der Erstellung deiner Stoffsammlung zudem die Materialien dahingehend aus, welche Informationen du für die Fragestellung bzw. deine eigene Position nutzen kannst. Füge die entsprechenden Stellen als direkte oder indirekte Zitate in deine Sammlung ein und notiere dir auch die jeweilige Materialquelle.

---

Schreiben

■ Eine Gliederung
für eine lineare
Erörterung
erstellen
→ S. 90

In einer linearen Argumentation wird ausschließlich eine konkrete Position wiedergegeben. Du kannst dich demnach „für" („pro") oder „gegen" („kontra") eine Position aussprechen. In einer Gliederung verdeutlichst du dann die Struktur deiner Argumentationsführung.

**So gliederst du eine lineare Erörterung:**

Neben den eigenen Gliederungspunkten „Einleitung" und „Schluss", konzentrierst du dich bei den weiteren Punkten auf Argumentengruppen. Innerhalb dieser führst du alle Argumente an, die sich einem bestimmten Oberbegriff oder Sachgebiet zuordnen lassen. Achte bei deiner Gliederung auf eine einheitliche Form, indem du z. B. durchgehend Buchstaben oder Ziffern zur Durchnummerierung der Gliederungspunkte verwendest. Gliederungspunkte werden aufbauend durchnummeriert, wobei du bei Unterpunkten die Nummern um eine Ebene erweiterst, also z. B. 2 → 2.1 …
Merke: Gibt es einen Unterpunkt 1, muss auch ein Unterpunkt 2 folgen!
Verwende bei der Ausformulierung der Gliederungspunkte den Nominalstil.

Gliederungsbeispiel:
| | |
|---|---|
| 1 Hinführung zum Thema | 2.2 Argumentengruppe 2 |
| 2 Darlegen der eigenen Position | 2.2.1 Argument 3 |
| 2.1 Argumentengruppe 1 | 2.2.2 Argument 4 |
| 2.1.1 Argument 1 | 3 Schlussgedanke / Fazit / Ausblick |
| 2.1.2 Argument 2 | |

■ Eine Gliederung für
eine antithetische
Argumentation
erstellen → S. 97

In einer antithetischen Argumentation, bei der du Pro- und Kontra-Argumente gegenüberstellst und zu einem Fazit gelangst, kannst du deine Argumentationsführung auf unterschiedliche Art und Weise gestalten.

**So gliederst du eine antithetische Argumentation:**

nach Pro und Kontra geordnet (Sanduhr-Prinzip):
Dabei werden zuerst die Argumente der Gegenseite (stärkstes Argument → schwächstes Argument) und dann – deutlich markiert durch eine Überleitung – die eigenen Argumente (schwächstes Argument → stärkstes Argument) aufgegriffen.

nach Aspekten/Teilbereichen sortiert (Block-Prinzip):
Dabei wird nacheinander auf die einzelnen Teilbereiche – in der Regel die Oberbegriffe aus der Mind-Map der Stoffsammlung – eingegangen, wobei zuerst die Pro-Argumente und dann die Kontra-Argumente angeführt werden. Für jeden Teilbereich solltest du eine kurze Zwischenzusammenfassung formulieren.

Pro- und Kontra-Argumente im Wechsel (Ping-Pong-Prinzip):
Vor allem in mündlichen Argumentationssituationen kommt es zu einem ständigen Wechsel von Pro- und Kontra-Argumenten – etwa in Debatten. Hierbei kann es für den Rezipienten schwierig sein, Zusammenhänge zu erkennen und sich ein eigenes Urteil zu bilden.

Starkes Argument
Gegenposition

Weitere Argumente
Gegenposition

Überleitung

Argumente
meiner Position

Stärkstes Argument
meiner Position

Synthese

Einen argumen-
tierenden Text
überzeugend
aufbauen
→ S. 19, 92, 94, 99
u. 243

Um deinem Leser deine Position überzeugend näherzubringen, solltest du deine Argumentation immer logisch aufbauen und deine Argumente sinnvoll miteinander verknüpfen.

---

**So baust du deinen argumentierenden Text überzeugend auf:**

Lineare Erörterung:

In einer einleitenden Passage verdeutlichst du den Anlass deiner Argumentation,
indem du z. B. auf eine Alltagssituation oder Fragestellung Bezug nimmst.

Danach definierst du das Argumentationsthema und führst deine Position dazu an.

Im Hauptteil unterstützt du deine Position mit entsprechenden Argumenten, wobei du
diese gemäß der „vier Bs" – Behauptung + einer überzeugenden und nachvollziehbaren Begründung für die Behauptung, im Idealfall gestützt auf belegbare Fakten und
Expertenaussagen + veranschaulichendes Beispiel + abrundender Bezug auf die eigene
Position – aufbaust. Sinnvoll ist es dabei, zwei bis drei Argumente bestimmten
Oberbereichen zuzuordnen. Sortiere dabei deine Argumente mit Blick auf ihre Qualität
und ihre Relevanz sinnvoll und steigernd.

Beende deine Argumentation mit einem abrundenden Satz, in dem du zentrale Aspekte
der Argumentation kurz zusammenfasst und deine Position nochmals verdeutlichst.
Denkbar ist auch ein Appell an die Zielgruppe des Textes oder eine weiterführende
Frage.

Antithetische Erörterung:

In einer einleitenden Passage benennst du die beiden unterschiedlichen Positionen,
d. h. die Pro- und die Kontra-Seite zu einer Entscheidungsfrage.

Im Hauptteil wägst du diese Positionen dann gegeneinander ab, indem du eine
Pro-Position und eine Anti-Position (Kontra-Seite) formulierst und diese jeweils mit
Argumenten stützt. Die beiden Positionen trennst du durch eine Überleitung vonein-
ander ab.

Vor allem das Formulieren eines Schlussteils bei einer antithetischen Argumentation
kann recht anspruchsvoll sein. Für eine überzeugende Synthese kannst du dich an
folgenden Punkten orientieren:
- Wäge ab, welche Argumente mit Blick auf eine Entscheidungsfrage gewichtiger sind
  und benenne das entscheidende Beurteilungskriterium dafür.
- Nimm klar zu einer Position Stellung oder formuliere einen Kompromiss- oder
  Alternativvorschlag.
- Runde deinen Schluss mit einem Ausblick ab, den du z. B. mit einem Wunsch, einer
  Hoffnung oder einem konkreten Appell verknüpfst.

Du musst den Aufbau und die Zusammenhänge deiner Gedanken sprachlich möglichst deutlich herausarbeiten, wenn du andere von deiner Argumentationsführung überzeugen willst.

Schlüssig und überzeugend begründen
→ S. 91 f. u. 95

---

**So begründest du schlüssig und überzeugend:**

- Strukturiere deinen Text mit Absätzen. Nutze Strukturwörter, die dem Leser die Funktion eines folgenden Satzes oder eines Abschnitts im Gesamtaufbau des Textes verdeutlichen.
- Formuliere Überleitungen zwischen den einzelnen Argumenten.
- Verwende Adverbialsätze, um Zusammenhänge zu erklären.
- Formuliere nach einem Argument einen Rückbezug auf deine Position.

Möglichst stichhaltig wird deine Argumentation auch dann, wenn du Gegenargumente entkräftest, indem du deren Bedeutung einschränkst und auf ihre Schwachstellen verweist.

Zudem kannst du aufzeigen, welche weiteren Konsequenzen, z. B. langfristig für die Gesellschaft, mit einer Behauptung verbunden sind.

Besonders überzeugend sind Argumente, die
- viele oder alle Menschen ansprechen oder betreffen,
- grundsätzliche Werte wie Freiheit, Solidarität und Bildung thematisieren,
- von längerer Gültigkeit sind,
- nicht nur einer subjektiven Einschätzung geschuldet sind, sondern sich gut belegen lassen (z. B. über eine Statistik).

---

**So überarbeitest du einen argumentativen Text:**

- Prüfe und überarbeite die Struktur bzw. den Aufbau deines Textes: Finden sich eine einleitende Passage, ein Hauptteil mit den Argumenten (für und / oder gegen eine Position) und ein Schlusssatz? Hast du Argumente durch Absätze voneinander abgetrennt?
- Prüfe die formale Gestaltung: Hast du eine angemessene Sprache verwendet und präzise formuliert? Hast du Sätze und Argumente überzeugend miteinander verknüpft und dabei auf Strukturwörter und Konnektoren zurückgegriffen? Sind Rechtschreibung, Zeichensetzung und Grammatik korrekt?
- Prüfe die Argumente: Hast du alle Argumente gemäß der „vier Bs" aufgebaut und eine sinnvolle Reihenfolge für deine Argumente gewählt?

Argumentierende Texte überarbeiten
→ S. 91 f., 94 f. u. 99 f.

Wissen
aus Klasse 8:
11039–58

**Das kannst du bereits im Lernbereich „Mit Texten und weiteren Medien umgehen"**

- mit Fiktionalität umgehen
- erzählende Texte erschließen
- sich mit dem Erzähler literarischer Texte auseinandersetzen
- literarische Figuren charakterisieren
- dramatische Texte untersuchen, z. B. Aufbau, dramaturgische Mittel, Figuren und ihre Beziehungen untereinander
- sich mit Inhalt und Form lyrischer Texte auseinandersetzen und Gedichte zusammenfassen
- Lesetechniken sowie Leitfragen bei der Erschließung von Sachtexten nutzen

- verschiedene Arten von Sachtexten, z. B. journalistische Textsorten, lesen und verstehen
- die Qualität und Seriosität von Texten überprüfen
- Besonderheiten des Features als journalistische Textsorte erkennen und selbst ein Radio-Feature gestalten
- gezielt in Bibliothek und Internet recherchieren
- filmsprachliche Mittel unterscheiden und deren Verwendung und Wirkung bei einer Literaturverfilmung untersuchen

## Sich mit Charakteristika und Formen von Literatur auseinandersetzen

Sich mit der
Fiktionalität
literarischer Texte
auseinandersetzen
→ S. 165

Wer liest, kann in die verschiedensten literarischen Welten eintauchen, muss sich dabei aber immer auch bewusst machen, dass diese zwar der realen Welt gleichen können, im Kern aber immer „erzählte Welten" sind, d. h. vom jeweiligen Autor erfundene und entsprechend konstruierte Welten.

**So setzt du dich mit der Fiktionalität literarischer Texte auseinander:**

Ein wesentliches Merkmal literarischer Texte ist ihre Fiktionalität. In der „erzählten Welt" können Figuren, Ereignisse und bestimmte Handlungen zwar durchaus an die Realität angelehnt sein, im Kern ist ihr In- und Aufeinanderwirken aber immer eine Erfindung des Autors.

Fiktionalität lässt sich am leichtesten ausmachen, wenn Elemente nicht mit realen Gegebenheiten übereinstimmen, z. B. wenn Gesetze der Physik außer Kraft gesetzt werden wie etwa in der Science-Fiction-Literatur oder eine Figur Missstände in einem System – bewusst oder durch Zufall – als einziger erkennt und sich mutig gegen diese auflehnt.

Mit Texten und weiteren Medien umgehen

Die „Kurzgeschichte" im heutigen Sinn ist stark geprägt von den kurzen Prosatexten, die vor allem nach dem Zweiten Weltkrieg ab 1945 in Deutschland geschrieben wurden. Inhaltlich und formal sind diese Texte maßgeblich von der amerikanischen *short story* beeinflusst.

■ Kurzgeschichten erschließen
→ S. 143

## So erschließt du dir Kurzgeschichten:

Zu den typischen Merkmalen der Kurzgeschichte lassen sich neben einer Alltagsnähe in Inhalt und Sprache u. a. folgende zählen:

### Inhalt
- Konzentration auf ein einziges Geschehen, das einen zentralen Einschnitt im Leben der Hauptfigur wiedergibt und zu einem Wendepunkt in der Geschichte führt
- Beschränkung auf ein bis zwei zentrale Figuren, die oftmals keinen Namen haben
- Verzicht auf ausführliche Orts- und Zeitbeschreibungen

### Aufbau
- unvermittelter Einstieg in die Handlung
- schnelle Handlungssteigerung zum Höhepunkt, der oftmals als Wendepunkt innerhalb der Kurzgeschichte betrachtet werden kann
- abrupter, offener Schluss, der dem Leser keine Lösung oder Lehre anbietet, sondern vielmehr zum Weiterdenken auffordert

### Form
- keine Erzählinstanz, die das Erzählte kommentiert
- häufig Verwendung einer Ich-Erzählform oder von indirekter Rede
- kurze, parataktische und teilweise auch elliptische Sätze
- einfache, nüchterne, leicht verständliche Sprache, häufig auch umgangssprachliche Wendungen oder Dialekt

Der Begriff „Dystopie" kommt aus dem Griechischen und setzt sich aus den Wörtern „dys" für „schlecht" und „tópos" für „Ort" zusammen. Eine Dystopie spielt also an einem „schlechten Ort".

■ Sich mit dysto-pischer Literatur auseinandersetzen
→ S. 174

## So erschließt du dir dystopische Literatur:

Als fiktionaler Text entwirft die Dystopie – im Gegensatz zur „Utopie", die das Bild von einer schönen und friedfertigen Zukunft zeichnet, – eine negative oder bedrohliche Zukunftsversion. Meist wird darin eine von Totalüberwachung geprägte Gesellschaft gezeigt, in der Menschen auch in bestimmte Klassen / Hierarchien eingeteilt sein können. Obgleich diese Welten weit entfernt scheinen, geht es den Autoren darum, auch ein Stück der eigenen Gegenwart in die Texte einzubauen und auf mögliche Missstände hinzuweisen.

Sich mit der
Erzählinstanz
literarischer Texte
auseinandersetzen
→ S. 128, 144 f.
u. 148

# Sich erzählende Literatur erschließen

Die Erzählinstanz steht als Vermittlungsinstanz zwischen der erzählten Welt und dem Leser. Sie gibt die Handlung einer Erzählung auf eine bestimmte Art und Weise wieder, um so eine Wirkung beim Lesen zu erzielen. Um den Text und dessen Wirkung besser zu verstehen, kannst du die Erzählinstanz bestimmen, indem du Antworten auf Fragen zur Form, der Perspektive, dem Erzählerwissen und seinem Verhalten ermittelst.

---

**So setzt du dich mit der Erzählinstanz literarischer Texte auseinander:**

Mache dir bewusst, dass ein Erzähler einer Geschichte nicht mit dem Autor / Verfasser einer Geschichte gleichgesetzt werden darf!

- *In welcher Form wird erzählt?* → Erzählform:
  - Ich-Erzähler: Gedanken und Gefühle einer Figur werden aus deren Sichtweise wiedergegeben
  - Er-/Sie-Erzähler: nimmt häufig eine Beobachterposition ein; kann aus Sicht einer Figur oder aller Figuren erzählen und Aussagen zu deren Gefühlen und Gedanken machen

- *Aus welcher Perspektive wird erzählt*? → Erzählperspektive:
  - Erzähler = Figur, die sich innerhalb oder außerhalb der Handlung befinden kann
  - Erzähler = verborgen, d. h. nicht als Figur erkennbar

- *Was weiß die Erzählinstanz über die Figuren?* → Erzählerwissen bzw. Erzählsicht:
  - Außensicht: Erzähler gibt nur das äußerlich Wahrnehmbare wieder
  - Innensicht: Erzähler kennt und beschreibt Gedanken- und Gefühlswelt mindestens einer handelnden Figur
  - allwissend (auktorial): Erzähler hat eine uneingeschränkte Sicht auf und in alle Figuren

- *Wie gibt der Erzähler die Geschichte wieder*? → Erzählverhalten
  - Erzählerbericht: Erzählinstanz – nicht die handelnden Figuren – informiert über das Geschehen, die handelnden Figuren oder Handlungsort/-zeit; sie äußert sich zudem zu den Gedanken und Gefühlen der handelnden Figuren oder zur Dialogführung mit Gesprächsabsichten und Figurenkonstellation und schildert, bewertet oder fasst das Geschehen als Ganzes zusammen
  - Figurenrede: alle Textpassagen in einem literarischen Text, in denen die handelnden Figuren selbst etwas sprechen oder denken
    - direkte Rede: in der Regel in Anführungszeichen
    - innerer Monolog: steht in der Regel in der 1. Person und die Gedanken und Gefühle einer Figur – ohne Anführungszeichen – werden direkt im Präsens wiedergeben
    - erlebte Rede: sie steht in der Regel in der dritten Person und die Innensicht einer Figur wird – ohne Anführungszeichen – im Präteritum wiedergeben

Mit Texten und weiteren Medien umgehen

Bei der Erschließung erzählender Literatur setzt du dich auch intensiv mit den Figuren im Text auseinander. Diese lassen sich unter bestimmten Aspekten genauer beleuchten.

■ Figuren näher betrachten
→ S. 122, 134 f. u. 148

---

**So setzt du dich mit Figuren aus Erzähltexten auseinander:**

Eine Figur kannst du im Hinblick auf äußere und innere Merkmale genauer betrachten.
- Unter äußeren Merkmalen versteht man Aspekte wie Namen, Alter, Aussehen, Lebensumstände (z. B. Wohnort, soziales Umfeld und Position in diesem, Herkunft), Sprache (z. B. Hochsprache / Dialekt / Jugendsprache, Sprechen mit Akzent, grammatikalisch korrekte oder eher fehlerhafte Ausdrucksweise) und Beruf einer Figur.
- Zu den inneren Merkmalen zählen die Charaktereigenschaften einer Figur, ihre Vorlieben und Abneigungen, ihre Stärken und Schwächen sowie ihre Beziehungen zu anderen Figuren.

Merke: Die Charakterzüge und die Beziehungen der Figuren zueinander kannst du auch vom Verhalten und die Aussagen einer Figur über sich und andere ableiten.

---

Stimmungen, Stimmungsveränderungen oder Spannung in einer Geschichte lassen sich anschaulich an einem Stimmungsverlauf darstellen und zu den Handlungsschritten einer Figur in Beziehung setzen.

■ Handlungsschritte und Stimmungen einer Figur zueinander in Beziehung setzen
→ S. 134

---

**So skizzierst du einen Stimmungsverlauf:**

- Ein horizontaler Pfeil stellt die zeitliche Abfolge der Handlungsschritte dar.
- Bilde im Feld über dem Pfeil Textstellen ab, aus denen eine positive Stimmung einer Figur abgeleitet werden kann.
  Unter dem Pfeil notierst du die Stellen, die eine negative Stimmung der Figur wiedergeben.
- Achte darauf, jeden Eintrag durch ein kurzes Stichwort zum Inhalt und durch Zeilenangaben zu kennzeichnen.

Dramenauszug aus Eugène Ionesco: Die Nashörner

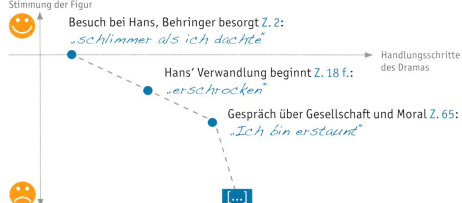

---

# Dramatische Texte untersuchen

Die Handlung in einem Theaterstück entfaltet sich meist entlang einer bestimmten Konflikt-entwicklung.

Sich mit der Gestaltung eines Dramas ausein-andersetzen
→ S. 197 u. 205

---

**So setzt du dich mit der Gestaltung von Dramen auseinander:**

Traditionelle Theaterstücke stellen zunächst den Konflikt vor (Exposition), begleiten dann seine weitere Entwicklung in einer steigenden Handlung bis zu einem Höhepunkt oder Wendepunkt (Peripetie), von dem aus sich die Handlung fallend auf den Schluss (Katastrophe / Lösung) hin entwickelt.

Offener gestaltete Dramen folgen diesem Aufbaumuster nur teilweise. Hier zeigt sich der grundsätzliche Konflikt gleichermaßen in jeder Szene.

Der dargestellte Konflikt ist im Drama eng an eine Figur bzw. ihr Handeln gekoppelt.

Dieser Figur werden durch den Dialog mit anderen Figuren bezüglich des Konflikts Handlungsmöglichkeiten aufgezeigt. Zudem erlebt sie, wie ungezwungen oder abhängig von anderen sie Entscheidungen treffen und handeln kann.

Der Zuschauer erlebt den Konflikt dieser Figur, bei der es sich in der Regel um den Protagonisten handelt, entweder, indem er sich mit dieser identifiziert oder indem er von außen auf die Entwicklung dieser Figur blickt und sie kritisch begleitet.

---

Dialoge analysieren
→ S. 135

Bei einem Theaterstück entfaltet sich die Handlung auch über die Dialoge der Figuren und das Interagieren der Figuren miteinander. Dementsprechend solltest du dich bei einer Dramenanalyse intensiver mit diesen Aspekten beschäftigen.

---

**So analysierst du Dialoge:**

In der Dialoganalyse untersuchst du den Gesprächsverlauf und das Gesprächsverhalten der auftretenden Figuren. Hierbei solltest du dir überlegen, welches Ziel bzw. welche Absicht die Figuren haben und welche Strategien sie anwenden, um dieses Ziel auch zu erreichen. Interessant ist auch, ob es ein harmonisches Gespräch ist oder ob sich die Sprecher gegenseitig ins Wort fallen bzw. aneinander vorbeireden.

Folgende Fragen können dir bei der Dialoganalyse helfen:
* *Was ist das zentrale Thema des Dialogs?*
* *Sind die Redeanteile unter den Figuren gerecht aufgeteilt, d. h. kommt jeder in etwa gleich lang zu Wort?*
* *Wer lenkt den Dialog und wie?*
* *Wie lässt sich die Haltung der Figuren im Dialog zum Gesagten beschreiben? Eher sachlich-kühl oder emotional-mitfühlend?*
* *Gehen die Dialogpartner aufeinander ein oder reden sie aneinander vorbei?*

---

Mit Texten und weiteren Medien umgehen

### So beschreibst und analysierst du Interaktionen zwischen Figuren:

An den Sprechakten, an der Länge der Redebeiträge und der Häufigkeit des Sprechens einzelner Figuren (Redeanteile) kannst du zwischen einer asymmetrischen Kommunikation (eine Figur ist der anderen überlegen) und einer symmetrischen Kommunikation (das Verhältnis der Figuren ist ausgewogen) unterscheiden und darüber auch etwas zu den Beziehungen der Figuren zueinander aussagen.

Achte bei der Beschreibung der Interaktion zudem auf ...
- Regieanweisungen zu Mimik, Gestik, Körperhaltung und Bewegung der Figuren.
- die Wortwahl (Lexik): Prüfe zum Beispiel, ob Fachsprache, Bildungssprache oder Alltagssprache oder ob bestimmte auf- oder abwertende Wörter bzw. Wortgruppen genutzt werden.
- den Satzbau (Syntax): Achte auf die Länge der Sätze, die Verwendung von Haupt- und Nebensätzen (Parataxe, Hypotaxe), auf Fragen und Imperative.
- rhetorische Mittel: Prüfe, ob die Figuren rhetorische Fragen, Metaphern oder Vergleiche nutzen, um etwas in einem übertragenen Sinne zum Ausdruck zu bringen.
- die einzelnen Sprechakte der Figuren: Beschreibe zum Beispiel, ob durch eine Figur etwas *befohlen*, *erbeten*, *aufgetragen* oder ob von ihr einer Position *zugestimmt* oder dieser eher *widersprochen* wird.

■ Beziehungen zwischen Figuren beschreiben → S. 201

Auch die öffentliche Auseinandersetzung mit der Inszenierung eines Theaterstücks in Form von Theaterkritiken/-rezensionen spielt oftmals eine Rolle im Hinblick auf die Wirkung des Stücks.

■ Sich mit einer Theaterkritik auseinandersetzen → S. 175 u. 208

### So setzt du dich mit einer Theaterkritik auseinander:

Eine Theaterkritik ist die schriftlich formulierte kritische Besprechung und Bewertung eines Theaterstücks in Printmedien oder in digitaler Form. Der Verfasser der Kritik, in der Regel eine Journalistin/ein Journalist, besucht die jeweilige Theateraufführung und gibt dann seine Einschätzung zu dieser im Kulturteil (Feuilleton) einer Zeitung oder im Internet wieder. Dazu wird zunächst der Inhalt des Stücks für den Rezipienten nochmals kurz zusammengefasst. Darauf folgt dann die bewertende Besprechung, d. h. die (begründete) Darstellung der gelungenen und misslungenen Aspekte der Aufführung, die durch ein abschließendes Fazit – oftmals ein Aussprechen für oder gegen den Besuch des Stücks – abgerundet wird. Da eine Kritik/Rezension folglich die subjektive Einschätzung des Verfassers zur Qualität eines Stücks widerspiegelt, sollte sie stets kritisch geprüft werden.

# Lyrische Texte untersuchen

Die Wirkung
von Gedichten
wahrnehmen
→ S. 181

Zugegeben, Gedichte sind nicht immer ganz leicht zu verstehen. Aber manchmal „sagen" sie dir beim ersten Lesen und Hören schon viel mehr als dir vielleicht zunächst bewusst sein mag. Deswegen solltest du lyrische Texte einfach auch einmal auf dich wirken lassen.

---

**So nimmst du die Wirkung von Gedichten wahr:**

Lies das Gedicht mehrfach in Ruhe und lasse es auf dich wirken. Lösen einzelne Verse bestimmte Stimmungen bei dir aus und wenn ja, welche?

Tausche dich möglichst präzise über deine ersten Eindrücke mit anderen aus. Worin gleichen und worin unterscheiden sich eure Wahrnehmungen?

Auch bei einem Gedichtvortrag kannst du verdeutlichen, wie du ein Gedicht selbst wahrnimmst. Über die Wahl einer bestimmten Lautstärke und Redegeschwindigkeit, über besondere Betonungen oder das Setzen von Pausen sowie den bewussten Einsatz von Körpersprache kannst du zum Ausdruck bringen, wie bestimmte Verse oder Strophen auf dich wirken.

---

Gedichte
beschreiben und
analysieren
→ S. 183

Ebenso wie bei erzählenden oder dramatischen Texten lassen sich bei der Form und Sprache lyrischer Texte wiederkehrende – aber nicht zwingend notwendige – Kennzeichen ausmachen. Ein analytischer Blick auf den Text und seine Merkmale kann dir die Textbegegnung erleichtern und diese intensivieren.

---

**So beschreibst und analysierst du Gedichte:**

Bei einer Gedichtanalyse kannst du ermitteln, ob sich folgende Aspekte im jeweiligen Gedicht wiederfinden lassen:
- verdichtete / verkürzte Darstellung von Ereignissen, Wahrnehmungen und Urteilen
- wirkungsvolle Vermittlung von Stimmungen
- häufig Gliederung des Textes in Strophen und Verse
- Formulierung in einem bestimmten Metrum (Versmaß)
- bildhafte Sprache, z.B. in Form von Metaphern, Personifikationen, Vergleichen oder Symbolen
- oftmals Endreime am Versende

Reimschema und Metrum lassen sich zudem genauer beschreiben:
- Reimschemata: Paarreime (*aabb*), Kreuzreime (*abab*), umarmende Reime (*abab*)
- Metren: Jambus (x×̇), Trochäus: (×̇x), Daktylus (×̇xx), Anapäst (xx×̇)

Ein unregelmäßiger Wechsel von betonten und unbetonten Silben wird als „freier Rhythmus" bezeichnet.
Prüfe jeweils, ob die formale Gestaltung des Gedichts zu seinem Inhalt und der vermittelten Stimmung passt. Aufregung und Unruhe können z.B. in einem unregelmäßigen Metrum abgebildet werden.

---

Mit Texten und weiteren Medien umgehen

Lyrische Sprache bringt Gefühle und Stimmungen auch über eine bildhafte Sprache zum Ausdruck. Versuche zunächst das Thema des Gedichts und die daran gekoppelte Stimmung bewusst wahrzunehmen und dann die sprachlichen Bilder entsprechend zu „entschlüsseln".

■ Sprachliche Bilder deuten → S. 187

### So deutest du sprachliche Bilder:

Bei Metaphern werden Besonderheiten von Gegenständen oder Lebewesen durch Wörter beschrieben, die eigentlich zu einem anderen Bereich gehören.

Vergleiche ähneln Metaphern, enthalten aber Vergleichswörter wie *als* oder *wie*.

Symbole können Gegenstände, Farben oder Tiere sein, die oft mehrfach konkret in einem Text angeführt werden, dabei aber über sich hinausweisen und für einen abstrakten, nicht sichtbaren Sachverhalt stehen. Oftmals sind Symbole mehrdeutig. So ist der Zusammenhang zwischen Symbol und Gemeintem nicht immer unmittelbar erkennbar. Oftmals benötigt man für die „Entschlüsselung" von Symbolen ein gewisses Vorwissen.

Bei einer Personifikation erhalten Tiere, Pflanzen oder Gegenstände menschliche Eigenschaften.

Gedichtvorträge sind „in" – dazu hat in den letzten Jahren vor allem der so genannte *Poetry Slam* als moderner Dichterwettstreit beigetragen.

■ *Poetry Slam* als modernen Dichterwettstreit kennen → S. 191

### Sich mit einem *Poetry Slam* als modernem Dichterwettstreit auseinandersetzen:

Bei einem *Poetry Slam* tragen junge Nachwuchslyrikerinnen und Nachwuchslyriker ihre selbst verfassten Texte einem Publikum und / oder einer Jury vor. Die *Slam Poetry*, also die Texte, die bei einem *Poetry Slam* vorgetragen werden, zeichnen sich dabei durch folgende Merkmale aus:

- Klanglichkeit, die man erkennt, wenn die Texte fließend und / oder liedartig vorgetragen werden
- Intertextualität, indem bei den Texten auf andere Texte oder Genres zurückgegriffen wird
- Kürze der Texte, da die Vortragszeit in der Regel auf fünf Minuten begrenzt ist
- eingebaute Interaktion mit dem Publikum / der Jury, durch Fragen oder refrainartige Zeilen, die von allen mitgesprochen werden können
- manchmal auch Aktualitätsbezug, z. B. durch die Bezugnahme auf gesellschaftskritische Themen

Die Siegern / der Sieger des *Poetry Slams* wird am Ende in der Regel über Applaus ermittelt.

Als Klasse könnt ihr einen *Poetry Slam* – oftmals *U21-Slams*, bei denen alle Teilnehmenden unter 21 sein müssen – besuchen oder selbst einen *Poetry Slam* im Klassenzimmer / in der Aula veranstalten.

# Sachtexte lesen und analysieren

Je nach Inhalt, Intention, Zielgruppe und Veröffentlichungsmedium enthalten Sachtexte bestimmte, wiederkehrende und strukturierende Aufbauelemente. Dabei unterscheiden sich vor allem Printtexte von digitalen Texten hinsichtlich ihrer Möglichkeiten.

**Texte und Hypertexte erfassen und beschreiben**
→ S. 47 u. 58

---

**So erfasst und beschreibst du Texte und Hypertexte:**

- (Online-)Texte treten oftmals als nicht-lineare bzw. diskontinuierliche Texte in Erscheinung, bei denen Textpassagen durch weitere Darstellungsformen wie z. B. Karten, Tabellen oder Schaubilder ergänzt werden. Hinterfrage, welche Funktion diesen Formen zukommt. Liefern sie weitere Informationen oder unterstützen sie bestimmte Textpassen bzw. veranschaulichen sie diese?
- Für Struktur in den Textpassagen sorgen z. B. Zwischenüberschriften oder als solche markierte Zusammenfassungen.
- Vor allem in so genannten Hypertexten (gr. *hyper* = „übergeordnet") finden sich Verweise, die ein Hin- und Herspringen zwischen verschiedenen Textelementen ermöglichen. So zeichnen sich diese Texte neben dem Zusammenspiel von Text und grafischen Darstellungsformen durch weitere Vernetzungen mit anderen Texten, grafischen Darstellungen oder Film- und Audiodateien aus.

---

Durch die Anwendung bestimmter Lesetechniken kannst du dir das Lesen und Verstehen komplexer Sachtexte erleichtern. Auf welche Technik du dabei zurückgreifst, hängt auch von der jeweiligen Leseaufgabe und deiner Leseabsicht ab.

**Lesetechniken anwenden sowie die Qualität und Seriosität von Sachtexten beurteilen**
→ S. 32, 35 u. 49

---

**So erschließt du dir mit Lesetechniken Sachtexte und überprüfst deren Qualität:**

- Verschaffe dir zunächst durch diagonales Lesen, d. h. durch ein Überfliegen des Textes, einen groben Überblick über dessen zentrales Thema sowie seinen Aufbau und die mögliche Absicht. Du kannst dazu z. B. nur den jeweils ersten Satz eines Absatzes, hervorgehobene Textstellen, bestimmte Schlüsselwörter rund um Aufzählungen oder kurze Zusammenfassungen lesen.
- Um die Entfaltung des Themas in seiner Gänze erfassen zu können, musst du den Text sequenziell lesen, also vollständig und gründlich.
- Antworten auf Detailfragen erhältst du über das punktuelle Lesen, bei dem du dir bestimmte Textstellen genauer ansiehst, oder über das selektive Lesen bzw. das gezielte Suchen nach Schlagwörtern im Text.
- Willst du die Glaubwürdigkeit eines Textes überprüfen, empfiehlt sich ein analytisches Lesen, bei dem du Aussagen, Sätze und den Text als Ganzes kritisch liest. Hinterfrage dabei, wer den Text wo für wen und mit welcher Absicht veröffentlicht hat. Zudem solltest du den Text hinsichtlich seiner Schlüssigkeit und Präzision, der Nachvollziehbarkeit und Glaubwürdigkeit der Aussagen, sowie seiner formalen Gestaltung überprüfen.

---

Mit Texten und weiteren Medien umgehen

Oftmals sind erste Notizen zu einem Text wenig übersichtlich und helfen dir somit nicht wirklich bei der Weiterarbeit am Text. Deswegen solltest du dir das Gelesene in einer anschaulichen Form nochmals vor Augen führen.

■ Leseergebnisse anschaulich aufbereiten → S. 35

> **So bereitest du deine Leseergebnisse anschaulich auf:**
>
> Beim Exzerpieren fasst du den Text so knapp wie möglich in Stichwörtern und kurzen Sätzen zusammen. Am besten notierst du dazu einzelne Aussagen mit Spiegelstrichen untereinander. Wichtige Zitate gibst du wortwörtlich in Anführungszeichen und mit der entsprechen Textstelle (Seiten- oder Zeilenangabe) wieder.
>
> Wesentliche Aussagen sowie die Zusammenhänge einzelner Abschnitte kannst du auch in eine andere Darstellungsform übertragen, z. B. eine Tabelle, eine Mind-Map oder ein Flussdiagramm. Die Übertragung hilft dir beim Sortieren von Textinformationen in langen und unübersichtlichen Texten.
>
> Indem du Fragen an den Text stellst und diese auch durch den Text beantwortest, setzt du dich intensiv mit dessen Inhalt und Aufbau auseinander. Pro Textseite sind ca. zwei bis drei Fragen sinnvoll.

Fachtexte, die nicht speziell für eine junge Leserschaft verfasst wurden, sind oft schwer zu lesen und zu verstehen. Einige Tipps können dir die Erschließung aber erleichtern.

■ Anspruchsvolle Fachtexte lesen → S. 32 u. 39

> **So liest du anspruchsvolle Fachtexte:**
>
> - Mache dir zunächst das Gesamtthema des Textes bewusst und rufe dein Vorwissen dazu auf. Hast du schon einmal etwas über das Thema gehört, in welchem Zusammenhang?
> - Lies dir dann den Text durch. Achte dabei auch auf Überschriften, Zwischen-überschriften, Illustrationen, Hervorhebungen oder Aufzählungen. Arbeite dann Kernaussagen heraus.
> - Ermittle die Textsorte, das zentrale Thema des Textes, die mögliche Textabsicht, das Veröffentlichungsmedium des Textes und seine Zielgruppe. Hinterfrage auch, ob es sich eher um einen rein informierenden oder einen meinungsbildenden Text handelt.
> - Sieh dir auch die formale Gestaltung des Textes (z. B. verwendeter Sprachstil, Wortwahl, verwendete Satzstrukturen, Layout) an und kläre dir unbekannte Wörter.
> - Formuliere Fragen an den gesamten Text und / oder an bestimmte Textstellen und beantworte sie.

# Medien untersuchen und nutzen

Ein Originaltext (z. B. Roman) kann für verschiedene Medien wie z. B. einen Film oder einen Hörtext unterschiedlich adaptiert, d. h. bearbeitet und entsprechend inszeniert werden, wobei jede Adaption einer Interpretation gleichkommt.

---

**So setzt du dich mit medialen Adaptionen eines Originaltextes auseinander:**

Bei einem Hörbuch hat die ihn sprechende Person die Möglichkeit durch Variationen in der Stimme dem Originaltext eine bestimmte Wirkung zu geben.

Bei einer Graphic Novel werden die Bilder, die beim Lesen im Kopf entstehen, durch die Illustratorin / den Illustrator auf Papier gebracht. So lassen sich Stimmungen einfangen oder für das Verständnis notwendige Elemente hervorheben.

Beim Film kann eine Regisseurin / ein Regisseur mithilfe filmsprachlicher Mittel eine Textvorlage den filmischen Bedürfnissen anpassen und sie nach visuellen Gesichtspunkten kürzen, erweitern oder verdichten.

---

Bei der Gestaltung einer *Graphic Novel* kann bei den Illustrationen auf eine Vielzahl von Gestaltungsmöglichkeiten zurückgegriffen werden, um das Text-Bild-Zusammenspiel zu inszenieren.

---

**So untersuchst du die Gestaltung einer *Graphic Novel*:**

Bei der Analyse einer *Graphic Novel* kannst du folgende Aspekte genauer betrachten:
- Ballons (Textblasen): z. B. Wiedergabe von Aussagen der Figuren in Sprechblasen und von ihren Gedanken in Gedankenblasen
- bildsprachliche Symbole / Piktogramme: Wiedergabe von Gemütszuständen von Figuren, z. B. Angst in Form von Schweißtropfen auf der Stirn, oder von nichtgegenständlichen Begriffen, z. B. Musik in Form von Noten
- Panel: Einzelbild – mit oder ohne Umrandung, in dem ein bestimmter Handlungsschritt wiedergegeben wird
    - Image Panel (stummes Panel) / Word Panel / Image and Word Panel: Handlung wird ausschließlich über Bilder oder Wörter bzw. bewusst im Text-Bild-Verbund dargestellt
    - Plot Panel / Charakter Panel / Setting Panel: Panel, bei dem das Grundgerüst der Handlung, die handelnde Figur oder der Handlungsort in den Fokus gerückt wird
- Caption / Textbox: in ein Panel eingefügtes Textfeld, Art Erzählkommentar, durch den zusätzliche Informationen, z. B. zum Handlungsort oder zur Handlungszeit, übermittelt werden
- Gutter: „weißer Steg", Leerstelle oder Auslassung zwischen zwei Panels
- Soundword: Versprachlichung von Geräuschen, z. B. „knirsch" bei Schritten auf Kies oder verschneitem Boden
- Gestaltungsmöglichkeiten im Hinblick auf die Schrift, z. B. Markierung einzelner Wörter oder Wortgruppen über verschiedene Schriftarten/ -größen, die Verwendung von Großbuchstaben oder die Verwendung von Kursiv- und / oder Fettdruck

Mit Texten und weiteren Medien umgehen

Indem du dich reflektiert mit dem Einsatz filmsprachlicher Mittel auseinandersetzt, erweiterst du deine Fähigkeit (Kurz-)Filme zu „lesen" und kannst diese für eigene Gestaltungen nutzen.

■ Filmsprachliche Mittel kennen und nutzen → S. 222

### So erkennst und nutzt du filmsprachliche Mittel:

- **Kameraperspektive**: Blickwinkel auf das Gezeigte; schafft Nähe oder Distanz
- **Kameraeinstellung**: Festlegung des Bildausschnitts; schafft Nähe oder Distanz

**Normalsicht:** Betrachter befindet sich auf Augenhöhe mit gezeigter Person

**Detail:** Zeigen eines vergrößerten Bildausschnitts

**Vogelperspektive:** Blick von oben nach unten gerichtet

**nah:** gezeigt wird eine Figur vom Kopf bis zum Bauch

**Froschperspektive:** Blick von unten nach oben gerichtet; **nah**

**Normalsicht; Totale:** Betrachter erhält einen Gesamtüberblick über die gezeigte Situation, wobei einzelne Figuren aber erkennbar sind

Der Verlauf der Handlung lässt sich durch **Kamerabewegungen** (z. B. Schwenk, Kamerafahrt auf Personen / Gegenstände zu bzw. von ihnen weg) und die Verwendung bestimmter **Schnitttechniken** (z. B. weiche / harte Schnitte, Auf- und Abblenden) und **Montagetechniken** (straight cut / jump cut oder Zwischentitel) steuern.

Auch der **Filmton** kann eine Handlung im Film begleiten bzw. diese erweitern oder verändern. Zu ihm zählen Geräusche, (Hintergrund-)Musik, die gesprochene Sprache der Figuren selbst oder in Form einer Voice-Over aus dem Off, d. h. der Sprecher ist nicht im Bild wahrnehmbar.

Der bewusste **Einsatz von Licht und Schatten** kann Situationen, Gegenstände oder Personen mehr oder weniger Bedeutung verleihen sowie eine entspannte oder eine eher spannungsgeladene Szenerie schaffen.

Die **Innensicht einer Figur** kann durch die Kombination verschiedener filmsprachlicher Mittel wahrnehmbar gemacht werden:
- Kombination aus **subjektiver Kamera** und Voice Over der Figur, d. h. Betrachter sieht Szene durch Augen einer Figur und „hört" deren Gedanken
- **Mindscreen**: Visualisierung von Tagträumen, Vorstellungen oder Gedanken einer Figur + Verfremdungseffekt (z. B. veränderte Bildfarbe/-schärfe, andere Musik, hallende Stimmen)

# Sich gestaltend mit Texten und weiteren Medien auseinandersetzen

Gestaltend mit Texten und weiteren Medien umgehen → S. 163, 167 u. 207

Der gestaltende Umgang mit Texten und weiteren Medien lässt dich nicht nur nachvollziehen, wie (filmische) Werke geschaffen werden, sondern ermöglicht dir auch eine ganz andere Art der Textwahrnehmung und des Textverständnisses.

## So erschließt du dir Texte und weitere Medien über einen gestaltenden Zugang:

Auf Papier oder in bewegten Bildern erzählte Geschichten kannst du auf vielfältige Art und Weise gestaltend erschließen, z. B. durch

- das Umschreiben von Textstellen / Filmszenen in eine andere Textsorte oder das Übertragen der Handlung in eine andere Zeit
- das Verfassen einer Fortsetzung und / oder eines alternativen Schlusses
- die Veränderung der Erzählinstanz
- das Erstellen medialer Adaptionen zum Originalwerk, z. B. das Umwandeln einer Passage aus einem Roman in eine Filmszene, eine Theaterszene oder eine *Graphic Novel*
- das Füllen von Lücken in der Handlung, indem du z. B. einen nur angedeuteten Dialog zwischen Figuren ausgestaltest
- das Verfassen eine Rezension – in Form einer positiven oder negativen Kritik – zu einem Text / einer *Graphic Novel* oder einem (Kurz-)Film, bei der du kurz auf den Inhalt eingehst und dann begründet die gelungen und misslungenen Aspekte des Werks besprichst und am Ende in einem Fazit zusammenfasst

Vor allem bei direkten Anknüpfungen an das Original, z. B. beim Verfassen von Fortsetzungen, solltest du darauf achten, dass diese zur Logik des Originals passen. Mache dir deshalb die Ausgangssituation bewusst und beschäftige dich intensiv mit den Figuren und der Art und Weise, wie diese handeln bzw. sich im Umgang mit anderen verhalten. Zwischen dem Original und deiner Variante sollte es keine Brüche im Hinblick auf die Handlung, den Handlungsort oder die Erzählzeit / erzählte Zeit geben; auch den Stil des Originals solltest du möglichst beibehalten.

Ausgehend von Texten und weiteren Medien kannst du auch einen Plot für eine eigene Geschichte erstellen. Dazu entwirfst du eine bestimmte Handlungsstruktur, die wie der Grundriss eines Gebäudes die wichtigsten Elemente der Handlung wie z. B. Handlungsort /-zeit /-verlauf und Figuren und den Zusammenhang zwischen diesen darstellt.

Ein einfaches Beispiel dafür wäre etwa: Ausgangssituation → Ereignis / Wendepunkt → Happy End / Katastrophe

Mit Texten und weiteren Medien umgehen

■ Einen Buchtrailer veröffentlichen → S. 227

Das, was der Kinotrailer für einen neuen Kinofilm ist, ist der Buchtrailer für eine entsprechende Buchvorlage. Durch ihn soll Neugier geweckt und zum Lesen des Buchs animiert werden. Bei der Gestaltung eines Buchtrailers stehen dir verschiedene Gestaltungsmöglichkeiten zur Verfügung, bei denen es aber einige Punkte zu beachten gilt.

**So veröffentlichst du einen Buchtrailer:**

Da du bei einem Buchtrailer auf verschiedene (Text-)Quellen zurückgreifst bzw. zurückgreifen kannst, solltest du dich bei der Erstellung intensiv mit der Frage auseinandersetzen, wo im Trailer auf diese verwiesen wird.

Spätestens im Abspann zu deinem Trailer musst du alle zentralen bibliographischen Angaben zum verwendeten Originaltext (Name der Autorin/des Autors sowie ggf. der Illustratorin/des Illustrators, Verlag, Erscheinungsort/ -jahr und die verwendete Auflage) anführen. Zitate oder aus dem Text verwendete Bilder solltest du entsprechend markieren, indem du beispielsweise auf die genaue Seitenzahl verweist.

Bedenken musst du zudem, dass in der Regel auch Musik urheberrechtlich geschützt ist. Daher kann man nicht einfach jeden beliebigen Song als Hintergrundmusik verwenden. Es gibt allerdings Titel mit einer so genannten „Creative-Commons-Lizenz", bei denen die Urheber, deren Namen du dennoch immer anführen musst, ihre Titel für nicht-kommerzielle Zwecke freigeben haben.

Wenn ihr in der Klasse selbst einen Trailer mit Jugendlichen dreht, müsst ihr die Persönlichkeitsrechte aller Mitwirkenden am Trailer beachten. Erkennbar darf demnach nur sein, wer einer Veröffentlichung vorher – am besten schriftlich – zugestimmt hat.

■ Eine Fotostory erstellen → S. 121

Bei einer Fotostory kannst du – wie bei einer *Graphic Novel* – eine Geschichte in Text und Bild wiedergeben.

**So erstellst du eine Fotostory:**

Fotostorys sind verhältnismäßig kurz. Deswegen musst du dich auf eine bestimmte Anzahl von Fotos beschränken, um eine Handlung wiederzugeben. Entscheide daher, welche Informationen für diese wirklich von Bedeutung sind und welche Aspekte eher weggelassen werden können.

Aussagen und Gedanken von Figuren lassen sich zudem über Sprech- und Gedankenblasen wiedergeben. Kurze Erklärungstexte können – sofern sie für das Textverstehen notwendig sind – in einem kleinen Kasten zu Beginn einer Szene eingefügt werden.

**Das kannst du bereits im Lernbereich „Sprache und Sprachgebrauch untersuchen und reflektieren":**

Sprache als Verständigungsmittel untersuchen

- mediale und konzeptionelle Mündlichkeit und Schriftlichkeit unterscheiden
- Sprachvarietäten untersuchen, z. B. Jugendsprache und Dialekt
- Sprache und ihre Wirkung untersuchen und beschreiben

Sprache als System untersuchen

- verschiedene Modi des Verbs unterscheiden und nutzen
- Konjunktiv I und II sowie die Umschreibung mit *würde* bilden und in der indirekten Rede verwenden
- Modalverben und ihre Bedeutungen unterscheiden sowie bei der Redewiedergabe nutzen

- Abwechslung bei der Redewiedergabe erzeugen
- Satzglieder und Satzgliedteile unterscheiden
- Satzreihen und Satzgefüge unterscheiden
- Gliedsätze, Gliedteilsätze und Adverbialsätze unterscheiden

Richtig schreiben

- die eigene Rechtschreibung mithilfe von Rechtschreibstrategien und Wörterbucharbeit verbessern
- Rechtschreibregeln kennen und nutzen (z. B. für Groß- und Kleinschreibung oder für Getrennt- und Zusammenschreibung)
- korrekte Zeichensetzung bei Infinitiv- und Partizipialkonstruktionen sowie bei direkten Zitaten verwenden

Sprachliche
Diskriminierung
erkennen und
vermeiden
→ S. 245

# Sprache als Verständigungsmittel untersuchen

Sprache kannst du nutzen, um deine eigenen Gedanken, Gefühle und Meinungen zum Ausdruck zu bringen. Oftmals wird Sprache aber auch dazu missbraucht, andere durch das und mit dem, was wir sagen in ihrer Meinung oder Persönlichkeit abzuwerten. Dabei kann die Diskriminierung auf allen Ebenen der Sprache erfolgen.

**So erkennst du sprachliche Diskriminierung und vermeidest sie:**

Sprachliche Diskriminierungen finden sich:
- auf der Wort- oder Begriffsebene:
  - negativ besetzte Wörter
  - Verwendung von Verkleinerungsformen
  - in Form von geringschätzenden Bezeichnungen
  - in stereotypen oder vorurteilsbehafteten Formulierungen mit Blick auf bestimmte Personen / Personengruppen
- auf der Ebene der Argumentation:
  - Diskriminierung durch „Scheinargumente" (z. B. *Das sagen alle!*)
  - durch das Heranziehen von Stereotypen und Vorurteilen

Sprachgebrauch und Sprache untersuchen und reflektieren

In Gesprächen kann es vorkommen, dass dich dein Gegenüber durch bestimmte sprachliche Techniken zu manipulieren sucht. Wenn du diese Techniken kennst, bist du ihnen nicht ausgeliefert und kannst dich entsprechend mit Worten zur Wehr setzen.

Sprachliche Manipulations-techniken erkennen → S. 25

**So erkennst du sprachliche Manipulationstechniken:**

Manipulation durch „sprachliche Kniffe":
- Wiederholung von Begriffen
- Verwendung von Übertreibungen / Untertreibungen
- Verwendung des einbeziehenden „pluralis auctoris" (= *wir*), z. B. *Wir gehen doch alle davon aus, dass …*
- Verwendung von Suggestivfragen, z. B. *Du weißt doch auch aus eigener Erfahrung …*
- Verwendung von Zitaten vermeintlicher Autoritäten

Manipulation durch das Erzeugen von Gefühlen:
- Erzeugen von Angst durch das Ausmalen schrecklicher Folgen eines bestimmten Verhaltens, häufig verbunden mit Zeitdruck, z. B. *Jede Sekunde zählt! Wenn wir jetzt nicht handeln, dann …*
- Wecken von Schuldgefühlen / Mitleid, z. B. *Es ist doch deine Pflicht, dass …*
- Appell an die Vernunft / das Verantwortungsbewusstsein des Gegenübers

Manipulation der vermittelten Information:
- Abwertung / Verharmlosung / Ausklammerung von wichtigen Informationen (der Gegenseite) sowie Aufwertung von Nebensächlichkeiten
- Verknüpfung von Informationen mit eigener, subjektiver Bewertung

Die Wirkung des von uns Gesagten oder Geschriebenen hängt oft davon ab, wie wir etwas zum Ausdruck bringen. Deswegen solltest du dir immer vergegenwärtigen, wie du deine eigene Sprache verwendest bzw. verwenden willst – gerade auch in Texten.

Sprache und ihre Wirkung unter-suchen und beschreiben → S. 233 u. 237

**So untersuchst und beschreibst du Sprache und ihre Wirkung in Texten:**

Zusammenhänge zwischen sprachlicher Gestaltung und Wirkung kannst du in fremden pragmatischen und literarischen Texten herausarbeiten – und dann in eigenen Texten nutzen –, indem du dich auf folgende Aspekte konzentrierst:
- Lexik: Prüfe, ob der Verfasser eines Textes eher alltagssprachliche Wendungen oder vermehrt Fachbegriffe und Fremdwörter nutzt. Achte auch auf die Verwendung von Nominal- und Verbalstil sowie die Präferenz für bestimmte Wortarten oder bildhafte Sprachverwendung.
- Syntax: Prüfe, ob der Verfasser eher auf einen einfachen oder einen komplexen Satzbau (z. B. gehäufte Verwendung von Satzgefügen / Hypotaxen) zurückgreift. Untersuche auch die Art der verwendeten Nebensätze (Gliedsätze und / oder Gliedteilsätze) und deren Einfluss auf die Lesewirkung.

Konjunktiv I,
Konjunktiv II und
die Umschreibung
mit *würde* in der
indirekten Rede
nutzen
→ S. 239 u. 241

# Sprache als System untersuchen

Aussagen Dritter gibst du in der Regel in indirekter Rede wieder, für die du verschiedene
Konjunktivformen bilden musst.

## So verwendest du Konjunktiv I, Konjunktiv II und die Umschreibung mit *würde* in der indirekten Rede:

Für die indirekte Rede kannst du im Konjunktiv I auf folgende Tempusformen zurückgreifen:

|  | direkte Rede | indirekte Rede |
|---|---|---|
| Redeeinleitung | Er erklärt / erklärte / hat erklärt / wird erklären: | Er erklärt / erklärte / hat erklärt / wird erklären, |
| Gegenwart | „Ich tue das Richtige." | er tue das Richtige. |
| Vergangenheit | „Ich tat das Richtige." „Ich habe das Richtige getan." „Ich hatte das Richtige getan." | er habe das Richtige getan. |
| Zukunft | „Ich werde das Richtige tun." „Ich werde das Richtige getan haben." | er werde das Richtige tun. er werde das Richtige getan haben. |

Den Konjunktiv II verwendest du als Ersatzform für den Konjunktiv I, wenn dieser der
Indikativform gleicht. In der gesprochen Sprache werden eher Umschreibungen mit
*würde* genutzt.
Für die indirekte Rede kannst du im Konjunktiv II auf folgende Tempusformen zurückgreifen:

|  | | |
|---|---|---|
| Gegenwart | Ich erwidere / erwiderte / habe erwidert: „Ich tue auch das Richtige." | Ich erwidere / erwiderte / habe erwidert, ich ~~tue~~ täte auch das Richtige. ich würde auch das Richtige tun. |

## Merke:

Das Tempus der Redeeinleitung hat keinen Einfluss auf die Konjunktivform der
indirekten Redewiedergabe!

Sprachgebrauch und Sprache untersuchen und reflektieren

Durch die Verwendung von Modalverben bei der indirekten Rede kannst du zum Ausdruck bringen, wie du dich zu den Aussagen Dritter positionierst.

Modalverben für die Redewiedergabe nutzen
→ S. 241

**So nutzt du Modalverben für die Redewiedergabe:**

Mithilfe der Modalverben *sollen* und *wollen* kannst du fremde Behauptungen wiedergeben, von denen du dich distanzieren möchtest bzw. gegenüber denen du Zweifel hegst.
Durch die Verwendung von *wollen* zeigst du an, dass eine fremde Person, z. B. ein Interviewpartner, selbst eine Behauptung aufgestellt hat.
Im Gegensatz dazu verdeutlichst du über die Verwendung von *sollen*, dass eine Behauptung über eine fremde Person wiedergegeben wird.

Um Inhalte aus fremden Texten in deinen eigenen Text einzubauen, kannst du auf verschiedene Formen der Redewiedergabe zurückgreifen.

Verschiedene Formen der Redewiedergabe nutzen
→ S. 239

**So nutzt du verschiedene Formen der Redewiedergabe:**

Nutze die
- direkte Redewiedergabe, wenn du ganze Sätze oder Satzteile wörtlich wiedergeben willst. Die Zitate markierst du dabei entsprechend durch die Setzung von Anführungszeichen. Die genutzte Quelle notierst du – inklusive der Materialnummer, Seiten- oder Zeilenangabe – direkt nach dem Zitat in Klammern.
z. B. *„Das Schüler-Planspiel United Nations (SPUN) ist die älteste deutschsprachige Simulation der Vereinten Nationen"* (M 1, Z. 1 f.).
- indirekte Redewiedergabe, wenn du verdeutlichen willst, dass du Aussagen Dritter sinngemäß wiedergeben möchtest. Dafür musst du auf die indirekte Rede zurückgreifen und diese gegebenenfalls auch entsprechend einleiten.
Für eine Abwechslung bei der Redewiedergabe stehen dir als Einleitungsmöglichkeiten folgende Optionen zur Verfügung:
  - satzeinleitende Verben des Sagens, Fragens oder Denkens
  - Passivkonstruktionen
  - *dass*-Satz
  - uneingeleiteter Nebensatz
  - Infinitivkonstruktionen oder Präpositionalgefüge
  Auch hier steht die Quelle in Klammern nach Ende der Informationenübername. Zudem fügst du noch ein *„vgl."* für *„vergleiche"* ein.
  z. B. *Laut Aussagen der Veranstalter sei das Schüler-Planspiel United Nations (SPUN) die älteste deutschsprachige Simulation der Vereinten Nationen* (vgl. M1, Z. 1 f.).
- Paraphrase, wenn du bestimmte Informationen in umschriebener Form also mit eigenen Worten wiedergeben möchtest. Notiere die Quellenangabe wie bei einer indirekten Redewiedergabe.
z. B. *Das Simulationsspiel, bei dem Schülerinnen und Schüler einen Einblick in das Agieren der Vereinten Nationen erhalten, ist das erste seiner Art in Deutschland* (vgl. M1, Z. 1 f.).

Gliedsätze und
Gliedteilsätze
unterscheiden
→ S. 246

Gliedsätze sind Nebensätze, die die Funktion von Satzgliedern erfüllen, wohingegen Gliedteilsätze als Teile eines Satzglieds die Funktion eines Attributs einnehmen können. Durch ihre Verwendung kannst du die Präzision eines Satzes erhöhen.

---

**So unterscheidest du Gliedsätze und Gliedteilsätze:**

Allgemein erkennst du Nebensätze daran, dass sie durch Subjunktionen oder (Präposition +) Relativpronomen eingeleitet werden und das Prädikat des Nebensatzes regulär am Schluss steht.
In gesprochenen Texten wird in Adverbialsätzen manchmal das Prädikat – wie bei einem Hauptsatz – an die zweite Satzgliedstelle gesetzt.

Gliedsätze und Gliedteilsätze kannst du wie folgt voneinander abgrenzen:

**Gliedsätze** (Ersatz einzelner Satzglieder) | **Gliedteilsätze**

**Subjektsätze**
fungieren als Subjekt für den Hauptsatz

**Objektsätze**
fungieren als Objekt für den Hauptsatz

**Adverbialsätze**
machen nähere Angaben zu Handlungen; fungieren als adverbiale Bestimmung für den Hauptsatz; oftmals Abtrennung vom Hauptsatz durch ein Komma und Einleitung mit Subjunktion

**Attributsätze**
fungieren als Attribute und liefern nähere Angaben zum Subjekt oder Objekt eines Satzes

---

Adverbialsätze
unterscheiden
→ S. 67

Auch Adverbialsätze treten häufig als Nebensätze in Erscheinung. Sie werden durch eine Subjunktion eingeleitet und durch ein Komma vom Hauptsatz abgetrennt.

---

**So unterscheidest du Adverbialsätze:**

| Art | Angabe von | mögliche Subjunktionen |
|---|---|---|
| Adversativsatz | Gegensatz | *während, wohingegen, anstatt dass* |
| Finalsatz | Angabe des Zwecks | *damit* |
| Kausalsatz | Angabe des Grundes | *weil, da* |
| Konditionalsatz | Bedingung | *wenn, falls, sofern* |
| Konsekutivsatz | Folge und Wirkung | *sodass* |
| Konzessivsatz | Einräumung | *obwohl, obgleich, wenn auch* |
| Lokalsatz | Angabe des Ortes | *wo* |
| Modalsatz | Angabe der Art und Weise | *wie, indem* |
| Temporalsatz | Angabe der Zeit | *als, nachdem* |

# Den eigenen Schreibstil verbessern

Durch verschiedene sprachliche Kniffe lassen sich wesentliche Informationen in einem Text „verdichten", d. h. knapper und präziser wiedergeben, ohne dass die Sätze dabei an Verständlichkeit und Aussagegehalt einbüßen.

Möglichkeiten der sprachlichen Verdichtung kennen und nutzen → S. 235

## So erkennst und nutzt du Möglichkeiten der sprachlichen Verdichtung:

Auf Satzebene erreichst du eine Informationsverdichtung u. a. über
- Oberbegriffe, um eine unnötige Aufzählung von Einzelbegriffen zu umgehen,
- Nominalisierungen, z. B. durch das Einbauen adverbialer Bestimmungen statt der gehäuften Verwendung konjunktionaler Nebensätze,
- Attribuierungen, wobei statt Relativsätzen Attribute genutzt werden,
- Ellipsen, bei denen z. B. Wortteile in Sätzen verkürzt oder mehrere Sätze, die sich auf einen Aspekt beziehen, zu einem zusammengefügt werden,
- Parenthesen, bei denen in einen Satz – markiert durch Gedankenstriche oder Kommata – ein anderer Satz oder Teile eines Satzes eingeschoben werden, wobei diese aber in sich vollständig und stimmig sein müssen.

Lesern kannst du das Textverstehen erleichtern, indem du bewusst auf verschiedene Elemente der Textkohärenz zurückgreifst.

Durch Textkohärenz Wirkung von Texten beeinflussen → S. 246

## So beeinflusst du durch Elemente der Textkohärenz die Wirkung von Texten:

Nutze ...
- innerhalb von Sätzen Proformen wie Pronomen (Personal-, Demonstrativ-, Interrogativ- und Relativpronomen) und Pronominaladverbien (da, wo, hier + Präposition), um etwas Vor- oder Nacherwähntes nochmals aufzugreifen und somit logische Satzverknüpfungen zu erzielen,
- gliedernde Formulierungen mit denen du eine Abfolge von Sachverhalten / Gedankengängen verdeutlichen kannst, wie z. B.
erstens, zweitens ... / einerseits ... andererseits ... / zuerst ... dann ...
Eingangs ... / Zunächst ... / Es folgt ... / Im Folgenden ...
- zeitliche und logische Verknüpfungen einzelner Sätze oder Textteile durch die Verwendung von Konnektoren wie Konjunktionen (denn, doch ...), Subjunktionen (weil, obwohl, nachdem ...) oder Konjunktionaladverbien (deshalb, ferner)
- textuelle Verweise / Querverweise, mit denen du auf andere Texte oder Textstellen verweisen kannst,
- Mittel der Distanzierung und Wertung, z. B. Wechsel zwischen direkter / indirekter Rede, Verwendung von Modalverben sollen und wollen in der indirekten Rede

# Fehlersensibilität entwickeln und Rechtschreibung verbessern

Getrennt-/
Zusammenschreiben
sowie Groß-/Klein-
schreibung vertiefen
→ S. 259 u. 261

Im Deutschen können Substantive zu neuen Wortverbindungen zusammengefügt werden. Bestimmte Merkhilfen erleichtern dir deren Schreibung.

---

### So schreibst du Zusammensetzungen mit Substantiven und substantivierte Infinitive richtig:

Die Zusammensetzungen mit Substantiven werden entweder zusammengeschrieben oder durch einen Bindestrich miteinander verbunden.
Schreibung mit Bindestrich: Sie dient vor allem der Lesbarkeit oder der Schwerpunktsetzung bei einzelnen Wortbestandteilen.

Ein Bindestrich muss stehen in Zusammensetzungen …
- mit Wortgruppen, wobei die Kleinschreibung von Adjektiven und Präpositionen innerhalb dieser beibehalten wird, wie z. B. *Mund-zu-Mund-Beatmung, Links-rechts-Kombination*
- mit Abkürzungen, wie z. B. *Kfz-Papiere, dpa-Meldung*
- einzelnen Buchstaben, wie z. B.: *i-Punkt, A-Dur*
- Ziffern, wie z. B. *8-Zylinder, die 17-Jährigen*
- wenn ein Substantiv bereits ein Kompositum ist, wie z. B. *Theater-Abendkasse.*

Ein Bindestrich kann genutzt werden, …
- um einzelne Bestandteile der Zusammensetzung hervorzuheben, z. B. *Ich-Sucht*
- um unübersichtliche Zusammensetzungen verständlicher zu machen, z. B. *Mehrzweck-Theaterbühne* neben *Mehrzwecktheaterbühne,*
- um Missverständnisse zu vermeiden, z. B.: *Druck-Erzeugnisse,*
- wenn drei gleiche Buchstaben in einer Zusammensetzung aufeinandertreffen würden, z. B. *Kaffee-Ersatz* neben *Kaffeeersatz.*

In vielen Zusammensetzungen finden sich so genannte „Fugenzeichen" – *e/es/en/er* – als Verbindungselement zwischen zwei Substantiven. Für deren Verwendung gibt es keine feste Regel, du musst im Zweifelsfall in einem Wörterbuch nachschlagen.

Bestimmte Regeln gilt es auch bei der Schreibung mehrteiliger substantivierter Infinitive zu beachten.

- Substantivierte Infinitive mit zwei Bestandteilen werden groß- und zusammengeschrieben, z. B. *das Radfahren, das Computerspielen.*
- Stehen vor dem substantivierten Infinitiv zwei oder mehr Wörter, kann diese Fügung unübersichtlich werden. Deshalb kann sie zusammengeschrieben oder durch Bindestriche getrennt werden, z. B. *das Inkraftsetzen* oder *das In-Kraft-Setzen, das Außerachtlassen* oder *das Außer-Acht-Lassen.*

Bei der Schreibung solltest du beachten, dass das erste Wort sowie alle enthaltenen Substantive und Substantivierungen großgeschrieben werden, die anderen Wörter hingegen klein, z. B. *das Auf-die-lange-Bank-Schieben.*

# Zeichensetzung korrekt anwenden

**So merkst du dir die korrekte Zeichensetzung bei Infinitiv- und Partizipial-konstruktionen und Appositionen:**

Infinitivgruppen werden durch ein Komma vom Hauptsatz abgetrennt, wenn

- der Infinitiv erweitert ist und durch *als, (an)statt, außer, ohne* oder *um* eingeleitet wird.
- sie von einem vorausgehenden Substantiv abhängig sind.
- der Infinitiv eine Wiederaufnahme von bereits Gesagtem darstellt und durch Signalwörter wie *daran, darauf* oder *es* angekündigt wird.

Partizipialkonstruktionen müssen durch ein Komma vom Hauptsatz abgetrennt werden, wenn ...

- das konjugierte Verb des Hauptsatzes erst nach der Partizipialkonstruktion folgt.
- ein Wort wie z. B. *so* auf den Partizipialsatz hinweist.
- die Konstruktion als Zusatz oder Nachtrag anzusehen ist. Das eingeschobene erweiterte Partizip muss dann am Anfang und am Ende durch ein Komma markiert werden.

Appositionen sind nachgestellte nähere Bestimmungen, die im gleichen Kasus stehen wie das Bezugswort. Sie werden immer durch ein Komma vom Hauptsatz abgetrennt.

Korrekte Zeichensetzung bei Infinitiv- und Partizipial-konstruktionen verwenden → S. 256

Texte wie Zeitungsartikel, (wissenschaftliche) Aufsätze oder (Fach-)Bücher gelten als geistiges Eigentum der jeweiligen Verfasser. Auf dieses darf nur von anderen zugegriffen werden, sofern man entsprechende Übernahmen in eigenen Texten als Zitate klar markiert und angibt, von wem sie stammen.

Korrekte Zeichensetzung bei Zitaten verwenden → S. 263

**So verwendest du eine korrekte Zeichensetzung bei Zitaten:**

Es gibt verschiedene Möglichkeiten, ein Zitat in deinen Text zu integrieren.
Bei einer wörtlichen Übernahme markierst du den Anfang und das Ende des Zitats mit Anführungszeichen.

Nimmst du Auslassungen von einzelnen Wörtern, Satzteilen oder kompletten Sätzen vor, dann musst du dies durch eine eckige Klammer mit drei Auslassungspunkten [...] verdeutlichen.

Gleiches gilt für von dir vorgenommen Erklärungen / Erläuterungen, z. B. „*Sie* [die Umweltministerin] ... .“ oder grammatikalische Anpassungen, z. B. „... *gehe*[n] *dabei von einer Verschlechterung aus*“.

# Hilfen zu den Aufgaben

### Seite 24
**Hilfe zu Aufgabe 4**
Zur Ergebnissicherung kannst du diese Tabelle verwenden:

| Textstelle (Zeilenangabe) | Manipulationstechnik | Wirkung |
|---|---|---|
|  |  |  |

### Seite 43
**Hilfe zu Aufgabe 7**
Textlänge:
Trage die Anzahl der Textzeilen ein oder gib den Umfang über den Platz auf der Schulbuchseite an (z. B. 1/2 Seite).

Satzlänge:
Suche einen auffällig langen und einen auffällig kurzen Satz und gib die Anzahl der Wörter an (z. B. 4–15 Wörter).

Aufbau des Textes:
Wie viele Unterthemen hat der Text?
Nenne sie.

Textabsichten:
informieren, überzeugen, unterhalten

Umgang mit fachlich anspruchsvollen Themen:
Wie häufig werden Fremdwörter genutzt?
Wie speziell sind diese?
Werden Erklärungen vorgenommen?

### Seite 59
**Hilfe zu Aufgabe 6**
Dein Feedback kann sich auf folgende Punkte beziehen:
- Ist der Vortrag klar gegliedert und dadurch gut nachvollziehbar?
- Gelingt es dem Vortragenden, die Zuhörer zu berücksichtigen und einzubeziehen?
- Werden Gestik, Mimik und Stimme (Betonungen, Lautstärke, Pausen) passend eingesetzt?
- Wird Anschauungsmaterial zur Verdeutlichung verwendet?

Nenne immer etwas, was dir gefallen hat, und ergänze dann Verbesserungsvorschläge.

### Seite 60
**Hilfe zu Aufgabe 3**
Wortspeicher:

Zeitungsartikel – Werbetext – Blogartikel – Statistik – Umfrage – Studie – Erfahrungsbericht – Ratgeber – informieren – unterhalten – überzeugen – werben / abraten

### Seite 83
**Hilfe zu Aufgabe 5**
Erklärung zur Methode „Gruppenpuzzle": Bei einem Gruppenpuzzle bearbeitet jedes Gruppenmitglied der Stammgruppe eine Teilaufgabe. Nach dem Verteilen der Teilaufgaben und der Erarbeitung derselben trifft man sich in einer Expertengruppe zu dieser Teilaufgabe, d. h. mit anderen aus den anderen Gruppen, die dieselbe Aufgabe bearbeitet haben. Dort tauscht man sich aus, diskutiert die Ergebnisse, korrigiert und ergänzt seine eigenen Notizen. Anschließend trifft man sich wieder in der Stammgruppe und präsentiert sich dort gegenseitig die jeweiligen Arbeitsergebnisse.

### Seite 88
**Hilfe zu Aufgabe 1**
Diskutiert und notiert anschließend, welche der Fragestellungen am besten zur Aussage von Gyde Jensen passen könnte.
A) Sollte sich jeder Mensch nach dem Schulabschluss erst einmal sozial engagieren?
B) Ist ein soziales oder ein ökologisches Jahr besser?
C) Sollte ein soziales Jahr nach dem Schulabschluss verpflichtend eingeführt werden?
D) Sollte ein soziales oder ökologisches Jahr für alle jungen Menschen nach ihrem Schulabschluss verpflichtend sein?
E) Sollte gesellschaftliches Engagement erzwungen werden?

### Seite 99
**Hilfe zu Aufgabe 16**
Textlupe:

| Das gefällt mir: | Hier fällt mir etwas auf: | Verbesserungsvorschlag: |
|---|---|---|
| ... |  |  |

### Seite 102
**Hilfe zu Aufgabe 8**
Verwende zum Beispiel folgende Tabelle dafür:

| Argument | Aufbau: 4 Bs | Themaentfaltung: berichtend / schildernd | Wirkung |
|---|---|---|---|
| Erörterung |  |  |  |
| Kommentar |  |  |  |

**Seite 129**

**Hilfe zu Aufgabe 9**

Wählt eine der folgenden Möglichkeiten fürs Feedback:

Textlupe → Hilfe zu S. 99 / Aufgabe 16

Checkliste:

> – Die Analyseaspekte sind vollständig dargestellt und werden mit den treffenden Fachbegriffen benannt.
> – Textbelege sind passend gewählt.
> – Die jeweilige Wirkung wird nachvollziehbar aufgezeigt.
> – Der Text ist kohärent durch logische und strukturierende Satzverknüpfungen.
> – Der Stil ist sachlich.
> – Das Tempus ist korrekt.
> – Rechtschreibung, Kommasetzung und Einbau von Belegen sind korrekt.

**Seite 135**

**Hilfe zu Aufgabe 7**

Nutze den Textanfang zur Analyse und setze diesen fort, indem du passende Belege im Textauszug suchst und die Funktion oder Wirkung beschreibst.

*Im vorliegenden Dramenauszug versucht Behringer mit Hans über menschliches Verhalten in einer Gesellschaft zu sprechen (vgl. Z. 39–61) und ihn vor der Verwandlung zu einem Nashorn zu retten, in dem er einen Arzt rufen möchte (vgl. Z. 2f., 14f.).*
*Behringers Bemühungen sind jedoch umsonst, da ein vernünftiges Gespräch mit Hans nicht möglich ist, weil er sich bereits zu einem Nashorn verwandelt.*
*So verhält Hans sich zunehmend aggressiv, was sich ... zeigt, ...*
*Außerdem werden seine Aussagen unverständlich ...*

**Seite 172**

**Hilfe zu Aufgabe 4**

| Distrikt 12 (Saum) | Kapitol |
|---|---|
|  |  |
| Katniss Everdeen | |

**Seite 181**

**Hilfe zu Aufgabe 5**

Dein Feedback kann sich auf folgende Punkte beziehen:

- Wird die Lautstärke passend variiert?
- Werden Sprechgeschwindigkeit und Pausen sinnvoll eingesetzt?
- Werden Gefühle und Stimmungen des Gedichts über den Vortrag deutlich?

Nenne immer etwas, was dir gefallen hat, und ergänze dann Verbesserungsvorschläge.

**Seite 205**

**Hilfe zu Aufgabe 7**

Orientiere dich an den Hinweisen zur Darstellung des Stimmungsverlaufs auf → S. 134.

**Seite 223**

**Hilfe zu Aufgabe 10**

Erklärung zum „Storyboard": Mithilfe eines Storyboards kannst du die Handlung bzw. den Plot eines Films in groben Zügen wiedergeben. Durch einfache Skizzen, die linear als Bildfolge angeordnet werden, verdeutlichst du dabei, was (Handlung) mit wem (Darsteller) wo (Ort der Handlung) und wie (Kameraperspektive, -einstellung, -bewegung, Filmton etc.) gedreht werden soll. Unter oder neben die einzelnen Bilder können stichpunktartig wichtige Informationen oder die Verwendung filmsprachlicher Mittel notiert werden.

**Seite 226**

**Hilfe zu Aufgabe 3**

Hier solltest du Antworten auf folgende Fragen finden:

- Wer stellt das Buch vor?
- Wie wird das Buch vorgestellt (Zeigen des Covers, Vorlesen einer Textstelle, Zeigen von Illustrationen)?
- In welchem Rahmen wird das Buch vorgestellt (Präsentierender vor Hintergrund oder eine Art Zeichentrickfilm)?
- Welche filmsprachlichen Mittel können genutzt werden?

# Lösungen

Lösungen
zu den
Lernständen:
11039-58

## Kompetenztest 1

1 Fehlinterpretation von Aussagen/Körpersprache, z. B. Z. 8 f.; kein Eingehen auf Aussagen des Gegenübers, z. B. Z. 7 u. 11 f.

2 Vermeiden von persönlichen Angriffen/Senden von Ich-Botschaften, z. B. Z. 1 → alternativ: Ich verstehe deine Sichtweise, aber diese greift für mich etwas zu kurz.; Hinterfragen von Aussagen/Verhalten, z. B. Z. 9 → alternativ: Wie kann ich dein Schweigen deuten?

3 Wecken von Schuldgefühlen → Z. 4 f.; Verwenden von Suggestivfragen → Z. 15 f.

4 Diskussion: freier Meinungsaustausch zur Klärung einer offenen Fragestellung → Wie sieht nachhaltige Mobilität in Innenstädten aus?; Debatte: Streitgespräch nach festen Regeln zu einer Entscheidungsfrage → Sollen in Innenstädten nur Fahrräder zugelassen werden?

5 stichhaltige und v. a. sachliche Argumente für/gegen den Beitritt

6 Stichpunkte für Pro-Argumente (mehr beruhigte Straßen): z. B. Verbesserung der Luftqualität; Erholung/Entschleunigung; Senkung des Lärmpegels; Stichpunkte für Kontra-Argumente (gegen beruhigte Straßen): z. B. Wegfall wichtiger Zugangsstraßen; finanzielle Aspekte, Beeinträchtigungen durch Baumaßnahmen

7 Beispielantwort: Es ist sicher richtig, wenn du Auswirkungen auf Umwelt und Gesundheit anführst. Dennoch meine ich, dass viele Menschen im Alltag auf ihr Auto angewiesen sind, wie z. B. Alleinerziehende, denen durch mobilisierten Verkehr der Spagat zwischen Arbeit und Familie erleichtert wird. Bei öffentlichen Verkehrsmitteln müssten sie mit Ausfällen und langen Wartezeiten planen und können gerade Kleinkinder auch nicht einfach allein mit diesen fahren lassen. Das Auto bietet hier mehr Flexibilität und Sicherheit. Das spricht, meiner Ansicht nach, gegen Innenstädte als reine Fußgängerzonen.

8 alle Teilnehmer verfügen über Vorwissen zur Streitfrage, Teilnehmer können sachlich auf ihr Gegenüber eingehen

9 Sachkenntnis (Wie gut kennt sich der Redner mit dem Streitthema aus?), Ausdrucksvermögen (Wie gut kann Gemeintes zum Ausdruck gebracht werden?), Gesprächsfähigkeit (Wie gut wird auf andere eingegangen?), Überzeugungskraft (Wie gut können Aussagen begründet und mit Beispielen untermauert werden?)

## Kompetenztest 2

1 Text 1: d; Text 2: b

2 Frage 1: selektiv (Textstellen aufspüren) + punktuell (Informationen entnehmen) Frage 2: sequentiell (Argumente aufspüren), dann ggf. punktuell (einzelne Argumente präziser erfassen)

3 Text 1: Profi-Modelleisenbahner, Jugendliche, Erwachsene, (Urlauber,) Italienfans Text 2: Kinder, Jugendliche, Erwachsene, Urlauber

+ – Aufgabe Das Miniatur-Wunderland ist in Hamburg. Miniatur heißt sehr klein. Viele Touristen schauen das Wunderland an. Das Wunderland zeigt unsere Welt in klein.

4 Beispiele: Z. 1 Miniatur-Wunderland → Link zu Internetseite Werbevideo für Wunderland; Z. 2 Hamburger Speicherstadt → Link zu Foto(s) Wikipedia-Eintrag Z. 13 Vesuv u. Z. 15 Pompeji → Link zu Fotos der realen Orte

5 Text 1: Text greift Überschrift nicht auf; anschauliche beispielhafte Detailbeschreibungen, informativ, weckt Interesse Text 2: fordert zum Besuch auf, wirbt mit spannenden Details des Wunderlandes, beschreibt anschaulich

## Kompetenztest 3

1 Art des Fluggeräts: Aufbau, Material, Flugdauer. Reichweite, mögliche Anzahl von Be- / Entladungen, mögliche Transportgüter und maximale Nutzlast Betreiber, Einsatzgebiet; rechtliche Aspekte: Haftung, Datenschutz, Versicherung, Bedenken / Akzeptanz bei Bevölkerung

2 Bsp.: mögliche Be- / Entladungen: 300 autonome Be- und Entladungen in drei Monaten; Transportgüter: Medikamente, Sportartikel; Flugdauer und Reichweite: 8 km in 8 Min.; Einsatzort: Gemeinde Reit im Winkl, Winklmoosalm; Bedenken: gr. Skepsis gegenüber Flugdrohnen; Stoffsammlung: z. B. Liste, Tabelle, Cluster mit den Ergebnisses aus Aufgaben 1 u. 2

3 Situations- u. Adressatenbezug: mögliche Erwartungshaltung der Leser berücksichtigen, Beschränkung auf zentrale Informationen; Aufbau: Definition des Ausstellungsgegenstandes – Beschreibung seiner grundlegenden und speziellen Funktionen inkl. Erläuterung von Abläufen und Fachbegriffen; ansprechendes Layout: u. a. Schriftgröße/-art, Zeilenabstand

4 Fluggerät – Design und Ausstattung – technische Daten – Einsatzmöglichkeiten – Vor- und Nachteile

**5** Erläuterung zu „differenter Nutzlast" u. Beispiele für Logistikprobleme

**+ – Aufgabe** Rückgriff auf passende Ergebnisse zu Aufgaben 1–2 sowie 4–5

## Kompetenztest 4

**1** Einleitung: Z. 5–10: graue/bunte Wand oder Z. 27: Shutdown der Museen; als Teil eines Arguments: Z. 14 f.: Kunst für die Gesellschaft; Z. 21 ff.: Eindämmung illegaler Graffiti, Förderung / Anerkennung von Kreativität; Z. 29 ff.: politische Aussagekraft von Graffiti

**2** Position: c; Behauptung: d; Begründung: a; Beispiel/Beleg: b; Bezug zur Position: e

**3** Ich vertrete die Position, dass es in Städten mehr freie Wände geben sollte. Dadurch entsteht eine Chance für die Stadtverschönerung durch Graffiti-Kunst. Denn an freigegebenen Wänden können Sprayer legal sprühen, dabei in Ruhe üben und sich verbessern, sodass die Wände zunehmend attraktiver aussehen. (x) Dies ist beispielsweise in Bogotá der Fall, wo viele Wände freigegeben wurden und es eigene Stadtführungen zur Graffiti-Kunst gibt. Das zeigt, dass Städte davon profitieren.

**4** (x) → einsetzen in Lösung zu Aufgabe 3: So können auch illegale unschöne Schmierereien reduziert werden.

**5** richtig: b, d; verbessert: a Das überzeugendste Argument für deine Position führst du als letztes an. c Argumente, die viele Menschen betreffen, sind besonders überzeugend. e Beim Sanduhr-Prinzip beginnt man mit dem stärksten Argument der Gegenposition und endet mit dem stärksten Argument der eigenen Position. f Das Ping-Ping-Prinzip eignet sich für mündliche Debatten.

**6** Spraytastische Stadkunst → Alliteration als Stilmittel, Graffiti = besondere Kunstform

**+ – Aufgabe** In Städten sollte es mehr freie Wände für Graffiti geben, denn freie Wände bedeuten freie Bahn für Kunst und eine schönere Stadt in einem Zug. Hier verewigen sich Sprayer nicht mehr mit illegalen Schmierereien, sondern mit legaler Kunst, für die sie in Ruhe üben und sich so verbessern können. Die Stadt Bogotá ist dabei ein Vorreiter, denn dort gibt es sogar eigene Stadtführungen zur Graffiti-Kunst. Dass dies einen klaren Vorteil für die Stadt darstellt, fällt auf wie ein farbenfrohes Graffiti.

## Kompetenztest 5

**1** Der vorliegende Textauszug aus Mary Shelleys Roman „Frankenstein" (1918) thematisiert den verzweifelten Versuch des „Monsters", Anschluss an seine Mitmenschen zu gewinnen und Freundschaften zu knüpfen. Als ihm der blinde de Lacey Unterschlupf gewährt, scheint die Phase langer Enttäuschungen zunächst durchbrochen.

Doch als de Laceys Kinder auf Frankensteins „Kreatur" treffen, schlagen ihm erneut Furcht und Gewalt entgegen.

**2** Handlungsschritte: de Laceys Gastfreundschaft – Beschreibung de Laceys: hilfsbereit, blind, empathisch – Erzählung des „Monsters": Darstellung der eigenen Einsamkeit – Zuspruch de Laceys – Ankunft der Kinder de Laceys – heftige Reaktion beim Anblick der „Kreatur"

**3** höflich und bescheiden (vgl. Z. 2); Angst vor erneuter Zurückweisung (vgl. Z. 15 ff.); mut- und kraftlos, innerlich zerrissen (vgl. Z. 27 f.); passiv, trotz Überlegenheit (vgl. Z. 39 ff.); Durch ihr Verhalten wirkt die „Kreatur" nicht wie ein „Ungeheuer" – als das sie von anderen wahrgenommen wird – , sondern vielmehr wie ein geschlagenes Tier, das hilflos die Flucht ergreift.

**4** Die Mitmenschen beurteilen die „Kreatur" nur nach ihrem Aussehen bzw. nach dem, was sie wahrnehmen können. Da dem blinden de Lacey der tatsächliche „Blick" auf das „Monster" fehlt, verlässt er sich nur auf seine Intuition, die ihn tiefer „blicken" und somit die innere Not der „Kreatur" spüren lässt. Anders verhält es sich mit seinen Kindern, die nur die abstoßende Hülle der „Kreatur" wahrnehmen und über diese auf das Inneres des Fremden schließen – eine Auseinandersetzung mit dem „wahren" Charakter des Fremden ist somit von vornherein ausgeschlossen. Nur de Lacey erkennt, dass die „Kreatur" eine liebenswerte, innerlich zutiefst zerrissene Gestalt ist, die sich nach Akzeptanz durch ihre Mitmenschen sehnt.

**5** Erzählform: Ich-Erzähler (Z. 1) → subjektive Sichtweise der „Kreatur" auf das Geschehen wird deutlich; Erzählperspektive: Erzähler = Figur innerhalb der Handlung (Z. 39 f.) → Unmittelbarkeit des Erlebten; Einblick in Charakter der „Kreatur"; Erzählerwissen: Innensicht einer Figur (Ich-Erzähler) (Z. 27 f.) → Identifikation mit dem „Monster" und dessen verzweifeltem Streben nach Akzeptanz; Außensicht auf visuell Wahrnehmbares (Z. 41 f.) → „Blick" auf Szenerie; Erzählverhalten/Darstellungsweise: v. a. direkte Rede (Z. 1–33) → Einblick in den „wahren" Charakter der Kreatur

**6** Ausformulierung Aufgaben 1–4

**+ – Aufgabe** Ausformulierung Aufgabe 5

## Kompetenztest 6

**1** … Kurzgeschichte … wie ein junger Mann bei einem Bombenangriff seine ganze Familie verliert. … um den Wert des scheinbar Alltäglichen, den man oft zu spät erkennt.

**2** Erzählform: Er-Erzähler (Rahmenerzählung), Ich-Erzähler (Binnenerzählung)
Erzählperspektive: verborgener Erzähler, ggf. eine Figur, die auch auf der Bank sitzt (Rahmenerzählung), der junge Mann mit dem alten Gesicht (Binnenerzählung)

Erzählverhalten: Erzählbericht und direkte Rede der Figuren

+– **Aufgabe** Umwandlung in Ich-Perspektive, z. B. Das war also unsere Küchenuhr. Alles habe ich verloren, nur sie hier, sie ist übrig. Kaputt ist sie, das weiß ich wohl. Sie ist um halb drei stehengeblieben. Ausgerechnet um halb drei! Um halb drei nachts kam ich immer nach Hause. Hungrig ging ich immer gleich in die Küche. Und dann, dann kam Mutter. Ich konnte noch so leise die Tür aufmachen, sie hat mich immer gehört. Und dann machte sie mir das Abendbrot warm und sah zu, wie ich aß. Es war mir so selbstverständlich. Und jetzt? Jetzt weiß ich, dass es das Paradies war. Das richtige Paradies. Alles ist weg, auch meine Eltern.

3 Satzbau: kurze Aussagesätze, Satzgefüge mit maximal einer Unterordnung; Satzfragmente, keine Markierung von direkter Rede
Wortwahl: Alltagswortschatz, Wiederholungen, leicht verständlich, nüchtern, sachlich, realitätsnah

4 Beispiel: Die Information, dass Wolfgang Borchert den Zweiten Weltkrieg erlebte und nach dem Krieg in das völlig zerstörte Hamburg zurückkehrte, lässt sich auf die Textstelle beziehen, in der der junge Mann die Geschichte hinter der kaputten Uhr erzählt. Erst durch die Information versteht man, dass die Kurzgeschichte radikale Verlusterfahrungen thematisiert.

5 In der Kurzgeschichte „Die Küchenuhr" von Wolfgang Borchert, die 1947 verfasst wurde, geht es um einen jungen Mann, der einen Bombenangriff erlebt hat. Davon erzählt er einigen Leuten, die mit ihm auf einer Parkbank sitzen. Nach und nach wird klar, dass der Mann bis auf eine blauweiße Küchenuhr alles verloren hat. Auch seine Eltern sind bei dem Angriff ums Leben gekommen. Die Uhr wird für ihn zum Symbol des Verlustes. Erst jetzt erkennt er den Wert des Alltags, den er immer für selbstverständlich gehalten hat. In der Erinnerung erscheint ihm sein früheres Leben wie das Paradies.
Wolfgang Borchert schildert in gelungener Weise unter Verwendung von einfachen Sätzen und sachlicher, alltagssprachlicher Wortwahl den Wendepunkt im Leben eines jungen Mannes, an dem dieser den Gegensatz zwischen einem friedvollen Alltagsleben und dem Einbruch des Kriegs dramatisch am eigenen Leib erfährt. Die Kurzgeschichte verdeutlicht die psychologischen Folgen traumatischer Erfahrungen.

6 Zum Beispiel: Figur: ein Fünftklässler, durchsetzungsstark, beliebt; Ausgangssituation: Konflikt zwischen zwei 5. Klassen; Ereignis: Kampf zwischen den Klassen; Ausgang: Sieg einer Klasse / Friedensschluss

**Kompetenztest 7**

1 Beispiele: kühl/kalt (V. 8), einsam/allein (V. 16 f.), sprachlos (V. 16).

2 Beispielmarkierungen: Enjambement zwischen V. 5 u. 6 → vermeintliche „Leichtigkeit"; bewusste Pause vor dem Wort „und" in V. 7, um das Gefühl der Distanz und Teilnahmslosigkeit zu verstärken

3 richtig: a) und c) (Strophe 4 mit 5 Versen)

4 V. 4: Alltagsgegenstände, kleine „Hilfsmittel" zum Leben, Äußerlichkeiten → Liebe wird gleichgesetzt mit einem verlierbaren, alltäglichen Gegenstand; V. 9: Schiffe bewegen sich vom „Hier" weg → Sehnsucht nach der Ferne (erfüllte Liebe) oder Zeichen für Flucht aus Beziehung

5 illusionsloser sowie nüchterner Blick auf Alltagsprobleme, schonungslose u. distanzierte (ironisch-satirische) Darstellung eines Beziehungsendes, Titel als Oxymoron treibt Gegensätze von Sachlichkeit und Romantik auf die Spitze → Kritik am Verhalten der Menschen und der mangelnden Kommunikationsfähigkeit, indirekte Aufforderung zur Verhaltensänderung

**Kompetenztest 8**

1 Gründe: wusste nichts von der wahren Abstammung Andris, hat nicht „aktiv" gegen ihn gehandelt, hat sich wie „alle" ihm gegenüber verhalten

2 Betonung der eigenen Unwissenheit: „Ich wusste das nicht, daher bin ich auch nicht schuld."; Schieben der eigenen Verantwortung auf andere (stärkere) beteiligte Personen: „Ich habe nichts gemacht, das waren die anderen."

3 ... eine nicht gelungene Kommunikation, da es zu keiner wirklichen Kommunikation zwischen Andri und dem Pater kommt. Während der Pater in Ruhe mit Andri sprechen möchte, wirkt dieser wenig gesprächsbereit und gehetzt. Die Gesprächsansätze und -versuche des Paters unterbindet Andri durch seine Einwände und lässt ihn somit nicht zu Wort kommen. Zudem nimmt Andri kaum Bezug auf das Anliegen des Paters.

4 Die Redeanteile sind ungleichmäßig zugunsten von Andri verteilt (asymmetrische Kommunikation), der in seinen Aussagen auch wesentlich selbstbewusster wirkt.

+– **Aufgabe** Sie verstärken zusätzlich die gegensätzliche Gesprächseinstellung, da sie das Desinteresse an einer gemeinsamen Kommunikation sowie die aufkeimende Hektik und innere Unruhe von Andri zum Ausdruck bringen.

5 A) Vorurteile der Gesellschaft, Ausgrenzung einer Einzelperson, B) Willkürlichkeit / Austauschbarkeit bei der Ausgrenzung eines Menschen

## Kompetenztest 9

1 a, d

2 b) Graphic Novels sind ästhetische Kunstwerke, die von einer jungen wie erwachsenen Leserschaft auf ganz spezielle Art und Weise betrachtet werden können. c) Gefühle und Gedanken der Figuren lassen sich über die Aussagen in den Sprech- und Gedankenblasen, die gezeichnete Körpersprache und das Spiel mit Farben zum Ausdruck bringen.

3 Verwendung von Character Panels, bei denen Figur/en im Fokus steht/stehen; Balloons in Form von Sprechblasen; Gutter zwischen den einzelnen Panels

4 Panel 3: Kameraperspektive „Normalsicht", Betrachter befindet sich auf Augenhöhe mit Eloïse; Kameraeinstellung „nah", nur der Oberkörper von Eloïse wird gezeigt

5 Gespräche zwischen Rhiannon und A (in verschiedenen Körpern) – Kameraperspektive – Normalsicht – Betrachter ist näher am Geschehen; A erläutert sein spezielles „Leben" vs. Kussszenen – Filmton – gedämpfte Hintergrundmusik vs. Dominanz von Musik – das Gesagte erhält mehr Gewicht vs. Wecken von Emotionen über Musik; Michael rennt auf Straße entlang – Kamerabewegung – Kamerafahrt - Kamera bewegt sich von Michael weg; Einblendung von Aussagen – Montagetechnik – Zwischentitel – zentrale Aspekte werden hervorgehoben

6 Themen, Motive, Figuren in ihrer Charakteristik und Handlungsschritte können bei einer medialen Adaption übernommen bzw. besonders hervorgehoben, aber auch bewusst ausgeklammert werden, je nachdem, welche Bedeutung ihnen letztendlich zugeschrieben wird.

7 falsche Aussagen korrigiert: a) Zwar gibt ein Buchtrailer auch einen Einblick in den Inhalt eines Textes, im Kern soll aber der Betrachter zum Lesen des Buches angeregt werden.
d) Die für den Buchtrailer verwendeten Quellen müssen als solche gekennzeichnet und ggf. auch entsprechende Urheberrechte gewahrt werden.

## Kompetenztest 10

1 A) Der auf fremde Hilfe angewiesene Rentner konnte nicht selbst den Rettungsdienst rufen. B) Je ärmer die Eltern, desto geringer die Fördermöglichkeiten und die späteren beruflichen Chancen der Kinder. C) Sport- und Freizeitaktivitäten sollten für alle Jugendliche – unabhängig vom Verdienst ihrer Eltern – möglich sein.

2 A) Wegen eines aus reiner Verzweiflung begangenen Brotdiebstahls erhielt der Junge im Supermarkt Hausverbot. (Attribuierung: zwei Sätze → ein Satz); B) Mit einer Reform des Wahlrechts (Nominalisierung) könnten Jugendliche bei den ihre Zukunft betreffenden (Attribu-

ierung), aktuellen politischen Entscheidungen, wie der Energiewende (Parenthese), mitbestimmen. (Reduktion von Schachtelsätzen)

3 Lexik: Verwendung von Fachvokabular; Syntax: eher komplexer Satzbau mit Hypotaxen → anspruchsvoller / formeller Text

4 Beispiel indirekte Rede: Julia gibt an, dass sie und ihre Mitschüler sich mithilfe ihres Sozialkundelehrers, Herrn Kiefer, über mehrere Wochen intensiv auf die Sitzungen vorbereitet hätten. Beispiel Paraphrase: Die Reisekosten der Jugendlichen wurden vom Förderverein der Schule übernommen.

5 Die Aussage lässt sich sowohl einer moralisch-ethischen Argumentation (→ Bevorzugung eines einzelnen/Benachteiligung anderer) als auch einer plausiblen Argumentation (Pauschalisierung) zuordnen.

## Kompetenztest 11

1 (1) birgt: Ableitung von bergen; (2) erfährt: Ableitung von erfahren; (3) Vielleicht: viel leicht; (4) dass: Konjunktion; (5) das: Artikel; Ersatz durch „dieses" möglich; (6) Dauer: Artikel vor dem Nomen

2 Originals, Filmdrama, Regisseurs, Premiere, zelebrierte, Debüt

3 Filmthema, konservativ-denkenden, Selbstentfaltung, Welton-Internats, Berufserfolg, Elitegeneration / Elite-Generation, Einmischen, Fächerwahl, Schüleranteil, Erste-Klasse-Universitäten, Verborgenen, Welton-Akademie, Hellton-Akademie, leidtut

4 substantivierte Infinitive: das Davonlaufen, das Selbstdenken, das Musikhören; außerdem: das In-die-Zukunft-Blicken, das Auf-eigenen-Beinen-Stehen, das Zur-Schule-Gehen

5 (1) ... richtet, spielt ...; (2) Seine Geschichte, die ... Schulunterricht, das Theaterspielen ... Befreiungsakt, der Suizid ... Lebenswegs, stellt der Film ...; (3) ... akzentuiert, denn ... legt nahe, dass ...; (4) ... Unterschrift, wodurch ..., kein Ersatz durch „dieses" möglich; (5) ... der erste, der ... ist(,) Keating beim Abschied mit dem Ruf „O Captain, mein Captain!" ...; (6) ... Menschen, Keatings primäres Unterrichtsziel, war bei Todd ...

+ - Aufgabe Zuordnungen für die Sätze → Neil Perry = Charlotte Lüdinghoff, Todd Anderson = Alexandra von Wissing, Mr. Keating = Martin Berner

6 a) Man braucht manchmal einen Ort „als kreative Gegenwelt zum stupiden Schulunterricht". b) Man braucht manchmal Orte „als kreative Gegenwelten zum stupid[en] Schulunterricht". c) So gibt es Orte, die eine „kreative Gegenwelt zum [...] Schulunterricht" darstellen. d) So gibt es Orte, die eine „kreative Gegenwelt zum stupiden [und langweiligen] Schulunterricht" darstellen.

# Sachregister

# Autoren- und Quellenverzeichnis

**79**  **Afrob:** Zitat zur Verantwortung für die eigene Zukunft, aus: https://www.kas.de/de/veranstaltungsberichte/detail/-/content/-jugendliche-muessen-verantwortung-uebernehmen-, zuletzt besucht am 19.05.2021

**110**  **Backhof, Peter:** Graffiti-Szene: Street Art in Zeiten des Shutdowns (06.04.2020), aus: https://www.deutschlandfunk.de/graffiti-szene-street-art-in-zeiten-des-shutdowns.807.de.html?dram:article_id=474137, zuletzt aufgerufen am 19.05.2021

**37**  **Badenschier, Franziska: Nanotechnologie** (23.12.2016), aus: https://www.planet-wissen.de/natur/forschung/nanotechnologie/index.html, zuletzt besucht am 11.05.2021 (gekürzt)

**179**  **Bendzko, Tim:** Wenn Worte meine Sprache wären. In: Wenn Worte meine Sprache wären (Album 2011), Text zitiert nach: https://www.musixmatch.com/de/songtext/Tim-Bendzko/Wenn-Worte-meine-Sprache-wären, zuletzt besucht am 12.05.2021

**146 f.**  **Berg, Sibylle:** Hauptsache weit. In: Dies.: Das Unerfreuliche zuerst. Herrengeschichten. Köln: Kiepenheuer & Witsch, 2001. S. 123

**209**  **Bergflödt, Torbjörn:** „Andorra"-Inszenierung: Von der Kraft des Vorurteils (05.05.2016), unter: https://www.suedkurier.de/ueberregional/kultur/Andorra-Inszenierung-Von-der-Kraft-des-Vorurteils;art10399,8696421#, zuletzt besucht am 17.05.2021

**176**  **Borchert, Wolfgang:** Die Küchenuhr. In: Ders.: Das Gesamtwerk, Rowohlt Verlag, Reinbek bei Hamburg, 1948, S. 201 – 204 (gekürzt)

**215**  **Boulet / Bagieu, Pénélope:** Wie ein leeres Blatt. Aus dem Französischen von Ulrich Pröfrock. Hamburg: Carlsen, Graphic Novel Paperback 2013, 2018. S. 6 f.

**217**  **Boulet / Bagieu, Pénélope:** Wie ein leeres Blatt. Aus dem Französischen von Ulrich Pröfrock. Hamburg: Carlsen, Graphic Novel Paperback 2013, 2018. S. 24 f.

**219**  **Boulet / Bagieu, Pénélope:** Wie ein leeres Blatt. Aus dem Französischen von Ulrich Pröfrock. Hamburg: Carlsen, Graphic Novel Paperback 2013, 2018. S. 102

**228**  **Boulet / Bagieu, Pénélope:** Wie ein leeres Blatt. Aus dem Französischen von Ulrich Pröfrock. Hamburg: Carlsen, Graphic Novel Paperback 2013, 2018. S. 119 f.

**160 f. u. 163 f.**  **Bradbury, Ray:** Die letzte Nach der Welt. In: Ders.: Der illustrierte Mann. Zürich: Diogenes, 2015. S. 147 – 153

**168 ff. u. 172 f.**  **Collins, Suzanne:** Die Tribute von Panem. 1. Tödliche Spiele. Hamburg: Oetinger, 2009. S. 7 – 26 (Auszüge)

**175**  **Cronenberg, Ulf:** Buchbesprechung (04.11.2009), aus: https://www.jugendbuchtipps.de/2009/11/04/buchbesprechung-suzanne-collins-die-tribute-von-panem-toedliche-spiele/, zuletzt besucht am 12.05.2021 (Auszug)

**182**  **Eichendorff, Joseph v.:** Neue Liebe. Zitiert nach: Liebesgedichte aus aller Welt. Hrsg. v. Evelyne Polt-Heinzl und Christine Schmidjell. Stuttgart: Philipp Reclam jun. 2013. S. 70

**190**  **Engelmann, Julia:** Keine Ahnung, ob das Liebe ist. In: Engelmann, Julia: Keine Ahnung, ob das Liebe ist. Poetry. Mit Illustrationen der Autorin. München: Goldmann 2018. S. 29 – 32

**79**  **Freeman, Morgan:** Zitat zur Verantwortung. In: Stern Nr. 36/2008 vom 28.08.2008

**195**  **Frisch, Max:** Andorra. Stück in zwölf Bildern, Frankfurt am Main: Suhrkamp 1975 (suhrkamp taschenbuch, 277). S. 25 – 28 (Bild 2; Auszüge)

**196 f.**  **Frisch, Max:** Andorra. Stück in zwölf Bildern, Frankfurt am Main: Suhrkamp 1975 (suhrkamp taschenbuch, 277). S. 29, 36, 58, 104 f.

**198 ff.**  **Frisch, Max:** Andorra. Stück in zwölf Bildern, Frankfurt am Main: Suhrkamp 1975 (suhrkamp taschenbuch, 277). S. 59 – 63 (Bild 7; Auszüge)

**201**  **Frisch, Max:** Andorra. Stück in zwölf Bildern, Frankfurt am Main: Suhrkamp 1975 (suhrkamp taschenbuch, 277). S. 65

**202**  **Frisch, Max:** Andorra. Stück in zwölf Bildern, Frankfurt am Main: Suhrkamp 1975 (suhrkamp taschenbuch, 277). S. 44 – 48 (Bild 4; Auszüge)

**203 f.**  **Frisch, Max:** Andorra. Stück in zwölf Bildern, Frankfurt am Main: Suhrkamp 1975 (suhrkamp taschenbuch, 277). S. 53 – 56 (Bild 6; Auszüge)

**206 f.**  **Frisch, Max:** Andorra. Stück in zwölf Bildern, Frankfurt am Main: Suhrkamp 1975 (suhrkamp taschenbuch, 277). S. 92 – 94 (Bild 10; Auszüge)

**210**  **Frisch, Max:** Andorra. Stück in zwölf Bildern, Frankfurt am Main: Suhrkamp 1975 (suhrkamp taschenbuch, 277). S. 24

**210 f.**  **Frisch, Max:** Andorra. Stück in zwölf Bildern, Frankfurt am Main: Suhrkamp 1975 (suhrkamp taschenbuch, 277). S. 83 f. (Bild 9; Auszüge)

**85**  **Gehrs, Oliver:** Pflicht! Ein Anti-Egoismus-Jahr tut jedem gut (20.10.2018), aus: https://www.fluter.de/pro-contra-fsj, zuletzt besucht am 19.05.2021

**114 f.**  **Goethe, Johann Wolfgang:** Der Totentanz. In: Ders.: Gesammelte Werke. Die Gedichte. Köln: Anaconda Verlag, 2015. S. 135

**180**  **Goethe, Johann Wolfgang:** Rastlose Liebe. In: Johann Wolfgang von Goethe: Goethes Schriften. Achter Band. Leipzig: G. J. Göschen 1789. S. 147 – 148

**124 ff.**  **Gotthelf, Jeremias:** Die schwarze Spinne. Husum/Nordsee: Hamburger Lesehefte Verlag, 2021. S. 20 f.

**188**  **Greiffenberg, Catharina Regina v.:** Gegen Amor. In: Sieges-Seule der Buße und Glaubens/wider den Erbfeind Christliches Namens. Nürnberg 1675. S. 348

**14**  **Hage, Anike:** Die Wolke, Graphic Novel, nach einem Roman von Gudrun Pausewang, Ravensburger Buchverlag 2008, S. 115 ff. (Auszug)

**180**  **Hahn, Ulla:** Nie mehr. In: Hahn, Ulla: Unerhörte Nähe. Gedichte. Mit einem Anhang für den, der fragt. Stuttgart: Deutsche Verlagsanstalt 1988. S. 12

**181**  **Heine, Heinrich:** Ein Jüngling liebt ein Mädchen. In: Liebesgedichte aus aller Welt. Hrsg. v. Evelyne Polt-Heinzl und Christine Schmidjell. Stuttgart: Philipp Reclam jun. 2013. S 313

**232**  **Hradil, Stefan:** Soziale Gerechtigkeit (31.05.2012). In: https://www.bpb.de/politik/grundfragen/deutsche-verhaeltnisse-eine-sozialkunde/138445/soziale-gerechtigkeit?p=0, zuletzt besucht am 18.05.2021

**50**  **Hunfeld, Frauke:** Miniatur-Wunderland: Wie aus einem Kindheitstraum ein Universum wurde (14.01.2018), unter: https://www.stern.de/reise/deutschland/miniatur-wunderland--so-wurde-aus-einem-kindheitstraum-ein-universum-7815664.html, zuletzt besucht am 12.05.2021 (Auszug)

**115 f.**  **Ionesco, Eugène:** Die Nashörner. Schauspiel in drei Akten. Aus dem Französischen von Claus Bremer und H. R. Stauffacher. 28. Auflage. Frankfurt a. M.: Fischer, 2020. S. 49 – 53

**130 f.**  **Ionesco, Eugène:** Die Nashörner. Schauspiel in drei Akten. Aus dem Französischen von Claus Bremer und H. R. Stauffacher. 28. Auflage. Frankfurt a. M.: Fischer, 2020. S. 66 – 73

**51**  **Janine: Miniatur Wunderland: Unbedingt sehenswert!** (22.11.2018), unter: https://www.rabaukenkompass.de/miniatur-wunderland/, zuletzt besucht am 12.05.2021 (Auszug)

**88**  **Jensen, Gyde:** Zitat zum Europäischen Sozialen Jahr. In: Schulz, Ute Dr.: zdw-Debatte (26.01.2018), aus: http://www.zwd.info/ein-europaeisches-soziales-jahr-fuer-alle-jugendlichen.html, zuletzt besucht am 19.05.2021

**192**  **Kästner, Erich:** Sachliche Romanze. Zitiert nach: Liebesgedichte aus aller Welt. Hrsg. v. Evelyne Polt-Heinzl und Christine Schmidjell. Stuttgart: Philipp Reclam jun. 2013. S. 344

**231**  **King Jr., Martin Luther:** Zitat zur Ungerechtigkeit. In: Brief aus dem Gefängnis von Birmingham, USA, 16. April 1963, zitiert nach: https://www.amnesty.de/jahresbericht/2013/menschenrechte-%E2%80%A8sind-grenzenlos, zuletzt besucht am 18.05.2021

**94**  **König, Jürgen:** Jugendliche und die Werte der Republik (07.08.2018), aus: https://www.deutschlandfunk.de/dienstpflicht-in-frankreich-jugendliche-und-die-werte-der.795.de.html?dram:article_id=424832, zuletzt besucht am 19.05.2021

**185**  **Kraus, Hans-Peter:** Liebesrausch. In: www.lyrikmond.de/gedichte-thema-2-120.php#1236, zuletzt besucht am 12.05.2021

**180**  **Kunze, Reiner:** Rudern zwei. In: Kunze, Reiner: sensible wege und frühe gedichte. Frankfurt am Main: Fischer Taschenbuch Verlag 1996. S. 9

**220**  **Levithan, David:** Letztendlich sind wir dem Universum egal. Aus dem Amerikanischen von Martina Tichy. 11. Auflage. Frankfurt a. M.: Fischer 2020. S. 7 (Auszug 1)

**224**  **Levithan, David:** Letztendlich sind wir dem Universum egal. Aus dem Amerikanischen von Martina Tichy. 11. Auflage. Frankfurt a. M.: Fischer 2020. S. 339 ff. (Auszug 2)

**225**  **Levithan, David:** Letztendlich sind wir dem Universum egal. Aus dem Amerikanischen von Martina Tichy. 11. Auflage. Frankfurt a. M.: Fischer 2020. S. 14 f. (Auszug 3)

**55**  **Lill, Felix:** Der bessere Lehrer (10.09.2015), aus: https://www.zeit.de/2015/37/roboter-lehrer-schulen-japan/komplettansicht, zuletzt besucht am 12.05.2021 (Auszug)

**150 ff. u. 154 f.**  **Linke, Dorit:** Jenseits der blauen Grenze. Bamberg: Magellan 2014. S. 47 – 55

**186**  **Mayröcker, Friederike:** falsche Bewegung. In: Friederike Mayröcker Gesammelte Gedichte. 1939 – 2003. Hrsg. v. Marcel Beyer. Frankfurt am Main: Suhrkamp 2004. S. 394

**166**  **Meimberg, Florian:** Das kleine Holzboot. In: Ders.: Auf die Länge kommt es an. Tiny Tales. Sehr kurze Geschichten. Frankfurt am Main: Fischer, 2011. S. 30

**167**  **Meimberg, Florian:** Die junge Hebamme. In: Ders.: Auf die Länge kommt es an. Tiny Tales. Sehr kurze Geschichten. Frankfurt am Main: Fischer, 2011. S. 23

**167**  **Meimerg, Florian:** Der alte Indianerhäuptling. In: Ders.: Auf die Länge kommt es an. Tiny Tales. Sehr kurze Geschichten. Frankfurt am Main: Fischer, 2011. S. 45

**167**  **Meimberg, Florian:** Eva und Adam. In: Ders.: Auf die Länge kommt es an. Tiny Tales. Sehr kurze Geschichten. Frankfurt am Main: Fischer, 2011. S. 26

**177**  **Meimberg, Florian:** Privatarmee. In: Ders.: Auf die Länge kommt es an. Tiny Tales. Sehr kurze Geschichten. Frankfurt am Main: Fischer, 2011. S. 126

**175**  **Mende, Iris Dr. phil.:** Literaturkritik (22.11.2012), aus: http://www.kinderundjugend-medien.de/index.php/literaturkritiken/516-collins-suzanne-die-tribute-von-panem-1-toedliche-spiele, zuletzt besucht am 12.05.2021 (Auszüge)

**61**   Mertens, Robert: Geschicht und Entwicklung der Fitness-Armbänder, aus:https://fitnessarmband. eu/geschichte-und-entwicklung-der-fitness-arm- baender/, zuletzt besucht am 11.08.2021

**64**   Mertens, Robert: Fachbegriff Lexikon: Self-Trackung, Synchronisation (03.05.2021), aus: https://fitnessarmband.eu/lexikon/, zuletzt besucht am 12.05.2021

**118 f.**   Meyer, Conrad Ferdinand: Die Füße im Feuer. In: Bertram, Mathias (Hrsg.): Deutsche Literatur von Lessing bis Kafka. Digitale Bibliothek

**184**   Meyer, Conrad Ferdinand: Zwei Segel. In: Conrad Ferdinand Meyer: Sämtliche Werke in zwei Bänden, Bd. 2. Phaidon Verlag: München 1968. S. 102

**55**   Mittelbach, Tom: Ideen zur Rolle von künstlicher Intelligenz im Klassenzimmer der Zukunft (25.09.2017), aus: https://www.bpb.de/ lernen/digitale-bildung/werkstatt/256629/ideen- zur-rolle-von-kuenstlicher-intelligenz-im-klassen- zimmer-der-zukunft, zuletzt besucht am 12.05.2021 (Auszug)

**187**   Müller, Heiner: Ich kann dir die Welt nicht zu Füßen legen. In: Heiner Müller. Werke I. Die Gedich- te. Frankfurt am Main: Suhrkamp 1998. S. 183

**107**   Peters, Katharina u. Gieseler, Anna: Kaufst du noch, oder containerst du schon? (11.12.2015), aus: http://fhews.de/kaufst-du-noch-oder- containerst-du-schon/, zuletzt aufgerufen am 19.05.2021

**84**   Prantl, Heribert: Das soziale Pflichtjahr ist gut (11.08.2018), aus: https://www.sueddeutsche.de/ politik/junge-menschen-das-soziale-pflichtjahr-ist- gut-1.4088476, zuletzt besucht am 19.05.2021

**76**   Rakel, Wolfgang: Deutsche Post testet Trans- portdrohne erfolgreich (09.05.2016), aus: https:// www.dnv-online.net/handel/detail.php?rubric=Dist ribution&nr=109211&PHPSESSID=2jerffhcshna43ao qhfa2jcli5, zuletzt besucht am 12.05.2021

**25**   Salavati, Nakissa: Der Mensch ist wichtiger als das Auto (03.12.2018), aus: https://www. sueddeutsche.de/wirtschaft/auto-verkehr- staedte-1.4235826, zuletzt besucht am 11.05.2021

**62**   Schäfer, Kathrin: Wearables in der Medizin: Vom Fitness-Armband zum Blutdruckmessen bis zum Herzschrittmacher (24.09.2018), aus: https://www. devicemed.de/wearables-in-der-medizin-vom- fitness-armband-zum-blutdruckmessen-bis-zum- herzschrittmacher-a-758812/, zuletzt besucht am 12.05.2021 (Auszug)

**63**   Schmedt, Michael: Fitness-Tracker: Der Daten- hunger wächst, aus: https://www.aerzteblatt.de/ archiv/174975/Fitness-Tracker-Der-Datenhunger- waechst, zuletzt besucht am 23.08.2021

**113**   Shelley, Mary: Frankenstein. Übersetzt von Alexander Pechmann. München: dtv, 2009. S. 53

**136 f.**   Shelley, Mary: Frankenstein. Übersetzt von Alexander Pechmann. München: dtv, 2009. S. 143- 146

**82**   Srikiow, Lisa: Was bringt ein Freiwilligendienst für die Studienentscheidung? (09.05.2017), aus: https://www.zeit.de/campus/studienfuehrer-2017/ abitur-freiwilligendienst-studienentscheidung-fsj- foej, zuletzt besucht am 19.05.2021

**34**   Weitzel, Holger: Modern Mikroskopieren, aus: https://www.friedrich-verlag.de/biologie/ methoden-konzepte/modern-mikroskopieren- 5104?%5CSimpleSAML%5CAuth%5CState_exception Id=_47ded8bc8b6ff0ca817e4d006ac3c0413fbf5197c 0%3Ahttps%3A%2F%2Fwww.friedrich-verlag. de%2Fsaml%2Fmodule.php%2Fcore%2Fas_login. php%3FAuthId%3Ddefault-sp%26ReturnTo%3Dhttp s%253A%252F%252Fwww.friedrich-verlag. de%252Fbiologie%252Fmethoden- konzepte%252Fmodern-mikroskopieren- 5104%253Flogintype%253Dlogin, zuletzt besucht am 23.06.2021

**140 f.**   Wiener, Jennifer: Mut ist ... In: Mayr, Otto: Moderne Kurzgeschichten. Ausgearbeitete Stundenbilder mit Texten, Arbeitsblättern und Bildmaterial (5. bis 10. Klasse). Donauwörth: Auer, 2017. S. 32

**47 f.**   Willinger, Gunther: Drohne Maja (07.03.2018), aus: https://www.zeit.de/wissen/ umwelt/2018-03/bienensterben-roboter-biene- bestaeubung-zukunft, zuletzt besucht am 12.05.2021

**79**   Winkler, Joachim: Die Verantwortung der Jugend (09.05.1946), aus: https://www.zeit. de/1946/12/die-verantwortung-der-jugend, zuletzt besucht am 19.05.2021

**156**   Ziegler, Wiebke: Leben in der DDR, aus: https://www.planet-wissen.de/geschichte/ddr/ das_leben_in_der_ddr/index.html, zuletzt besucht am 12.05.2021

### Ohne Autor / Autorin

**33**   Aufbau eines Mikroskops, aus: https://www. lernhelfer.de/schuelerlexikon/physik/artikel/ mikroskop, zuletzt besucht am 11.05.2021

**44 f.**   Die Biene – Kleinstes Nutztier der Welt, aus: https://www.br.de/wissen/bienen-nutztier- landwirtschaft-bienensterben-100.html, zuletzt besucht am 12.05.2021

**46**   Dunkle Verwandte der Honigbiene, aus: https://www.br.de/wissen/bienen-nutztier- landwirtschaft-bienensterben-100.html, zuletzt besucht am 12.05.2021

**41**   IAP CAN: Riesenmöglichkeiten im ganz Kleinen (09.06.2021), aus: https://hamburg-news. hamburg/innovation-wissenschaft/iap-can- riesenmoeglichkeiten-im-ganz-kleinen, zuletzt besucht am 23.06.2021

**214**   Jurybegründung des Arbeitskreis Jugend- literatur zu „Wie ein leeres Blatt", unter: https:// www.jugendliteratur.org/buch/wie-ein-leeres- blatt-3892-9783551751096/?page_id=1, zuletzt besucht am 17.05.2021

**106 f.**   Lebensmittelretter willkommen (15.06.2019), aus: https://www.wiwo.de/ unternehmen/handel/containern- lebensmittelretter-willkommen/24457744.html, zuletzt aufgerufen am 19.05.2021

**41**   Nano heißt: ganz klein, aus: https://www. nks-nano.de/leichte-sprache/die-nks- nanotechnologie, zuletzt besucht am 12.02.2021

**42**   Nanotechnologie, aus: https://www.efsa. europa.eu/de/topics/topic/nanotechnology, zuletzt besucht am 12.05.2021

**33**   Neues Mikroskop zeigt Korallen beim Küssen (12.07.2016), aus: https://www.sueddeutsche.de/ wissen/wissenschaft-neues-mikroskop-zeigt- korallen-beim-kuessen-dpa.urn-newsml-dpa- com-20090101-160712-99-652100, zuletzt besucht am 11.05.2021

**157**   Schule in der DDR – Erziehungsziel: die sozialistische Persönlichkeit (12.11.2019), aus: https://www.mdr.de/zeitreise/schule-bildung- ddr-100.html, zuletzt besucht am 12.05.2021

**248**   Soziale Gerechtigkeit als Kampfbegriff. In: https://www.sueddeutsche.de/shop/zeitschriften/ apuz/31598/soziale-gerechtigkeit, zuletzt besucht am 18.05.2021

**100**   Studentinnen wegen Containerns verurteilt (30.01.2019), aus: https://www.spiegel.de/ lebenundlernen/uni/fuerstenfeldbruck-in-bayern- studentinnen-wegen-containerns-verurteilt- a-1250844.html, zuletzt besucht am 19.05.2021

**104**   Text zur Statistik, aus: https://www.statista. com/statistics/698833/americans-who-practice- dumpster-diving-united-states/, zuletzt besucht am 19.05.2021

**62**   Verbraucherzentrale: Wearables, Fitness-Apps und der Datenschutz: Alles unter Kontrolle? Eine Untersuchung der Verbraucherzentralen - April 2017, aus: https://www.verbraucherzentrale.de/ sites/default/files/2019-09/mw-untersuchung_ wearables_0.pdf, zuletzt besucht am 11.08.2021

**62**   Vor- und Nachteile von Fitnessarmbändern, aus: https://www.fitness-tracker-test.info/ ratgeber/vorteile-nachteile-von-fitness-trackern/, zuletzt besucht am 12.05.2021 (Auszug)

**238**   Was ist SPUN? In: https://spun.de/index. php?id=31, zuletzt besucht am 18.05.2021

**34**   Wer hat das Mikroskop erfunden?, aus: https://www.mikroskop-technik.de/ das-mikroskop-ein-kurzer-blick-in-die- geschichte/#more-42, zuletzt besucht am 11.05.2021

**42**   Zwerge erobern die Welt – Nanotechnik im Alltag, aus: https://www.wasistwas.de/archiv- wissenschaft-details/zwerge-erobern-die-welt- nanotechnik-im-alltag.html, zuletzt besucht am 12.05.2021

### Verfassertexte

**257**   Egloffstein, Ute: Inhaltszusammenfassung „Club der toten Dichter"

**258 ff.**   Egloffstein, Ute: Kurzcharakteristiken der Figuren

**262**   Egloffstein, Ute: Die Premiere

**31**   Harnischmacher, Bettina und Fuchs, Gunter: Mikrokosmos

**43**   Harnischmacher, Bettina und Fuchs, Gunter: Wie wird Nanotechnologie eingesetzt?

**101**   Thiede-Kumher, Elisabeth: Kommentar zum Container von Marius C. (Klasse 9a)

**249**   Trumm, Tanja: Erfahrungsbericht SPUN

**234 f.**   Trumm, Tanja: Was ist eigentlich „Soziale Gerechtigkeit"? Die Klasse 9a klärt auf; Hintergrundinformationen aus Hradil, Stefan: Soziale Gerechtigkeit (31/05/2012) https://www.bpb.de/politik/grundfragen/ deutsche-verhaeltnisse-eine-sozialkunde/138445/ soziale-gerechtigkeit (19/01/2021), zuletzt besucht am 19.05.2021

**246**   Trumm, Tanja: Zum Artikel 24; Fundierung der Fakten über https://www.behindertenrechtskonven- tion.info/bildung-3907/ sowie forsa-Umfrage über https://www.vbe.de/fileadmin/user_upload/VBE/ Service/Meinungsumfragen/2020-11-04_forsa- Inklusion_Text_Bund.pdf (aktuellere Umfrage aus 2020), beide zuletzt besucht am 19.05.2021

**193**   Weidung, Markus: Infotext: Lyrik – Neue Sachlichkeit

**156**   Wolfsteiner, Beate Dr.: Informationen zum Leben in der DDR, Informationen aus: Ziegler, Wiebke und Oster, Andrea: Alltag in der DDR, aus: https://www.planet-wissen.de/geschichte/ddr/ das_leben_in_der_ddr/pwiealltaginderddr100. html, zuletzt aufgerufen am 19.05.2021, und „Flucht über die eiskalte Ostsee" (24.11.2020), aus: https://www.mdr.de/zeitreise/ddr/flucht-ueber- die-ostsee110.html, zuletzt aufgerufen am 19.05.2021

# Bildquellen

AdobeStock / bluedesign – S. 139; – / Christine Krahl – S. 151; – / Florian Weil – S. 50; – / ngupakarti S. 140 // Alamy Stock Photo / Brain light – S. 138 // Baaske Cartoons, Müllheim / Mester – S. 24, 26 // BMU / Umweltbundesamt – S. 22 // © Börsenverein des Deutschen Buchhandels, Frankfurt – S. 226 // ddp images – S. 169; – United Archives, Murray Close – S. 170 // Deutschlandradio – S. 94 // dpa Picture-Alliance / Arne Immanuel Bänsch – S. 88; – / Oliver Berg – S. 231; – / Patrick Pleul – S. 38; – / REUTERS, Fabrizio Bensch – S. 100 // Europäisches Jugendparlament in Deutschland e.V. – S. 79 // Getty Images Plus / iStock Editorial, FooTToo – S. 78; / iStock Editorial, RadekProcyk – S. 139; – / iStockphoto, a8096b40_190 – S. 47; – / iStockphoto, Aleks – S. 44, 48; – / iStockphoto, alessandro0770 – S. 18; – / iStockphoto, AndreyPopov – S. 231; – / iStockphoto, axelbueckert – S. 213; – / iStockphoto, Barloc – S. 250; – / iStockphoto, baspentrubas – S. 239; – / iStockphoto, besjunior – S. 141; – / iStockphoto, blanaru – S. 139; – / istockphoto, BONNINSTUDIO – S. 31; – / iStockphoto, Boonyachoat – S. 255; – / iStockphoto, bowie15 – S. 213; – / iStockphoto, BrAt_PiKaChu – S. 193; – / iStockphoto, carton_king – S. 162; – / iStockphoto, Chesky_W – S. 68; – / iStockphoto, Cineberg – S. 261; – / iStockphoto, Coldimages – S. 20; – / iStockphoto, cybrain – S. 38; – / iStockphoto, Daviles – S. 191; – / iStockphoto, demarfa – S. 33; – / iStockphoto, denisgo – S. 165; – / iStockphoto, DenisKot – S. 60; – / iStockphoto, Di_Studio – S. 187; – / iStockphoto, diego_cervo – S. 53; – / iStockphoto, dimdimich – S. 52; – / iStockphoto, DiyanaDimitrova – S. 46; – / iStockphoto, djmilic – S. 20; – / iStockphoto, gemenacom – S. 184; – / iStockphoto, GlobalP – S. 45; – / iStockphoto, gpointstudio – S. 93; – / iStockphoto, Halfpoint – S. 31; iStockphoto, ikopylov – S. 251; – / iStockphoto, Ikphotographers – S. 20; – / iStockphoto, iridi – S. 213; – / iStockphoto, Jag_cz – S. 192; – / iStockphoto, jakkapan21 – S. 147; – / iStockphoto, JavierGil1000 – S. 152; – / iStockphoto, Jules_Kitano – S. 184; – / iStockphoto, Katarzyna Bialasiewicz – S. 70; – / iStockphoto, Katerina Sisperova – S. 252; – / iStockphoto, Kinwun – S. 48; – / iStockphoto, lirtlon – S. 30/31; – / iStockphoto, lovelypeace – S. 139; – / iStockphoto, LuPa Creative – S. 44; – / iStockphoto, magical_light – S. 191; – / iStockphoto, marcouliana – S. 181; – / iStockphoto, Marianna Lishchenco – S. 20; – / iStockphoto, MaskaRad – S. 253; – / iStockphoto, metamorworks – S. 213; – / iStockphoto, miriam-doerr – S. 53; – / iStockphoto, monkeybusinessimages – Cover, 260; – / iStockphoto, Mykola Sosiukin – S. 43; – / iStockphoto, Myvector – S. 232; – / iStockphoto, NatalyaBurova – S. 60; – / iStockphoto, oatawa – S. 178; – / iStockphoto, oksix – S. 181; – / iStockphoto, Olga Kurbatova – S. 212; – / iStockphoto, OnstOn – S. 13; – / iStockphoto, Punnarong – S. 190; – / iStockphoto, Punnarong Lotulit – S. 142; – / iStockphoto, Qvasimodo – S. 254; – / iStockphoto, Rawpixel – S. 91, 109; – / iStockphoto, roman023 – S. 100; – / iStockphoto, Rudhzan Nagiev – S. 60; – / iStockphoto, semnic – S. 37; – / iStockphoto, shima – S. 100; – / iStockphoto, shirinosov – S. 66, 258; – / iStockphoto, Tamara Luiza – S. 256, 257; – / iStockphoto, tatyana_tomsickova – S. 161; – / iStockphoto, Traimak_Ivan – S. 53; – / iStockphoto, Valeriy_G – S. 260; – / iStockphoto, Vanit Janthra – S. 53; – / iStockphoto, vinhdav – S. 231; – / iStockphoto, vojce – S. 33; – / iStockphoto, Volodymyr Horbovyy – S. 36; – / iStockphoto, welcomia – S. 76; – / iStockphoto, wildpixel – S. 230 // Helmut Holtermann, Dannenberg – S. 33 // imago images / Panthermedia – S. 231; – / Steffen Schellhorn – S. 54; – / United Archives – S. 205; – / Xinhua – S. 54 // iStockphoto / AJ_Watt – S. 107; – / scyther5 – S. 105; – / winyuu – S. 182/183; – / www.fotogestoeber.de – S. 98 // David Levithan, Letztendlich sind wir dem Universum egal, S. Fischer Verlag GmbH – S. 220 // mauritius images / Alamy Stock Photo, Art Collection 3 – S. 149; – / Alamy Stock Photo, Panther Media GmbH – S. 166; – / imageBROKER, H.-D. Falkenstein – S. 34; – / SuperStock, Fine Art Images – S. 188 // Neue Gestaltung, Berlin – S. 211 // © noisolation / Estera K. Johnsrud – S. 54 // Originally published in French under the following title: La Page Blanche, by Boulet and Pénélope Bagieu © Editions DELCOURT, 2012 // Wie ein leeres Blatt. Ins Deutsche übersetzt von Ulrich Pröfrock © Carlsen Verlag GmbH, Hamburg 2013 – S. 214, 215, 217, 219, 228 // Gudrun Pausewang, Anike Hage: Die Wolke - Graphic Novel / © 2008 Ravensburger Verlag GmbH – S. 194/195 // Karsten Schley, Lüneburg – S. 249 // shutterstock / Yuganov Konstantin – S. 146 // SPUN e.V. – S. 238 // Statista GmbH, Hamburg – 58, 63, 77, 104 // Klaus Stuttmann, Berlin – S. 85 // © Toni Suter / T+T Fotografie – S. 199, 208 (2) // Theatergruppe Johann-Michael-Sailer-Gymansium, Dillingen – S. 250, 251 (2), 256 // ThOP, Göttingen – S. 211 // TransFair e.V., Köln – S. 79 // www.jugend-debattiert.de – S. 21